H. Schepank (Hrsg.)

Verläufe

Seelische Gesundheit
und psychogene Erkrankungen heute

Mit Beiträgen von

H. Schepank R. Manz H. Parekh W. Tress
N. Schiessl G. Reister M. Ehl
sowie
W. Benn S. Eckert D. Merscher T. Schwen-Harant

Mit 22 Abbildungen und 61 Tabellen

Springer-Verlag
Berlin Heidelberg New York London
Paris Tokyo Hong Kong Barcelona

Prof. Dr. med. Heinz Schepank
o. Professor der Fakultät für klinische Medizin
Mannheim der Universität Heidelberg,
Ärztlicher Direktor der Psychosomatischen Klinik
am Zentralinstitut für Seelische Gesundheit
Postfach 122120, 6800 Mannheim 1

ISBN-13: 978-3-642-75714-3   e-ISBN-13: 978-3-642-75713-6
DOI: 10.1007/978-3-642-75713-6

CIP-Titelaufnahme der Deutschen Bibliothek
Verläufe: Seelische Gesundheit und psychogene Erkrankungen heute /
H. Schepank (Hrsg.). Mit Beiträgen von H. Schepank ... Berlin; Heidelberg; New York;
London; Paris; Tokyo; Hong Kong; Barcelona: Springer, 1990

NE: Schepank, Heinz [Hrsg.]

Softcover reprint of the hardcover 1st edition 1990
2119/3140(3020)-543210 – Gedruckt auf säurefreiem Papier

Vorwort

Dieses Buch knüpft an unsere erste Darstellung an: *Psychogene Erkrankungen der Stadtbevölkerung. Eine epidemiologisch-tiefenpsychologische Feldstudie in Mannheim* (Schepank 1987a, b). Dort hatten wir erstmalig monographisch die Ergebnisse über die wahren[1] Prävalenzraten psychogener Erkrankungen (Psychoneurosen, Charakterneurosen und psychosomatische Störungen) für die versorgungsrelevante Altersgruppe der 25- bis 45jährigen Großstädter beschrieben. 600 Probanden, eine repräsentative Zufallsstichprobe aus der deutschen Bevölkerung, waren untersucht worden.

Nunmehr berichten wir über die Ergebnisse der Nachuntersuchung derselben Probanden jeweils 3 Jahre später (1983-1985). Im Zentrum dieser prospektiven Untersuchung steht die Frage des individuellen Verlaufs von seelischer Gesundheit oder psychogener Erkrankung.

Die Bedeutung dieses Forschungsprojekts liegt darin, daß eine repräsentative Zufallsstichprobe einer Großstadtpopulation - also keine Inanspruchnahmeklientel von Patienten - über einen längeren Zeitabschnitt mehrmals von kompetenten Fachleuten hypothesengeleitet untersucht worden ist. Bietet sich doch der Erfahrung des Klinikers sonst nur ein hochgradig selektives Patientengut zur Diagnostik oder Therapie an, was seine Wahrnehmung über das wirkliche breite Spektrum möglicher Verläufe einengen oder verzerren muß.

Die einzelnen Kapitel dieses Ergebnisbandes über den Verlauf von seelischer Gesundheit und psychogener Erkrankung befassen sich zwar mit einer Vielzahl recht unterschiedlicher Fragestellungen. Es handelt sich aber bei der vorliegenden Monographie ausdrücklich nicht um locker komponierte Einzelbeiträge, die nachträglich thematisch gegliedert worden wären. Vielmehr wird hier das Ergebnis eines langfristig geplanten, hypothesengeleiteten epidemiologischen Großprojekts vorgelegt. Diese zusammenfassende Darstellung der Ergebnisse fokussiert auf die bei Projektbeginn (1978) intendierte Fragestellung nach der wahren Häufigkeit psychogener Erkrankungen in der Bevölkerung, nach ihrem Verlauf und nach den Faktoren, die auf Entstehung und Verlauf Einfluß nehmen. - Auch wenn einige Unterkapitel sich sehr in methodische Details vertiefen oder in scheinbar randständige Fragestellungen eindringen, haben wir dennoch dieses zentrale Ziel stets im Auge behalten. - Wie

---

[1] Definition von wahren vs. administrativen Prävalenzraten s. Glossar.

der oben erwähnte Ergebnisband der 1. Querschnittsuntersuchung, so ist auch diese Monographie das Produkt einer insgesamt sehr intensiven zielstrebigen und erfreulichen wissenschaftlichen Kooperation.

Unseren ganz besonderen Dank verdienen die Menschen, die sich uneigennützig und mit sehr großer persönlicher Offenheit vertrauensvoll und aufgeschlossen diesem Forschungsprojekt freiwillig zur Verfügung gestellt haben. - Dank gilt weiterhin allen beteiligten Kollegen, die mit konstantem Einsatz, hoher Fachkompetenz und einer Mischung von fachlicher Neugier und behutsam rücksichtnehmender Einfühlung die Interviews im Feld, d.h. in Hausbesuchen, durchführten. Es sind außer Autoren dieses Buches die Ärztinnen, Ärzte und Psychologen, Dres. Buchert-Rau, Glettler, Godart, Hilpert, Hönmann, Janta, Knoke, Reindell, Riedel, Schmidt, Schroth, Stork und Weinhold-Metzner. - Zwei der Koautoren sei an dieser Stelle für ihre Integrationskraft und die Koordination der Teamarbeit besonders gedankt: Prof.Dr.Dr. W. Tress, der die Follow-up-Studie als stellvertretender Projektleiter betreute, und Frau Dr.sc.hum. Dipl.-Psych. H. Parekh, die die anschließende $1\frac{1}{2}$jährige Auswertungsphase verantwortlich lenkte. - Zu danken ist auch den Doktoranden und Diplomanden sowie den an der Materialaufbereitung beteiligten wissenschaftlichen Hilfskräften, den für dieses Manuskript hauptverantwortlichen Sekretärinnen, Frau Berger, Frau Bolschweiler und Frau Krämer, sowie dem Springer-Verlag. Last not least gebührt der Deutschen Forschungsgemeinschaft besondere Anerkennung für ihre großzügige Drittmittelbewilligung[2]. Erst durch diese Aufstockung der universitären wissenschaftlichen und administrativen Grundausstattung des Zentralinstituts für Seelische Gesundheit in Mannheim (Direktor: Prof. Dr.Dr.H. Häfner) wurde die über 10 Jahre dauernde Vorbereitung, Datenerhebung und Auswertungsarbeit mit einer "manpower" von über 50 sog. Mannjahren ermöglicht.

Mannheim, im Juni 1990 *H. Schepank*

---

[2] Das Projekt (Leitung: Prof. Dr. H. Schepank) wurde unter dem Arbeitstitel "Kohortenuntersuchung und Follow-up-Studie der Erkrankungen gemäß ICD 300-307 (WHO, 8. Rev.)" als Teilprojekt D2 des Sonderforschungsbereiches 116, Psychiatrische Epidemiologie (Sprecher: Prof. Dr.Dr. M.H.Schmidt), an der Universität Heidelberg von 1978 bis 1985 sowie zusätzlich die Auswertung mit einer Sachbeihilfe durch die Deutsche Forschungsgemeinschaft von 1986 bis 1987 gefördert.

Inhaltsverzeichnis

Kurzfassung

Inhaltsverzeichnis

X

Autorenverzeichnis

Benn, Wolfgang
Arzt für Psychiatrie – Psychotherapie –
Moltkestr. 14, 6940 Weinheim

Eckert, Sylvia, Dr.med.
Ärztin im Praktikum an der PSM Klinik des ZI

Ehl, Martin, Dr. med.
Arzt für innere Medizin, Psychoanalytiker
Kreuzbergstr. 6a, 8700 Würzburg

Manz, Rolf, Dipl.-Psych.
Wiss. Assistent der Psychosomatischen Klinik am ZI

Merscher, Dorothee, Doktorandin
Ärztin i. Prakt. in neurolog. Weiterbildung

Parekh, Hildegard, Dr. sc. hum., Dipl.-Psych.
Psychoanalytikerin, stellvertretende Projektleiterin
(1985–1987)
Im Neulich 4, 6900 Heidelberg

Reister, Gerhard, Dr. med.
Psychoanalytiker, Oberarzt der Psychosomatischen Universitätsklinik
Düsseldorf
Postfach 120510, 4000 Düsseldorf

Schepank, Heinz, Prof. Dr. med.
o. Professor der Klinischen Fakultät Mannheim der Universität
Heidelberg, Ärztlicher Direktor der Psychosomatischen Klinik am ZI

Schiessl, Norbert, Dipl.-Psych.
Wiss. Assistent der Psychosomatischen Klinik am ZI

Schwen-Harant, Tillmann, Doktorand, Arzt i. P.
Saarbrücker Str. 1, 6700 Ludwigshafen

XIV

Tress, Wolfgang, o. Prof. Dr. med. Dr. phil.
Lehrstuhlinhaber an der Universität Düsseldorf
Postfach 120510, 4000 Düsseldorf

Anschrift der Psychosomatischen Klinik am Zentralinstitut für Seelische
Gesundheit: Postfach 122120, 6800 Mannheim 1

Hinweise für den eiligen Leser

Nach einleitender Beschreibung der Zielsetzung unserer Untersuchung und Erwähnung von Literatur (Kap. 1) werden für den mit der Erstuntersuchung nicht vertrauten Leser die besonderen Schwierigkeiten der Verlaufsbeurteilung (2.1), die Methodik unseres ersten epidemiologischen Projektabschnittes (2.2) und die Ergebnisse der ersten Querschnittsuntersuchung kurz rekapituliert (2.3). Die Besonderheit der Methodik für die zweite Querschnittsuntersuchung/Follow-up-Studie (dargestellt in Abschn. 2.4) besteht in einem Splitting: Die Interviewer untersuchten die Hälfte der Probanden "blind" nach, also ohne Vorinformation, die andere Hälfte der Probanden "sehend", also nach detailliertem individuellem Aktenstudium mit der besonderen Chance vertiefender weiterführender Befragung und Klärung. - Es folgt (in Kap. 3) die Beschreibung der Stichprobe der Nachuntersuchten in Form der Morbiditätsraten (3.2). Ausfälle durch Verweigerung, Todesfälle und die Frage der Repräsentativität werden zusammen mit den globalen Ergebnissen (3.1) erörtert.

In einem methodischen Exkurs (Kap. 4) werden besondere Einflußfaktoren bei der Datenerhebung und Auswertung diskutiert.

Auf der Grundlage der dokumentierten Interviewklartexte betrachten wir (Kap. 5) die 4 großen Gruppen unterschiedlicher Verlaufstypen genauer: Menschen, die konstant krank, also "Fälle" geblieben sind (5.1); ferner diejenigen, die ihre Falleigenschaft gewechselt haben: solche, die gesünder geworden sind und diejenigen, die in dem Dreijahresintervall stärker durch psychogene Symptomatik beeinträchtigt waren, also Fälle geworden sind und sich somit ungünstig entwickelt haben (5.2); sowie schließlich (5.4) Probanden, die stabil gesund, also "Nichtfälle" blieben. Klinische Aspekte, insbesondere Fragen des Symptomwandels, werden diskutiert (5.3).

Das folgende Kapitel (6) analysiert im Detail die auf den Dreijahresverlauf einflußnehmenden Faktoren, insbesondere die mit speziellen Meßinstrumenten eruierten Variablen: die Life-events (6.1), das Copingverhalten (6.2) der Probanden und das soziale Netzwerk (6.3). Eine mathematische Analyse der Varianzanteile dieser 3 Konstrukte (6.4) und eine Abschätzung aller den Verlauf bestimmenden Faktoren für das gesamte Leben schließen sich an (6.5).

Wie schon in unserer ersten Studie, werden die Gegenübertragungsreaktionen der Interviewer während der individuellen Probandenuntersuchungen (Kap. 7.1) sowie die von den Probanden mitgeteilten Träume

(7.2) und frühkindlichen Erinnerungen (7.3) noch einmal einer vertieften Analyse unterzogen. - Dabei sind nunmehr hochinteressante Vergleiche mehrerer Beurteilungen durch verschiedene Untersucher möglich: Konstanz oder Variabilität der Probandenangaben einerseits, der Gegenübertragungsreaktionen verschiedener Untersucher auf denselben Probanden andererseits. Letzteres ist von besonderem wissenschaftlichen Reiz dort, wo der Zweituntersucher ohne Vorinformation "blind" dem Probanden begegnete.

Sodann wird die subjektive Einschätzung der Probanden über die Veränderung ihrer Symptomatik und ihres psychischen Allgemeinzustandes ausgewertet, wie sie sich in Fragebögen und im FPI-Test niederschlägt (Kap. 8).

Vertiefende Untersuchungen über die Fragen der Geschlechtsunterschiede im Krankheitsverhalten (9.1), eine Syndromanalyse der einzelnen Jahrgangskohorten (9.2) und ein Sozialschichtvergleich der Probanden mit ihrer Herkunftsschicht (9.3) folgen.

In Kap. 10 wird ein mathematisches Strukturmodell des Verlaufs und der darauf Einfluß nehmenden Variablen mit Hilfe einer Pfadanalyse dargestellt.

Die zum Zeitpunkt der Erstuntersuchung abgegebene Prognose bezüglich des wahrscheinlichen Verlaufs von Gesundheit und/oder Krankheit wird nunmehr mit dem real beobachteten Gesundheits-/Krankheitszustand 3 Jahre später verglichen (Kap. 11).

Eine retrospektive Beurteilung der lebenslangen Prävalenz, also der durchschnittlichen Beeinträchtigung durch psychogene Symptomatik im gesamten Erwachsenenleben der Probanden, und damit ein den Dreijahresverlauf überschreitender Aspekt, beendet die Darstellung (Kap. 12).

Eine Auswahl von Probanden ist bereits ein drittes Mal - wiederum ca. 3 Jahre nach der Follow-up-Studie - untersucht worden. Aus dieser 2. Follow-up-Studie können bereits erste, noch nicht systematisch auszuwertende Impressionen mitgeteilt werden (Kap. 13).

In die abschließende Diskussion unserer Ergebnisse gehen u.a. die Erörterung der versorgungsrelevanten Aspekte und präventive Überlegungen ein; Ausblicke auf weitere Studien und Auswertungen unserer Arbeitsgruppe sowie eine kurze Zusammenfassung beschließen den Ergebnisbericht.

Im Anhang findet der speziell interessierte Leser instrumentelle Details und der mit der Fachterminologie weniger Vertraute ein Glossar epidemiologischer Grundbegriffe.

1 Einleitung

1.1 Ziele
H. Schepank

Unser aufwendiges epidemiologisches Forschungsprojekt, das 1978 mit einer Pilotstudie begann und einschließlich Auswertungszeit bis 1987 lief, war von Anbeginn nicht nur als Zustandsbeschreibung, als deskriptive Querschnittuntersuchung geplant, sondern auch als hypothesengeleitete Follow-up-Studie. Wir stellten uns die Aufgabe,

1. den aktuellen Bestand an psychogenen Erkrankungen in der Bevölkerung, d.h. wahre Punktprävalenzraten[1], zu erkunden,
2. aus den Life-event-Erhebungen und retrospektiven Befunden auch pathogenetische Hypothesen zu überprüfen sowie
3. den längerfristigen Verlauf von psychogener Erkrankung und Gesundheit in der Bevölkerung zu erforschen und die darauf Einfluß nehmenden Faktoren zu ermitteln.

Nach einer Pilotstudie (1978/79) erfolgte in den Jahren 1979–1982 unsere erste Erhebung an 600 Probanden: zufällig aus der Mannheimer Bevölkerung der Geburtsjahrgänge 1935, 1945 und 1955 ausgewählte deutsche Erwachsene. Die Probanden - je zur Hälfte Männer und Frauen - waren damals also im Durchschnitt 25, 35 und 45 Jahre alt (+/- 1 Jahr wegen der Gesamtdauer der Erhebung). Die Ergebnisse sind in einer zusammenfassenden Auswertung dargestellt (Schepank 1987a, b).

Der interessierte Leser findet dort auch eine detaillierte Literaturübersicht und Erörterung der erforderlichen epidemiologischen Grundbegriffe, der Besonderheiten psychogener Erkrankungen und der von uns gewählten Methodik, die notwendig war, um die vielfältigen Schwierigkeiten solch einer epidemiologischen Felduntersuchung an einer freiwilligen Zufallsstichprobe aus der Bevölkerung zu überwinden.

Es war das Ziel dieser ersten Querschnittuntersuchung (im folgenden meist A-Studie genannt), mit einer verläßlichen Methodik und durch fachkompetente Untersucher zu ermitteln, welche psychogenen Erkrankungen wie häufig und in welchem Ausprägungsgrad in der Allgemeinbevölkerung vorkommen, wie gesund oder mit welchen Bagatellsymptomen belastet die Menschen sind. Wegen der Besonderheiten der Inan-

---

[1] Definition s. Anhang A: Glossar.

4

spruchnahme ärztlich-psychologischer Hilfe bei diesen Menschen kann
man die wahren Prävalenzraten solcher Erkrankungen und Störungen,
also das wirkliche Vorkommen, nur durch eine Felduntersuchung ermitteln: Das Hilfesuchverhalten psychogen Erkrankter ist in der Bevölkerung extrem breit gestreut und somit administrativ, d.h. allein durch ihr
Inanspruchnahmeverhalten, gar nicht festzustellen. Es erfolgt zudem
meist als organisches Symptomangebot. Psychologische Diagnostik wird
oft erst um Jahre verzögert, in vielen Fällen jedoch überhaupt nicht eingeleitet. Deshalb ist es notwendig, auf eine Zufallsstichprobe der Bevölkerung aktiv mit einem standardisierten Untersuchungsdesign zuzugehen.
- Bei der Ermittlung von Prävalenzraten haben wir die subjektive und
objektive Beeinträchtigung durch psychogene Symptomatik mit einer
bewährten Methode, dem Beeinträchtigungsschwerescore (im folgenden
meist BSS genannt; Schepank 1987a, b), gewichtet. Hierfür liegen uns
Vergleichsdaten einer Inanspruchnahmeklientel, also von Patienten aus
psychotherapeutischen, ambulanten und stationären Einrichtungen vor.
Schwere somatische Erkrankungen und auch die großen Psychosen haben
wir von Anbeginn aus unserem Suchfeld eliminiert (Begründung s. unten).

Wir diskutieren hier nicht erneut, inwieweit der Begriff "psychogene
Erkrankung" als Sammelbezeichnung für die von uns untersuchte Zielgruppe sinnvoll ist, sondern begnügen uns mit der operationalisierten
Definition der ICD-Kategorien, die wir zum Untersuchungsgegenstand
machten:

Es handelt sich um die 3 großen Gruppen 1) der Psychoneurosen, 2)
der (meist funktionellen) psychosomatischen Störungen und Erkrankungen sowie 3) der Charakterneurosen/Persönlichkeitsstörungen,
denen wir auch die Süchte und Sexualitätsstörungen zuordnen. Es sind
die ICD-Gruppen 300-306 (WHO, 8.Rev.)[2].

Es ging uns weiterhin darum, neben der detaillierten Erfassung der
Symptomatik eine Auflistung nach Alterskohorten, Geschlecht und Sozialschicht vorzunehmen. Die frühkindliche Entwicklung und ihr Einfluß
auf die Symptomentstehung sowie der pathogene Einfluß von Life-
events bzw. Versuchungs-/Versagungssituationen auf den Erkrankungs-
beginn wurde erfaßt. Zusammenhänge zwischen Neurotizität (= Falleigenschaft) einerseits mit verschiedenen Verhaltensvariablen andererseits
wurden untersucht, z.B. Arbeitsleistung, Sexualität/Partnerschaft, Un-
fallhäufigkeit, Tabak-, Alkohol-, Drogenkonsum etc.; Träume bei Gesunden, der Stellenwert der ersten Kindheitserinnerung, Korrelation der
Interviewergebnisse mit FPI-Testdaten etc. wurden ermittelt, beschrieben
und ausgewertet.

---

[2] Zur Zeit der Planung und des Beginns unserer Untersuchung war die 8. Revision der ICD
gültig. Wir müssen ihre Kategorisierung aus Gründen der Vergleichbarkeit auch für die
Follow-up-Studie beibehalten. Die in den USA gebräuchliche DSM-III-Klassifizierung fand
aus demselben Grund keine Anwendung. Sie existierte damals noch nicht. Wir fügen uns
aber auch nicht dem von ihr ausgeübten berufspolitischen Druck, im Zuge einer modischen
Biologisierung der Psychiatrie die Neurosen zu eliminieren.

Das Ziel der jetzt hier darzustellenden, von 1982 bis 1985 im Feld erhobenen Daten bei denselben Probanden, also der zweiten Querschnittsuntersuchung (im folgenden meist als B-Studie bezeichnet), und somit das Hauptziel dieser monographischen Darstellung liegt in der Beschreibung des individuellen *Verlaufsaspektes psychogener Erkrankungen*:

Alle erreichbaren Probanden wurden 1983-1985 - individuell jeweils ca. 3 Jahre nach der ersten Erhebungsphase - erneut eingehend nachuntersucht. Dabei interessierten uns neben einer wiederholten Erhebung, Überprüfung und ggf. Ergänzung der Daten aus der Erstuntersuchung v. a. folgende Fragen:

Wie verlaufen die diagnostizierten psychogenen Erkrankungen in diesem Dreijahresintervall?

a) Wie viele Probanden bleiben konstant gesund (= Nichtfälle), wie viele kontinuierlich krank (= Fälle)?
b) Wie viele Probanden wechseln zur Falleigenschaft (Neuerkrankte = Dreijahresinzidenzrate)? Und umgekehrt: Wie viele ehemalige Fälle werden zu Nichtfällen (Gesunden)?
c) Insbesondere bei den Probanden, die ihre Falleigenschaft wechselten, interessiert uns: Welche Faktoren nehmen Einfluß auf Neuerkrankung oder Gesundung?
d) Bei den konstanten Fällen bzw. kontinuierlichen Nichtfällen wollten wir erkunden, welche Umstände jeweils die Chronifizierung unterhalten, bzw. auch, welche Faktoren die Gesundheit stabil erhalten. Dazu gehören Fragenkomplexe wie: Inwieweit wirkt eine pathogene Frühkindheit im Sinne einer früh erworbenen Vulnerabilität noch nach? Welchen Einfluß üben Life-events, Copingmechanismen und soziales Netzwerk aus? Und insbesondere: In welcher Wechselwirkung stehen sie miteinander?

Gilt schon für psychogene Erkrankungen prinzipiell, daß sie aus verschiedenen Gründen überhaupt nur durch eine Felduntersuchung solide erfaßbar sind, so trifft das erst recht für die Erforschung der psychischen Gesundheit zu: Menschen, die in ihrem psychischen Wohlbefinden einigermaßen ausbalanciert sind, suchen ja generell keinen Experten auf. Sie stellen sich auch nicht systematisch, schon gar nicht als repräsentativer Bevölkerungsquerschnitt, der Forschung zur Verfügung. Auch wird ihnen bisher von seiten der empirischen Forschung kaum nennenswertes Interesse entgegengebracht, weil der gesamte Medizinbetrieb mit einem jährlich hohen Milliardenetat in Krankenbehandlung, Forschung, Lehre und Verwaltung fast ausschließlich auf die kurative Versorgung einer Inanspruchnahmeklientel hin organisiert ist. Auch die Pharmaindustrie lenkt die Finanzierung ihrer Forschung aus naheliegenden ökonomischen Gründen in diese Richtung. Etwa jedes 7. der ca. 700000 Krankenhausbetten in der BRD ist ein psychiatrisches; auch diese dienen hauptsächlich der Versorung der sog. großen psychischen Erkrankungen (Schizophrenie, affektive und exogene Psychosen, geistige

Behinderung, Demenz). Kaum eine staatliche Behörde wendet nennenswerte Kosten und Interesse für psychohygienische protektive Maßnahmen und die Belange der psychischen Gesunderhaltung auf.

Insofern darf man wohl behaupten: Unser Projekt stößt in Neuland vor; sowohl hinsichtlich seiner globalen Zielsetzung als auch der Forschungsmethodik und des Aufwandes an eingesetzter Fachkompetenz.

1.2 Literaturüberblick
H. Schepank

Die psychiatrisch-epidemiologische Literatur ist umfangreich. Mehr oder weniger werden dort auch psychogene Erkrankungen berücksichtigt. Wir haben sie an anderer Stelle aufgelistet (Schepank 1986, 1987a, b) und ersparen uns hier eine Rekapitulation. Sofern spezielle Fragestellungen angesprochen sind, diskutiert der jeweilige Autor in seinem Kapitel die Bezugsliteratur.

Überblickt man die seriösen und wissenschaftlich soliden Ergebnisse aus der Zeit nach dem 2. Weltkrieg, so könnte man wegen der extrem weit auseinanderklaffenden Ergebnisse gerade bezüglich der psychogenen Erkrankungen resignieren: Neugebauer u. Dohrenwend (1980) geben in ihrer Übersichtsarbeit die Schwankungsbreite für das Vorkommen von Neurosen in den epidemiologischen Untersuchungen aus Nordamerika und Europa mit einem Durchschnitt (Median) von 9,38 % Prävalenz in der Bevölkerung an. Allerdings erstreckt sich die Spannweite der Ergebnisse aus verschiedenen Studien von minimal 0,28 % bis zu 53,51 % als Maximum. Für die Persönlichkeitsstörungen nennen die Autoren einen Mittelwert von 4,76 %, bei einer Streuung von 0,7 % bis 63,0 %. Die funktionellen psychosomatischen Störungen (nach unserem Ergebnis in der A-Studie sogar die größte Subgruppe von psychogenen Erkrankungen!) sind in der Metaanalyse der beiden fachkundigen Autoren überhaupt nicht erfaßt! Während der Planungsphase unserer Forschungsbemühungen erschien deshalb unser Vorhaben manchem kritischen epidemiologischen Experten (z.B. H. Häfner) als eine kaum zu bewältigende Sisyphusarbeit. Soweit ich die Fachliteratur überblicke, gibt es eine Verlaufsuntersuchung in der Form und Gründlichkeit, wie wir sie hier vorlegen, bisher noch nicht.

Wissenschaftliche Bemühungen, den Langzeitverlauf von psychogenen Erkrankungen und psychischer Gesundheit empirisch zu untersuchen, zentrierten sich v. a. um folgende *methodische Ansätze*:

1. Die Beobachtung von psychogenen Erkrankungen im Zusammenhang mit der *Evaluation (psycho)therapeutischer Interventionen* und somit meist an einem klinischen, ambulanten oder stationären Patientengut (Literaturüberblick z.B. Baumann, Grave, Kächele u.a.). Die hochgradige Selektion solcher Inanspruchnahmeklientele aus der Gesamtheit der unter

psychogenen Erkrankungen Leidenden kann jedoch keine Repräsentativität für die psychogenen Erkrankungen schlechthin beanspruchen und gibt somit keinen Aufschluß über wahre Prävalenzraten und wahre Verläufe. - Dasselbe gilt für einfache Katamnesestudien, z.B. die interessante, aber weithin unbekannte Untersuchung von Sims (1984) über den langfristigen Verlauf früher stationär psychiatrisch behandelter Schwerstneurosen.

2. *Einzelne Krankheitsbilder* sind vielfach - und ebenfalls meist aus klinischer Sicht - hinsichtlich ihres Verlaufes wissenschaftlich bearbeitet; publizistischer "Star" mit einer Literaturflut ist derzeit die Anorexia nervosa und ihr Abkömmling, die Bulimie.

3. Um die wahren Verläufe psychogener Erkrankungen zu verfolgen, ist aus verschiedenen Gründen (s. Abschn. 2.1) die Methode der *epidemiologischen Felduntersuchung* unabdingbar erforderlich.

Einige bekannte Untersuchungen dieser Art zentrieren ihre Fragestellung auf kollektive Häufigkeitsveränderungen, also den Wandel des *Morbiditätsspektrums* in einer Population über größere Zeitabschnitte und die möglichen Ursachen hierfür: z.B. die Stierling-County-Study in Kanada (Leighton et al. 1962/63, Murphy J.M. et al. 1984) oder die Untersuchungen von Juhasz (1974) an einer Dorfbevölkerung in Ungarn. Die Erforschung eines epochalen Wandels (oder Konstanz) des Morbiditätsspektrums war jedoch nicht das Ziel unserer Untersuchung.

Einige prominente Studien, in denen der individuell biographische Lebenslauf in a) *psychogener Krankheit* und/oder b) Gesundheit erfaßt wird, sind wegen andersartiger Methodik mit unseren Ergebnissen nur schwer vergleichbar:

a) Die berühmte Midtown-Manhattan-Studie (Srole et al. 1962; Langner et al. 1963; Srole u. Fischer 1980), z.B. mit Nachuntersuchung 20 Jahre später, konnte wegen der in den USA bekanntlich starken Migrationsbewegungen bei ihrem Follow-up nur 67,7 % des ursprünglichen Klientels erfassen; auch wurde der Prävalenzbegriff sehr unscharf gebraucht (Punkt- und lebenslange Prävalenz sind vermischt), was einen außerordentlich hohen Bestand von psychogenen Erkrankungen vortäuschte. Die im Feld untersuchenden "Experten" hatten keine hohe Kompetenz aufzuweisen und der in den USA stark erweiterte Psychosebegriff wurde mit neurotischen Störungen vermischt, was zu einer hohen Rate psychischer Störungen insgesamt führte (58,1 % leichte bis mäßige und 23,4 % schwerer Kranke, Invalidisierte etc.). Die Aussagekraft und Schlußfolgerungen sind deshalb ziemlich eingeschränkt. - Selbst die (bislang erst in verstreuten Aufsätzen publizierte) Nachuntersuchung der Oberbayerischen Feldstudie von Dilling et al. (1984) durch M. Fichter (Fichter et al. 1988) ist mit unserer Studie nur schwer vergleichbar, weil in der von Psychiatern durchgeführten Studie die großen psychiatrischen Krankheitsbilder mit eingeschlossen sind (triftige Gründe gegen diese

8

Strategie s. Abschn. 2.1); auch erfolgte dort die Neurosendiagnostik und insbesonere die Erfassung von Biographie, Lebensumständen und Entwicklungsdaten nicht annähernd so differenziert wie bei uns[3]. Es handelt sich außerdem um eine ländlich-kleinstädtische Population. Als für unsere Fragestellung inadäquat zu kritisieren wäre auch noch die für psychogene Erkrankungen besonders unbrauchbare Schweregradeinstufung: Die Autoren entschieden sich (wohl mit Hinblick auf die erstrebte Versorgungsrelevanz der Studie) als Schweremaß für eine nach abgeschätzten erforderlichen Kompetenzgraden der Therapeuten abgestufte Indikation zur Behandlung. So bezeichnen sie die Probanden als gesund, bei denen sie keine Therapie für notwendig erachten, diejenigen als leicht gestört, bei denen ihrer Meinung nach auch eine Therapie beim Allgemeinarzt genüge, diejenigen als mittelschwer Kranke, bei denen eine Behandlung beim niedergelassenen Psychiater erforderlich ist, und diejenigen als schwerkrank, bei denen nach ihrer Meinung eine Einweisung in ein psychiatrisches Krankenhaus (Therapie) notwendig ist. - Eine andere Langzeituntersuchung (Angst et al. 1984) ist in ihren Ergebnissen noch nicht publiziert. Sie beschränkt sich außerdem auf Depressionen und Ängste sowie auf eine Alterskohorte, die bei Beginn um 20 Jahre alt war, somit nur auf einen speziellen Morbiditätssektor aus der Untergruppe der Psychoneurosen. Vergleiche mit unserer Jahrgangskohorte der 1955 Geborenen bieten sich an.

b) Lebenslaufanalysen, wie z.B. von Langenmayr (1975, 1987) vorgelegt, zielen mehr auf den Verlauf von *Gesundheit* ab. Zwar wird dort auch von Erkrankungen gesprochen; die auswertenden Psychologen konnten eine wissenschaftlich anspruchsvolle Beurteilung jedoch qua Professionalisierung kaum durchführen, nachdem die Datenerhebung im Feld durch Hilfspersonal erfolgt war: durch Studenten verschiedener Fakultäten, von denen nicht einmal ihre Fachkompetenz (Studienrichtung) angegeben ist und die mit Fragebögen ins Feld geschickt worden waren. Bei solch einem methodischen Vorgehen ist eine detaillierte Erfassung, z.B. subtiler charakterneurotischer Abweichungen und der auf sie Einfluß nehmenden Umweltfaktoren, nicht zu erwarten.

Auch die neuerdings wieder beachtete und um wissenschaftliche Anerkennung bemühte qualitative Forschung, z.B. von H. Legewie (1987), leistet für unsere epidemiologische, also immer auch massenstatistisch repräsentative Zielsetzung lediglich heuristische Hypothesengenerierung, obgleich die menschlich anteilnehmende emotional offene Vorgehensweise gerade bei dieser Untersuchung bestechend und in vieler Hinsicht vorbildhaft ist.

---

[3] Selbst unsere Bemühung, die Primärdaten miteinander zu vergleichen, scheiterte an der zu stark verkürzten Klartextdokumentation bei Dilling et al. (1984).

2 Methodik und empirische Basis

2.1 Grundsätzliches zur Epidemiologie, zu unserer Methodik und zur Beurteilung von Verläufen
H. Schepank

Auf eine ausführliche Erörterung des epidemiologischen Begriffsinventars verzichten wir an dieser Stelle und verweisen auf die Literatur (Cooper u. Morgan 1977; Pflanz 1973; Schepank 1987a u.a.). Dem fachfremden Leser geben wir zum besseren Verständnis im Anhang ein kurzes Glossar der Grundbegriffe bei (Anhang A). - Einige Parameter der von uns angewandten Methodik werden an passender Stelle beschrieben: Prävalenzzeitabschnitte, Falldefinition (Abschn. 2.2), Fallidentifikationstechnik und Untersuchungsinstrumente (Abschn. 2.4.1 und 4.3.1) etc.

Um unser Vorgehen bei der epidemiologischen Erforschung psychogener Erkankungen zu verstehen, ist es jedoch erforderlich, über die Besonderheiten dieser Krankheitsgruppe einige Bemerkungen voranzuschicken.

2.1.1 Besonderheiten

Psychogene Erkrankungen unterscheiden sich - einmal ganz abgesehen von ihrer Ätiopathogenese - in mehrfacher Hinsicht grundsätzlich von den sog. großen psychiatrischen Erkrankungen, wie Psychosen, Oligophrenien, gerontopsychiatrischen Störungen etc.

1) Die psychogenen Erkrankungen zeichnen sich durch ein *gleitendes Kontinuum* möglicher Schweregrade ihrer Krankheitsmanifestation aus. Es erstreckt sich von unauffälligen Bagatellbeeinträchtigungen, lange Zeit nicht als krankhaft erkannten Symptomen bis zu dem anderen Extrem plötzlichen, unerwarteten (Suizid) oder auch langsam herannahenden Todes, vitaler Beeinträchtigung oder verkürzter Lebenserwartung, z.B. bei Anorexia nervosa, Alkoholabusus, Adipositas, psychogenem Asthma etc.

2) Im Gegensatz zu den meisten somatischen Erkrankungen und auch anders als bei den Psychosen ist oft eine *differentialdiagnostische* Abgrenzung nach *zwei Seiten* hin notwendig: zur Gesundheit bzw. Baga-

tellstörung einerseits und auf der anderen Seite zu einer nosologisch und ätiopathogenetisch ganz anderen - psychotischen oder ggf. primär somatogenen - Erkrankung.

3) Das *Inanspruchnahmeverhalten* von Menschen mit psychogenen Erkrankungen zeichnet sich durch eine *extreme Variabilität* aus: Zum einen ist die Latenzzeit von Krankheitsbeginn bis zu einer Inanspruchnahme oft sehr lang; die Inanspruchnahme, wenn sie überhaupt erfolgt, ist zudem über außerordentlich viele medizinische oder psychologische Spezialdisziplinen gestreut und erstreckt sich bis zu diversen Beratungsstellen, religiösen Diensten, Gerichtsinstanzen, Heilpraktikern, Laienhilfe, Selbsthilfegruppen etc. Dabei ist die diagnostische Kompetenz für die Psychogenese der Störung bei den einzelnen Anlaufstellen sehr unterschiedlich, oft gar nicht vorhanden. Vielfach erfolgt auch überhaupt keine Konsultation eines Fachmannes - ganz im Gegensatz zu Psychosen oder den meisten körperlichen Erkankungen, die von einem gewissen Schweregrad an in unserem Versorgungsnetz fast immer einer kompetenten Spezialbehandlung zugeführt und dabei administrativ erfaßt werden. Die Folge hiervon ist eine erhebliche *Diskrepanz zwischen wahrer Prävalenz und administrativer* (bzw. behandelter) *Prävalenz* bei den meisten psychogenen Erkrankungen.

4) Schließlich sind die Krankheits*verläufe* außerordentlich variabel. Die meist polysymptomatisch auftretenden Manifestationen erschweren die Erkennung und wissenschaftliche Erfassung und erfordern hohe Fachkompetenz.

2.1.2 Forschungsstrategische Konsequenzen

Zahlreiche Konsequenzen leiten sich aus diesen Besonderheiten ab:

- Nur eine *Felduntersuchung* an einer repräsentativen Bevölkerungsstichprobe kann annähernd Auskunft über das Ausmaß der wahren Prävalenz geben (Folge von Pkt. 3, s. oben).

- Dazu ist es notwendig, die Untersuchung der Probanden von Ärzten/ Psychologen mit *hoher Fachkompetenz* persönlich durchführen zu lassen: Mit Fragebögen in die Haushalte geschickte, wenn auch vielleicht routinierte Interviewer oder Studenten sind völlig unzureichend für die Erfassung dieser Krankheitsgruppe (folgt aus Pkt. 1 und 2)!

- Es genügt nicht, allein die Symptomatik zu erfassen, sondern der *Schwereausprägungsgrad* muß möglichst präzis beurteilt werden, wofür Vergleichsmaßstäbe klinischer Inanspruchnahmepatienten notwendig sind. Anderenfalls hat die Gesamtuntersuchung keinen praktischen Bezug. Man muß sich auf einen Cut-off-point des Schweregrades festlegen, von dem ab man einen Fall definiert (folgt aus Pkt. 1 und 2).

- Schließlich ist eine nur einmalige Querschnittsuntersuchung unzureichend, weil man damit noch nichts über den Verlauf der Störung bzw. der Gesundheit weiß (Konsequenz aus Pkt. 4). Es muß also eine geplante *Follow-up-Studie* durchgeführt werden.

- Unseres Erachtens ist es nicht nur ratsam, sondern unbedingt notwendig, sich auf die ätiopathogenetisch *homogene Zielgruppe* der psychogenen Erkrankungen zu konzentrieren, und zwar - wegen der Multimorbidität und des bekannten Symptomwechsels - *aller* psychogener Erkrankungen, also nicht nur der Psychoneurosen oder einzelner psychosomatischer Erkrankungen oder nur der Charakterstörungen.

- Dabei ist es sinnvoll, ausdrücklich *Psychosen* und *primär somatogene* Körpererkrankungen von vornherein *auszuklammern.*

2.1.3 Ausschluß von Psychosen und primär somatischen Erkrankungen

In zahlreichen Diskussionen sind wir immer wieder gefragt worden, wie gerade diese Exklusivität plausibel zu begründen sei. Die Argumente für diesen speziellen Teil unserer Forschungsstrategie werden deshalb hier noch einmal ausführlich erläutert:

1) Die sog. großen psychiatrischen Erkrankungen sind zumeist überwiegend somatischer oder humangenetischer, zum Teil auch noch völlig ungeklärter *Ätiologie.* Die Zielgruppe unserer Untersuchungen dagegen, die psychogenen Erkrankungen, hat definitionsgemäß eine überwiegend in der psychosozialen Entwicklung begründete, meist durch eine subtile tiefenpsychologische Diagnostik auch positiv nachzuweisende Pathogenese. Das führt zu völlig unterschiedlichem Vorgehen bei der Diagnostik im Feld: Hat man eine Schizophrenie oder Epilepsie diagnostiziert, so kann man sich deskriptiv-epidemiologisch damit begnügen; wird eine Angstneurose identifiziert, steht man damit erst am Beginn des diagnostischen Prozesses und hat zur Validierung einer neurotischen Angst die Lebensentwicklung aufzurollen, Persönlichkeitsstruktur, symptomauslösende Situationen zu erfassen etc. Noch weiterreichende Daten aus der Lebenssituation sind erforderlich, um die Behandlungsindikation und die Prognose beurteilen zu können.

2) Die *Diagnostik* bei den Psychosen und den überwiegend primär somatischen Erkrankungen ist eine *qualitative, kategoriale* mit meist eindeutiger Abgrenzung von gesund vs. pathologisch. Ganz anders bei den psychogenen Erkrankungen, wo es sich meist um eine *dimensionale* Diagnostik handelt: Psychoneurosen und Persönlichkeitsstörungen manifestieren sich in einem kontinuierlich gleitendem Übergang; die Grenze zwischen gesund und krank ist sehr viel schwerer bestimmbar. Allein dieser Unterschied zwischen einer deskriptiv-phänomenologisch-taxonomischen Diagnostik (bei den Psychosen) und einer mehr ursächlichen und in Schweregraden auszudrückenden Diagnostik (bei den Psychoneu-

12

rosen oder Persönlichkeitsstörungen) begründet das Erfordernis nach einer getrennten Erfassung.

3) Es kommt hinzu, daß wir es mit ganz *unterschiedlichen Häufigkeiten* zu tun haben: Die lebenslange Prävalenz z.B. von Schizophrenien in der Gesamtbevölkerung beträgt ca. 1 %, von schweren Oligophrenien 1 % - 2 % etc., gegenüber 10 - 20 und mehr Prozent bei psychoneurotischen, charakterneurotischen und funktionell psychosomatischen Erkrankungen. Will man die Psychosen in der Gesamtbevölkerung erfassen, so müßte man eine um eine Zehnerpotenz (!) größere Anzahl von Probanden untersuchen, um überhaupt hinreichende Mengen von Kranken herauszufiltern.[1] Bei einer so großen Anzahl von erforderlichen Probanden wiederum ist die für psychogene Erkrankungen unbedingt erforderliche subtile Diagnostik forschungspraktisch gar nicht durchführbar. Bestes Beispiel für dieses forschungstechnische Dilemma ist die respektable Taiwan-Studie (Lin 1953, 1969) mit ca. 20000 in jeweils Fünfminutenuntersuchungen erfaßten Probanden: Dabei wurde die Zahl der Psychosen und organischen Hirnstörungen annähernd zutreffend erfaßt, die der Neurosen jedoch mit 0,12 % extrem unterschätzt, ebenso wie die der Persönlichkeitsstörungen (sogar als lebenslange Prävalenz!) mit 0,09 %. Spätere gründlichere Untersuchungen der vergleichbaren chinesischen Festlandpopulation (Xia 1984) bestätigten unsere Hypothese.

4) Daß wir primär *somatische Erkrankungen* aus unserer Untersuchung *ausschlossen*, bedarf kaum einer Begründung. Die Hinzuziehung aller somatischen diagnostischen Erfordernisse hätte den Aufwand ins Unermeßliche gesteigert und auch keinen Sinn gemacht. Die seltenen, wirklichen differentialdiagnostischen Zweifelsfälle zwischen psychogen und primär somatisch (z.B. ungeklärte fragliche Herzinfarkte bei jungen Menschen, die apparativ-klinische Untersuchungen notwendig gemacht hätten) haben wir als Sonderfälle eliminiert. Bei den meisten funktionell psychosomatischen Symptomen konnten wir uns - bei der heute üblichen medizinischen Versorgung - darauf verlassen, daß durch haus- und fachärztliche intensive Diagnostik bei den chronisch verlaufenden Störungen primär somatische Erkrankungen mit hinreichender Gewißheit ausgeschlossen sind (bei Kopfschmerzen etwa ein Hirntumor, bei Diarrhöen eine Infektion, ein Karzinom etc.). Zu beachten ist jedoch umgekehrt, daß die meisten von Psychiatern geplanten epidemiologischen Studien regelmäßig die funktionellen und psychosomatischen Störungen ganz grob vernachlässigen, weil diese Klientel auch im professionellen Erfahrungsfeld der meist in der stationären (!) Versorgung ausgebildeten Forschungspsychiater weitgehend fehlt (s. Dohrenwend u. Neugebauer 1980). Welcher Patient mit (vielleicht psychogenen) Magenbeschwerden, Durchfällen oder Herzstechen läßt sich auch schon deshalb zur Behandlung in ein Psychiatrisches Landeskrankenhaus aufnehmen?!

---

[1] Oder man müßte entsprechende Screening-/Konzentrierungsmethoden anwenden, die es allerdings für psychogene Erkrankungen in verläßlicher Form nicht gibt!

5) Mehrere der genannten Besonderheiten führen nun zu einem merkwürdigen Resultat/*Bias*, wenn die Psychosen und die schweren primär somatischen Erkrankungen *zusammen* in einem Untersuchungsgang mit den psychogenen Störungen im Feld untersucht werden sollen: Kontrastphänomene führen zu einer *Unter*schätzung der Zahl, der Bedeutung und der Beeinträchtigungsschwere von sog. "kleinen" psychiatrischen (also den psychoneurotischen und charakterneurotischen) Störungen. - In vielen bisherigen psychiatrisch-epidemiologischen Untersuchungen wurden die Neurosen nur nebenbei miterfaßt, die *psychosomatischen* Störungen fast immer ganz vernachlässigt. Krassestes Beispiel für die Kumulation wissenschaftlicher Irrtümer ist eine moderne und in Psychiaterkreisen hoch angesehene und sehr aufwendige, mehrere zehntausend Probanden umfassende amerikanische Studie, die ECA-NIMH-Studie[2] (Regier et al. 1984) mit dem grotesken Ergebnis, daß die (nach DSM III diagnostizierten) funktionell-psychosomatischen Störungen, die sog. "somatiform disorders", in der Gesamtbevölkerung US-amerikanischer Großstädte nur bei 0,1 % - 1 % der Population registriert wurden, und das sogar unter Berücksichtigung lebenslanger Prävalenz (!), also nicht etwa momentaner Beschwerdeangaben. Die mit solcher Methodik gewonnenen Ergebnisse führen somit für die uns interessierende Zielgruppe und die Pathogenesefragestellung völlig in die Irre und sind schlichtweg unbrauchbar, was jedoch nicht die Validität des oben genannten Projektes für die epidemiologische Erfassung der Psychosen in Frage stellt.

2.1.4 Beurteilung von Verläufen

"Verlauf" kann epidemiologisch in bezug auf Krankheiten drei verschiedenartige Sachverhalte bezeichnen:

- einen *kollektiven* im Sinne eines Wandels des *Morbiditätsspektrums* in einer umschriebenen Population;
- einen abstrahierten Typus: die *regelhafte* Verlaufsform einer bestimmten Diagnosekategorie, einschließlich der statistischen Häufigkeitserwartung von Komplikationen sowie von passageren und dauerhaften Remissionen;
- den *individuell biographischen* Verlauf einer bestimmten diagnostizierten Krankheit oder einer Sequenz von Symptommanifestationen aus derselben taxonomischen Gruppe bei einem Menschen.

Mit Hilfe der individuellen Verlaufsbeobachtungen (Kategorie 3) an vielen zufällig ausgewählten Individuen ergibt sich im statistischen Durchschnitt eine Beurteilung über regelhafte Verläufe (Kategorie 2). Das ist ein Ziel unserer Studie.

---

[2] Bisher nur von wenigen Städten in den Ergebnissen publiziert.

2.1.5 Epochaler Wandel des Morbiditätsspektrums

Von dem zuerst genannten Verlaufsaspekt wird in diesem Buch nicht weiter die Rede sein, da unser Untersuchungsdesign anders zentriert ist. Einen Seitenblick ist jedoch diese Frage wert, da sie in der Medienöffentlichkeit häufig diskutiert und als die interessantere angesehen wird. So ist man als Epidemiologe seitens interessierter Laien oft mit etwa folgender Frage konfrontiert: "Stimmt es, daß ... (es folgt die Nennung von Krankheiten, wie Geisteskrankheiten, Neurosen, seelische Erkrankungen überhaupt oder Anorexia nervosa, Selbstmorde etc.) jetzt so häufig geworden ist?" - Meist hat der Fragende auch schon eine Erklärung für das vermeintliche (bisher aber meist unbewiesene) Phänomen der Häufigkeitszunahme anzubieten: die Industrialisierung, den Frust, den Streß, die Reizüberflutung, den Konsumterror, die Verstädterung, die Hochhaussilos etc. Früher, in Zeiten stärkerer religiöser Gebundenheit, attribuierte man die vermeintlichen oder beobachteten Phänomene mit der Sündhaftigkeit der Menschen, ihrer Wollust, ihrer Gier.

Nun gibt es zweifellos nicht nur regionale Unterschiede der Prävalenzraten einzelner Krankheitsgruppen, sondern auch Wandlungen des Krankheitsspektrums und der Häufigkeitsverteilung einzelner Manifestationen über größere Zeitepochen. Einige imponieren auch ohne exakte epidemiologische Auszählungen. Bekannt ist die Häufung von sog. Kriegszitterern nach dem 1. Weltkrieg, von Magenulzera der deutschen Soldaten im 2. Weltkrieg etc. Von der Anorexia nervosa wird ein Prävalenzanstieg häufig vermutet, ein solider Beweis fehlt bis jetzt. Eine Zunahme anderer süchtiger Verhaltensweisen ist recht wahrscheinlich (Bulimie), in einigen Fällen auch anhand von Konsummessungen nachweisbar (Alkohol-, Drogen-, Medikamentenabusus). Häufiger als solide Untersuchungen sind jedoch Fehlbeobachtungen und falsche Rückschlüsse von Änderungen des Inanspruchnahmeverhaltens (= administrative Prävalenz) bzw. von therapeutischen Angeboten auf das wirkliche Vorkommen (= wahre Prävalenz). Oft handelt es sich also nur um vage Vermutungen über eine vermeintliche Zunahme.

Dem wissenschaftlichen Nachweis eines solchen Wandels im Krankheitsspektrum bei den psychogenen Erkrankungen stellen sich ganz außerordentlich große Schwierigkeiten entgegen. Selbst bei einer gesicherten Feststellung von epochalen Morbiditätsschwankungen ist die Beantwortung der konsequent und unweigerlich folgenden Frage, welche soziokulturellen oder anderen ursächlichen Faktoren denn für den Wandel verantwortlich zu machen sind, eine kaum zu bewältigende Aufgabe: Einerseits ändern sich wissenschaftliche Untersuchungsmethoden, zum anderen - und das ist noch gewichtiger - verändern sich synchron Gesellschaftsstrukturen, Gesetzgebung, Wirtschafts- und Machtverhältnisse. Aus religiösen oder gesetzgeberischen Gründen sind einige Manifestationsformen mehr oder weniger tabuiert und schwer untersuchbar: Verhaltensdeviationen, wie Delinquenz, Perversionen, Süchte, Suizide. Bei meinem kürzlichen Besuch in der Sowjetunion (1987) und Gesprächen

mit Experten stieß ich mit meiner Frage nach der Häufigkeit von Suizi-
den und Suizidversuchen selbst bei Ärzten an der ersten Anlaufstelle für
Inanspruchnahme, sog. Toxikologen auf Entgiftungsstationen und
Psychiatern/Psychotherapeuten, auf totale Unwissenheit und Tabuisie-
rung des Themas in diesem Lande. Felduntersuchungen wie die von uns
durchgeführte wären in Japan oder in der UdSSR heute noch nicht
denkbar, wie mir Fachleute aus diesen beiden Ländern bestätigten, und
zwar aus sehr unterschiedlichen soziokulturellen Gründen. Dabei handelt
es sich in beiden Fällen um administrativ und wirtschaftlich hochent-
wickelte Staaten. Erst recht unmöglich wäre eine der unseren ähnliche
Felduntersuchung in Entwicklungs- oder auch in solchen Schwellenlän-
dern mit sehr festgefügten fundamentalistisch-religiösen Strukturen.

2.1.6 Typischer und individueller Verlauf von Krankheit/Gesundheit

Der typische Verlauf von Gesundheit und von psychogener Krankheitssymptomatik (unter Ausschluß der sog. endogenen und somatisch
bedingten Psychosen) ist nun unser zentraler Forschungsgegenstand. Was
wir bisher über Verläufe dieser Krankheitsmanifestationen wissen, ist
überwiegend aus retrospektiven Anamnesen bei klinischer Inanspruchnahmepopulation gewonnen. Wegen der großen Variabilität oder völlig
fehlender Inanspruchnahme bei vielen Erkrankten ist unsere Kenntnis
jedoch insgesamt sehr lückenhaft: Berufspolitische Gegner psychotherapeutischer Interventionstechniken pflegen die von ihnen oft so genannten
"kleinen psychiatrischen Störungen" eher zu bagatellisieren oder Spontan-
heilung und günstige Verlaufsformen anzunehmen. In der psychotherapeutischen Alltagspraxis tätige Kliniker wiederum werden öfter mit Rezidiven und stark chronifizierten Verlaufsformen konfrontiert und entwickeln somit eher zu pessimistische prognostische Schätzungen. Jeden-
falls variiert die Urteilsbildung auch der Experten sehr stark und ist in
hohem Maße von Vorurteilen, irrationalen Annahmen, kaschierten oder
offen geäußerten (ökonomischen oder berufspolitischen Macht-) Inter-
essen gesteuert, was die Wahrheitsfindung beträchtlich erschwert.

Eingedenk des Spannungsfeldes widersprüchlicher Meinungen ist es
nun das Ziel unserer Forschungsgbemühungen, etwas mehr empirisch
fundierte Erkenntnis über den Verlauf von psychischer Gesundheit und
psychogenen Erkrankungen zu gewinnen.

2.2 Methodik der A-Studie
H. Schepank

Die Datenerhebung im Feld für die A-Studie (= erste Querschnittsuntersuchung) wurde von November 1979 bis Dezember 1982 durchgeführt.

Wir untersuchten 600 nach Zufall ausgewählte deutsche Erwachsene aus Mannheim der Geburtsjahrgänge 1935, 1945 und 1955.

Eine vorgeschaltete Pilotstudie diente v. a. der grundsätzlichen Ermittlung, ob eine so umfangreiche und intime Exploration überhaupt durchführbar sein könnte. Ferner mußten die hierfür erforderlichen Untersuchungsinstrumente erarbeitet werden. - Die Daten der 114 Probanden dieser *Pilotstudie* gingen nicht in die Ergebnisse der Hauptstudie ein.

Insgesamt 1028 Bürger waren angeschrieben worden, eine Zufallsstichprobe aus dem Registerauszug (n = 10966) des Einwohnermeldeamtes. Es enthält sowohl Personen mit erstem wie mit zweitem Wohnsitz in Mannheim, also insbesondere die tatsächlich hier wohnhaften und tätigen Menschen. Neben zahlreichen inzwischen fortgezogenen (n = 203), nicht erreichbaren (n = 8), inzwischen verstorbenen (n = 6), überzählig angeschriebenen (n = 24) sowie den von uns eliminierten Sonderfällen (n = 11), d.h. eindeutigen Psychosen oder wegen höchstgradiger geistiger oder somatischen Behinderung, z.B. Taubstummheit, nicht untersuchbaren Probanden, *verweigerten* insgesamt 176 die freiwillige Untersuchung. Das sind - bezogen auf die überhaupt Erreichbaren und Untersuchbaren - 23 %. Wir haben gute Gründe für die Annahme, daß das Verweigerungsverhalten weitgehend krankheitsunabhängig ist, daß also weder die besonders Gesunden, noch die Kranken (= "Fälle") bevorzugt verweigert hätten. Die Zahl der als Ergebnis ermittelten Fälle[3] von psychogener Erkrankung, 26 % der Population, kann somit als repräsentativ hinsichtlich unserer Zielfragestellung angesehen werden (s. Abschn. 2.3 und Abb. 3.1).

Als Instrument zur *Fallidentifikation* konstruierten wir eigens hierfür ein psychoanalytisch orientiertes halbstandardisiertes und strukturiertes Interview (im Wortlaut dargestellt in Schepank 1987a, b). Ferner wurde das klinische Interview von Goldberg u. Cooper (1970) in deutscher Übersetzung eingesetzt. Inhaltlich folgt unser Interview tiefenpsychologisch diagnostischen Regeln hinsichtlich der erforderlichen Daten über Symptomatik und deren Verlauf, symptomauslösende Versuchungs-/Versagungssituation, Persönlichkeitsstruktur und Genese sowie aktuelle Lebenssituation anhand von Außenkriterien und emotionaler Befindlichkeit. Das Interview dauerte in der Regel 3 Stunden. Beschwerdelisten von v. Zerssen (1976) dienten dem Einstieg. Weiterhin wurde ein Lifeevent-Inventar (in Anlehnung an Siegrist) vergeben, der FPI-Test (Fahrenberg et al. 1978) sowie Skalen zur Krankheitsauffassung, zum Inanspruchnahmeverhalten und zur Krankheitsverleugnung. Die Untersuchung erfolgte in der Regel in der Wohnung der Probanden nach vorherigem Anschreiben und Terminvereinbarung. Interviewer waren - im

---

[3] Für den mit epidemiologischer Forschung nicht vertrauten Leser sei ausdrücklich angemerkt, daß der gebräuchliche Fachterminus "Fall" keine abwertende Konnotation enthält: Die expertenbestimmte Definition als "Fall von ..." ist nämlich keineswegs identisch mit der Tatsache, daß ein Betroffener sich selbst durch sein Hilfesuchverhalten als Patient, als Kranker, definiert (s. z.B. Alkoholismus, Anorexia nervosa, Perversion etc.).

Gegensatz zu vielen sonst durchgeführten epidemiologischen Felduntersuchungen - hochqualifizierte Experten mit einer abgeschlossenen medizinischen und/oder psychologischen Grundausbildung sowie besonderer Erfahrung in der klinischen Diagnostik psychogener Erkrankungen (s. Schepank 1987, S.70 ff.).

Unsere *Falldefinition* lautet: Ein Proband ist ein "Fall von psychogener Erkrankung",

1) wenn ihm der Interviewer nach gründlicher, mindestens 2stündiger strukturierter Untersuchung eine der *ICD-Diagnosen* aus dem Bereich 300-306 (WHO, 8. Rev.) als qualitatives Kriterium zuweist,

2) wenn die Ausprägung/*der Schweregrad* der diagnostizierten Störung (= quantitatives Kriterium) eine Beeinträchtigung zur Folge hat, die nach der Experteneinschätzung einen Punktwert von ≥ 5 Punkte im BSS (Beeinträchtigungsschwerescore nach Schepank) und/oder ≥ 20 Punkte im Goldberg-Cooper-Score entspricht.

3) Diese diagnostizierte und so ausgeprägte Störung muß (zeitliches Kriterium) jetzt, also im Sinne der *Punktprävalenz* bestehen, d.h. in den letzten 7 Tagen manifest sein.

Neben der Festlegung des Kennwertes (Punktprävalenz vs. Periodenprävalenz oder lebenslange Prävalenz vs. Inzidenzraten) und der Festlegung auf eine zu erfassende diagnostische Kategorie ist u.E. die Schweregradeinstufung und damit die Festsetzung eines Cut-off-points als Fallgrenze unbedingt erforderlich wegen des stufenlosen Kontinuums zwischen gesund und krank bei psychogenen Störungen (s. Abschn. 2.1). Als Bezugsraster bot sich eine Vergleichsmöglichkeit mit einer erkrankten, ambulanten und stationären, Inanspruchnahmeklientel an.

Dokumentation: Die über jeden der 600 Probanden niedergelegten Untersuchungsbefunde bestehen neben den handschriftlichen Aufzeichnungen, Testbögen und ihren Auswertungen v. a. in einem ca. 100 Seiten umfassenden Dokumentationsbogen für die EDV-Verarbeitung und einer über jeden Probanden (selbstverständlich auch alle gesunden!) niedergelegten strukturierten 7-15 engzeilige Schreibmaschinenseiten umfassenden Klartextdokumentation (!), in der neben genauer Symptomschilderung, aktueller Lebenssituation, Biographie, Frühkindheit auch die Untersuchungsumstände, die Gegenübertragungsreaktionen des Interviewers verbal beschrieben werden und eine Gesamtbeurteilung mit einer psychodynamischen Hypothese formuliert wird. Diese Klartextdokumentation erschien uns sowohl zur Kontrolle der EDV-gespeicherten Daten als auch für die Follow-up-Studie notwendig und ermöglichte weitere detaillierte Auswertungen, an die bei der Planung noch gar nicht zu denken war. Sie erwies sich später insofern als ganz besonders fruchtbar und unterscheidet auch unser Projekt wesentlich von anderen sonst teilweise vergleichbaren Ansätzen (z.B. Oberbayrische Feldstudie von Dilling et al. 1984).

18

2.3 Ergebnisse der A-Studie
W. Tress, H. Schepank

Unsere randomisierte Stichprobe darf als repräsentativ für die altersentsprechende deutsche Mannheimer Bevölkerung und aufgrund der sozioökonomischen Infrastruktur Mannheims auch als repräsentativ für die Bevölkerung der meisten deutschen Großstädte gelten (Schepank, 1987a).

Entsprechend den Alterskohorten und Geschlechtern spiegeln die demographischen Kennwerte unserer Stichprobe die tatsächlichen Verhältnisse wider.

Gemäß dem Index von Kleining u. Moore (1968) zur sozialen Schichtzugehörigkeit zählen 7,3 % der Probanden zur unteren Unterschicht, 25,8 % zur oberen Unterschicht, 41,5 % zur unteren Mittelschicht, 19,7 % zur mittleren Mittelschicht und 5,7 % zu den oberen sozialen Schichten.

Weitere Details zur Soziographie der Stichprobe sind bei Schepank (1987a, S. 51 ff.) zu erfahren.

Die Rate der *Verweigerer* belief sich auf 23 %. Mit guten Gründen gehen wir davon aus, daß diese Menschen weitgehend der Durchschnittspopulation entsprechen und hinsichtlich der Fall-/Nichtfallfrage ergebnisneutral sind.

Gemäß den in Abschn. 2.2 erläuterten Kriterien identifizierten wir 156 und damit 26 % der 600 untersuchten Probanden als Fälle. 97 Probanden überschritten beide Kriterien der Beeinträchtigungsschwere, 48 Probanden lagen nur im BSS oberhalb der Fallgrenze, 11 nur im GC-Score. Etwa doppelt so viele Probanden, nämlich 305 und damit 50,8 % der Stichprobe, erhielten aber eine ICD-Diagnose, die ja nur eine Voraussetzung für die Fallidentifikation darstellt und nicht mehr bedeutet, als daß der Interviewer bei einem entsprechenden Probanden ein klinisch eindeutiges Syndrom identifiziert, ohne damit auch dessen Schweregrad näher zu bestimmen.

Die 26 %ige Punktprävalenz verteilt sich auf die verschiedenen Diagnosegruppen wie folgt:

Psychoneurosen (ICD 300):	7,2 %,
Persönlichkeitsstörungen (ICD 301):	5,7 %,
Süchte (ICD 303, 304):	1,5 %,
Funktionelle und psychosomatische Störungen (ICD 305,306):	11,6 %,
Gesamt	26,0 %.

Sexuelle Verhaltensabweichungen (ICD 302) waren, so selten sie tatsächlich auch sein mögen, durch unsere Erhebungsmethode offenbar nicht zu erfassen. - Bemerkenswert für den Verlaufsaspekt scheint der Detailbefund, daß Probanden mit einer ICD-Diagnose in einem höchst signifikanten Zusammenhang (p<0,0001) mehrere frühkindliche neurotische Symptome mitteilten.

Unabhängig von einer Fallidentifikation, die auch den Ausprägungsgrad mit einbezieht, waren die 5 von unseren 600 Probanden am *häufigsten berichteten Symptome*: innere Unruhe, Sucht und Abhängigkeit (Tabak, Alkohol), depressive Verstimmungen, Ermüdung und Erschöpfung sowie verschiedene Ängste. Fälle gaben überzufällig häufig an, unter depressiven Verstimmungen, Schlafstörungen, Herzsensationen, Kontaktstörungen und Partnerkonflikten zu leiden.

Für jeden *männlichen* fanden wir knapp zwei *weibliche* Fälle. Einer Punktprävalenz von 34 % unter Frauen stand nur eine von 18 % unter Männern gegenüber. Während die Männer bei den Persönlichkeitsstörungen (einschließlich des Alkoholmißbrauchs) anteilmäßig überwogen, litten die Frauen vornehmlich unter neurotischen und psychosomatischen bzw. funktionellen Syndromen. Die Ursachen für dieses auch in den meisten Arbeiten der Weltliteratur gefundene Überwiegen der Frauen, insbesondere bei den Psychoneurosen, harren letztlich noch ihrer Aufklärung, zumal es im Gegensatz zur Verteilung der Geschlechter bei kindlichen psychogenen Störungen und Auffälligkeiten steht.

Auch bei uns sind, wie in anderen Untersuchungen, die Angehörigen der unteren *Sozialschicht* unter den Fällen überproportional vertreten. So steigt die Fallrate von 19,1 % in der oberen Mittel- und Oberschicht und 20 % in der unteren Mittelschicht auf 34,2 % in der oberen Unterschicht und 50,1 % in der unteren Unterschicht. Hier ist auch der Geschlechtsunterschied weit weniger ausgeprägt als in anderen sozialen Schichten.

Nicht bestätigt hat sich dagegen die Erwartung, deutlich unterschiedliche Fallraten in den *Jahrgangskohorten* und damit Hinweise für gesamtgesellschaftliche Einflüsse während der frühkindlichen Entwicklung auf die Rate psychogener Erkrankungen zu finden. Wie sich auf der Ebene von Symptomen und Syndromen sowie unter der Perspektive lebenslanger Prävalenz die Geburtsjahrgänge dennoch voneinander abheben, behandeln die Kap. 9.2 und 12.

Die Erhebungsparameter für die Lebensbereiche *Leistung und Arbeit* zeigten einen generell hohen Zusammenhang mit neurotischer Beeinträchtigung. In diesem Kontext erfaßten wir den Einfluß einiger frühkindlicher peristatischer Faktoren (Mutterdefizit, Bildungsniveau der Mutter) auf die spätere Leistungsentwicklung. Auch der Sozialstatus der Ledigen, getrennt Lebenden oder Geschiedenen stand in deutlichem Bezug zur Falleigenschaft. Hier scheint ebenfalls das Mutterdefizit in den ersten 6 Lebensjahren bahnend zu sein. Als genauso bedeutsam für spätere Störungen des Sozialverhaltens und der Partnerschaft erweist sich eine unglückliche Ehe der Eltern bzw. individuelle Neurotizität des jeweiligen Elternteils.

Abstinenz, mäßiger und auch mittlerer Konsum von *Nikotin und Alkohol* differenzierten kaum zwischen Fällen und Nichtfällen. Dieser Effekt stellt sich in der erwarteten Richtung erst bei einem hohen Konsum ein. Drogenabusus indessen spielt in der Allgemeinbevölkerung prozentual keine nennenswerte Rolle. Dafür dürfte das Alter unseres jüngsten Probandenjahrganges entscheidend sein, der bei Erhebungsbeginn bereits im 25. Lebensjahr stand und also die drogengefährdeten Jahre schon hinter sich hatte. Immerhin berichteten rund 25 % des Jahrganges 1955 von Drogenerfahrungen.

Nach der rein deskriptiven Auswertung überprüften wir im Sinne der analytischen Epidemiologie auch den Einfluß neurosedisponierender Faktoren aus der Kindheit und von gegenwärtigen Lebensereignissen auf die Entstehung psychogener Syndrome.

So hatte in einer zusammenfassenden globalen Gewichtung aller ermittelten kindlichen Belastungsfaktoren der jeweilige Interviewer für jeden Probanden eine abgestufte Beurteilung der *"Belastung in der Frühgenese"* (0-6 Jahre) und *"Belastung in der späteren Kindheit"* (7.-12. Lebensjahr) zu finden. In diese Scores gingen sowohl Schilderungen harter Daten (Tod oder Abwesenheit eines Elternteils etc.) als auch glaubwürdig geschilderte und erschlossene pathologische Verhaltensmuster der Eltern mit ein. Danach unterschied sich die Gruppe der Fälle von den Nichtfällen signifikant durch ein höheres Ausmaß ihrer so erfaßten frühkindlichen Gesamtbelastungen (φ=0,44; p<0,001). Ein identischer Zusammenhang fand sich für Belastungen während der späteren Kindheit. Inhaltlich sind beide Zeiträume natürlich eng miteinander verbunden, da eine frühkindliche Belastung meist fortwirkt und auf spätere Kindheitsperioden begrenzte Beeinträchtigungen selten auftraten. Auch wird ein zuvor unbeeinträchtigtes Kind aus stabiler Familienatmosphäre gegenüber späteren Traumata eher Kompensationsmöglichkeiten finden. Daneben standen noch die folgenden Einzelaspekte der Frühkindheit in hohem statistischem Zusammenhang mit späterer psychogener Erkrankung: psychopathologische Züge bei der Mutter, aber auch beim Vater, deutliche Störungen ihrer Beziehung zueinander und schließlich erhebliche Belastung durch die Geschwister. So kommt den zwischenmenschlichen Beziehungen offenbar ein höheres pathogenetisches Gewicht zu als den "harten" Fakten der widrigen Lebensumstände. Psychogene Syndrome während der Kindheit (Primordialsymptomatik) werden von den heutigen Fällen weitaus häufiger als von Gesunden angegeben.

Ein anderer Untersuchungsschwerpunkt betrifft die *protektiven Faktoren* in der Frühgenese (Tress 1986), wobei sich das überragende Gewicht einer stabilen, emotional verläßlichen Person gegenüber allen anderen denkbaren und auch wirksamen Aspekten herausstellte.

Einen weiteren umfangreichen Komplex epidemiologischer Kausalanalysen bilden schließlich die *Life-events* aus der aktuellen Biographie unserer Probanden. Danach geben unsere Fälle insgesamt deutlich mehr Lebensereignisse an, vornehmlich unangenehme, und zwar überzufällig häufig die folgenden: Konflikte mit Angehörigen, Kränkungen, Konflikte mit Freunden, Konflikte im Beruf, Prozesse und Ehekonflikte, also Probleme in verschiedenen zwischenmenschlichen Bereichen. Schon die bloße inhaltliche Aufzählung weist darauf hin, daß hier nicht von wahllos in das Leben des Individuums einbrechenden Stressoren die Rede ist. Die erwähnten Lebensereignisse können durchaus auf die Persönlichkeit als die entscheidende Variable im Hintergrund zurückgehen, d.h. vom Probanden ungewollt mitarrangiert sein.

Das Zusammenspiel frühkindlicher Traumatisierungen und aktueller Life-event-Belastung stellt sich so dar: Im Sinne eines additiven Effekts beider Einflußfaktoren sind 90 % unserer frühkindlich wie aktuell unbelasteten Probanden seelisch gesund, während 70 % bis 80 % der frühkindlich *und* gegenwärtig traumatisierten Menschen psychogene Krankheiten aufweisen.

Weitere Befunde der Auswertung unserer ersten Querschnittserhebung (A-Studie) betreffen u.a. die symptomauslösende Versuchungs-/ Versagungssituation (VVS) und die Überprüfung der sog. Spezifitätshypothesen. Dabei fand sich immerhin ein signifikanter Zusammenhang zwischen einigen Persönlichkeitsstrukturen und der auslösenden Situation. Erstmals in der Epidemiologie wurden auch psychoanalytische Testfragen (3 Wünsche, erste Kindheitserinnerung etc.) vorgegeben und eine repräsentative Stichprobe der Bevölkerung nach ihren Träumen befragt. Ebenso untersuchten wir die Gegenübertragung des Untersuchers, ein von den Sozialwissenschaften ebenso vernachlässigtes wie entscheidendes Problemfeld. - Ein weiterer Schwerpunkt der Erhebung und Auswertung betraf schließlich die testpsychologische Beschreibung unserer Probanden (FPI sowie diverse Validitätskontrollen der Gesamterhebung). - Der Vollständigkeit halber nur seien Analysen zum Krankheitsverhalten, zur Inanspruchnahme und zur Psychotherapieindikation erwähnt (vgl. dazu Abschn. 9.1 und 14.1).

Ein komplexes Strukturmodell auf der Basis multipler Regressionsanalysen versuchte eine erste, vorläufige Synopsis der kausalanalytischen Resultate. Hierzu zeichnete sich v. a. die Bedeutung pathologischer Züge der Mutter für Frauen und der Väter für Männer ab. - Über alles Nähere zu den Methoden wie zu den Ergebnissen berichtet die Hauptveröffentlichung zur A-Studie (Schepank 1987a, b).

2.4 Methodik der Follow-up-Studie (B-Studie)

2.4.1 Methodische Vorentscheidungen
W. Tress

Verlaufsuntersuchungen dienen dem Ziel, *Veränderungen* in den Merkmalen ein und desselben Gegenstandsbereiches im *Ablauf der Zeit* zu beschreiben und möglichst auch ursächlich zu analysieren. Wegen der notwendigen Identität des Gegenstandes, der zu verschiedenen Zeitpunkten beforscht werden soll, hier also die psychogenen Störungen in der Allgemeinbevölkerung, empfiehlt es sich, die Methoden der Untersuchung ebenfalls konstant zu halten bzw. nur ganz gezielt und zurückhaltend zu verändern. Eine solche Empfehlung ist in einem über viele Jahre laufenden Forschungsprojekt nicht ganz so leicht einzuhalten, wie es beim ersten Lesen scheinen mag. Denn während dieser Zeit schreitet die allgemeine Methodenentwicklung fort, neue Fragestellungen rücken ins Zentrum des wissenschaftlichen Interesses und lösen alte ab. Nicht zuletzt aber lernt man innerhalb des Projektes hinzu und wünscht sich hier und da, die Dinge von Anfang an ganz anders begonnen zu haben.

Alle genannten Aspekte forderten auch von uns bei der *Planung der B-Studie* in erster Linie Selbstdisziplin und konservatives Festhalten am ursprünglichen Ziel des Unternehmens und der schon bewährten Methoden zu Lasten kreativer neuer Ideen. Daher findet sich in der B-Studie die überwiegende Mehrheit jenes *Instrumentariums* wieder, das auch in der ersten Erhebungswelle zur Anwendung gekommen war.

Wirkliche *Neuerungen* nahmen wir nur an 3 Stellen vor, wovon die beiden erstgenannten unmittelbar den Verlaufsaspekt betreffen:

a) Das Forschungsinterview war um Passagen zu erweitern, die ganz gezielt Geschehnisse und Entwicklungen im Erhebungsintervall (im Sinne einer *Zwischenanmnese*) erfragten bzw. dem Interviewer zur Beurteilung auftrugen.

b) Anhand eines *Veränderungsfragebogens* (Zielke u. Kopf-Mehnert 1978), wie er für die Psychotherapieforschung entwickelt worden war, forderten wir dann auch die Probanden auf, ihre subjektive Sicht zu den eigenen Veränderungen seit dem Erstkontakt in einem standardisierten Fragebogen festzuhalten.

c) Als neuen Forschungsaspekt schien es uns angesichts der Theoriebildung in den Sozialwissenschaften unumgänglich, neben dem bereits erfolgreich eingeführten und sehr komplexen Bereich der Lebensereignisse in Ergänzung das *Copingverhalten* (Streßbewältigung) des Probanden zu berücksichtigen. Dies versuchten wir anhand der Selbstbeurteilung des Probanden sowie der Fremdbeurteilung durch den Interviewer (Expertenrating).

Erst nach Abschluß der B-Erhebung in der Phase der Auswertung des Gesamtprojektes schien es uns dringlich, auch Gesichtspunkte der *sozialen Unterstützung* zu berücksichtigen, um den Anschluß an die laufende Diskussion im Fach zu wahren. Zu diesem Zweck erhoben wir für jeden Probanden auf der Basis des umfangreichen Klartextinterviews einige Parameter seines sozialen Netzwerks und der ihm daraus erwachsenden sozialen Unterstützung.

Seitens des Interviewers war eine weitere Vorentscheidung von großer Tragweite zu treffen: *Sollte der B-Interviewer sich vor dem Zweitkontakt mit dem Klartext des A-Interviews vertraut machen* oder nicht? Beides war mit erheblichen Vor- und Nachteilen verbunden.

a) Die Lektüre des 7- bis 10seitigen A-Interviews stimmt den Zweitinterviewer auf den Probanden ein und erlaubt ohne Zweifel eine klinische Vertiefung im Zweitgespräch. Der Interviewer wird sich leichter zu den kritischen Punkten einer Biographie vortasten und hier mehr Klärung erreichen. Ferner können Widersprüche noch einmal zur Sprache kommen, ohne daß der Proband damit direkt konfrontiert würde. Auch Versäumnisse des Erstgesprächs lassen sich gezielt nachholen und vielleicht auch ihr Zustandekommen aufklären. - Diesem Vorteil des vertieften Kennenlernens eines Probanden steht ein ebenso offensichtlicher Nachteil gegenüber: Das Zweitinterview ist keine strenge Wiederholung des Erstgesprächs mehr. Die Vorinformation prägt unausweichlich gewisse Voreinstellungen und Erwartungen des Zweitinterviewers, von denen er sich nur begrenzt im Gespräch distanzieren kann. Ferner sitzt während des Gesprächs ein unsichtbarer Dritter mit am Tisch, nämlich der Projektkollege aus dem Erstgespräch. Damit kommen zwangsläufig auch das Verhältnis der beiden Interviewer zueinander, Gewogenheiten und Rivalitäten mit ins Spiel und können das Untersucherurteil über den Probanden beeinflussen.

b) Andererseits bestand die Möglichkeit, den B-Interviewer hinsichtlich des A-Gesprächs unwissend zu halten: Der Probandenkontakt würde vom Sozialarbeiter hergestellt, so daß die A-Situation auch hinsichtlich des "blinden Zweitinterviewers" nahezu vollständig zu replizieren wäre. Unter der experimental-theoretischen Forderung einer möglichst identischen Wiederholung des Untersuchungsverfahrens war dem natürlich Vorrang einzuräumen. Indessen hätte man zugleich die eben erläuterten Chancen eines kundigen Vorgehens mit allen vertieften klinischen und diagnostischen Möglichkeiten verschenkt. In dieser Lage fielen seitens der Mitarbeiter wie auch auswärtiger Forschungsberater die Meinungen und Empfehlungen recht widersprüchlich und oft in sich unentschieden aus. Dies bestätigte uns zumindest, hier in eine forschungsstrategisch zweischneidige Situation geraten zu sein, die keine eindeutige Antwort zuließ. Deshalb legten wir uns für die B-Studie auf *folgende Strategie* fest: Die Hälfte der Probanden sollte in Kenntnis des A-Interviews (= "sehend") und die andere Hälfte ohne jede A-Information (= "blind") aufgesucht werden. Wurde ein Interviewer zu einem Probanden mit einer geraden Probandennummer geschickt, so legte der Sozialarbeiter das Erstinterview der Untersuchungsmappe bei; war die Nummer ungerade, so hielt er dieses noch zurück, bis der Interviewer das gesamte B-Gespräch ausgewertet und dokumentiert hatte (sowohl EDV-mäßig als auch im Klartext). Erst zur Verlaufssynopsis, mithin ganz am Ende der Gesamtauswertung der Unterlagen eines Probanden, wurde das A-Interview ausgehändigt und der Interviewer aufgefordert, sich klinisch mit Übereinstimmungen, Diskrepanzen und objektiven Verlaufskriterien auseinanderzusetzen und dies in seine Gesamtbeurteilung des Verlaufs seines jeweiligen Probanden einmünden zu lassen. Wie diese Entscheidung sich in den Forschungsergebnissen tatsächlich niederschlägt, behandelt Abschn. 4.4.2.

Die Probanden gehen nicht mehr "naiv" in das Gespräch; sie haben diffus-anmutungshafte bis zu - wenn auch selten - detaillierte Erinnerungen an den Erstkontakt, den sie, wie auch ihr relevantes Umfeld, in sehr unterschiedlicher Weise erlebt und verarbeitet haben mögen. Dem suchten wir bei der erneuten Kontaktaufnahme Rechnung zu tragen (s. Abschn. 2.3.4), auch mit dem dezidierten Ziel, die Verweigererquote in der B-Studie möglichst gering zu halten.

Eine weitere methodische Vorentscheidung ging dahin, sofern irgend möglich, *alle* Probanden der A-Studie wieder aufzusuchen, gerade auch diejenigen, die aus dem Bereich der Stadt Mannheim weggezogen waren. Ob es sich hierbei nämlich um eine Zufallsauswahl oder um eine besondere, in sich vielleicht heterogene Gruppe gerade unter dem Aspekt der psychogenen Erkrankung handelt, war nur empirisch zu klären.

Da wir ferner nicht einzuschätzen vermochten, was überhaupt die Erhebung einer biographischen Anamnese für den Normalbürger bedeutet, wie er dies verarbeitet, abwehrend oder für seine eigene Psychogenese sensibilisiert, wie überhaupt die Wiederholung dieses Untersuchungsverfahrens nach einem längeren Zeitraum ausfallen würde, entschieden wir uns dafür, in jedem Falle, so irgend möglich, das *gesamte Interview noch einmal* durchzuführen und uns nicht nur auf die Klärung von solchen Punkten zu beschränken, die möglicherweise im A-Durchgang offengeblieben waren. - Weniger Probleme bereitete die Frage der Testwiederholungen (Freiburger Persönlichkeitsinventar, FPI) im engeren Sinne. Hier sind Verfälschungen durch Testwiederholungen nach 3 Jahren doch weitgehend zu vernachlässigen.

Insgesamt leitete uns aber die Erwartung, daß Ablauf und Gestaltung des B-Interviews aber letztlich von der Beziehung abhängen dürften, die sich im Zweitgespräch zwischen Proband und Interviewer herstellen würde, und dahinter "Fernwirkungen" des Erstgesprächs oder der Umstände der zweiten Kontaktaufnahme verblassen dürften.

Von Februar bis April 1983 führten wir die *Pilotstudie zur B-Phase* durch. Da wir beim Erstkontakt bereits weitere Untersuchungsgespräche angekündigt und schon damals die prinzipielle Zustimmung der Probanden eingeholt hatten, stießen wir nun weitgehend auf Entgegenkommen, auch an der zweiten Erhebungswelle tatsächlich mitzuwirken. Im allgemeinen hatten die Probanden das A-Gespräch in guter Erinnerung als eine unerwartete Möglichkeit, sich einmal selbst in Gegenwart eines unbeteiligten Dritten Rechenschaft über die eigene Person und Lebensführung ablegen zu können.

Natürlich gab es auch ganz andere, abwehrende Reaktionen aus den unterschiedlichsten motivischen Hintergründen. Gerade sie erwiesen sich später als zum Verständnis des Probanden besonders fruchtbar. Hingegen zeichneten sich während der Piloterhebung andere, eher unerwartete Komplikationen ab: Sehr häufig waren nämlich verzogene Probanden keinesegs so einfach wieder aufzufinden, wie die allgemeine Meldepflicht des Wohnsitzes dies hätte erwarten lassen.

Die Verweigerungsquote der Pilot-B-Studie lag um 8 %, also bei nur einem Drittel der Verweigerungsrate in der A-Erhebung. Ähnliches hatten wir auch erwartet, da die Probanden das Verfahren kannten und grundsätzlich schon einmal weiteren Gesprächen zugestimmt hatten. Dennoch fühlten wir uns durch diese kooperative Bereitschaft bestätigt und ermutigt. Ferner zeichnete sich bereits in der Pilot-B-Phase ab, daß die Verweigerer sich nicht einseitig aus ehemaligen Fällen oder Nichtfällen rekrutierten. Daraus erwuchs uns ein weiterer Beleg, daß die Verweigererproblematik in keinem systematischen Zusammenhang mit psychogener Erkrankung steht und somit die Repräsentativität und Gültigkeit unserer Ergebnisse auch aus der A-Studie zu bestätigen sind. (Zum Problem der Verweigerer s. Abschn. 7.2 in: Schepank 1987a.)

2.4.2 Interviewererfahrungen
H. Parekh

Das Aufsuchen der Probanden in ihrem Zuhause nach vorheriger Terminvereinbarung stellte eine aus dem Rahmen der gewohnten Arzt-Patient-Beziehung fallende spezifische Erfahrung dar. Als Interviewer befanden wir uns in der Rolle des Gastes, der mit einem eigenen Anliegen kam, der z.T. bewirtet wurde, für den man die Wohnung und vielleicht auch sich selbst herausgeputzt hatte. Bei dieser Konstellation sind die Rollen gegenüber der klassischen Situation des hilfesuchenden Patienten, der mit seinen Beschwerden den Arzt in dessen Praxis oder in einer Institution aufsucht, vertauscht.

Von unschätzbarem Wert ist die Fülle von informellen, atmosphärischen, sozialen, familiären, ästhetischen und emotionalen Eindrücken - Einblicke, Gerüche, Laute, Bilder, von denen ich beim Betreten einer Wohnung zu den verschiedensten Tages- und Jahreszeiten angemutet werde. Einmal ist es früh am Dienstagmorgen: Ehemann und Kinder der Probandin sind gerade aus dem Haus; sie räumt das Frühstücksgeschirr vom Küchentisch, damit ich meine Interviewmappe darauflegen kann. Beim Verabschieden knapp 3 Stunden später meint sie, so viel in ihrem Leben bisher noch nie über sich nachgedacht zu haben.

Das nächste Interview findet nach Feierabend bei einem Arbeiter des Geburtsjahrgangs 1935 statt. Die Wohnung in dem gespenstisch wirkenden riesigen Wohnsilo ist nur mit Mühe zu finden. Nach meinem Eintritt schart sich die ganze Familie mit Ehefrau und 2 Teenagern auf der Eckbank interessiert um mich. Die "Tagesschau" wird abgeschaltet - für heute abend habe ich offensichtlich die familieninterne Talkshow zu bestreiten. Mir wird etwas flau angesichts des gespannten Erwartungsdrucks, der auf mir lastet, und bei dem Gedanken an die z.T. recht heiklen Themen, die ich werde anschneiden müssen. Plötzlich befinde ich mich in einer ganz unerwarteten Gesprächssituation, mit der ich nicht gerechnet hatte. Auf solche und viele andere Bedingungen und Erfordernisse der momentanen Situation mußten sich die Interviewer flexibel einstellen, um das Ziel eines intensiven möglichst vertrauensvollen Gesprächskontakts zu verwirklichen.

Eine der erstaunlichsten Erfahrungen der Interviewtätigkeit war für mich, wieviel aus dem individuellen Ambiente des Probanden mit Hilfe der eigenen Augen, Ohren, Nase, gewissermaßen durch alle Poren wahrgenommen und rezipiert wird *vor* und neben allem gezielten, methodisch strukturierten bewußten verbalen Austausch im dialogisch geführten Interview. Dabei erwiesen sich als besonders ergiebig und reizvoll gerade die Minuten im Vorfeld der eigentlichen Untersuchung, in der sog. "Anwärmphase", beginnend mit dem Betreten der Wohnung.

Ich gewöhnte mir an, die Momente zu spontanen Notizen ganz subjektiver Eindrücke, Phantasien, Spekulationen und eigener emotioneller Reaktionen zu nutzen. Häufig ließen sich diese averbalen aus dem individuellen Milieu entnommenen Informationen auf ganz verblüffende Weise mit dem im Gespräch Erfahrenen verbinden und in Beziehung setzen. Faszinierend war auch die häufig bei der späteren Lektüre des Erstinterviews zu beobachtende Übereinstimmung subjektiver Eindrücke selbst bei sehr unterschiedlichen Interviewerpersönlichkeiten desselben oder des anderen Geschlechts.

Ein anderes Beispiel für die vielfältigen Erfahrungen "im Felde": ein Interview bei einem jungen Ehepaar; die Probandin ist Jahrgang 1955, von Beruf Arzthelferin. Das Gespräch ist mühsam und schleppend, nur widerwillig in kleinen trockenen Bröckchen gibt die junge, zwanghaft-retentive Frau etwas von sich preis. - "Wie alt war ich noch, Gerhard, als ich Masern hatte - vier oder fünf?" Der Ehemann reagiert gereizt und ungeduldig. Auch ich fühle mich gequält, eine Zerreißprobe für meinen an sich eher elastischen Geduldsfaden. Bei der Verabschiedung nach 21 Uhr: "Wieviel Interviews machen Sie denn noch heute? Hoffentlich kommen Sie wieder in 3 Jahren!"

Überraschend war die Uniformität von Möblierung und Einrichtung der Wohnungen quer durch verschiedenste Berufe und soziale Schichten. Es fanden sich viele junge Leute, deren Wohnungen schlichte Reproduktionen der elterlichen zu sein schienen. Das Bedürfnis nach Aufmerksamkeit und persönlichem Gespräch war groß; es wurde von vielen also ebenso ungewohnt wie wohltuend erlebt. Häufig wurde Dankbarkeit beim Abschied zum Ausdruck gebracht.

Die Interviewer bereicherten die Erfahrungen in vielerlei Hinsicht. Wer vorher glaubte, auch durch andere berufliche Tätigkeiten ein relativ breites Spektrum unterschiedlicher Menschen, Lebensbedingungen und -entwürfe zu kennen, mußte diese Überzeugung revidieren. Die Konfrontation mit sozialen, familiären, finanziellen Mißständen, mit körperlichem und psychischem Elend in vielfältiger Form ist geeignet, eigene Maßstäbe und Wertungen zurechtzurücken. Die Interviewtätigkeit vermittelte einen reichhaltigen Erfahrungsschatz beruflicher sowie privater Art. Oft galt es, sensibel mit Schichtbarrieren, unterschiedlichen Verhaltensnormen und Kommunikationsstilen umzugehen. Dies bedeutet Anforderung und Training zugleich für die Flexibilität des Interviewers in einem Maße, welches die Erfordernisse im gewohnten klinischen Alltag in mancherlei Hinsicht übersteigt. Neben solchen bereichernden, anregenden und erfreulichen Erfahrungen standen auch belastende Begegnungen, aus denen man bedrückt, resigniert, besorgt oder beunruhigt oder auch empört über soziales Unrecht und Mißstände hinausging mit Empfindungen und Gedanken, die oft noch länger hafteten. Gelegentlich vermittelten Probanden am Schluß, sich durch das intensive persönliche Gespräch bereichert zu fühlen; dies gilt in analoger Weise für zahlreiche Erfahrungen auf seiten der Interviewer.

In den Follow-up-Interviews nach jeweils 3 Jahren stellte sich hin und wieder heraus, daß Gedanken, Eindrücke und Impulse in der Erstuntersuchung neue Akzente beim Probanden gesetzt hatten, gelegentlich sogar Anstoß zu verändernden persönlichen Weichenstellungen waren. Auch kam es vor, daß sich an ein Interview aus aktuellem Anlaß ein intensives Beratungsgespräch anschloß, dem u.U. Ratschläge, Hinweise, Adressenvermittlungen folgten.

Die zahlreichen mit der Mitarbeit in so einem Feldforschungsprojekt verbundenen Belastungen, Erschwernisse und Frustrationen, wie z.B. versäumte Termine vor verschlossenen Haustüren, Arbeit an vielen Abenden, Wochenenden und Feiertagen, strapaziöse oder unkooperative Gesprächspartner, lästige oder sogar ängstigende Zudringlichkeiten, zuweilen auch unbefriedigende Informationsgewinnung, wurden bei weitem aufgewogen durch den Zuwachs an beruflichen und persönlichen Erfahrungen, die für die mitarbeitenden medizinischen und psychologischen psychoanalytischen Kollegen einen beträchtlichen Gewinn für ihre weitere wissenschaftliche, diagnostische, therapeutische oder anderweitige berufliche Arbeit darstellten.

2.4.3 Statistische Verfahren
N. Schiessl, R. Manz

Aus ökonomischen Gründen bedienen sich (sozial)wissenschaftliche Untersuchungen vorwiegend sog. Stichproben. Diese sollen in möglichst vielen Merkmalen die in Frage stehende Grundgesamtheit repräsentieren.

Anhand solcher Stichproben gefundene Ergebnisse bilden die wahren Verhältnisse der in Frage stehenden Population nur mit mehr oder weniger großer Zuverlässigkeit ab. Besteht zudem die Absicht, Ergebnisse zweier Populationen (z.B. Männer und Frauen) miteinander zu vergleichen, so wird der Sachverhalt weiter kompliziert. Um die Güte getroffener Aussagen abschätzen zu können, bedient man sich der Techniken der deskriptiven bzw. induktiven Statistik.

Unter forschungsmethodischen Gesichtspunkten gestattet die Statistik auch eine ganze Reihe von Kontrollen zur Darstellung und Interpretation von Zusammenhangstrukturen zwischen verschiedenen beobachteten Variablen.

Eine der wichtigsten Fragestellungen dürfte wohl die Kausalität von Beziehungsstrukturen der untersuchten Merkmale sein. Gerade der sozialwissenschaftliche Ansatz gestattet es nur unter erheblichen Anstrengungen, Bedingungen zu schaffen, die eine kausale Interpretation zulassen. Selbst in sog. quasiexperimentellen Designs bleibt die angestrebte Kontrolle unerwünschter Einflußfaktoren meist recht unbefriedigend.

28

Dies erschwert nicht nur die kausale Interpretation, sondern bereits die rein deskriptive Interpretation von Zusammenhängen, wie sie sich etwa in Form eines Korrelationskoeffizienten manifestieren. Hier besteht immer die Gefahr, daß eine Scheinkorrelation vorliegt, d.h. daß ein Zusammenhang zwischen 2 Merkmalen durch eine gemeinsame Hintergrundvariable vorgetäuscht wird. Aber auch sog. Nullkorrelationen können oft erst bei Berücksichtigung von Moderatorvariablen erklärt werden. Wenn beispielsweise für Männer zwischen 2 Merkmalen eine hohe positive, dagegen für Frauen eine hohe negative Korrelation besteht, so wird eine Betrachtung der Gesamtgruppe Männer und Frauen eine·Nullkorrelation zwischen den in Frage stehenden Merkmalen ergeben.

Es ist daher von größter Wichtigkeit, theoretische Überlegungen zum Sachverhalt, der untersucht werden soll, anzustellen und entsprechende Hypothesen abzuleiten, die später getestet werden können. Dabei ist ein möglichst differenziertes Vorgehen wünschenswert; so sollten einzelne zu untersuchende Subpopulationen bei der Hypothesenbildung bereits berücksichtigt werden. Die vorliegende Untersuchung kann sich auf ein hypothesengeleitetes Vorgehen auf ein breites Fundament an Wissen und Theorie aus den Bereichen Psychoanalyse, Tiefenpsychologie, Lifeevent-Forschung, Social support, Coping, Persönlichkeit etc. stützen.

Zur Vermeidung der beschriebenen Fehlerquellen haben wir bei der Analyse von komplexen Bedingungsmodellen den Einfluß unterschiedlichster Variablen berücksichtigt. Die getrennte Berechnung von Pfad-Modellen (sog. Strata) kann als solches Vorgehen gewertet werden. Eine weitere Möglichkeit, um Verzerrungen vorzubeugen, besteht darin, möglichst mit Zufallsstichproben zu arbeiten, da hier der Einfluß systematischer Verzerrungen gering gehalten werden kann.

Verwendete statistische Verfahren

Zum Vergleich von Häufigkeiten, z.B. aus 2 Untersuchungsstichproben verwendeten wir den χ^2-Test. Bei Verletzung der Voraussetzungen (z.B. Erwartungswerte ≤ 5) griffen wir auf Fishers exakten Test zurück. Zur Überprüfung von Gruppenunterschieden zogen wir je nach Skalenniveau und Stichprobengröße nonparametrische (z.B. H-Test) oder parametrische Verfahren (t-Test, F-Test) heran. Diese wurden um hypothesengeleitete A-priori-Kontraste erweitert. Zur Untersuchung der Wirkung mehrerer unabhängiger Variablen auf eine abhängige (wie z.B. der psychogenen Beeinträchtigung) verwendeten wir sehr häufig die Regressionsanalyse. Hier kann die Bedeutung der einzelnen unabhängigen Variablen im Vergleich zu den jeweils anderen an der Höhe des sog. ß-Gewichtes, das für alle unabhängigen Variablen direkt vergleichbar ist, abgelesen werden. Darüber hinaus läßt sich mit diesem Verfahren auch abschätzen, wie hoch der erklärte Varianzanteil des in Frage stehenden Merkmals ist. Zur Darstellung von Merkmalsstrukturen berechneten wir sog. Pfadanalysen mit Hilfe des Softwarepaketes LISREL VI (Jöreskog 1987). Die anderen

Berechnungen wurden mit Statistikprogrammpaketen wie SAS oder SPSS berechnet. Daneben verwendeten wir auch selbstentwickelte Programme zur Analyse aggregierter Daten.

3 Deskriptiv-epidemiologische Befunde der B-Studie

3.1 Stichprobenbeschreibung: Repräsentativität, Verweigerer, Ausfälle
H. Schepank, R. Manz

Von den ursprünglich 600 Probanden aus der A-Studie (1979-1982) konnten bei der Follow-up-Studie (1983-1985) insgesamt 528 Probanden erneut gründlich untersucht werden. Das sind 88 %. Die nicht untersuchten 72 Probanden verteilen sich auf: 57 Verweigerer, 11 Verzogene (4 unbekannt, 7 interkontinental), 3 inzwischen Verstorbene und 1 Sonderfall (berentet nach Apoplexie 30jährig).

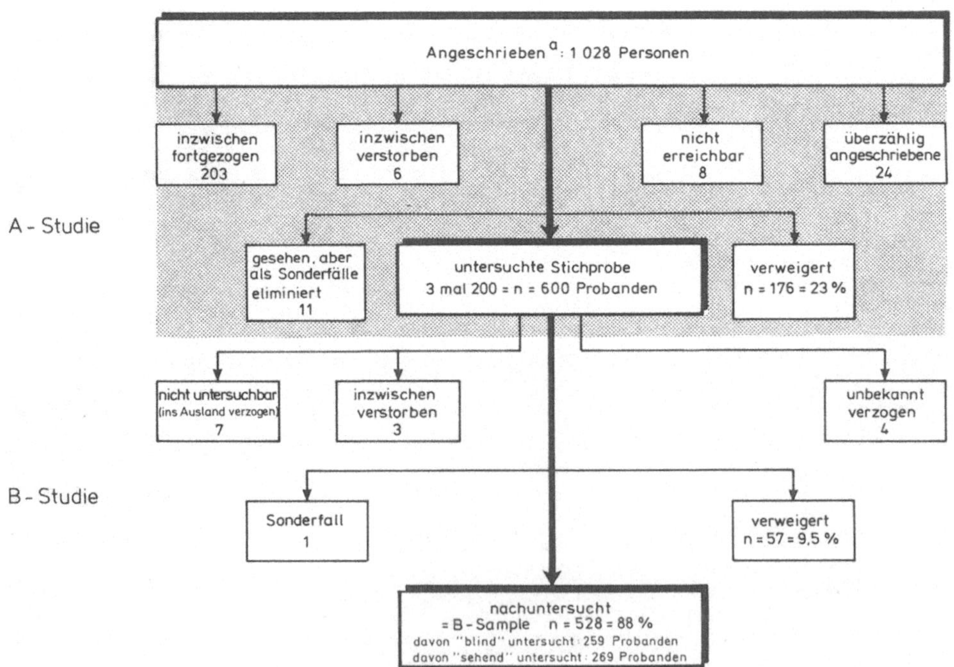

Abb. 3.1. Deutsche Staatsangehörige (laut Registerauszug des Einwohnermeldeamtes vom Juni 1978) mit erstem oder zweiten Wohnsitz in der Stadt Mannheim der 3 Geburtsjahrgänge 1935 (n=4102), 1945 (n =2725) und 1955 (n=4139). Summe der Primärstichprobe n=10966; 25-, 35- und 45jährige Einwohner

Abbildung 3.1 zeigt als Flußdiagramm den gesamten Samplingprozeß von den nach Zufall für die A-Studie 1979 aus dem EWM-Register ausgelesenen Personen zu der reduzierten, jetzt nachuntersuchten B-Stichprobe von 528 Probanden.

3.1.1 Demographie

Die untersuchten n = 528 Probanden verteilen sich ziemlich gleichmäßig über die 3 Geburtsjahrgangskohorten und Geschlechter, s. Tabelle 3.1). Die Unterschiede sind statistisch nicht signifikant. Die entsprechenden absoluten Zahlen aus der A-Studie sind jeweils in Klammern angegeben.

Nachuntersucht wurden somit n = 280 männliche und n = 248 weibliche Probanden. Das sind 53,03 % Männer gegenüber 46,97 % Frauen. In der A-Studie betrug die Relation 311 (= 51,83 %) gegenüber 289 (= 48,17 %).

Tabelle 3.1. 528 in Follow-up untersuchte Probanden nach Jahrgangskohorte und Geschlecht. (In Klammern: Zahlen der A-Studie zum Vergleich)

Geburtsjahrgang	Geschlecht		
	Männlich	Weiblich	Gesamt
Jahrgang 1935	93 (107)	80 (92)	173 (199)
Jahrgang 1945	91 (97)	91 (102)	182 (199)
Jahrgang 1955	96 (107)	77 (95)	173 (202)
Gesamt	280 (311)	248 (289)	528 (600)

Tabelle 3.2. Verteilung der Probanden nach Sozialschichten

Schichten	Probanden in der Follow-up-Untersuchung		A-Studie
	n	[%]	[%]
Untere Unterschicht	25	4,8	7,3
Obere Unterschicht	165	31,5	25,8
Untere Mittelschicht	189	36,1	41,5
Mittelschicht	89	17,0	19,7
Obere Schichten	18	3,4	5,7
Nicht eingestuft	38	7,3	—
Gesamt	524	100	100 (von n=600)

Über die Verteilung der Sozialschichten im nachuntersuchten B-Sample, verglichen mit der A-Studie, gibt Tabelle 3.2 Auskunft. Auch hier sind die Unterschiede nicht erheblich. Vielleicht bedingt durch eine größere Vorsicht der Interviewer gegenüber einer Sozialschichteinstufung wurde jetzt bei n = 38 Probanden (= 7,3 %) die Sozialschicht als nicht eindeutig einzuordnen dokumentiert.

Fazit: Die demographische Auflistung zeigt, daß sich gegenüber der A-Studie keine nennenswerte Veränderung der Zusammensetzung der Stichprobe ergeben hat. Das B-Sample verteilt sich nach Geschlecht, Alterskohorten und Schicht wie vor 3 Jahren. Wir folgern somit, daß die Repräsentativität der Gesamtstichprobe als Zufallsauslese aus den 3 Geburtsjahrgangskohorten der deutschen großstädtischen Bevölkerung von Mannheim weiterhin gegeben ist. Eine Schlußfolgerung von dieser Stichprobe auf die altersgleichen deutschen Einwohner der meisten Großstädte ist somit erlaubt. Hinsichtlich der Beschreibung von Sozial- und Bevölkerungsstruktur Mannheims und des Vergleichs mit anderen deutschen Großstädten verweisen wir auf die Ausführungen von E. Valentin und H. Schepank (Schepank 1987a, S. 51-53, 103f., 106f.).

3.1.2 Verweigerung

Grundsätzlich muß bei jeder epidemiologischen Untersuchung eine Verzerrung der Ergebnisse durch die nicht untersuchbaren Verweigerer einkalkuliert werden. Im Extremfall verbietet sich jegliche Interpretation. Die prozentuale Verweigererquote und alle über die Verweigerer erreichbaren Informationen sind deshalb von hoher methodischer Bedeutung.

Die Rate von Verweigernden - selbstverständlich nur zu beziehen auf die grundsätzlich Erreichbaren - beträgt in der B-Studie 57 von 585 = 9,5 %. Sie liegt damit deutlich niedriger als die Verweigererquote in der A-Studie, wo 23 % der Untersuchbaren die Mitwirkung verweigerten. Das erstaunt uns deshalb nicht, weil das zur Nachuntersuchung verfügbare Sample bereits eine Vorauslese der grundsätzlich zur Untersuchung Bereitwilligen war.

Von ganz besonderem Interesse ist jedoch die detaillierte Analyse der nunmehr, d.h. beim zweiten Durchgang, Verweigernden, ihre demographische Aufschlüsselung nach Geschlecht, Kohorte und Schicht, v. a. jedoch hinsichtlich ihrer Falleigenschaft: Es hätten ja gerade bevorzugt die psychogen Erkrankten verweigern können oder auch genau umgekehrt: die Gesunden. Für beides gäbe es plausible Gründe. Jeweils würde das Gesamtergebnis bzw. seine Generalisierung dadurch jedoch erheblich beeinträchtigt. Zum Zeitpunkt der ersten Kontaktnahme konnten wir den Motiven für das Verweigerungsverhalten und einem möglicherweise verzerrenden Effekt der Verweigerung nicht nachgehen. Nur aufgrund indirekter Kriterien konnten wir schlußfolgern, daß das Verweigererverhalten wahrscheinlich hinsichtlich unserer zentralen Fragestellung "Fall oder Nichtfall von psychogener Erkrankung" neutral war (s. Schepank 1987a, S. 56ff.). Eine urspünglich einmal geplante intensive Beforschung einiger Verweigerer war uns durch das damals (1979) in der Bundesrepublik Deutschland neugeschaffene Datenschutzgesetz strikt verboten. Nunmehr ist unsere Kenntnis jedoch sehr viel besser: Auch wenn wir jetzt die von einem Probanden ausgesprochene Verweigerung ebenfalls strikt respektieren mußten, haben wir von den neuen - also erst während der B-Untersuchung - Verweigerern bereits detaillierte Voruntersuchungsergebnisse aus der A-Studie vorliegen (Tabelle 3.3). Diese Information könnte uns einen wesentlichen Schritt weiterbringen in der Analyse möglicher Motive für das Verweigererverhalten ganz generell und auch für die Prävalenzrate psychogener Erkrankungen.

Tabelle 3.3. Verweigerer der Follow-up-Untersuchung nach Geschlecht und Fallidentifikation (in der A-Studie)

Geschlecht	Nichtfälle in A	Fälle in A	B-Verweigerer
Männlich	15 (65,2 %)	8 (34,8 %)	23 (40,3 %)
Weiblich	25 (73,5 %)	9 (26,4 %)	34 (59,7 %)
Gesamt	40 (70,2 %)	17 (29,8 %)	57 (100 %)

Es haben im Vergleich zum Erwartungswert etwas mehr Frauen als Männer die Mitarbeit in der Follow-up-Studie verweigert: 34:23 (n.s.). Bezüglich der Jahrgangskohorten überwiegen die Probanden aus dem Jahrgang 1935 (n=24) im Vergleich zu den Kohorten 1945 (n=14) und 1955 (n=19). Die Verteilung der Verweigerer über die Sozialschichten entspricht der im Grundgesamt. Interessant ist, daß relativ etwas mehr männliche (laut A-Untersuchung) Fälle und etwas mehr weibliche Nichtfälle die Nachuntersuchung verweigert haben. Auch dieser Unterschied erreicht jedoch nicht entfernt Signifikanzniveau (p<0,51).

Weil solche Ergebnisse jedoch eine ganz besondere Rarität darstellen und im Falle statistischer Signifikanz höchst bedeutsame Rückschlüsse auf Motivation, psychotherapeutische Inanspruchnahme und Verweigerungsverhalten erlauben könnten, verweilen wir bei diesem Befund: Ließe es sich generalisieren, daß grundsätzlich die psychogen erkrankten Frauen eher bereit sind, sich untersuchen zu lassen und die gesünderen eher verweigern bzw. umgekehrt, daß psychogen erkrankte Männer vergleichsweise häufiger eine Untersuchung ablehnen als gesunde Männer, dann wäre das ein recht plausibler Erklärungsansatz für die bisher ungelöste Frage der höheren weiblichen Morbidität bei psychogenen Erkrankungen überhaupt. Bekanntlich findet sich dieses eindeutige Überwiegen von Frauen ja auch beim Inanspruchnahmeverhalten klinischer Klientele.

Unabhängig von der Geschlechterverteilung haben 17 Fälle aus der A-Studie (von insgesamt 156 A-Fällen) die Mitarbeit in der B-Studie verweigert gegenüber 40 (von 444) Nichtfällen. Das sind 10,9 % der Fälle gegenüber 9 % der Nichtfälle, somit ein bedeutungsloser Unterschied, der die Ergebnisse und Schlußfolgerungen insgesamt nicht verzerrt.

3.1.3 Weitere Ausfälle

Bezüglich der 11 Probanden aus der A-Studie, die nicht erreichbar waren, ergibt die Analyse keine besonderen Hinweise oder statistische Beziehungen zur Fall-/Nichtfalleigenschaft. Es handelt sich bei den 7 ins Ausland Fortgezogenen überwiegend um jüngere Frauen, die (nach England, Japan, Australien, Südamerika und 4mal USA) geheiratet haben. Sie gehören auch überwiegend dem jüngsten Jahrgang der 1955 Geborenen an. Von einigen haben wir brieflich oder telefonisch gewisse Informationen; einige haben nicht geantwortet, von anderen fehlte die Adresse.

Die Auflistung der demographischen Merkmale von den 3 Verstorbenen überrascht nicht. Es sind Männer überwiegend der älteren Jahrgänge: 1 Mann (Jahrgang 1935) starb mit 48 Jahren an einem Herzinfarkt, ein weiterer aus demselben Jahrgang mit 47 Jahren bei einem Autounfall. Der dritte Mann (Jahrgang 1945) starb 39jährig an einem malignen Rückenmarktumor.

3.2 Morbiditätsdaten
H. Schepank, R. Manz

3.2.1 Im Querschnitt

1) Deskription

Fälle
Die Fallidentifikation im Sinne unserer Falldefinition[1] ergibt folgende Verteilung:

> 74,2 % der nachuntersuchten Stichprobe waren Nichtfälle (n=392);
> 25,8 % wurden als Fälle identifiziert (n=136).

Von diesen Fällen überschritten 85 (16,1 %) in beiden Schweregradkriterien den Cut-off-point; 35 (6,6 %) überschritten nur im BSS und 16 (3,0 %) nur im Goldberg-Cooper-Score die Schweregradgrenze. Die entsprechenden Zahlen in der Erstuntersuchung lauteten: 158 (26 %) von insgesamt 600 Probanden waren Fälle; davon 18 % in beiden Kriterien, 6,17 % nur im BSS und 1,83 % nur im GC-Score.

---

[1] 7-Tage-Punktprävalenz, ICD-Diagnose 300-306 (WHO, 8. Rev.) und Überschreitung des Schweregrades/Cut-off-point (im BSS ≥ 5 und/oder im Goldberg-Cooper-Score ≥ 20 Punkte).

Diagnosen

Eine ICD-Diagnose aus dem vorgegebenen Zielgruppenbereich erhielten 286 Probanden (54,2 %); 242 Probanden (45,8 %) bekamen keine ICD-Diagnose.

Auch das entspricht etwa der Verteilung bei der A-Untersuchung: Dort bekamen 50,8 % eine ICD-Diagnose. Die Zahl der Probanden, die eine ICD-Diagnose zugewiesen bekamen, ist erheblich größer als die Fallzahl, weil zur Falldefinition eine Schweregradausprägung analog einer klinischen Klientel über dem Cut-off-point erforderlich ist. Die Zuweisung einer ICD-Diagnose bedeutet also eine höhere Sensitivität bei der diagnostischen Urteilsfindung. Ungefähr die Hälfte der Probanden mit einer ICD-Diagnose sind somit leichter gestörte Probanden, eine deutlich symptombehaftete Risikopopulation mit einem Beeinträchtigungsschweregrad noch unterhalb der Fallgrenze.

Deskriptiv-epidemiologisch wichtig ist auch die Verteilung der einzelnen Krankheitskategorien in der Population. Tabelle 3.4 zeigt die ausgezählten Werte. Zusammenfassend ergibt sich:

> 6,63 % der Probanden waren Fälle von Psychoneurosen (ICD 300),
> 10,61 % der Probanden waren Fälle von Persönlichkeitsstörungen etc. (ICD 301/303),
> 8,52 % waren Fälle von psychosomatischen Störungen (ICD 305/306).

In Tabelle 3.4 sind die ICD-Diagnosen der Fälle den Häufigkeitsauflistungen derjenigen Probanden gegenübergestellt, die zwar eine ICD-Diagnose erhielten, jedoch wegen leichterer Störungsgrade noch nicht Fälle wurden. Beim Vergleich wird ersichtlich, daß einige vorkommende Störungen über Erwarten häufig zum Fall wurden: Es ist insbesondere die Kategorie der Psychoneurosen (ICD 300) und hier vor allem Ängste (300.0) und Depressionen (300.4), aber auch Neurasthenie (300.5); die Kategorie der Persönlichkeitsstörungen (schizoide, hysterische, asthenische und antisoziale; ICD 301.2, 301.5 - 301.7) sowie chronischer Alkoholmißbrauch (303.2) und psychosomatische Störungen der Atmung (305.2).

Anders ist es bei den folgenden ICD-Kategorien, bei denen häufiger die Probanden offenbar nur unter mittelgradigen Störungen leiden, so daß sie noch nicht zum Fall wurden: Von den Psychoneurosen sind das die hysterischen Neurosen, v. a. die Phobien (300.2); von den Charakterneurosen (ICD 301) die paranoiden Neurosen und anankastischen Persönlichkeitsstörungen; sowie schließlich die meisten psychosomatischen Störungen (ICD 305 und 306), insbesondere die häufigen Herz-Kreislauf-Funktionsstörungen, Magen-Darm-Funktionsstörungen, Schlaf-, Eßstörungen und Kopfschmerzen.

Tabelle 3.4. Häufigkeit und Verteilung der (4stelligen) ICD-Diagnosen bei allen Probanden und bei den Fällen

ICD	Alle vergebenen ICD-Diagnosen aller Probanden		der Fälle[a]	
	n	%	n	%
300.0	7	1,3	6	1,14
.1	4	0,8	1	0,19
.2	4	0,8	1	0,19
.4	25	4,7	20	3,78
.5	10	1,9	7	1,33
300	**50**	**9,5**	**35**	**6,63**
301.0	3	0,6	1	0,19
.1	30	5,7	10	1,89
.2	17	3,2	10	1,89
.3	1	0,2	-	-
.4	12	2,3	2	0,38
.5	18	3,4	9	1,71
.6	5	0,9	4	0,76
.7	2	0,4	2	0,38
.8	11	2,1	6	1,14
.9	1	0,2	1	0,19
303.0	3	0,6	-	-
.1	13	2,5	6	1,14
.2	5	0,9	5	0,94
304.6	1	0,2	-	-
301–304	**122**	**23,2**	**56**	**10,61**
305.0	2	0,4	1	0,19
.1	9	1,7	4	0,76
.2	5	0,9	4	0,76
.3	18	3,4	5	0,94
.4	1	0,2	-	-
.5	18	3,4	7	1,33
.6	5	0,9	3	0,57
.8	2	0,4	1	0,19
.9	10	1,9	8	1,52
306.0	1	0,2	-	-
.4	7	1,3	2	0,38
.5	15	2,8	5	0,94
.8	19	3,6	5	0,94
.9	1	0,2	-	-
305,306	**113**	**21,3**	**45**	**8,52**

Summe aller ICD-Diagnosenträger: 54,0 %, aller Fälle: 25,76%

[a] Gemäß Falldefinition: 7-Tage-Punktprävalenz und Überschreitung des Schweregrades/Cut-off-point (im BSS $\geq$5 und/oder im Goldberg-Cooper-Score $\geq$20 Punkte).

Symptomatik
Der Interviewer ordnet die (in einem komplizierten Akt des Diagnosti-
zierens eruierten) Symptome einer Liste mit 46 möglichen Alternativen
zu (s. Anhang B in Schepank 1987a; sie enthält 11 psychische, 10 charakterneurotische und 25 vegetativ-somatische Symptome; unterschiedliche Phobien werden hier z.B. nur als ein Symptom "Phobien" benannt).
Der EDV-Bogen jedes Probanden bietet Platz für die Dokumentation
von maximal 10 Symptomen. Tabelle 3.5 zeigt die Zahl EDV-technisch
dokumentierter Symptome pro Proband.

Tabelle 3.5. Anzahl und Verteilung der registrierten
2562 Symptome aus den letzten 7 Tagen bei allen
528 Probanden

Zahl der Symptome	Bei n Probanden	% aller Probanden
0	32	6,1
1	51	9,7
2	59	11,2
3	57	10,8
4	81	15,3
5	55	10,4
6	33	6,3
7	29	5,5
8	33	6,3
9	20	3,8
≥10	78	14,8[a]
Gesamt	528	100,0

[a] Der Stau entsteht, weil ungefähr 11 % aller Probanden in
Wirklichkeit mehr als 10 Symptome haben, die EDV-Dokumentation jedoch nur maximal 10 zuließ.

Wie ersichtlich, hatten nur 32 Probanden (= 6,1 % aller) überhaupt keine
manifeste Symptomatik in den letzten 7 Tagen. Die Fälle gehören erwartungsgemäß überwiegend zu den Probanden mit hoher Symptomzahl.
Es ist ersichtlich (durch Kumulation der Prozentanteile), daß der mittlere "gesunde" Mensch (Modalwert und Median) ständig 4 psychogene
Krankheitssymptome erkennen läßt.

Eine Auflistung der 10 häufigsten erfaßten Symptome (Tabelle 3.6)
aller Probanden aus den letzten 7 Tagen - und zwar unabhängig vom
Schweregrad und somit unabhängig von der ICD-Diagnose und Falleinstufung der Probanden, also einschließlich der nur minimal Beeinträchtigten - ergibt folgende Rangfolge (obere Hälfte der Tabelle 3.6):

Tabelle 3.6. Rangfolge der 10 häufigsten diagnostizierten Symptome aus den letzten 7 Tagen

Symptomrangfolge bei 496 Probanden[a]:

	f	Prozentualer Anteil	
		aller Symptome	aller Probanden
Allgemeine innere Unruhe	185	7,2	(37,3)
Suchtverhalten	183	7,2	(36,9)
Muskelschmerzen	160	6,2	(32,3)
Ermüdung/Erschöpfung	140	5,5	(28,2)
Depressive Verstimmung	132	5,2	(26,6)
Konzentrationsstörung	124	4,8	(25,0)
Kopfschmerzen/Migräne	115	4,5	(23,2)
Schlafstörung	106	4,1	(21,4)
Appetitstörung	102	4,0	(20,6)
Ängste	97	3,8	(19,6)

Symptomrangfolge bei den 137 Fällen:

	f	Prozentualer Anteil	
		aller Symptome	aller Fälle
Allgemeine innere Unruhe	81	7,1	(59,6)
Suchtverhalten	80	7,0	(58,3)
Schlafstörung	68	5,9	(50,0)
Ermüdung	67	5,9	(49,3)
Depression	65	5,7	(47,8)
Konzentrationsstörung	62	5,4	(45,6)
Zwangsgedanken	51	4,5	(37,5)
Muskelschmerzen	49	4,3	(36,0)
Partnerschaftskonflikt	49	4,3	(36,0)
Ängste	48	4,2	(35,3)

[a] 32 der untersuchten 528 Probanden hatten in den letzten 7 Tagen kein Symptom (s. Tab. 3.5)

Die untere Hälfte der Tabelle 3.6 zeigt die (recht ähnliche) Häufigkeitsrangfolge der Symptome, wenn man nur die Fälle betrachtet. Wie ersichtlich, repräsentieren die aufgezählten 10 häufigsten Symptome mehr als 50 % aller überhaupt codierten Symptome.

Beeinträchtigungsschwerescore (BSS)
Die sehr ähnlichen Häufigkeitsverteilungen der Beeinträchtigungsschweregrade bei der A- und der B-Untersuchung zeigt die Abb. 3.2. Dabei geht es uns v. a. um einen Vergleich mit einer klinischen Inanspruchnahmeklientel.

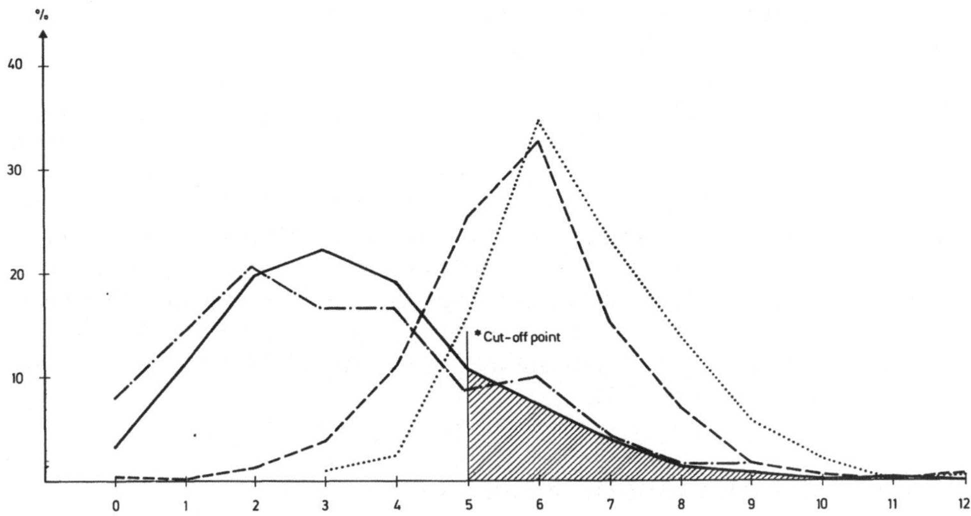

Abb. 3.2. Prozentualer Anteil von Probanden mit den entsprechenden BSS-Summenwerten. *Links:* Verteilung der Probanden aus der A- (———) und aus der B-Studie (-·-·-). *Rechts:* Die Scores bei ambulanten bzw. stationär psychotherapeutischen Inanspruchnahmeklientelen

Es handelt sich hierbei um das Gesamtprofil der untersuchten Population, also die graphische Darstellung der univariaten Auflistung der BSS-Werte aller Probanden aus den zwei Querschnitten. Man sieht aus der Abb. 3.2, daß in der Population die Gesamtmorbidität ziemlich gleich geblieben ist. Sie läßt jedoch noch nicht die individuellen Änderungen im Verlauf erkennen.

Hinsichtlich der Arztkonsultationen, Medikamenteneinnahmen, Krankschreibungen in den letzten 7 Tagen etc. zeigt sich bei globalstatistischer univariater Auflistung wie zu erwarten keine wesentliche Veränderung, lediglich vereinzelt geringfügige Zunahmen, die mit dem fortschreitenden Lebensalter aller Probanden zu erklären sind.

2) Demographie

Die weitere Deskription der Stichprobe zentriert sich auf die Differenzierung nach Fällen (25,8 %) und Nichtfällen (74,2 %) gemäß obiger Definition. - Eine Gegenüberstellung der Fälle und der Nichtfälle nach den demographischen Kernvariablen - Geschlecht, Alter und Sozialschichten - zeigt grundsätzlich dieselben Ergebnisse bzw. Tendenzen wie in der A-Untersuchung: ein noch immer deutliches Überwiegen weiblicher Fälle mit 29,4 % gegenüber 22,5 % männlicher Fälle. Der Abstand zwischen der Fallrate bei den Männern und den Frauen hat sich jedoch inzwischen deutlich angenähert. Der Unterschied ist jetzt nicht mehr signifikant (s. Tabelle 3.7).

Differenziert nach Krankheitskategorien zeigt sich, daß die Psychoneurosen (ICD 300) eindeutig bei den Frauen (gegenüber den Männern) überwiegen mit 10,48 % des Gesamtanteils bei den Frauen gegenüber nur 3,21 % bei den Männern. Deutlich überwiegen bei Frauen auch die psychosomatischen Symptome mit 10,08 % gegenüber 7,14 % bei den Männern. - Bei den Männern dagegen wurden 3,6 % Fälle von Alkoholismus gefunden gegenüber nur 0,4 % bei den Frauen sowie insgesamt 12,14 % Fälle von Charakterneurosen gegenüber 8,87 % bei den Frauen.

Wiederum - und d.h. entgegen unserer Ausgangshypothese - waren die Fallraten über die 3 Geburtsjahrgangskohorten/Altersklassen nahezu gleich verteilt (s. Tabelle 3.8).

Tabelle 3.7. Fallraten bei Männern und Frauen in der B-Untersuchung. (Zahlen in Klammern geben die entsprechenden Daten aus der A-Studie zum Vergleich an)

	Männlich	Weiblich	Gesamt
Nichtfälle	217 (255)	175 (189)	392 (444)
Fälle	63 (56)	73 (100)	136 (156)
Gesamt	280 (311)	248 (289)	528 (600)
Fallrate in %	22,5 (18)	29,4 (34,6)	25,75 (26)

Tabelle 3.8. Anteil der Fälle in den 3 Jahrgangskohorten

	Jahrgang 1935	1945	1955	Gesamt
Nichtfälle	127	131	134	392
Fälle	45	51	40	136
Gesamt	172	182	174	528
Fallrate[a] in %	26,2[a]	28,0	23,0	25,8

[a] Unterschied nicht signifikant, p=0,5481.

Die Verteilung der Fälle auf die einzelnen Sozialschichten ist weiterhin signifikant unterschiedlich im Sinne einer eindeutigen und erheblichen Häufung von Fällen in den Unterschichten (Tabelle 3.9).

Tabelle 3.9. Fallraten der Probanden in den einzelnen Sozialschichten[a]

	Untere Unter- schicht	Unter- schicht	Untere Mittel- schicht	Obere Mittel- schicht	Obere Schicht	Gesamt n
Nichtfall	12	118	150	67	15	362
Fälle	13	47	39	22	3	124
Gesamt	25	165	189	89	18	486[b]
Fallrate[c] in %	52	28,5	20,6	24,7	16,7	25,51

[a] Schichtindex nach Moore-Kleining. Die Codierung erfolgte für diese Auswertung aufgrund sorgfältiger Klartextdokumentation durch einen Doktoranden, Herrn Schwen-Harant. Die Standardisierung ist hier einheitlicher als in der A-Auswertung, wo der jeweilige Interviewer für seinen untersuchten Probanden die Schichteinstufung vornahm.

[b] 10 Fälle und 28 Nichtfälle waren hinsichtlich der Schichtzugehörigkeit nicht eindeutig einstufbar.

[c] Die unterschiedlichen Fallraten in den einzelnen Schichten sind hoch signifikant (p<0,01)

Betrachtet man die Ergebnisse der beiden Untersuchungsquerschnitte insgesamt, so zeigt – außer einer Annäherung der früher signifikanten Geschlechterdiskrepanz und einer Verlagerung der ICD-Diagnosekategorien – sich kaum eine nennenswerte Veränderung der Morbiditätsdaten.

3.2.2 Veränderungen von A nach B

Der deskriptiven Auflistung von Ergebnissen der Querschnittsuntersuchung folgt nun der Verlaufsaspekt im Dreijahresintervall. Die Tabelle 3.10 zeigt die Häufigkeit individueller Veränderungen in der Einstufung als Nichtfall bzw. Fall.

Tabelle 3.10. Veränderungen von A nach B am Kriterium Fall/Nichtfall (in Klammern Prozentangaben)

A \ B	Nicht- fall	Fall	Gesamt
Nicht- fall	334 (63,25)	59 (11,17)	393 (74,43)
Fall	58 (10,99)	77 (14,58)	135 (25,57)
Gesamt	392 (74,2)	136 (25,8)	528 (100)

Es wird deutlich, daß von den 528 zweimal untersuchten Probanden 334 (= 63,25 %) konstant Nichtfälle blieben. 77 (= 14,58 %) blieben konstant Fälle. 58 (= 10,99 %) gesundeten, wurden vom Fall (in A) zum Nichtfall (in B); umgekehrt wechselten 59 (= 11,17 %) die Falleigenschaft vom Nichtfall zum Fall, wurden also kränker. Die Relation Fälle zu Nichtfällen insgesamt war in beiden Untersuchungen, wie schon gesagt, nahezu gleich (A: 135 zu 393, B: 136 zu 392). - Insgesamt blieben 411 Probanden von 528 (= 77,83 %) hinsichtlich ihrer Nichtfall- bzw. Falleigenschaft unverändert, 117 (= 22,16 %) änderten die Falleigenschaft, je etwa zur Hälfte in den beiden möglichen Richtungen.

Ein differenzierteres Bild gibt die Unterteilung nach Geschlecht. Aus ihr wird die jetzt höhere Fallrate der Männer und niedrigere Fallrate der Frauen im Vergleich zur A-Untersuchung noch einmal deutlich. Während die Zahl der neu Erkrankten bei den Männern (mit 12,1 % aller Männer) etwas höher liegt als bei den Frauen (10,1 % aller Frauen), ist die Zahl der Gesunden bei den Frauen deutlich höher (mit 16,9 % aller Frauen) als bei den Männern (mit 5,7 % aller Männer). Folglich ist die Fluktuation bei den Frauen größer: 82,2 % aller männlichen Probanden bleiben gleich (Fall oder Nichtfall), aber nur 73,0 % aller Frauen behalten ihre Fall-/Nichtfalleigenschaft bei.

Bei dieser Übersicht ist jedoch zu betonen, daß es sich um eine stark reduktionistische Darstellung handelt: Durch den Cut-off-point in der Falldefinition werden die Probanden in die Gruppe der Nichtfälle und der Fälle zweigeteilt, ohne daß jeweils das tatsächliche Ausmaß der Veränderungen sichtbar wird: Eine Veränderung um einen Punkt mehr oder einen Punkt weniger im BSS bewirkt, wenn sie sich um den Grenzwert 4 oder 5 bewegt, bereits eine Änderung der Fall-/Nichtfallklassifikation, wie aus Abb. 3.3 deutlich wird.

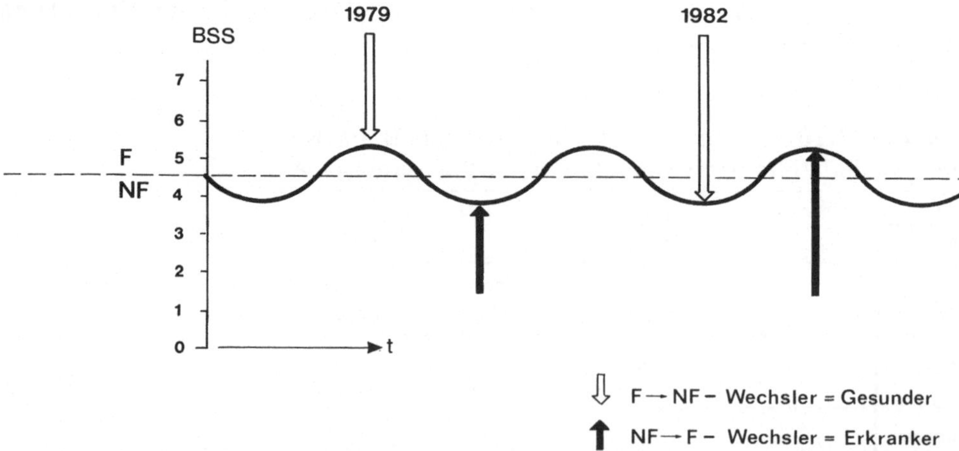

Abb. 3.3. Nur scheinbarer Wechsel der Fall-/Nichtfalleigenschaft bei wellenförmigem Verlauf um den Cut-off-point

Etwa ein Viertel aller Fallwechsler haben nur um einen Punktwert plus oder minus an dieser Fallgrenze geschwankt. Dabei handelt es sich ja um das Befinden in den letzten 7 Tagen (Punktprävalenz), so daß diese geringfügigen Schwankungen, kalkuliert man auch noch eine gewisse Schätzfehlerbreite ein, fast zu vernachlässigen sind.

Die Tabelle 3.11 veranschaulicht anhand des Hauptfallidentifikationskriteriums, (BSS), wieviel Probanden jeweils gleiche oder nach oben bzw. unten abweichende BSS-Werte im Dreijahresverlauf erhielten.

Tabelle 3.11. BSS-Werte im A-B-Verlauf

A-Studie \ B-Studie BSS	0	1	2	3	4	5	6	7	8	9	10
0	5	9	4	1	-	-	-	-	-	-	-
1	10	21	15	8	8	1	-	-	-	-	-
2	5	25	40	23	9	1	3	-	-	-	-
3	3	16	31	34	16	5	8	4	1	1	-
4	2	8	13	21	23	10	14	2	1	-	1
5	-	2	6	6	16	8	13	2	-	-	-
6	-	2	4	3	9	4	7	7	2	-	-
7	1	-	2	-	4	3	6	3	2	1	-
8	-	-	-	1	-	-	1	1	3	1	0
9	-	-	-	-	-	-	3	-	-	1	-
10	-	-	-	-	1	-	-	-	1	-	-
Gesamt (528)	26	83	115	97	86	32	55	19	10	4	1

Von Interesse sind die verhältnismäßig starken individuellen Veränderungen hinsichtlich der ICD-Diagnose im Verlauf: Gleichgültig wie man die Befunde ordnet, ob unter Einschluß aller Probanden, oder nur der ICD-Diagnoseträger (Abb. 3.4), oder ob unter ihnen nur die Fälle oder nur die konstanten Fälle als Kerngruppe betrachtet werden: immer fällt eine deutliche Verschiebung in Richtung Zunahme der Charakterneurosen (301, 303, 304) auf.

Die Zahl der psychosomatischen funktionellen Störungen reduziert sich, die der Psychoneurosen bleibt prozentual etwa gleich. Die Gründe hierfür liegen wohl nur z.T. in einer faktischen Veränderung in dem Sinne, daß mit zunehmendem Alter die charakterneurotische Fundierung einer auch schon früher vorhandenen Störung, z.B. depressive Neurose, hysterische Neurose, bzw. ein Wandel von einem hervorstechenden psychoneurotischen oder psychosomatischen Symptom in eine Suchtform mit zunehmendem Alter deutlicher wird. Wichtiger erscheint uns, daß sich Diagnosenetiketts in der ICD überschneiden, insbesondere viele hysterische oder depressive Erscheinungsbilder ebensogut unter den Psychoneurosen (ICD 300) wie unter den Persönlichkeitsstörungen (ICD 301) einzuordnen sind. Zu betonen ist folgendes: Jeder Proband konnte mehrere Haupt- und Nebendiagnosen zugewiesen bekommen. In unserer Auswertung berücksichtigen wir jedoch nur die erste Hauptdiagnose. Eine Verschiebung einer Erst- und Zweitdiagnose zwischen A und B bei einem Probanden täuscht u.U. einen größeren Wechsel vor, während es nur Gewichtsverschiebungen sind. Hier mag es auch Tendenzen im Interviewerteam gegeben haben, insbesondere mit zunehmendem Alter der Probanden und zunehmender diagnostischer Fertigkeit der Interviewer, die charakterneurotische Komponente stärker zu betonen. Wir halten das nicht für einen groben Fehler, sondern sehen darin nur unsere Gesamtkonzeption bestätigt, alle psychogenen Erkrankungen zusammenzufassen und in einem einheitlichen epidemiologischen Forschungsprojekt zu erkunden. Gerade innerhalb dieser Gruppen besteht nämlich eine große Fluktuation im Zeitablauf. Man denke z.B. an einen häufigen, fast regelhaften Symptomwandel bei einem Menschen, dessen Symptomatik mit Herzneurose beginnt, sich zur Angstneurose entwickelt und über Alkohol und Medikamentenabusus und phobischer Einengung zu charakterneurotischen Komplikationen führt. - Hier zeigt sich auch noch einmal deutlich, wie notwendig es war, neben der "qualitativen" diagnostischen Etikettierung für jegliche Falldefinition zusätzlich eine Schweregradeinstufung einzuführen.

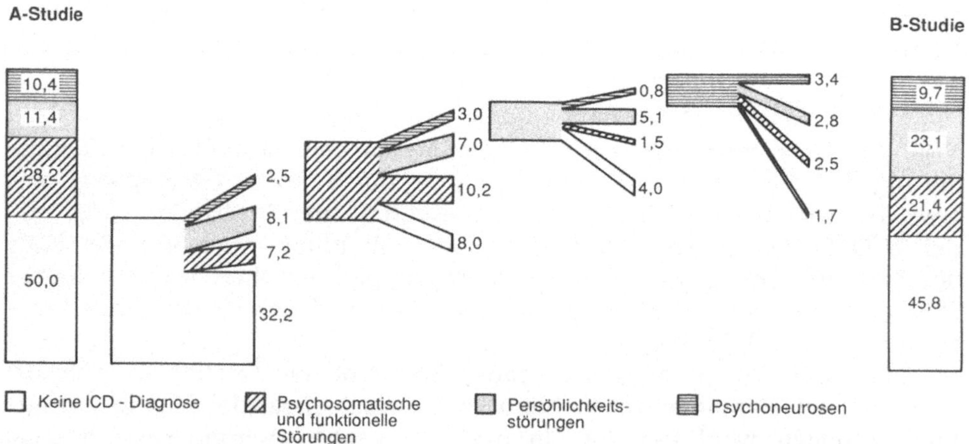

Abb. 3.4. Konstanz oder Wechsel der ICD-Diagnose im Dreijahresintervall. Die Zahlen geben die prozentuale Verteilung der entsprechenden Kategorien in A *(linke Säule)* und in B *(rechte Säule)* und ihrer Fluktuationen an *(Strahlengraphiken in der Mitte)*

Die neurotische *Persönlichkeitsstrukturdiagnose* zeigte bei der Follow-up-Untersuchung im Vergleich zur ersten Querschnittsuntersuchung eine sehr ähnliche Verteilung: Die depressiven Strukturen waren mit 42,4 % die häufigsten, gefolgt von den zwanghaften mit 18,4 % (Verteilung in der A-Studie s. Abschn. 16.1.4 und 18.2 in: Schepank 1987a). - Vergleicht man die Konstanz zwischen A und B auf Individualebene, so ist festzustellen: Über 42 % der Probanden wurden in der ersten und der zweiten Untersuchung identisch diagnostiziert. Die anderen wechselten ihre Persönlichkeitsstrukturdiagnose. Diese Instabilität verwundert kaum einen Kliniker. Sie ist bei unserem Sample aber schon deshalb zu erwarten, weil es sich ja zu drei Viertel um weitgehend Gesunde, also Nichtfälle handelt, bei denen erfahrungsgemäß solch eine klinisch orientierte Diagnoseeinstufung unsicherer sein muß. Interessant ist nun folgendes: Die Vorinformation des Zweitinterviewers - also die Tatsache, ob er "blind" oder ob er "sehend" das Interview erhob - beeinflußte seine Urteilsbildung offenbar überhaupt nicht. Mit anderen Worten: Die Strukturdiagnose als solche ist zwar ein nicht sehr konstantes (also kein Trait-) Merkmal; die Interraterreliabilität dagegen, also die Urteilsübereinstimmung verschiedener Untersucher über den selben Patienten zu einem festgelegten Zeitpunkt ist dagegen bei geschulten Interviewern offenbar recht hoch.

Die aufgeführten Morbiditätsdaten liefern die Grundlage für die folgenden detaillierten Analysen über den Verlauf von Gesundheit und Krankheit im A-B-Vergleich: In Kap. 5 werden diese Veränderungen weitgehend auf der Basis der in ausführlichen Interviewprotokollen niedergelegten Klartexte und Beschreibungen analysiert, getrennt nach den 4 großen Gruppen der konstanten Fälle, der stabil Gesunden und derjenigen, die ihre Falleigenschaft gewechselt haben, also der Gesunder (Fall-zu-Nichtfall-Wechsler) und der "Erkranker" (Nichtfall-zu-Fall-Wechsler). - In Kap. 6 und 8 dagegen werden die zwischen A- und B-Untersuchung beobachteten Veränderungen überwiegend mit metrischen Verfahren und Tests (Social supportrating, Copingverhalten, FPI-Test) sowie in bezug auf die mit dem Life-event-Inventar genau erfaßten, in der Zwischenzeit stattgefundenen Einflußfaktoren analysiert.

4 Zur Methodik der Veränderungsmessung

Obgleich dieses Kapitel das Stichwort "Methodik" enthält, ist es dem Ergebnisteil
zugewiesen worden: Wir dachten, es sei besser verständlich, nachdem erste deskrip-
tiv-epidemiologische Befunde und somit die Rahmendaten und ersten Ergebnisse dieser Verlaufsstudie mitgeteilt worden sind. Insbesondere der methodisch weniger
versierte Leser wird dann die Notwendigkeit gerade dieser z.T. sehr akribisch erscheinenden Überlegungen besser akzeptieren können. Auch die Berechnungen und Vergleiche der Daten je nach "blindem" oder "sehendem" Vorgehen werden prägnanter.
Hier handelte es sich ja um ein ganz besonders selbstkritisches Wagnis, mit dem
unsere Studie hätte zu Fall gebracht werden können.
Die folgenden Unterkapitel wurden von zwei Diplompsychologen erarbeitet, die in
unserem Projekt die Bereiche EDV, Statistik und Methodik betreuten. Sie haben die
beschriebenen Probleme ausgiebig in unserem Team diskutiert und zahlreiche An-
regungen auch den Abteilungsleitern und Spezialisten aus dem Zentralinstitut zu
verdanken, ebenso wie der kritischen und sachkundigen Gutachterkommission der DFG;
nicht zuletzt auch dem zu jung verstorbenen Paul Duncan-Jones (Canberra/Austra-
lien). Den aus der Psychologie, Methodik oder Epidemiologie kommenden Lesern mögen
sie verdeutlichen, mit welcher Sorgfalt und Erkenntnisbemühung wir uns dem Ziel
unserer Untersuchung in jedem Stadium - von der Planung und Interviewerhebung bis
zur Auswertung und ihrer Formulierung - genähert haben. Der mehr klinisch oder
tiefenpsychologisch interessierte Leser mag sich mit dieser Feststellung allein
begnügen und die Unterkapitel als einen Methodikexkurs betrachten.

4.1 Zum Problem der Veränderungsmessung
R. Manz

Die Darstellung von Veränderungen psychologischer Variablen über die
Zeit ist mit verschiedenen Problemen behaftet (vgl. Petermann 1978).
Hierzu zählen in erster Linie folgende:

- Regressionseffekte,
- das Reliabilitäts-Validitäts-Dilemma,
- das Meßbedeutungsproblem.

Meßinstrumente, welche auf der Grundlage der klassischen Testtheorie
entworfen wurden, sind aufgrund ihres Meßfehlers für die sog. "statistische Regression zur Mitte" anfällig. Zufallsänderungen sind v.a. in
den Extrembereichen von der Erst- zur Zweitmessung zu erwarten, da
Extremwerte in der Erstmessung bei der Zweitmessung zur Mitte der
Skala tendieren. Für die Beurteilung von Merkmalsveränderungen stellt
sich somit das Problem, statistische von natürlichen bzw. wahren Re-
gressionseffekten zu unterscheiden.

Das sog. Reliabilitäts-Validitäts-Dilemma stellt ein spezielles Problem der Veränderungsdiagnostik im Rahmen des klassischen testtheoretischen Modells dar. Wie Petermann (1978) zeigt, läßt sich dieses Dilemma nicht lösen, sofern verlangt wird, daß zu beiden Meßzeitpunkten derselbe Sachverhalt erfaßt wird, da eine reliable Differenzwertschätzung hohe Paralleltestreliabilität bei gleichzeitig niedriger Retestreliabilität voraussetzt. Beide stehen jedoch im Rahmen der klassischen Testtheorie für dasselbe. Die mit der Bestimmung der Retestreliabilität verbundene Forderung nach der zeitlichen Stabilität eines Merkmals ist unvereinbar mit der Absicht einer Veränderungsmessung.

Das Meßbedeutungsproblem - auch Physikalismus-Subjektivismus-Dilemma genannt - bezeichnet die Schwierigkeit, psychologisch sinnvolle und exakt quantifizierbare Merkmalskontinuen zu konstruieren. Veränderungen können für Personen sehr unterschiedliche Bedeutung besitzen. Beispiel (vgl. Zielke u. Kopf-Mehnert 1978, S. 5): 20 kg an Körpergewicht zu verlieren, sind bei einem Ausgangswert von 60 kg anders zu beurteilen als eine Gewichtsreduktion von 160 kg auf 140 kg.

Vorschläge zur Berechnung reliabler Veränderungsindizes reichen von einfachen Differenzmaßen über Korrelations- und Regressionsmaße bis hin zu sog. Residualmaßen. Eine Zusammenstellung sowie kurze Diskussion der Verfahren findet sich bei Petermann (1978, S. 36 ff.). Zielke (1980) setzt sich ausführlicher mit der Anwendung von Differenzschätzungen auseinander und weist v.a. auf den schnell anwachsenden Rechenaufwand bei exakten Verfahren (z.B. Lord-McNemar) hin, wenngleich diese gerade für Differenzen am Einzelfall gute Schätzungen böten.

Eine Alternative zur zweimaligen Statusdiagnostik bietet sich im Rahmen der klassischen Testtheorie neben dem Einsatz von aufwendigen Paralleltestverfahren v.a. durch die Verwendung sog. änderungssensitiver Items (Petermann 1978; Zielke u. Kopf-Mehnert 1978). Hier wird durch Verwendung von Items in komparativer Form (z.B. "Es geht mir jetzt viel besser als vor 2 Wochen") versucht, die Änderung eines Sachverhaltes direkt zu erfassen. Auf diese Weise scheint es möglich, die oben angeführten Probleme der Veränderungsdiagnostik zu umgehen. Allerdings taucht bei diesem Vorgehen das Problem auf, daß ein zu beurteilender Ausgangspunkt (etwa das Befinden vor einem Jahr) kaum mehr vollständig präsent sein wird. Aus diesem Grunde sehen Baumann et al. (1980) beide Vorgehensweisen eher als Ergänzung denn als Alternativen in der Veränderungsdiagnostik.

Kapitel 8 dieses Bandes zeigt die Anwendung beider Vorgehensweisen auf die Verlaufsbetrachtung psychogener Beeinträchtigung unserer Studie, während im folgenden Probleme der Reliabilität im Vordergrund stehen.

4.2 Grundannahmen der Veränderung von Fallraten der Geschlechter
   N. Schiessl

Es soll ein Modell kritisch hinterfragt werden, das in vielen Diskussionen als Erklärungsansatz auftauchte, um die Annäherung der Fallraten von Männern und Frauen bei der Wiederholungsmessung nach 3 Jahren zu erklären.

Lagen die Fallraten von Männern (18 %) und Frauen (35 %) in der A-Studie noch signifikant auseinander, so näherten sie sich in der B-Studie an (Männer = 22 %, Frauen = 29 %). Eine Testung der Veränderung in den Fallraten erfolgte, indem die Prozentverteilungen der A-Studie als Erwartungswerte für die B-Daten genommen wurden (χ^2=6,84, p<0,01). Die Abweichungen überschreiten signifikant das per Zufall zu erwartende Ausmaß.

Werden diese Befunde als wahre Veränderung betrachtet (s. Abschn. 5.2), so stellen wir fest: Männer wurden "kränker", und Frauen wurden "gesünder".

Die wahre Veränderung müssen wir von Meßfehlereinflüssen abgrenzen. Um die Ausführungen nicht unnötig zu komplizieren, soll eine Betrachtung spezieller Einflußfaktoren hier außer acht gelassen werden (vgl. Abschn. 4.1).

4.2.1 Kontinuierliche Verteilung der Beeinträchtigung

Eine Annäherung an die beim Wechsel der Falleigenschaft ablaufenden Prozesse verdeutlichen folgende Annahmen:

- Jeder Mensch besitzt eine mehr oder weniger ausgeprägte Basisstörung. Becker u. Minsel (1986) verwenden den Ausdruck "seelische Gesundheit als Zustand" und verstehen darunter eine um einen Mittelwert pendelnde Grundbeeinträchtigung.
- Für Männer und Frauen besteht hierfür eine unterschiedliche Verteilung. Dies äußert sich in unterschiedlichen Fallraten bei Männern und Frauen.
- Die Grundbeeinträchtigung wird überlagert von aktuellen (z.B. Lebensereignisse oder fehlender Support) oder von chronischen Belastungen.
- Lebensereignisse, Support oder chronische Belastungen sind zu einem gewissen Anteil abhängig von der Grundbeeinträchtigung (z.B. konstellierte Lebensereignisse).
- Die Abweichungen der Geschlechtsfallraten zwischen der Erst- und der Zweiterhebung beruhen auf zufälligen Schwankungen um den wahren Mittelwert.

Eine Überprüfung dieses Modells ist anhand von 2 Meßzeitpunkten nicht möglich (s. Abschn. 4.1). Ist die Messung mit einem Fehler behaftet, so kann die wahre Veränderung nicht von Meßfehlerschwankungen unterschieden werden.

4.2.2 Konstante Basisrate der Veränderung für Männer und Frauen

Beim Versuch, die Annäherung der Fallraten von Männern und Frauen zu verstehen, kann man auch ein sehr vereinfachtes Modell zugrunde legen, das das Prinzip der "Regression zur Mitte" beinhaltet.

Hypothese 1: Die Geschlechtsunterschiede zum Zeitpunkt A waren zufällig (trotz signifikantem Unterschied), d. h. wir sind dem Restrisiko einer falschen Aussage (5 %) zum Opfer gefallen.

Ausgehend von Hypothese 1 wird behauptet, die Erkrankungsrate (bzw. Gesundungsrate) sei unabhängig vom Geschlecht: Gibt es z. B. bei den Frauen viele Fälle, so werden hier auch mehr "Gesunder" anzutreffen sein.

Als Basisrate[1] wurde für "Erkranker" 15 % und für "Gesunder" 43 % angenommen. Wird im 2. Schritt diese Basisrate für Männer und Frauen getrennt verwendet, so erhalten wir Erwartungswerte, die mit den tatsächlichen (beobachteten) Werten (s. Tabelle 4.1) nahezu exakt übereinstimmen.

Tabelle 4.1. Berechnung der Erwartungswerte für die B-Studie bei einer Gesundungs- und Erkrankungsrate, die für Frauen und Männer identisch angenommen wurde

| | Männer | | Frauen | |
	Nicht-fall	Fall	Nicht-fall	Fall
Theoretische Werte B-Studie	219,1	60,9	172,1	74,9
B-Studie	217	63	174	73

$(\chi^2 = 0,16;\ df = 3;\ p = 0,98)$.

Wir können die aufgestellte Hypothese nicht zurückweisen: Männer und Frauen haben eine identische Basisrate bei Neuerkrankungen.

Die Statistik kann uns nicht weiterhelfen, denn nicht alle Modelle, die die Daten gut reproduzieren können, sind als angemessen zu be-

---

[1] Den besten Schätzwert liefert hier die Gesamtstichprobe.

trachten. Die bloße Orientierung am "fit"[2] ohne theoretische Hypothesenbildung kann zur Annahme falscher Modelle führen.

Wir könnten und müßten das Basisratenmodell annehmen, wenn es nicht empirische Belege und logische Gründe dagegen gäbe.

- Nicht jeder Mensch in der Population (z.B. ein "Gesunder") hat das gleiche Risiko, zum Fall zu werden. Es ist eher mit dem Vorhandensein einer Beeinträchtigung eines bestimmten Ausmaßes zu rechnen. Diese Grundbeeinträchtigung wird durch äußere (z.B. Lebensereignisse) oder innere Umstände (biologische/genetische Ausstattung) erhöht, und der Proband wird somit u. U. die Fallgrenze überschreiten. Im Erscheinungsbild des Probanden ist dies im Sinne einer Dekompensation zu beobachten. Dieser phänomenologische Sprung wird auch von Klinikern vielfach berichtet, so daß man annehmen könnte, es handle sich hier tatsächlich um das Neueintreten einer Krankheit und nicht um die quantitative Intensitätszunahme einer bestehenden Störung. Es handelt sich jedoch um keinen stochastischen Prozeß, da das Risiko, bei einer zweiten Messung Fall zu sein, größer ist, wenn der Proband vorher schon Fall war. Ein Proband mit einem Beeinträchtigungsschwerescore (BSS) von 1 hat selbst beim Auftreten eines belastenden Lebensereignisses ein wesentlich geringeres Risiko, zum Fall zu werden, als ein Proband mit dem BSS-Wert 4.

- Würden wir das Basisratenmodell für die Zukunft berechnen, so glichen sich die Fallzahlen für Männer und Frauen in einigen Jahren an. Dies widerspricht jedoch der klinischen Erfahrung.

Das Basisratenmodell drängt sich aufgrund seiner Einfachheit und der Übereinstimmung mit den Daten auf, ist jedoch wegen logischer Überlegungen und der empirischen Ergebnisse anderer Studien zurückzuweisen. Deshalb gehen wir von unterschiedlichen Fallraten bei Männern und Frauen aus, deren beste Schätzung im Mittelwert der A und B-Studie liegt: Fallrate Männer = 20 %; Fallrate Frauen = 32 %. Für die Bestimmung der Grundbeeinträchtung und der Trennung zwischen "wahrer" Veränderung und Meßfehlern ist ein 3. Meßzeitpunkt notwendig.

4.3 Reliabilitätsaspekte

Nach der Erörterung theoretischer und praktischer Fragen zur Erfassung individueller Veränderungen psychologischer Variablen wenden wir uns nun der Darstellung der Gütekriterien wichtiger von uns verwendeter Verfahren zu.

---

[2] Als "fit" wird die Übereinstimmung von mathematisch berechneten Modellkennwerten mit den tatsächlichen Daten bezeichnet.

4.3.1 Spezielle Instrumente

Reliabilitätsaspekte des FPI
R. Manz

Im Zusammenhang mit der Beurteilung von Veränderungen psychologisch bedeutsamer Konstrukte wie etwa Neurotizität, Extraversion oder Depressivität stößt man unweigerlich auf das sog. Reliabilitäts-Validitäts-Dilemma von Skalen, die nach dem klassischen Testtheoriemodell konstruiert sind. Es sagt verkürzt, daß die Abbildung veränderlicher Konstrukte mit Hilfe der oben genannten Skalen einer Paradoxie gleichkommt. Eine Skala kann schwerlich hoch reliabel (d.h. über die Zeit konstante Meßwerte liefern) und gleichzeitig änderungssensibel sein (d.h. über die Zeit Veränderungen abbilden), sofern der zu messende Sachverhalt als invariant gilt (vgl. Petermann 1978). Allerdings ist gerade bei Persönlichkeitsfragebogen wie dem FPI (Fahrenberg et al. 1978) eine perfekte Reliabilität von 1,0 kaum zu erwarten. Nach Fahrenberg et al. (1984) liegen in mehreren Studien ermittelte Retestkoeffizienten zwischen 0,70 und 0,80, vergleichbar den ermittelten Konsistenzen einzelner Skalen. Dies läßt jedoch genügend Merkmalsvarianz offen, um den Versuch zu unternehmen, mit entsprechenden Verfahren Veränderungen abzubilden. Tabelle 4.2 sind die von Fahrenberg et al. (1978) mitgeteilten und von uns im Rahmen der Follow-up-Erhebung bestimmten Stabilitätskoeffizienten der FPI-Skalen zu entnehmen. Das Retestintervall betrug bei den Autoren durchschnittlich 6 Wochen, bei unserer Studie dagegen ca. 3 Jahre (!).

Tabelle 4.2. Stabilitätskoeffizienten für FPI-Skalen der Autoren (Fahrenberg et al. 1978) sowie in unserer Studie ermittelte Werte

	Fahrenberg et al.		A/B-Studie
Skala FPI	Stabilität n=630	Konsistenz n=313	Stabilität n=359
1 (Nervosität)	0,89	0,86	0,69
2 (Spontane Aggressivität)	0,82	0,83	0,60
3 (Depressivität)	0,90	0,89	0,47
4 (Erregbarkeit)	0,90	0,87	0,66
5 (Geselligkeit)	0,84	0,82	0,67
6 (Gelassenheit)	0,78	0,78	0,61
7 (Reaktive Aggressivität)	0,78	0,77	0,55
8 (Gehemmtheit)	0,85	0,79	0,65
9 (Offenheit)	0,77	0,75	0,66
E (Extraversion)	0,80	0,78	0,67
N (Emotionale Labilität)	0,85	0,86	0,68
M (Maskulinität)	0,77	0,60	0,66

Die Stabilitätskoeffizienten werden beim Dreijahreszeitraum beinahe durchweg geringer (dieser Effekt ist auf Rohdatenebene weniger stark ausgeprägt, wohl weil hier der Skalenrange größer ist). Auch über verschiedene Substichproben wie "konstant Gesunde", "Neuerkrankte", "Gesundete" und "konstant Kranke" zeigen sich keine deutlichen Differenzen hinsichtlich der Skaleninterkorrelationen über die Zeit.

Da das FPI offensichtlich vorwiegend für kürzere Zeiträume stabile psychologische Konstrukte abbildet, wäre es prinzipiell geeignet, längerfristige Merkmalsfluktuationen "sensibel" zu erfassen. Bezüglich psychogener Erkrankungen finden sich bei Querschnittdaten deutliche Zusammenhänge zwischen einzelnen FPI-Skalen und dem Ausmaß psychogener Beeinträchtigung (BSS; vgl. Parekh, Abschn. 8.2). Vor allem die Skalen Nervosität (FPI 1), Depressivität (FPI 3), Gehemmtheit (FPI 8), emotionale Labilität (FPI N) und Maskulinität (FPI M) zeigen deutliche Differenzen zwischen unterschiedlichen Krankheitsverlaufsgruppen (d.h. "konstante Fälle", "Neuerkranker", "Gesunder" und "konstant Gesunde").

Zur Abschätzung des klinischen Nutzens dieser Skalen wird in Tabelle 4.3 die Interkorrelation der FPI-Skalendifferenzen (B-Studie minus A-Studie) mit der Beeinträchtigungsdifferenz (BSS-B minus BSS-A) dargestellt. Hohe Interkorrelationen deuten hierbei auf entsprechende Validitäten hin, also auch auf die Sensibilität der Skalen.

Tabelle 4.3. Interkorrelationen verschiedener FPI-Skalendifferenzen und Änderungen der psychogenen Beeinträchtigungsschwere (jeweils B- minus A-Werte für ein Dreijahresintervall)

FPI Skalen- differenz (B - A)	BSS-Differenz 7-Tage-Prävalenz (B - A)	BSS-Differenz 1-Jahres-Prävalenz (B - A)
1 (Nervosität)	0,16	0,18
3 (Depressivität)	0,17	0,16
6 (Gelassenheit)	-0,10	-0,11
8 (Gehemmtheit)	0,18	0,13
N (Emotionale Labilität)	0,19	0,10
M (Maskulinität)	-0,19	-0,21

Die ermittelten Korrelationen sind relativ gering, sprechen jedoch hinsichtlich ihrer Richtung für die Hypothese, daß einzelne FPI-Skalen sensibel für Änderungen der psychogenen Beeinträchtigung einer Person sind. Möglicherweise erfassen die genannten FPI-Skalen sehr unterschiedliche Dimensionen psychogener Beeinträchtigung, so daß die jeweilige Interkorrelation mit einem Globalmaß der Beeinträchtigung, wie es der BSS-Summenscore darstellt, nicht allzu hoch werden kann. Diese Hypothese läßt sich mittels einer Regressionsanalyse überprüfen. Mehrere FPI-Skalen zusammen sollten die psychogene Beeinträchtigung gut vorhersagen können. Wir benutzten ein hierarchisches Regressionsmodell

mit den Skalen FPI 1, FPI 3, FPI 6, FPI 8 als unabhängige Variablen
(FPI-N und FPI-M schieden als sog. Sekundärskalen aus, um eine Über-
determinierung zu vermeiden). Abhängige Variablen waren BSS-A (Einjahresprävalenz) sowie BSS-B (Einjahresprävalenz). Hierbei bezogen sich
die Meßwerte der unabhängigen Variablen auf die A-Studie. Die Vorhersagequalität der FPI-Skalen läßt sich dabei einerseits eher auf die
State-, andererseits eher auf die Traitkomponente zurückführen. Die
Ergebnisse der Berechnungen sind Tabelle 4.4 zu entnehmen.

Tabelle 4.4. Regressionsanalytische Ergebnisse zur Vorhersagequalität verschiedener FPI-Skalen (A-Studie)
auf die psychogene Beeinträchtigung (BSS) der A-Studie
und der B-Studie; Prävalenzzeiträume 1 Jahr (n=359)

BSS - 1 Jahr (A-Studie) = abhängige Variable

Unabhängige Variable	B	T	p
FPI 3 (Depressivität)	0,25	4,1	0,0001
FPI 1 (Nervosität)	0,23	4,0	0,0001
FPI 8 (Gehemmtheit)	0,18	3,4	0,0008

Mult. $r = 0,55$; $r^2 = 0,30$; adj. $r^2 = 0,29$.

BSS - 1 Jahr (B-Studie) = abhängige Variable

Unabhängige Variable	B	T	p
FPI 1 (Nervosität)	0,28	4,5	0,0000
FPI 3 (Depressivität)	0,17	2,7	0,0067
FPI 8 (Gehemmtheit)	0,12	2,2	0,0281

Mult. $r = 0,48$; $r^2 = 0,23$; adjust. $r^2 = 0,23$.

Vor allem die Skalen FPI 1 (Nervosität) und FPI 3 (Depressivität) tragen
zur Vorhersage der psychogenen Beeinträchtigung bei. Allerdings ist die
Varianzaufklärung durch die verwendeten Prädiktoren jeweils nicht son-
derlich hoch (30 bzw. 23 %). Darüber hinaus weisen gerade solche Skalen
eine gewisse Sensibilität auf, die auch als "Symptomskalen" zu verstehen
sind. Tabelle 4.5 kontrastiert die dargestellten Ergebnisse mit einem sehr
engen Kriterium, der Beeinträchtigung bezogen auf die letzten 7 Tage.
Da alle 3 deskriptiven Analysen nahezu gleiche Ergebnisse liefern, liegt
der Schluß nahe, daß die genannten FPI-Skalen vorwiegend Trait-
komponenten psychogener Symptomatik erfassen und für eine sensible
Darstellung von Änderungen der psychogenen Beeinträchtigung weniger
geeignet sind. Auch die in Abschn. 8.2 dargestellten Ergebnisse für die
"Fallwechsler" (vgl. Abschn. 5.2) sind in diesem Sinne zu interpretieren.
Auf den für psychogene Beeinträchtigung sensiblen FPI-Skalen

54

(Nervosität, Depressivität, emotionale Labilität und Maskulinität) liegen die Fallwechsler mit ihren Skalenwerten zu beiden Erhebungszeitpunkten zwischen den "konstanten Fällen" und den "konstant Gesunden".

Tabelle 4.5. Regressionsanalytische Ergebnisse zur Vorhersagequalität verschiedener FPI-Skalen (B-Studie) auf die psychogene Beeinträchtigung (BSS; B-Studie), Prävalenz 7 Tage (n=359)

BSS - 7 Tage (B-Studie) = abhängige Variable

Unabhängige Variable	B	T	p
FPI 3 (Depressivität)	0,38	6,9	0,0000
FPI 1 (Nervosität)	0,15	2,7	0,0032
FPI 8 (Gehemmtheit)	0,15	2,2	0,0079

Mult. r = 0,58; r^2 = 0,34; adjust. r^2 = 0,234.

Reliabilität des Expertenratings zur Supportivität enger Bezugspersonen nach Manz

Zur Erfassung der Supportivität enger Bezugspersonen entwickelten wir ein Ratingschema in Anlehnung an Kriterien, welche von Brown u. Harris (1978) sowie Thoits (1984) beschrieben wurden (s. Anhang C). Da den engen Bezugspersonen eines Probanden bei der tiefenpsychologisch orientierten Diagnostik ein besonderes Interesse gilt und entsprechende Daten im Rahmen der Interviewdokumentation vorlagen, konnten wir für eine zufällig ausgewählte Substichprobe die Supportivität enger Bezugspersonen zu beiden Erhebungszeitpunkten (A- bzw. B-Studie) nachträglich beurteilen.

Tabelle 4.6. Ergebnisse der Interraterstudie zum Supportrating (2 Rater, 28 beurteilte Probanden)

Urteile Rater 2 \ Urteile Rater 1	Supportiv	Nicht supportiv	Gesamt
Supportiv	20	0	20
Nicht supportiv	2	6	8
Gesamt	22	6	28

Kappa =0,884; p < 0,01; Übereinstimmung = 93%.

Die Interraterreliabilität des Verfahrens überprüften wir anhand von 28 Interviewdokumentationen, welche von 2 mit dem sozialwissenschaftlich orientierten Supportkonzept vertrauten Mitarbeitern geschätzt wurden. Die Ergebnisse hierzu sind Tabelle 4.6 zu entnehmen.

Die Übereinstimmung der Urteile liegt mit 93 % sehr hoch. Die Interraterreliabilität beträgt: Kappa = 0,884 (p<0,01) (vgl. Bartko u. Carpenter 1976). Die Übereinstimmung der Schätzer liegt somit deutlich über der Zufallserwartung, und das Instrument erfüllt strenge methodische Anforderungen hinsichtlich Reliabilität/Validität.

4.3.2 Retrospektive Informationen

Reliabilität harter und weicher Daten über die Kindheit

Unter "harten Daten" sind einfach zu erinnernde und zu bewertende retrospektive Informationen zu verstehen, bei denen mit einer sehr hohen Zuverlässigkeit der Angaben gerechnet wird (z.B. Geburtsjahr der Mutter). Allerdings zeigt die Arbeit von Finlay-Jones et al. (1981), daß die gefundenen Reliabilitäten bei "harten Daten" geringer ausfallen als erwartet.

Im Gegensatz dazu sind "weiche Daten" in stärkerem Ausmaß vom Probanden verzerrt oder werden falsch erinnert. Diese Informationen sind also eher von geringer Präzision (z.B. Psychopathologie der Mutter). Folgende harte oder weiche Daten (meistens Ratings) wurden erhoben:

Harte Daten: Geburtsjahr von Mutter und Vater, Fehlen der Mutter in den ersten Lebensjahren, Fehlen des Vaters, Wechsel der Bezugsperson, Geschwister (Anzahl, Geschlecht der Geschwister, Reihung, Position in der Geburtenreihe), eheliche oder uneheliche Geburt, Umzug, Heimaufenthalt.

Weiche Daten: Psychopathologie der Mutter oder des Vaters, gestörte Elternbeziehung, Gesamtrating der frühkindlichen Belastung (0-6 Jahre), Gesamtrating der kindlichen Belastung (7-12 Jahre).

Wir haben nun die Chance, 2 Datensätze vergleichen zu können, die auf identische Art[3] erhoben wurden. Schon bei der Konzeption des Untersuchungsdesigns wurde diese Möglichkeit, die Zuverlässigkeit zu überprüfen, eingeplant. Anhand der B-Studie können wir nun vergleichen, wie zuverlässig die in der A-Studie erhobenen Angaben zur Kindheit sind. Hierzu verglichen wir Probanden, bei denen das Interview "blind" (s. Abschn. 2.4.1) durchgeführt wurde, mit Probanden bei denen die Daten "sehend" erhoben wurden. Als Reliabilitätsmaße werden die Korrelation zwischen erster und zweiter Messung und die prozen-

---

[3] Aus ökonomischen Gründen, insbesondere wegen des Zeitaufwandes, wird oft auf eine wiederholte Erhebung verzichtet. Wir verdanken es der Anregung von Prof. Duncan-Jones, daß diese tatsächlich durchgeführt wurde.

tuale Häufigkeit von Übereinstimmungen (% A=B) herangezogen (Tabelle 4.7).

Die Berechnung gibt dann einen verzerrten Eindruck der Übereinstimmung, wenn es sich um sehr seltene Ereignisse handelt. Aus diesem Grund wurden die prozentuale Übereinstimmung für diese Variablen gesondert berechnet und nur die in der A- oder B-Studie berichteten Daten einbezogen (s. Tabelle 4.8).

Tabelle 4.7. Reliabilität kindlicher Belastungsfaktoren getrennt für blindes und sehendes Vorgehen. (*Lj* Lebensjahr)

Variable	Blind Korre-lation	Blind % A=B	n	Sehend Korre-lation	Sehend % A=B	n
Geburtsjahr Vater	0,96	80	219	0,85[a]	85	206
Vater fehlt 1.Lj	0,76	88	234	0,78	88	215
Vater fehlt 1.-6.Lj	0,75	76	235	0,73	74	212
Tod des Vaters	0,99	72	92	0,91[a]	72	95
Geburtsjahr Mutter	0,94	77	237	0,88[a]	81	237
Mutter fehlt 1.Lj	0,64	95	241	0,71	97	219
Mutter fehlt 1.-6.Lj	0,64	91	238	0,80[a]	93	226
Tod der Mutter	0,98	80	39	0,99	77	48
Hauptpflegeperson 1.Lj	0,47	79	236	0,44	78	219
Hauptpflegeperson 1-6.Lj	0,42	72	238	0,46	72	219
Kindergarten	0,65	84	230	0,62	81	208
Zahl der Geschwister	0,95	87	255	0,93	88	261
Geschwister bis 18.Lj	0,96	86	255	0,96	90	256
Geschwister bis 6.Lj	0,91	80	253	0,80[a]	81	247
Kindheitssymptome:						
Ängste	0,39	71	224	0,46	74	206
Schlaf	0,21	85	223	0,32	89	203
Kindergarten + Schule	0,22	79	231	0,30	83	212
Aggression	0,08	89	232	0,06	92	193
Einnässen	0,63	93	233	0,77[a]	96	213
Sonstiges	0,30	71	231	0,32	71	213
Summe Kindheitssymptome	0,50	44	233	0,58	46	205
Schuleintrittsalter	0,11	61	259	0,24	67	223
Expertenratings:						
2a Neurotizität der Erzieher	0,19	39	244	0,39	46	237
3a Psychopathologie Mutter	0,49	42	250	0,55	44	269
3b Psychopathologie Vater	0,62	44	248	0,51	46	236
5 Belastung durch Geschwister	0,66	56	244	0,79[a]	60	235
6a Mutterdefizit	0,62	57	244	0,72	67	231
6b Vaterdefizit	0,44	28	244	0,52	29	269
7a Gesamtbelastung bis 6. Lj	0,60	46	237	0,57	47	220
7b Gesamtbelastung 7.-11.Lj	0,48	44	247	0,30	51	236

[a] p<0,05 signifikante Abweichung "blind"/"sehend" (α-Korrelation).

Tabelle 4.8. Reliabilität kindlicher Belastungsfaktoren getrennt für blindes und sehendes Vorgehen. Nur in A oder B identifizierte Eigenschaften oder Symptome (*Lj* Lebensjahr)

Variable	Blind %	n A=B	Sehend %	n A=B
Geburt ehelich/unehelich	48	24	49	57
Kinderhort	41	17	46	11
Heimaufenthalt bis zum 6.Lj	33	6	0	5
Anzahl Heimaufenthalte	13	8	50	4
Internat 6.-11.Lj, Dauer	27	11	33	12
Wohnortwechsel bis zum 6.Lj	44	92	58	74
Wohnortwechsel 7.-15.Lj	33	94	33	101
Kindheitssymptome:				
Ängste	46	122	50	106
Schlaf	17	41	23	30
Kindergarten + Schule	20	60	23	47
Aggression	7	27	6	18
Einnässen	50	32	64	25
Sonstiges	33	99	35	94
Wiederholung einer Klasse	57	60	50	56

Als Gründe für die Abweichungen bei den harten Daten sind hinzugefügte oder unterlassene Informationen der Probandenu nennen. Diese Unterlassungen können in Einzelfällen auf eine Verheimlichung von peinlichen Angaben beruhen, die erst z.B. bei Tod des Partners oder bei einer vertrauensvolleren Beziehung zum Zweitinterviewer genannt werden können, oder sie sind sogar Fehlleistungen des Probanden. Bei den Abweichungen der weichen Daten liegt der Sachverhalt komplizierter. Zu den genannten Einflüssen kommt hinzu, daß die Berichte, z.B. von psychopathologischen Verhaltensweisen des Vaters, emotionsgeladener sind und somit die Berichte stärker vom Probanden und seiner Beziehung z.B. zum Vater, aber möglicherweise auch durch seine heutige psychogene Beeinträchtigung, eingefärbt sind. Ebenso spielt bei noch lebenden Eltern die momentane Beziehung eine korrigierende Rolle. Auch beim Interviewer wird in diese Daten stärker seine Gegenübertragung einfließen.

Rekonstruktion des Globalratings durch "harte" und "weiche" Daten

Der Interviewer bezieht sich bei der Bildung seines Urteils über die Belastung in der Kindheit auf "harte" und "weiche" Daten. Jeder Interviewer wird jedoch eine eigene innere Gewichtung der Einzelinformationen zu einem Gesamtrating vornehmen, wobei für den Außenstehenden und vielleicht auch für den Interviewer selbst die Gewichtungsfaktoren und die Art der Gewichtung (additiv oder multiplikativ) unbekannt sind. Die Abweichung zwischen den Interviewern wird dann geringer ausfallen, wenn sie eine einheitliche Ausbildung erfahren haben. Eine zentrale Rolle bei der Gewichtung spielt die theoretische Relevanz der einzelnen Faktoren. So ist anzunehmen, daß einem Hinweis auf eine Psychopathologie einer wesentlichen Bezugsperson oder einer gestörten Beziehung der Eltern eine größere Bedeutung zugeschrieben wird als der Belastung durch Geschwister. Ebenso verhält es sich mit dem Fehlen von Bezugspersonen; es ist zu erwarten, daß die abwesende Mutter im 1. Lebensjahr höher gewichtet wird als die Absenz des Vaters, da diesem im 1. Lebensjahr zu Recht auch weniger Bedeutung zukommt. Die Relevanz, die erfahrene Kliniker einzelnen Belastungsfaktoren zuordnen, wird mittels einer Regressionsanalyse bestimmt. Hierzu wird die Gesamtbeurteilung der "frühkindlichen Belastung" durch den Interviewer als Kriterium herangezogen.

Die berechneten Gewichte müssen getrennt für die Geschlechter durchgeführt werden, da zu erwarten ist, daß Belastungsfaktoren für Männer und Frauen unterschiedlich beurteilt werden. Die Tabelle 4.9 zeigt die b-Gewichte[4] der relativ harten Daten getrennt für Männer und Frauen in der A-Studie.

Tabelle 4.9. Regression auf die Gesamtbeurteilung der "frühkindlichen Belastung" bei Männern und Frauen in der A-Studie (*Lj* Lebensjahr)

Variable	Frauen b	Männer b	Gesamt b
Alter des Vaters	0,020	-0,070 [b]	-0,010
Vater fehlt 1.Lj	0,100	0,140	0,110 [a]
Vater fehlt 1.-6.Lj	0,140 [b]	0,150 [b]	0,140 [b]
Tod des Vaters bis 6.Lj	0,020	-0,008	-0,001
Alter der Mutter	-0,020	0,070 [b]	0,010
Mutter fehlt 1.Lj	-0,200	-0,150	-0,200 [a]
Mutter fehlt 1.-6.Lj	0,140 [a]	0,110	0,140 [b]
Tod der Mutter bis 6.Lj	-0,260 [a]	-0,200 [a]	-0,200 [b]
Alterdifferenz der Eltern	-0,020	0,080 [b]	0,020
Geburt (ehel./unehel.)	0,200 [b]	0,050	0,160 [b]
Heimaufenthalt bis zum 6.Lj	0,780 [a]	0,310	0,460 [b]
Wohnortwechsel bis zum 6.Lj	0,008	-0,020	-0,020
Zahl der Geschwister	0,120 [a]	-0,020	0,050
Intercept	2,600	2,510	2,490
Modellvarianz	32,000	25,200	25,100

[a] $p < 0,05$; [b] $p < 0,01$.
Fehlende Werte wurden durch Mittelwertsubstitution ersetzt.

---

[4] Als b-Gewichte werden die unstandardisierten Regressionskoeffizienten bezeichnet.

Unterschiede in der Belastung der frühkindlichen Vorkommnisse werden von den Interviewern zwischen den Geschlechtern gemacht. Allein das "Fehlen des Vaters im 1.-6. Lebensjahr" und "Tod der Mutter bis zum 6. Lebensjahr"[5] wird für Männer und für Frauen gleichermaßen als Risikofaktor angesehen.

Für Männer wird das Alter der Mutter und der Altersunterschied der Eltern als belastend angesehen. Protektiv schätzen die Interviewer das Alter des Vaters ein, jüngere Väter werden jedoch als Risikofaktor betrachtet. Besonders ins Auge sticht, daß Interviewer annehmen, Frauen überstünden Heimaufenthalte weniger gut, ihre uneheliche Geburt wirke sich negativ aus, und eine größere Anzahl von Geschwistern unterwerfe sie stärkeren Belastungen.

Die Varianzaufklärung beträgt bei Männern 25 %; sie liegt bei Frauen mit 32 % etwas höher. Dies heißt jedoch, daß 68-75 % der Information, die in das Globalrating "frühkindliche Belastung" eingegangen ist, nicht auf harte Daten zurückgeführt werden können.

Werden auch nicht exakt zu ermittelnde frühkindliche Risikofaktoren wie die Psychopathologie von Mutter oder Vater hinzugezogen, die wegen ihrer größeren Unschärfe (s. S. 54) auch einer größeren Verzerrung durch die akute Beeinträchtigung unterworfen sind, so ergibt sich eine deutlich höhere Varianzaufklärung.

4.4 Interviewereinflüsse
N. Schiessl

In den Sozialwissenschaften wird man nie den "wahren" Wert (im Sinne der Testtheorie) messen können. Mängel in der Reliabilität oder Validität und andere Einflüsse schränken den Aufschluß über das eigentlich interessierende Objekt ein, dessen Eigenschaften oft auch nicht stabil sind. Einige dieser vielen möglichen Einflüsse[6], auf dem Weg vom "wahren" Wert zum gemessenen Wert, sollen Gegenstand dieses Kapitels sein.

Wichtige Voraussetzungen für eine reliable Messung sind die sorgfältige Auslese der Interviewer, deren Aus- und Weiterbildung und ein interviewspezifisches Training. Das Risiko einer ungenauen Beurteilung erhöht sich insbesondere, wenn es sich um noch in Ausbildung befindliche, u.U. fachfremde Studenten handelt. In unserem Projekt achteten wir auf eine hohe Qualifikation der Mitarbeiter und sorgten für eine fortlaufende intensive Schulung (s. Schepank 1987a). Dieses Vorgehen steht im Gegensatz zu anderen epidemiologischen Projekten, die nur mit Hilfskräften gearbeitet haben. Die Sorgfalt unserer Arbeit zeigt sich auch

---

[5] Ein negatives Vorzeichen ergibt sich, da ein früher Tod der Mutter bedeutsamer als der spätere Tod angesehen wird.

[6] Die Gütekriterien zentraler Variablen wurden schon untersucht (s. Manz in Schepank 1987, S.235-238).

darin, daß wir nicht ungeprüft behaupten, der Interviewereinfluß sei zu vernachlässigen. Dies wird durch die psychoanalytische Auffassung gestützt, die Diagnostik auch als eine Wechselwirkung zwischen Interviewer und Befragten auffaßt. Der Interviewer darf in seiner Einflußnahme nicht einfach weggelassen oder zu einem "emotionslosen" Fragensteller degradiert werden.

4.4.1 Interviewerinduzierte Meßfehler

Die Durchführung eines Interviews stellt eine große Chance dar, eine Person in ihrer Gesamtheit nicht nur in Zahlen abzubilden, sondern sie auch zu verstehen. Der Interviewer stellt jedoch auch eine mögliche Fehlerquelle dar. Herausgegriffen seien nur die verbalen Verstärker, z.B. "hm hm" (Matarazzo et al. 1964; Timäus 1967) und nonverbale Signale des Interviewers, die den Probanden in eine bestimmte Richtung lenken können. Eine Möglichkeit zur Eindämmung von Interviewereinflüssen stellt die Aufnahme von Fragebögen dar. Doch auch bei Fragebögen ist aus der Testpsychologie bekannt (Rosenthal 1966), daß der Versuchsleiter beeinflussend wirkt. Meier (1985) konnte belegen, daß die Anwesenheit eines Versuchsleiters die Ergebnisse im FPI bedeutsam verändert. Einseitig wäre es jedoch, daraus abzuleiten, daß es reicht, das Interviewertraining zu erweitern oder auf Fragebögen auszuweichen. Der Versuch, immer mehr Fehlerquellen zu eliminieren, muß zwangsläufig dazu führen, daß die Ergebnisse steriler werden und relativ wenig Aussagekraft über den untersuchten Menschen beinhalten. Die Aufgabe besteht darin, das Interviewerverhalten offenzulegen und die Größe seines Einflusses zu untersuchen. So schätzen Atteslander u. Kuenbühl (1975) die Größenordnung von Interviewereinflüssen auf beachtliche 10 %; somit steht dieser Einflußfaktor von seiner Größenordnung gleichberechtigt neben dem Konzept der "Life-events", die in ihrer undifferenzierten Anwendung auch nicht mehr Varianz aufklären.

Noch bedeutsamer wird der Interviewereinfluß insbesondere dort, wo der Interviewer direkt am Zustandekommen des Meßwertes mitwirkt: beim Expertenrating. Einige Einflußmöglichkeiten des Interviewers sollen stichwortartig aufgezählt werden:

- Formulierung von offenen Fragen,
- Suggestivkraft der gestellten Frage ("Vorurteil" des Interviewers),
- Erfahrung mit der erfragten Thematik (Modelle psychischer Gesundheit),
- Sympathie vs. Antipathie zum Probanden,
- theoretische Orientierung,
- Kenntnis über das vorausgegangene Interview (Carry-over-Effekt).

Im folgenden Abschnitt soll die Vorinformation als Einflußfaktor herausgegriffen werden.

4.4.2 Auswirkungen "blinden" und "sehenden" Vorgehens auf die Beurteilung der Beeinträchtigungsschwere

Bei Panelbefragungen ergibt sich die Frage, ob Vorinformationen über das vorausgegangene Interview ("sehendes" Vorgehen) zur Verfügung gestellt werden oder ob die Interviewer in der zweiten und den folgenden Erhebungswellen ohne Informationen ("blindes" Vorgehen) ins Feld gehen sollten. Das "blinde" Durchführen von Panelbefragungen ist methodisch am saubersten und in der Marktforschung üblich, hat jedoch inhaltlich auch einige Nachteile (s. auch Abschn. 2.4.1).

Gegenüberstellung der Vor- und Nachteile "blinden" und "sehenden" Vorgehens

Bei einem "blind" durchgeführten Interview besitzt der Interviewer keine Vorinformation über den Probanden. Dadurch werden "Carry-over"-Effekte[7] (Bortz 1979 S. 408, S. 820; Rosenthal 1966; Sader u. Keil 1966) vermieden.

Das Design der Interviewdurchführung bleibt unverändert: Der B-Interviewer geht ebenso wie der A-Interviewer ohne Vorinformation zum Probanden. Daraus ergibt sich eine Vergleichbarkeit beider Untersuchungen, da es sich um unabhängige Erhebungen handelt.

Ausgeschlossen wird auch, daß Hypothesen des Interviewers über Veränderungseinflüsse in die Ratings mit einfließen.

Gegen ein "blindes" Vorgehen spricht die geringere Tiefe der erhaltenen Information.

Beim "sehenden" Vorgehen ist der Interviewer über die Beschwerden, die Schwere der Beeinträchtigung des Probanden und den Lebensweg des Probanden informiert.

Neben der tieferen Einsicht sprechen insbesondere auch motivationale Gründe, die eine längerdauernde Mitarbeit überhaupt erst gewährleisten, für ein sehendes Vorgehen. Hier bietet sich eine direktere und bessere Kontaktaufnahme ("warming-up") zum Probanden an, ebenso kann eine vertraute Gesprächsatmosphäre hergestellt werden. Für den Probanden signalisiert ein informierter Interviewer mehr Interesse für seine Belange, eine stärkere Zuwendung und Aufmerksamkeit.

Gegen ein "sehendes" Vorgehen spricht, daß Erkenntnisse des 1. Interviews (z.B. Diagnose und Prognose) die 2. Erhebung in Richtung auf mehr Übereinstimmung beeinflussen können. So wird evtl. eine tatsächliche Symptomfluktuation verdeckt, oder die Kenntnis des Zweitinterviewers von bestimmten Lebens- und Konfliktbereichen des Probanden führt zu einer stärkeren, u.U. unangemessenen Gewichtung dieser Themen im Interview und in der Beurteilung.

---

[7] Als "carry-over" wird die Beeinflussung des 2. Interviewers durch die Vorinformation bezeichnet.

Bei einigen Probanden kann sogar eine Beeinträchtigung der Interviewsituation eintreten, da die Gesprächsteilnehmer von ungleichen Voraussetzungen ausgehen (Asymmetrie der Kommunikation) und Ängste und Mißtrauen beim Probanden bezüglich der Verletzung des Vertrauensverhältnisses (ärztliche Schweigepflicht) aktiviert werden. Die Weitergabe von Informationen aus einer u.U. sehr vertrauensvollen ersten Interviewsituation in eine andere, bei der möglicherweise ein geringeres Vertrauen zwischen Interviewer und Proband besteht, ließe dann weniger Offenheit und Informationsbereitschaft bei diesen Probanden im 2. Interview entstehen.

In unserer Studie wurde nun ein gemischtes Vorgehen erwogen (Beschreibung des Vorgehens s. Abschn. 2.4.1). Die Zuteilung erfolgt weitgehend zufällig, bei einer drohenden Verweigerung wurde jedoch davon abgewichen. In diesem zweigeteilten Verfahren liegt die Chance, den angenommenen Einfluß des Carry-over tatsächlich zu überprüfen.

Wirkt sich die Ausgangsbeeinträchtigung auf die Abweichung von der Zufallszuordnung "blind" aus?

Da schwer zu motivierende Probanden einen informierten Interviewer voraussetzten, wurde in diesen Fällen von der Zufallszuordnung abgewichen. Bevor die Auswirkung des "blinden/sehenden" Vorgehens betrachtet wird, muß geklärt werden, ob die Höhe der Beeinträchtigung zum Zeitpunkt A einen Einfluß auf die Abweichung vom blinden/sehenden Vorgehen bewirkte.

Hypothese 1: Die Zuordnung zu blind/sehend erfolgte unabhängig von der Ausgangsbeeinträchtigung. Bei den "schwierigen" Probanden handelt es sich nicht um Probanden mit einer stärkeren psychogenen Beeinträchtigung zum Zeitpunkt A.

Bei 55 Probanden wurde die Zufallszuteilung verlassen: abweichend wurden 25 Interviews "blind" durchgeführt (10 %) und 30 Probanden "sehend" befragt (11 %).

Die "sehend" interviewten Probanden weisen zwar einen höheren Mittelwert im BSS A (3,42) auf, dieser unterscheidet sich jedoch nicht signifikant von den "blind" erhobenen Daten (3,29).

Hypothese 2: "Sehend" Interviewte stammen nicht aus dem Extrembereich der Ausgangsbeeinträchtigung. Wäre dies der Fall, so könnte bei der Betrachtung von Veränderung ein Deckeneffekt[8] auftreten.

Betrachten wir die Häufigkeitsverteilung in den Randbereichen, so weichen auch hier blinde und sehende Interviews nicht signifikant voneinander ab (s. Tabelle 4.10), obwohl sehend Interviewte häufiger in der Gruppe der Kranken (BSS>6) zu finden sind.

---

[8] Unter Deckeneffekt ("ceiling-effect") wird das Erreichen eines Extremwertes der Verteilung verstanden, so daß sich eine Häufung dieser Kategorie ergibt und Veränderungen eher in Richtung des Mittelwertes zu erwarten sind.

Tabelle 4.10. Zusammenhang zwischen psychogener Beeinträchtigung in BSS-Punkten und der Art der Interviewdurchführung

Psychogene Beeinträchtigung A-Studie		Art der Interviewdurchführung		
		Blind	Sehend	Gesamt
0 - 6	n	247	246	493
	(%)	(50,1)	(49,9)	(100)
7 - 12	n	12	23	35
	(%)	(34,3)	(65,7)	(100)
Gesamt	n	259	269	528
	(%)	(49,1)	(50,9)	(100)

χ^2=3,27; df=1; p=0,07; n.s.

Dies zeigt sich auch in der mittleren Beeinträchtigungsschwere A: Die Gruppe "blind zugeordnet, sehend durchgeführt" (MD=3,87) zeigt im Vergleich zu den Gruppen mit eingehaltener Zuordnung "blind/blind" (MD=3,19) und "sehend/sehend" (MD=3,36) eine geringfügig höhere Beeinträchtigung im A-Interview. Dieser Unterschied ist jedoch nicht signifikant.

Verteilungsabweichung des BSS bei blindem und sehendem Vorgehen

Als Maß für die Veränderung psychogener Erkrankungen zwischen der A- und der B-Studie wurde der BSS der letzten 7 Tage herangezogen. Die Veränderung kann als Differenz der Beeinträchtigung (DBSS) dargestellt werden: negative Werte im Änderungsmaß DBSS entsprechen also einer Gesundung und positive Werte einer Verschlechterung der Beeinträchtigung.

Weder die Verteilung des BSS noch die Differenz (Abb. 4.1) unterscheidet zwischen blindem und sehendem Vorgehen. Die Verteilung der Beeinträchtigung in der B-Studie zeigt jedoch einen Einschnitt beim Punktwert 5, auf den später noch eingegangen wird.

Die mittlere Beeinträchtigungsdifferenz der "blind" durchgeführten Interviews liegt mit x_B = 0,18 etwas höher (x_S = - 0,11).

Diese Unterschiede sind jedoch nicht signifikant und auch nicht von substantieller Größe. Die gleichen Befunde ergeben sich bei einer Aufteilung nach den Kategorien "verbessert", "gleichgeblieben", "verschlechtert". Aus Tabelle 4.11 ist zu entnehmen, daß "sehende" Interviewer nicht dazu neigen, Probanden gesünder einzustufen.

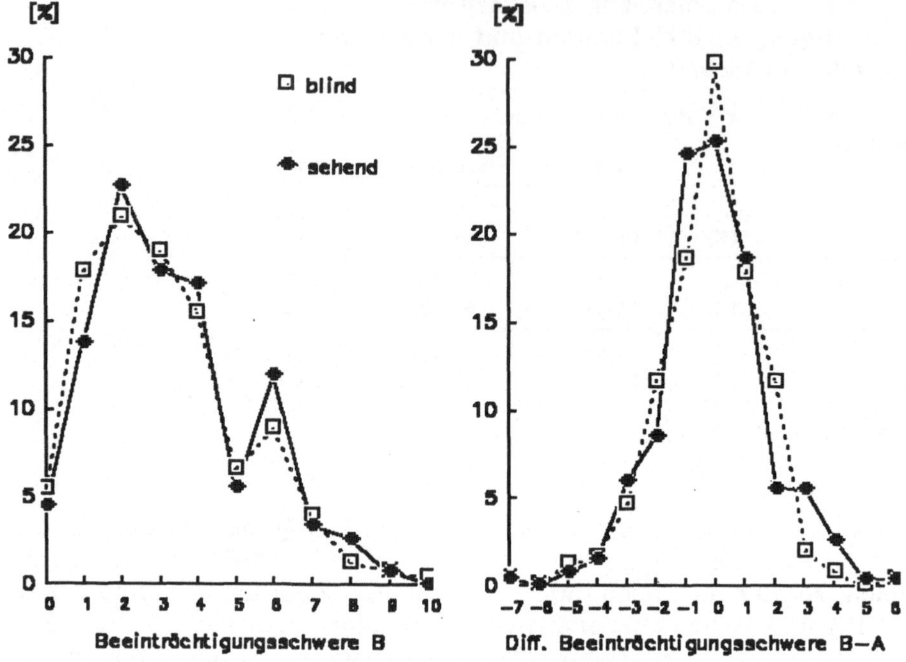

Abb. 4.1. Beeinträchtigungsschwere in B und Differenz der BSS von B nach A für "blindes" und "sehendes" Vorgehen

Tabelle 4.11. Veränderung im Rating der psychogenen Beeinträchtigung und Art der Interviewdurchführung

Durchführung des Interviews	Veränderung der psychogenen Beeinträchtigung über 3 Jahre			
	Gesünder	Gleich	Kränker	Gesamt
Blind	98 (38%)	77 (30%)	84 (32%)	259 (100%)
Sehend	112 (42%)	68 (25%)	89 (33%)	269 (100%)
Gesamt	210 (39,8%)	145 (27,5%)	173 (32,7%)	528 (100%)

χ^2=1,45; df=2; p=0,49; n.s.

Blindes/sehendes Beurteilen bei kranken Probanden

Herangezogen wurden die 72 Probanden, die im Erstinterview eine Beeinträchtigung von mindestens 6 Punkten erhielten, d.h. Probanden mit einer deutlichen Störung. Die Verteilung der vergebenen Punktwerte im Zweitinterview zeigt einen deutlichen Einschnitt beim Punktwert 5, d.h. oberhalb der Fallgrenze, die auch in der Gesamtverteilung anzutreffen ist. Eine mögliche Interpretation: Der Interviewer scheut sich, Probanden als Grenzfall einzustufen. Dies tritt bei den kranken Probanden jedoch v.a. bei den "blind" durchgeführten Interviews auf. Soweit die geringe Zellbesetzung eine Interpretation zuläßt, ist es denkbar, daß das "sehende" Vorgehen bei kranken Probanden auch gelegentlich eine knappe Falleinstufung (BSS=5) zuläßt, während "blinde" Interviewer den Probanden eher als Nichtfall beurteilen. Alternativ ist jedoch auch daran zu denken, daß sehende Interviewer, die die Beeinträchtigung des A-Interviews kennen, eher konservativer in ihrem Urteil sind und sich scheuen, eine tatsächliche Gesundung des Probanden an der Grenze der Falleigenschaft festzulegen.

Probanden im Fall-cut-off-Grenzgebiet

Betrachten wir Probanden, die bei der Erstbeurteilung knapp unter der Fallgrenze liegen (BSS=4; n=95), so zeigt die Abb. 4.2 (links) Unterschiede zwischen sehendem und blindem Vorgehen; diese sind jedoch nicht signifikant[9] (χ^2=7,1; df=3; p=0,069). Da jedoch eine deutliche Tendenz vorhanden ist und bei einer größeren Stichprobe ein signifikanter Unterschied erwartet wird, soll eine Interpretation erfolgen: "Sehende" Interviewer vermeiden den Wert 5, d.h. die knappe Einstufung als Fall. Der Interviewer weiß, daß eine Beurteilung mit BSS=5 den Probanden vom Nichtfall zum Fall machen würde. Interviewer mit Vorkenntnissen scheinen sich also in ihrem Urteil beeinflussen zu lassen und urteilen konservativer, lassen also eine Veränderung in Richtung Erkrankung nicht im gleichen Ausmaß zu wie "blinde" Interviewer. Liegt der Proband im A-Interview knapp über der Fallgrenze (BSS=5) - es handelt sich um 52 Probanden - so sind "blinde" und "sehende" Interviewer in ihrer Beurteilung des BSS nahezu identisch (χ^2=0,25; df=3; p=0,97). Beide lassen eine Veränderung in Richtung Gesundung im gleichen Ausmaß zu und können den Probanden auch als knappen Fall akzeptieren (s. Abb. 4.2, rechts).

---

[9] Es wurde der χ^2-Test zur Überprüfung von Verteilungsannahmen herangezogen: die Verteilung der "blind" durchgeführten Interviews wurde als Ausgangsverteilung angenommen, da hier kein Carry-over vorhanden sein kann. Getestet wurde, ob die "sehend" interviewten Probanden davon abweichen.

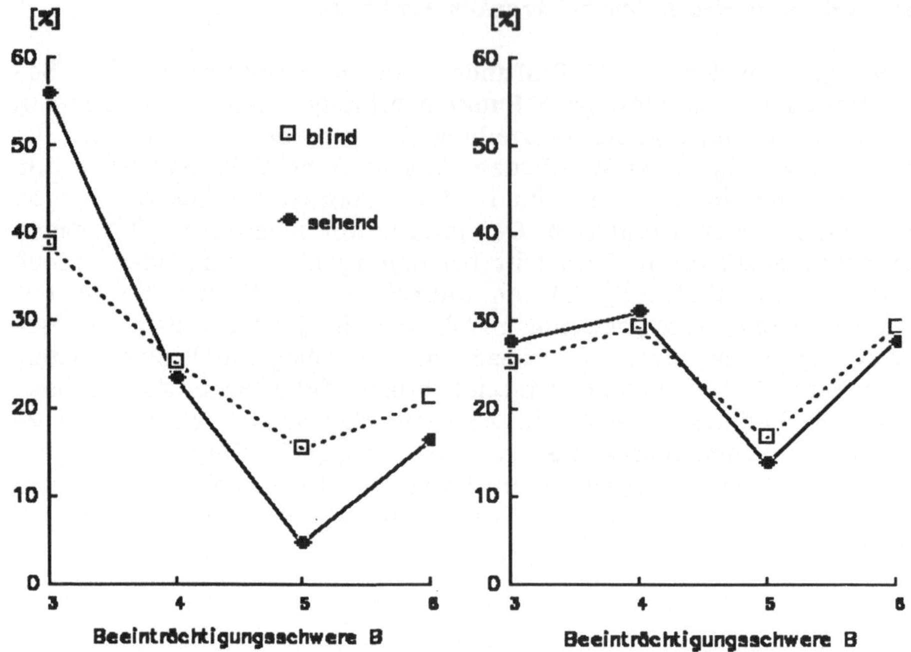

Abb. 4.2. Unterschiede in der Beeinträchtigung B: Subpopulation "gerade Nichtfall in A" (*links*) und "knapper Fall in A" (*rechts*)

Multivariate Analyse

Der Einfluß von sehendem bzw. blindem Vorgehen des Interviewers auf die Beurteilung der Beeinträchtigung läßt sich mit einer einfaktoriellen Kovarianzanalyse beurteilen. Als Kovariate ist hier die Beeinträchtigung zum Zeitpunkt A aufzufassen. Tabelle 4.12 zeigt, daß weder ein Haupteffekt des blinden/sehenden Vorgehens noch eine Interaktion mit der Ausgangsbeeinträchtigung zum Zeitpunkt A vorhanden ist.

Tabelle 4.12. Einfaktorielle Kovarianzanalyse: Faktor 1: "Blind/sehend" (B/S); Kovariate: Beeinträchtigung der A-Studie ($BSS\ A$); abhängige Variable: Beeinträchtigung der B-Studie. ($Q.d.V.$ Quelle der Variation)

Q.d.V.	QS	df	F
BSS A	758,7	1	294,57 **
B/S	1,9	1	0,74
BSS A · B/S	2,7	1	1,04
Fehler	1349,5	524	
Gesamt	2112,8	527	

** $p \leq 0{,}001$.

Diskussion

Die Ergebnisse der Mittelwertsvergleiche, Korrelations- bzw. Kovarianzanalyse zeigen, daß Vorinformiertheit des Interviewers die aktuelle Beurteilung der Beeinträchtigung nicht beeinflußt. Die Häufigkeitsverteilungen scheinen dem zu widersprechen, auch wenn dies z.T. nur in Tendenzen[10] sichtbar wird. Gültigkeit besitzen Mittelwertsvergleiche, Varianz- und Korrelationsanalyse jedoch nur, wenn eine lineare Einflußnahme der Variablen "blind/sehend" vorausgesetzt wird, die allem Anschein nach nicht gegeben ist. "Sehendes/blindes" Vorgehen wirkt sich selektiv im Cut-off-Bereich der Fallbeurteilung aus, und dies unterschiedlich, je nach Ausgangsbeeinträchtigung.

Dieser Befund spricht weniger gegen ein "sehendes" Vorgehen beim Interview, sondern gegen eine dichotome Beurteilung des Probanden: Fall/Nichtfall vs. kontinuierliche Beeinträchtigung. Ein angemesseneres Vorgehen bestünde in der vorausgehenden geheimen Festlegung des Cut-off-Punktes vor Beginn der Studie. Damit wäre ein kontinuierliches Urteil der Beeinträchtigung unbeeinflußt von dem qualitativen Sprung einer Fall-/Nichtfalleinstufung.

---

[10] Eine Tendenz ($0{,}10 < p < 0{,}05$) muß hier als konservative Testung verstanden werden, da ein β-Fehler (s. Clauß u. Ebner 1979, S. 189) in diesem Fall forschungsstrategisch schwerwiegender ist. Ein β-Fehler bedeutet für unsere Fragestellung die ungerechtfertigte Annahme der Hypothese: "Es gibt keinen Interviewereffekt."

5 Verlauf von Krankheit und Gesundheit über 3 Jahre

5.1 Konstante Fälle
R. Manz

Nach den beschriebenen Kriterien (s. Abschn. 2.2) wurden 77 Probanden sowohl zur A- als auch zur B-Erhebung als psychisch erkrankt identifiziert. Dabei weist diese Klientel hinsichtlich ihrer durchschnittlichen Beeinträchtigungsschwere (BSS) mit einem Wert von 6,17 zur A-Erhebung gegenüber einem BSS-Wert von 6,18 zur B-Erhebung keinerlei Differenzen auf.

48 Frauen (19,4 %), aber lediglich 29 Männer (10,3 %) sind konstante Fälle, d.h. nahezu doppelt so viele Frauen wie Männer wurden bei beiden Erhebungen als Fall identifiziert. Dieser Unterschied ist statistisch signifikant (p<0,025). Während sich hinsichtlich der Jahrgangskohorten keine signifikanten Differenzen ergeben, sind die unteren sozialen Schichten in der Gruppe der konstanten Fälle deutlich überrepräsentiert (p<0,05; vgl. Tabelle 5.1). Der Anteil der Psychoneurosen zur A- und B-Erhebung bleibt etwa konstant. Zum Zeitpunkt A überwiegt der Anteil an psychosomatischen Erkrankungen, zum Zeitpunkt B dagegen der Anteil an Charakterneurosen (p<0,01; vgl. Tabelle 5.2).

Kasuistisches Beispiel

Der bei der Erstuntersuchung 35jährige Proband bewohnt seit dem Tod der Mutter vor 5 Jahren alleine eine kleine Wohnung (2 Zimmer, Küche, Bad). Bis zu ihrem Tod lebte er mit 2 jüngeren Brüdern bei seiner Mutter.
Aktuell leidet der Proband an gastritischen Beschwerden im Zusammenhang mit einem kürzlich diagnostizierten Magengeschwür. Ein nicht unerheblicher Alkohol- und Nikotinabusus dürfte diese noch verstärken. Weit geringer ausgeprägt sind psychovegetative Beschwerden wie Kopfschmerzen, Müdigkeit, Herzklopfen und Herzstolpern, rasche Erschöpfbarkeit, Neigung zum Weinen und innerliche Gespanntheit nach Aufregung. Diese bringt der Proband jedoch in Zusammenhang mit der sommerlichen Hitze, Wetterumschlag oder der Arbeitsbelastung. Daneben bestehen deutliche Zwangssymptome; so kontrolliert er v. a. den Ölofen, das Licht, den Elektroherd und die Haustür mehrfach. Am Arbeitsplatz kommt es gelegentlich zu Reibereien mit Kollegen, der Proband wird leicht ärgerlich, wenn etwas nicht nach seinen Vorstellungen geht. Er hatte noch nie über eine längere Zeit eine feste Freundin. Mit 7 Punkten im Beeinträchtigungsschwerescore wird der Proband zum Fall, der Interviewer diagnostiziert eine psychosomatische Störung des Magen-Darm-Traktes (ICD 305.5).

Tabelle 5.1. Absoluter und relativer Anteil der konstanten Fälle getrennt nach soziodemographischen Variablen (Kohorte, Geschlecht und Schicht)

Kohorte	Konstante Fälle n	[%]	Gesamtstichprobe n
Jahrgang 1935	25	14,5	173
Jahrgang 1945	32	17,6	182
Jahrgang 1955	20	11,6	173
Gesamt	77	14,6	528
Geschlecht	n	[%]	n
Frauen	48	19,4	248
Männer	29	10,3	280
Gesamt	77	14,6	528
Schicht[a]	n	[%]	n
Untere	37	20,7	179
Mittlere	25	11,6	215
Obere	15	11,6	129[b]
Gesamt	77	14,7[b]	523[b]

[a] Soziale Schicht zum Zeitpunkt der A-Erhebung.
[b] Abweichungen aufgrund von Missing data.

Tabelle 5.2. ICD-Diagnosen der konstanten Fälle zur A- und B-Erhebung, zusammengefaßt zu den Hauptgruppen Psychoneurosen (ICD 300), Charakterneurosen (ICD 301) und psychosomatische Störungen und Symptome (ICD 305 und 306)

ICD-Gruppen	A-Erhebung n	[%]	B-Erhebung n	[%]
Psychoneurosen	24	31,1	20	26,0
Charakterneurosen	18	23,4	32	41,5
Psychosomatische Störungen	35	45,5	25	32,5
Gesamt	77	100,0	77	100,0

Bei der Nachuntersuchung bewohnt der nun 39jährige Proband nach wie vor dieselbe 2-Zimmer-Wohnung, zwischenzeitlich ist jedoch der 5 Jahre jüngerer Bruder zu ihm gezogen. Der inzwischen arbeitslose Proband ist seit 4 Wochen aufgrund eines Hand-flächen- und Fußsohlenekzems krank geschrieben. Die Krankschreibung wird vom Probanden als so etwas wie Urlaub erlebt; sonst müßte er jeden Morgen um 6 Uhr beim

Hafenamt sein und um einen Tagelöhnerjob anstehen, da er derzeit vom Sozialamt
lebt. Daneben bestehen Magenbeschwerden und mäßiger Durchfall mit 3-4 Stühlen pro
Tag mit schleimigen und blutigen Beimengungen. Des weiteren Alkohol- und Zigaret-
tenmißbrauch sowie Heißhungeranfälle. Aufgrund der Arbeitslosigkeit depressive
Verstimmungen und Zukunftsangst sowie Grübeleien über die aktuelle Situation. Die
bereits bei der Ersterhebung eruierten Kontrollzwänge bestehen nach wie vor. Die
Beziehung zum jüngeren Bruder ist gespannt: Wegen dessen Lebenswandels (es handelt
sich wohl um einen Drogensüchtigen) und seiner unzuverlässigen Zahlungsmoral kommt
es anscheinend häufig zu handgreiflichen Auseinandersetzungen. Der Proband hat
praktisch keine Freunde, unterhält jedoch eine lockere Beziehung zu einer gleichfalls arbeitslosen Frau gleichen Alters. Der Interviewer vergibt 8 Punkte im Beeinträchtigungsschwerescore und diagnostiziert eine soziopathische Persönlich-
keitsstörung, psychosomatische Störung der Haut und des Magen-Darm-Traktes, sowie
chronischen Alkoholismus (ICD 301.7, 305.0, 305.5, 303.0).

Zur Biographie: Der 1945 in Osteuropa geborene Proband wuchs zusammen mit 11 weiteren Geschwistern in extrem ärmlichen Verhältnissen auf. Zwei ältere Geschwister
starben bereits vor der Geburt des Probanden. Bis zur Übersiedlung in die Bundesrepublik im 1. Lebensjahr des Probanden arbeitete dessen Mutter als Fabrikarbeite-
rin. Die Mutter beschreibt der Proband als "immer in Ordnung", sie habe sich oft
mit den Kindern gegen den Vater gestellt. Von ihr hätten sie alles bekommen, sie
habe sie sehr verwöhnt und keines ihrer 14 Kinder bevorzugt. Der Vater war von Beruf wahrscheinlich Schiffsbauer und z.Z. der Geburt des Probanden Soldat. Er wird
als sehr streng beschrieben, habe die Kinder viel geschlagen, es verging keine Woche ohne Schläge. Der Vater habe sich weder mit der Mutter noch mit den Kindern
gut verstanden und sehr viel getrunken. Die Ehe der Eltern wird als nicht sehr gut
beschrieben, Mutter habe vom Vater viele Schläge bezogen, immer dann, wenn sie
sich auf die Seite der Kinder gestellt habe. Sie habe es nicht leicht gehabt. Auch
zwischen den Geschwistern habe es früher oft Streit gegeben. Wenn dem Vater davon
etwas zu Ohren kam, habe er die Kinder mit Schlägen bestraft.
Nach der Übersiedlung in die Bundesrepublik lebte die Familie in einem kleinen
Dorf im Odenwald. Da es dort keine Arbeit gab, fuhr der Vater die Woche über nach
Mannheim und war nur an den Wochenenden zu Hause. Die Familie lebte dort in einer
Holzbaracke etwas außerhalb des Dorfes, dennoch sei der Kontakt zu den Dorfkindern
sehr gut gewesen. An Primordialsymptomatik ist beim Probanden eine Enuresis bis
zum 5. Lebensjahr erinnerlich. Mit 7 Jahren wurde er eingeschult, besuchte insgesamt 8 Klassen, davon jedoch 4 auf der Sonderschule. Im 8. Lebensjahr des Probanden zog die gesamte Familie nach Mannheim um, da der Vater hier bereits seit mehreren Jahren einen festen Arbeitsplatz hatte. Nach der Schule begann der Proband
eine Lehre als Gipser, die er auch erfolgreich beendet. Von sich aus habe der Proband nichts lernen wollen, ihm sei das Geld immer wichtiger gewesen. Der Vater
habe jedoch darauf gedrungen, eine Lehre zu absolvieren. Im 18. Lebensjahr des
Probanden starb der Vater an den Folgen eines Kehlkopfkrebses. Zusammen mit 2 jüngeren Brüdern lebte der Proband weiterhin bei der Mutter. Nach Abschluß der Gip-
serlehre arbeitete er in mehreren Betrieben als Gipser, danach war er im Straßen-
bau tätig. Nun ist er als Dachdecker tätig, da man hier mehr Geld verdienen könne.
Seit dem Tod der Mutter - im 30. Lebensjahr des Probanden - leidet er immer wieder
an Magengeschwüren und starken gastritischen Beschwerden. Der bereits bei der
Erstuntersuchung geäußerte Verdacht auf eine Colitis ulcerosa konnte in der Zwischenzeit zum B-Interview erhärtet werden. Der Tod eines Vorgesetzten 1980, zu dem
der Proband eine sehr gute Beziehung hatte, verstärkt die Symptomatik noch einmal.

Interpretation: Als 7. von insgesamt 14 Geschwistern wuchs der Proband in sehr
ärmlichen materiellen Verhältnissen auf. Die Erziehung war durch eine sehr verwöh-
nende Mutter und einen harten, Ordnung fordernden, strafenden Vater geprägt. Eine
orale Fixierung des Probanden zeigt sich in der langen Bindung an die Mutter mit
der Folge einer später fehlenden Partnerschaft. Ein erheblicher Alkohol- und Niko-
tinmißbrauch sprechen ebenfalls hierfür. Die Identifikation mit dem harten, fordernden Vater ist sehr wahrscheinlich mißlungen, so mangelt es an eigenständigen
Impulsen zur aktiven Lebensgestaltung und Bewältigung. Die intellektuelle Minder-
begabung des Probanden wirkt sich in dieser Situation sicher extrem nachteilig
aus. Erhebliche strukturelle Defizite führen nach dem Wegfall der Mutter als steu-

erndes Objekt zu einer zunehmenden Desintegration des Probanden vorwiegend im sozialen Bereich.

5.2 Fall-/Nichtfallwechsler
R. Manz, S. Eckert

5.2.1 Beschreibung der Stichprobe

Soziodemographische Variablen

Von der A- zur B-Erhebung wechselten 117 Personen die Falleigenschaft nach den in Abschn. 2.2 beschriebenen Kriterien. Tabelle 5.3 beschreibt die Klientel anhand der soziodemographischen Variablen Alter (Kohorte), Geschlecht und soziale Schicht.

Während sich die Wechslerklientel proportional auf die Variablen, Alter und soziale Schicht verteilt, finden sich hier deutlich mehr Frauen als Männer (p<0,025).

Tabelle 5.3. Soziodemographische Variablen (Kohorte, Geschlecht, soziale Schicht) der Fallwechsler und der Gesamtstichprobe (B-Erhebung)

	Wechsler		Gesamtstichprobe	
Kohorte	n	[%]	n	[%]
Jahrgang 1935	37	31,6	173	32,8
Jahrgang 1945	38	32,5	182	34,4
Jahrgang 1955	42	35,9	173	32,8
Gesamt	117	100,0	528	100,0
Geschlecht	n	[%]	n	[%]
Frauen	67	57,3	247	46,8
Männer	50	42,7	281	53,2
Gesamt	117	100,0	528	100,0
Schicht[a]	n	[%]	n	[%]
Unterschicht	45	39,1	179	34,2
Mittelschicht	43	37,4	215	41,1
Oberschicht	27	23,5	129	24,7
Gesamt	115	100,0	523[b]	100,0

[a] Soziale Schicht zum Zeitpunkt der A-Erhebung.
[b] Abweichungen aufgrund von Missing data.

Teilt man die Wechslergruppe nach "Erkrankern" und "Gesundern" auf, so zeigen sich noch deutlichere Differenzen zwischen den Geschlechtern (vgl. Tabelle 5.4).

Die Gruppe der "Gesunder" besteht zu 72,4 % aus Frauen, die der "Erkranker" dagegen zu 57,6 % aus Männern (p<0,001).

Tabelle 5.4. Wechslerklientel nach "Erkrankern" und "Gesundern" getrennt, soziodemographische Variablen Kohorte, Geschlecht und soziale Schicht

	"Erkranker"		"Gesunder"	
Kohorte	n	[%]	n	[%]
Jahrgang 1935	20	33,8	17	29,3
Jahrgang 1945	19	32,4	19	32,7
Jahrgang 1955	20	33,8	22	38,0
Gesamt	59	100,0	58	100,0
Geschlecht	n	[%]	n	[%]
Frauen	25	42,4	42	72,4
Männer	34	57,6	16	27,6
Gesamt	59	100,0	58	100,0
Schicht[a]	n	[%]	n	[%]
Unterschicht	19	33,3	26	44,8
Mittelschicht	23	40,4	20	34,5
Oberschicht	15	26,3	12	20,7
Gesamt	57[b]	100,0	58	100,0

[a] Soziale Schicht zum Zeitpunkt der A-Erhebung.
[b] Abweichungen aufgrund von Missing data.

Tabelle 5.5. ICD-Diagnosen der Wechslerklientel (A-Diagnosen der "Gesunder", B-Diagnosen der "Erkranker") zusammengefaßt zu den Hauptgruppen Psychoneurosen (ICD 300), Charakterneurosen (ICD 301) und Psychosomatosen (ICD 305, 306)

ICD-Gruppen	"Gesunder"		"Erkranker"	
	n	[%]	n	[%]
Psychoneurosen	14	24,1	15	25,4
Charakterneurosen	17	29,3	24	40,7
Psychosomatosen und Psychosomatische Symptome	27	46,6	20	33,9
Gesamt	58	100,0	59	100,0

Eine Gegenüberstellung der ICD-Diagnosen der Wechslergruppen (ICD-Diagnosen der Gesunder zur A-Erhebung vs. ICD-Diagnosen der Erkranker zur B-Erhebung) zeigt Tabelle 5.5.

Zwar finden sich in beiden Gruppen nahezu gleichviel Psychoneurosen, doch zeigen sich auffallende Unterschiede v. a. hinsichtlich der Charakterneurosen. Dies kann jedoch auf den oben beschriebenen ungleichen Anteil an Frauen und Männern unter den Erkrankern bzw. Gesundern zurückgeführt werden. So wurde bereits im Rahmen der Auswertung des ersten Teils der Verlaufsstudie eine ungleiche Geschlechterverteilung hinsichtlich der ICD-Diagnosengruppen festgestellt (Schepank 1987a, S.127ff.), wonach v. a. Charakterneurosen bei Männern häufiger anzutreffen sind als bei Frauen.

Tabelle 5.6. Supportstrukturen der Fallwechsler in der A-Studie und Anteile der Probanden mit schlechter Supportstruktur (in %)

| | Wechsler | | |
Support A-Studie	Erkranker (Nichtfälle A)	Gesunder (Fälle A)	Gesamt
Gute Support- struktur	40 (78,4 %)	31 (53,5 %)	71 (65,1 %)
Schlechte Support- struktur	11 (21,6 %)	27 (46,5 %)	38 (34,9 %)
Gesamt	51	58	109[a]

[a] $x^2 = 7,46$; df=1; p<0,001
Abweichungen aufgrund von Missing data.

Tabelle 5.7. Supportstrukturen der Fallwechsler in der B-Studie und Anteile der Probanden mit schlechter Supportstruktur (in %)

| | Wechsler | | |
Support B-Studie	Erkranker (Nichtfälle B)	Gesunder (Fälle B)	Gesamt
Gute Support- struktur	21 (41,2 %)	46 (79,3 %)	67 (61,5 %)
Schlechte Support- struktur	30 (58,8 %)	12 (20,7 %)	42 (38,5 %)
Gesamt	51	58	109[a]

[a] $x^2 = 16,66$; df=1; p<0,0001.
Abweichungen aufgrund von Missing data.

Der Einfluß der Variable Support auf den Fallwechsel

Während für die deutlichen Geschlechtsunterschiede in der Gruppe der
Fallwechsler zu einem gewissen Teil statistische Gründe verantwortlich
sein dürften (vgl. Abschn. 4.2), kovariiert die Variable Support (vgl.
Abschn. 6.3) sehr deutlich mit dem Fallwechsel. Tabelle 5.6 und 5.7 zeigen, daß eine Verbesserung der Supportstruktur einer Person sehr häufig
mit deren Gesundung einhergeht. Andererseits finden sich bei erkrankten Probanden überproportional viele Verschlechterungen der Supportstruktur von der A- zur B-Erhebung. Während zum Zeitpunkt A 34,9 %
der Wechsler über eine schlechte Supportstruktur verfügen, finden sich
bei den Gesundern (d. h. Erkrankte zum Zeitpunkt A) immerhin 46,5 %
ohne oder mit nicht supportivem Partner. Umgekehrt zeigt Tabelle 5.7,
daß bei insgesamt 38,5 % schlechten Supportstrukturen zum Zeitpunkt B
die Erkranker (d. h. Gesunde zum Zeitpunkt A) zu 58,8 % eine schlechte
Supportstruktur aufweisen. Der Anteil an Personen mit schlechter Supportstruktur bei den Fallwechslern liegt mit 34-38 % gegenüber 23 % bei
einer repräsentativen Substichprobe aller untersuchten Probanden deutlich höher (vgl. Abschn. 6.3).

Kasuistische Beispiele

Die folgenden kasuistischen Beispiele von Probanden, die die Falleigenschaft wechselten, sollen dem Leser einen Einblick in die Komplexität
von Verlaufsmustern psychischer Gesundheit/Krankheit ermöglichen.

Proband 1 (Erkranker, Nichtfall ➤ Fall)

Die 36jährige Probandin weist bereits zum Erstinterview 1981 gelegentliche Er-
schöpfungszustände auf. Seit der Geburt einer Tochter 1979 fühlt sich die Probandin müde, postpartal bestand eine neurotische Depression. Zum Zeitpunkt des A-Interviews wurde eine psychosomatisch bedingte Störung des Muskel-Skelett-Systems
(ICD Nr. 305.1) diagnostiziert. Sie leidet seit geraumer Zeit an einer chronisch
rezidivierenden Lumbalgie; eine 1976 durchgeführte Nukleotomie brachte jedoch
keine Besserung der Beschwerden. Die Probandin wird mit einem Summenwert von 3 im
Beeinträchtigungsschwerescore noch nicht als Fall klassifiziert.
Beim Follow-up 1984 zeigt sich die 39jährige Probandin durch Ängste, Phobien, Grü-
bel- und Kontrollzwänge beeinträchtigt. Die Symptomatik besteht seit dem Tod des
Vaters ein Jahr zuvor. Infolge rezidivierender Pansinusitiden entstehen Kopfschmerzen, die Lumbalgie wird auf eine diagnostizierte Koxarthrose zurückgeführt.
Enzymdiagnostisch wurde ein Leberzellschaden festgestellt, morgendliche Nausea mit
Erbrechen weist auf eine chronische Pankreatitis hin. Die Probandin gebraucht regelmäßig Psychopharmaka. Es werden eine depressive Neurose und episodischer Alkoholmißbrauch (ICD Nr. 300.4 sowie 303.0) diagnostiziert. Im Beeinträchtigungsschwerescore erhält die Probandin 8 Punkte.
<u>Zur Biographie</u>: Die 1945 geborene Probandin wuchs mit einer 4 Jahre älteren Schwe-
ster in guten sozialen Verhältnissen auf. Zur streng erlebten Mutter hatte die
Probandin stets ein gespanntes Verhältnis, dagegen ist sie vom 1947 aus der Gefangenschaft zurückgekehrten Vater sehr verwöhnt worden, er sei ihr großes Vorbild
gewesen. Ohne Berufsausbildung gründet die Probandin nach Abschluß der Realschule
zunächst ein ertragreiches Textilgeschäft. Die anschließenden unüberlegten Eröff-

nungen einer Agentur sowie eines Kurierdienstes führen 1980 zum Konkurs aller 3 Unternehmen. Obwohl aufgrund des Konkurses Verpflichtungen in Höhe von über 20000 DM bestehen, arbeitet die Probandin nicht mehr. Sie lebt mit einem 9 Jahre älteren Mann zusammen, der trotz heftiger Proteste ihrerseits einen Sohn aus erster Ehe zu sich nimmt. Gegen den Willen des Partners wird die gemeinsame Tochter 1979 geboren. Im Anschluß an eine notwendige Sectio caesarea wurde eine Tubenkoagulation durchgeführt. Die postpartale Krise wurde 6 Monate anxiolytisch mit Benzodiazepinen behandelt. Die Tochter hält sich trotz mehrfacher Bekundung der Mutterliebe durch die Probandin überwiegend bei den Großeltern auf. Zu ihrem Vater hat die Probandin seit seiner Erkrankung an einem Karzinom noch intensiveren Kontakt, während das Verhältnis zur Mutter und zur Schwester distanziert, gereizt ist.

<u>Entwicklung im Interviewintervall:</u> 1982 kann die Probandin ihren Lebensgefährten nach dessen Scheidung heiraten. Die Tochter muß operiert werden, mit dem 20jährigen Stiefsohn lebt die Probandin ständig in Streit. Er zerstöre ihren persönlichen Besitz. Angeblich wegen einer Adipositas war die Probandin zwischenzeitlich 2 Jahre lang in psychiatrischer Behandlung, welche sie schließlich abbrach. Die neurotische Depression nach dem Tod des Vaters wird kurz vor dem Follow-up noch einmal vertieft, als die Mutter die vom Vater initiierte Finanzhilfe einstellt. Nachdem ein erneut gegründetes Geschäft nicht floriert, erlebt die Probandin eine qualvolle Abhängigkeit vom Ehepartner, der wiederum wegen der nicht endenden Streitigkeiten die Scheidung erwägt.

Proband 2 (Erkranker, Nichtfall→ Fall)

Die 45jährige Frau lebt zusammen mit einer 16jährigen Tochter in einer 3-Zimmer-Wohnung. Seit der Übersiedlung der älteren Tochter in die USA leidet die Probandin häufiger an leichten depressiven Verstimmungen, mit Neigung zum Weinen. Seit einem Umzug vom zehnten in das zweite Stockwerk des Hochhauses hat sich eine Windphobie deutlich gebessert. Die Probandin zitterte früher vor Angst bei Sturm, und v. a. das Heulen des Windes versetzte sie in große Aufregung. Besonders stark seien die Symptome noch zur Zeit der Ehe gewesen, die vor 13 Jahren geschieden wurde. Grübeleien träten im Zusammenhang mit einem Kredit auf, da sie sehr wenig verdiene. Des weiteren leide sie an einer Polyarthrose im Bereich der Knie- und Hüftgelenke. Seit 4 Jahren hätten sich Schmerzen im HWS- und LWS-Bereich nach einer Hysterektomie aufgrund eines Karzinomverdachts verstärkt. Seit dieser Zeit ist sie stark gehbehindert mit 80% MdE. Auch regelmäßige migräneartige Kopfschmerzen, leichte Reizbarkeit und Konzentrationsbeeinträchtigungen sowie Obstipation bestünden seitdem. Die Probandin arbeitet halbtags als Aushilfe und verdient sich mit abendlichen Putzarbeiten noch ein kleines Zubrot. Trotz gelegentlicher intimer Beziehungen möchte sie sich nicht mehr binden. Der Interviewer vergibt 4 Punkte im Beeinträchtigungsschwerescore, vermag aber keine Diagnose zu stellen.
Zum Follow-up lebt die 48jährige Probandin nach wie vor mit ihrer jüngsten berufstätigen Tochter zusammen. Während die mittlere Tochter in den USA eine Highschool besucht, macht ihr die älteste Tochter erhebliche Sorgen. Nach mehreren Suizidversuchen ist sie in psychotherapeutischer Behandlung. Entscheidend im Interviewintervall ist die Diagnose einer Multiplen Sklerose bei der Probandin und damit einhergehende deutliche Schwankungen der charakterneurotischen Abwehr mit depressiven Verstimmungen, Weinen in emotionalen Belastungssituationen, Ängsten vor Einsamkeit und fortschreitender Lähmung. Dazu kommt eine deutliche Kontakthemmung. Auch die Windphobie sei in der letzten Woche im Zusammenhang mit einem Sturm sehr stark aufgetreten. Die Probandin hatte Angst, das Haus könne zusammenstürzen und die jüngste Tochter erschlagen. Der Interviewer vergibt 7 Punkte im Beeinträchtigungsschwerescore und diagnostiziert eine neurotische Depression (ICD Nr. 300.4).

<u>Zur Biographie:</u> Die 1935 geborene Probandin wurde als uneheliches Kind geboren. Die Eltern lebten in "wilder Ehe", und nach einer Anzeige durch Nachbarn mußten die Probandin und weitere Halbgeschwister in ein Heim. Überraschenderweise hat die Probandin den einjährigen Heimaufenthalt in guter Erinnerung. Welche der Halbgeschwister von Mutter oder Vater in die spätere Ehe gebracht wurden, bleibt auch

beim zweiten Interview unklar. Insgesamt scheinen die Verhältnisse sehr chaotisch
gewesen zu sein, so daß der Heimaufenthalt als 3jährige in angenehmer Erinnerung
blieb. Die Ehe der Eltern wurde nach ein paar Jahren aufgrund gegenseitiger Vor-
haltungen und einer erneuten Nebenbeziehung des Vaters wieder geschieden. 1942 bis
1945 war die Probandin zusammen mit der Mutter und einem Bruder evakuiert. Nach
der Scheidung der Eltern im 13. Lebensjahr der Probandin lebt sie mit Mutter und
Bruder bei einer Tante. Nachdem ihr eine Ausbildung von seiten des Vaters verweigert wurde, arbeitete sie ungelernt in einer Fabrik. 29jährig heiratet die Probandin, aus der 3 Jahre später geschiedenen Ehe gehen 3 Töchter hervor. Der Mann
war Alkoholiker, während der Ehe kam es zu 3 Alkoholdelirien, darüber hinaus hatte
er sich an Minderjährigen und sogar an den eigenen Töchtern "vergriffen". Zuletzt
verführte er die älteste Tochter, seitdem besteht kein Kontakt mehr zum früheren
Ehemann.

<u>Entwicklung im Interviewintervall:</u> Die krankheitsimmanente Entwicklung der Multi-
plen Sklerose führt zu einer zunehmenden Beeinträchtigung der Probandin in körperlicher und damit sozialer und psychischer Hinsicht. Hinzu kommt ein ernster
Selbstmordversuch der ältesten Tochter, die sich selbst mehrere Stichwunden zu-
fügte. Die unklare berufliche und gesundheitliche Zukunft dieser Tochter geben Anlaß zu ernsthafter Besorgnis seitens der Probandin.

Proband 3 (Gesunder, Fall ➡ Nichtfall)

Die 36jährige berufstätige Frau ist seit 18 Jahren verheiratet und hat 2 Kinder im
Alter von 18 und 17 Jahren. Zur A-Erhebung gibt die Probandin an, seit ihrer Kindheit an einer mäßig ausgeprägten phobischen Symptomatik, Obstipationsneigung, Eß-
störung mit Übergewicht sowie rezidivierenden Kopfschmerzen zu leiden. Seit ca. 10
Jahren treten rezidivierende Ulcera ventriculi auf. Derzeit bestünden starke
Schlafstörungen, heftige innere Unruhe sowie starke Schulter- und Spannungskopf-
schmerzen, des weiteren Obstipation und Alibidinie. Die phobische Symptomatik
richtet sich v. a. auf Hunde, es kommt jedoch auch zur Vermeidung von Kaufhäusern,
Straßenbahnen und Autos. Aufgrund einer Dysmenorrhö besteht eine Krebsangst. Die
Partnerschaft mit dem stark muttergebundenen Ehemann erlebt sie als sehr unbefrie-
digend und konflikthaft (ICD-Diagnosen: Nr. 306.4, 300.2, 306.8). Mit 7 Punkten im
Beeinträchtigungsschwerescore wird die Probandin zum Fall.
Zum Follow-up berichtet die Probandin, daß sämtliche Beschwerden seit dem Tod der
Schwiegermutter sehr viel geringer ausgeprägt seien, insbesondere die großen Span-
nungen in der Partnerbeziehung. Auf den plötzlichen Tod des Bruders vor 2 Monaten
reagierte die Probandin vorübergehend mit depressiven Verstimmungszuständen und
passageren Exazerbationen der oben genannten Symptomatik. Die phobische Symptomatik äußert sich lediglich noch in Furcht vor Hunden. In ihrer Bewegungsfrei-
heit fühlt sich die Probandin jedoch nicht eingeschränkt. Gelegentlich treten eine
Tendenz zum Grübeln sowie Kopf- und Rückenschmerzen, aber auch hypochondrische
Ängste auf. Des weiteren zeitweise Heißhungeranfälle und eine Tendenz zur Gewichtszunahme (ICD-Diagnosen zum Zeitpunkt der B-Erhebung: Nr. 305.5, 306.8,
306.4). Mit einem Punktwert von 4 auf dem Beeinträchtigungsschwerescore wird die
Probandin eben zum Nichtfall.

<u>Zur Biographie:</u> Die Probandin wurde 1945 geboren. Als jüngstes von 3 Geschwistern
erlebt sie sich besonders vom Vater bevorzugt, aufgrund seiner deutlichen zwangs-
neurotischen Struktur läßt er ihr jedoch wenig Freiraum zur eigenen Entfaltung.
Die Mutter wird als sehr lebenslustig und dominierend charakterisiert, sie habe
über vieles hinweggeholfen, insbesonders über die Strenge des Vaters. Die erste
Klasse mußte die Probandin wiederholen. Nach Abschluß der Hauptschule absolvierte
sie eine Friseurlehre, kurz danach wurde sie schwanger und mußte heiraten. Nachdem
auch das zweite Kind einigermaßen selbständig war, nahm sie nach 14jähriger Unter-
brechung wieder eine berufliche Tätigkeit als Arbeiterin auf. Am Arbeitsplatz hat
sie mehrere Kolleginnen, mit denen sie sich gut versteht.

<u>Entwicklung im Interviewintervall:</u> Der Tod der Schwiegermutter führt zu einer
merklichen Entlastung der gespannten Partnerbeziehung. Dies äußert sich in einer
deutlichen Verbesserung des körperlichen Wohlbefindens und des allgemeinen Le-

bensgefühls der Probandin. Mit Hilfe des autogenen Trainings gelingt es ihr, erfolgreich mit den noch bestehenden Schlafstörungen umzugehen, so daß eine Medikation sich erübrigt. Durch Aufnahme einer Halbtagstätigkeit reduziert sich die frühere berufliche Belastung für die Probandin spürbar.

Proband 4 (Gesunder, Fall➤ Nichtfall)

Bei dem 1955 geborenen Probanden steht zur A-Erhebung eine ausgeprägte Kontaktstörung im Vordergrund. Der 25jährige ist noch keine Partnerschaft eingegangen, hat auch nie Geschlechtsverkehr gehabt. Unberührt von diesen Beeinträchtigungen ist jedoch der Leistungsbereich. Der Proband studiert erfolgreich Chemie und steht hier kurz vor dem Abschluß. Im psychischen Bereich zeigen sich ausgeprägte Ängste, depressive Verstimmungen sowie Zwangsgrübeleien; im Zusammenhang mit dem bevorstehenden Studienende auch vereinzelt Selbstmordgedanken. Weiterhin gibt der Proband an, unter innerer Unruhe, Zittern, Kopfschmerzen sowie seit der Kindheit bestehendem deutlichem Stottern zu leiden ICD-Diagnosen: Nr. 300.0, 301.2, 306.0). Mit 7 Punkten im Beeinträchtigungsschwerescore wird der Proband zum Fall.
Zum Follow-up zeigt sich der inzwischen 28jährige Mann in körperlicher Hinsicht beschwerdefrei. Nur das Stottern besteht weiterhin, tritt aber lediglich in emotionalen Spannungssituationen auf. Die kürzliche Verlobung des Probanden, mit der er seine Partnerprobleme gelöst zu haben scheint, trägt zu einer deutlichen Steigerung des allgemeinen Lebensgefühls und Erhöhung des Selbstwertes bei (ICD-Diagnosen: Nr. 301.2, 306.0). Mit einem Summenwert von 4 auf dem Beeinträchtigungsschwerescore wird der Proband zum Nichtfall.

<u>Zur Biographie:</u> Der Proband wuchs als einziger Sohn zusammen mit 6 Schwestern auf. Der Vater war durch Schichtarbeit sehr stark belastet, dazu sehr aufbrausend, ein Choleriker, vor dem er oft Angst gehabt habe. Besonders belastend für den Probanden waren wohl die hohen Leistungsanforderungen des Vaters. Die Mutter sei der ruhende Pol der Familie gewesen, eine ausgesprochen herzliche Frau; sie habe halbtags als Sekretärin gearbeitet. Besonders gerne erinnert sich der Proband an die Großeltern mütterlicherseits, während er an die Eltern des Vaters eigentlich nur schlechte Erinnerungen habe. Die Mutter des Vaters sei psychisch krank gewesen, sie wird sehr deutlich als paranoid geschildert. Das Verhältnis zu den vielen Schwestern wird als stets sehr gut bezeichnet. Ab dem 17. Lebensjahr habe er sich innerlich vom Vater distanziert, daran habe sich bis heute nichts geändert. Nach dem Abitur absolvierte er seinen Zivildienst und begann sein Studium. Derzeit bestreitet er seinen Lebensunterhalt mit einer Halbtagsbeschäftigung.

<u>Entwicklung im Interviewintervall:</u> Der Proband hat zwischenzeitlich das Studium abgeschlossen und mit seiner Dissertation begonnen. Die deutliche Verbesserung der Symptomatik geht mit der Aufnahme einer festen Partnerbeziehung einher, er hat sich zwischenzeitlich verlobt. In diesem Zusammenhang erlebt er eine deutliche Steigerung des Lebensgefühls sowie seines Selbstwertes.

5.2.2 Aus den Extremgruppen

Um zur Gruppe der Fallwechsler (d.h. Erkranker oder Gesunder) zu gehören, genügte mitunter schon eine geringe Punktdifferenz im Beeinträchtigungsschwerescore von der A- zur B-Erhebung (s.a. Abb. 3.3 in Abschn. 3.2.2). Es ist daher nicht auszuschließen, daß ein gewisser Teil der Fallwechsler aufgrund des zu erwartenden Meßfehlers (d.h. Reliabilität <1,0) zustande kommt (vgl. hierzu Schepank 1987a, S. 235ff.). Daher beschreibt die folgende Darstellung solche Probanden, die sich durch eine auffallend hohe Scoredifferenz der beiden Meßzeitpunkte auszeichnen. Als Kriterium wurde hierfür eine Scoredifferenz von mindestens 3

Punkten festgelegt. Abbildung 5.1 zeigt die Verteilung der Scoredifferenzen der Wechslerklientel.

Differenz B-BSS - A-BSS		Häufigkeit	Diagramm der Score- differenzen
-7	g	2	
	e		
-6	s	0	
	u		
-5	n	5	
	d		
-4	e	7	
	t		
-3	.	13	
	.		
-2	.	14	
	.		
-1	.	15	
	.		
0ᵃ	.	5	
	.		
1	.	13	
	.		
2	.	18	
	e		
3	r	14	
	k		
4	r	9	
	a		
5	n	1	
	k		
6	t	1	
		n = 117	

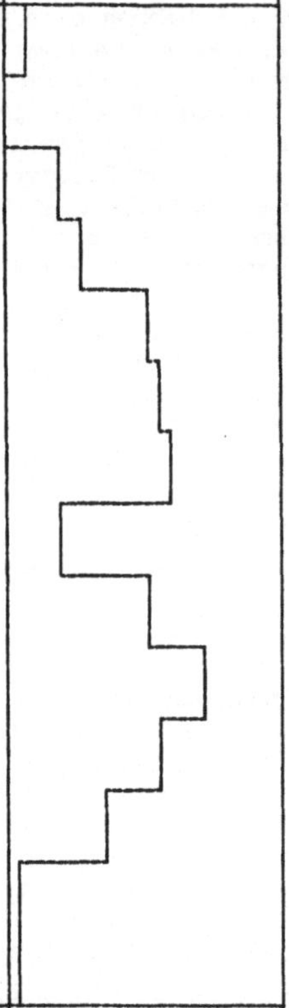

ᵃ Fallwechsler aufgrund des Goldberg-Cooper-Scores.

Abb. 5.1. Verteilung der BSS-Scoredifferenzen der Wechslerklientel

52 Probanden erfüllen das beschriebene Kriterium und können als Fallwechsler mit deutlicher Beeinträchtigungsänderung bezeichnet werden. Hierbei handelt es sich um 27 (52 %) Gesunder und 25 (48 %) Erkranker. Die Verteilung hinsichtlich soziodemographischer Variablen gibt Tabelle 5.8 wieder.

Tabelle 5.8. Soziodemographische Variablen (Kohorte,
Geschlecht, soziale Schicht) der extremen Fallwechsler
und der Gesamtstichprobe (B-Erhebung)

	Extremwechsler		Gesamtstichprobe	
Kohorte	n	[%]	n	[%]
Jahrgang 1935	17	32,7	173	32,8
Jahrgang 1945	17	32,7	182	34,4
Jahrgang 1955	18	34,6	173	32,8
Gesamt	52	100,0	528	100,0
Geschlecht	n	[%]	n	[%]
Frauen	35	67,3	247	46,8
Männer	17	32,7	281	53,2
Gesamt	52	100,0	528	100,0
Schicht[a]	n	[%]	n	[%]
Unterschicht	22	46,8	179	34,2
Mittelschicht	17	36,2	215	41,1
Oberschicht	8	17,0	129	24,7
Gesamt	47[b]	100,0	523[b]	100,0

[a]Soziale Schicht zur A-Erhebung.

[b]Abweichungen wegen Missing data.

Lediglich bezüglich der Geschlechterverteilung weicht die Extrem-
wechslerklientel von der Gesamtstichprobe ab (p <0,01). Wie in der gesamten Wechslerklientel, so sind auch hier die Frauen deutlich überrepräsentiert. Auch hier soll anhand von kasuistischen Beispielen aufgezeigt werden, in welch komplexer Weise einzelne Lebensumstände den
Schweregrad einer psychogenen Störung modulieren können.

Kasuistische Beispiele

Proband 5 (Gesunder, Fall→Nichtfall)

Beim Erstinterview 1982 lebt die 47jährige Witwe zusammen mit einer etwa gleichaltrigen Cousine in einer 3-Zimmer-Wohnung. Trotz einer 50 %igen Erwerbsunfähig-
keit wegen verschiedenster Beschwerden arbeitet die Probandin halbtags als Verkäuferin. Seit dem Suizid des Ehemannes vor 6 Jahren leidet sie an ausgeprägten Beschwerden: allgemeine Unruhe, Unsicherheit, Spannung, Engigkeit und Kloßgefühle im
Hals, allgemeine Mattigkeit und frühzeitige Ermüdung sowie Schmerzen und Stiche in
der Brust bei Aufregungen. Trotz mehrfacher Untersuchungen sei bis jetzt keine or-
ganische Ursache festgestellt worden. Die Nahrungsaufnahme ist stets von Sodbrennen begleitet, ebenfalls ohne organischen Befund, dazu kommen Rücken-, Kopf-,
Nacken- und Schulterschmerzen; auch hat sie ständig Schwindelgefühle. So kann sie
nicht auf den Balkon treten, ohne das Gefühl zu haben, von dort trotz Brüstung ab-
zustürzen. Depressive Gefühle seien früher deutlicher gewesen, in letzter Zeit -
v. a. aufgrund des Verständnisses von seiten der Freundin - weniger ausgeprägt.
Das freundschaftliche Verhältnis wirke für beide stabilisierend. Der Wunsch nach
einer neuen Partnerschaft sei nicht mehr vorhanden, sie wolle sich diesen Schwie-

rigkeiten nicht noch einmal aussetzen. Der Kontakt zu den Eltern, Geschwistern und
eigenen Kindern ist sehr distanziert. Vor allem die Tochter und der jüngste Sohn
seien richtige Parasiten, und sie bedauere, so etwas großgezogen zu haben. Der Interviewer diagnostiziert eine depressive Neurose (ICD Nr. 300.4), im Beeinträchtigungsschwerescore erhält sie 7 Punkte.
Bei der Nachuntersuchung 1985 gibt die nun 50jährige an körperlichen Beschwerden
noch gelegentliche Hitzewallungen verbunden mit Schlafstörungen an, die auf die
Wechseljahre zurückgeführt werden. Vor einem Jahr wurde eine chronische Gastritis
diagnostiziert, die ihr etwa alle 2 Monate in Form von Sodbrennen und leichtem
Druckschmerz zu schaffen macht. Ferner besteht gelegentlich eine Sehnen-
scheidenentzündung, weswegen sie jedoch noch nie krank geschrieben war. Im letzten
Jahr ca. 2 Monate Krankenhausaufenthalt aufgrund einer Nierensteinauflösung. Es
wird keine Diagnose mehr vergeben, im Beeinträchtigungsschwerescore erhält die
Probandin im Augenblick (7-Tage-Prävalenz) 0 Punkte.

<u>Entwicklung im Interviewintervall:</u> Bei der Probandin ergeben sich im Intervall
mehrere einschneidende Veränderungen. So zieht die Freundin auf nachdrücklichen
Wunsch der Probandin aus der gemeinsamen Wohnung aus. Aber auch am Arbeitsplatz
ergeben sich deutliche Veränderungen. Die Probandin tritt eine neue Ganztagsstelle
mit angemessener Bezahlung und befriedigendem Arbeitsklima an, was ebenfalls auf
einen deutlichen Zuwachs an Autonomie schließen läßt. Der ganze Stolz ist der
3jährige Enkelsohn, für den sie sich verantwortlich fühlt. Auch leistet sie sich
Annehmlichkeiten wie beispielsweise ein Auto. Insgesamt erscheint die Probandin in
ihren Lebensbezügen konsolidiert, mit dem Erreichten zufrieden. Zur Zeit des ersten Interviews sei sie an einem absoluten Tiefpunkt angelangt gewesen. Die Cousine ist vor einem Jahr ausgezogen und wird jetzt - im Gegensatz zum Erstinterview
- als "harte Frau" charakterisiert, mit deren Auszug sie eine Bürde losgeworden
sei, ähnlich wie mit dem Suizid des Ehemannes.

<u>Zur Biographie:</u> Die ersten 4 Lebensjahre verbrachte die Probandin allein mit den
Eltern, im 5. Lebensjahr wurde der Bruder geboren. Ihm folgte weitere 4 Jahre später eine Schwester. Die Probandin gibt an, schon frühzeitig für die Geschwister
verantwortlich gewesen zu sein und im Haushalt mitgearbeitet zu haben. Dazu sei
sie von der als wenig herzlich geschilderten Mutter sehr streng behandelt, zunehmend geschlagen worden. Auch wenn der Vater streng und gelegentlich jähzornig gewesen sei, wurde er doch als gerecht erlebt. Er war von 1940 bis 1948 im Krieg und
in Gefangenschaft. Die zunehmende Distanziertheit der Mutter habe sich immer mehr
in Ablehnung umgewandelt, so daß die Probandin häufig - auch mit schweren Gegen-
ständen (Schürhaken) - verprügelt wurde. Mit 12 1/2 Jahren sei sie dann zur Großmutter geschickt worden, welche offenbar auch nicht mit ihr zurechtkam, so daß sie
in ein Heim im Odenwald gegeben wurde. Dies habe sie der Mutter nicht verzeihen
können, da sie immer ein gutes Verhältnis zur Mutter gewünscht habe. Über die Erfahrungen im Heim möchte die Probandin nicht reden, deutet jedoch an, daß es
furchtbar gewesen sei, reglementiert und unterdrückt zu werden. Bis zu ihrer Heirat mit 17 Jahren, nachdem sie aus dem Heim ausgerissen war, habe sie nichts erlebt, an das sie sich gerne erinnern würde. Alles sei nur Zwang und Zurückweisung
gewesen. Die spätere Ehe, aus der 3 drei Kinder hervorgingen, erlebte die Probandin als sehr unbefriedigend. Der Mann sei immer nach außen gerichtet gewesen, habe
sie bei seinen Aktivitäten aber nie mitgenommen. Aus Enttäuschung unternahm sie
18jährig einen Suizidversuch mit Tabletten. Dies habe jedoch an der Einstellung
des Mannes zu ihr nichts bewirkt. Auch die Kinder seien eine große Enttäuschung
für sie gewesen, zumal sich der Mann nach jeder Geburt noch weiter von der Familie
entfernte, und die Möglichkeiten der Probandin zur Entfaltung eigener Aktivitäten
schwanden. Nach dem Tod seiner Mutter 1976 habe der Mann sich suizidiert.
Auffallend sind die immer wieder sehr distanzierten Beziehungen der Probandin, die
sie zunächst wohl nicht in dieser Weise wahrnehmen kann. So wird der frühere Ehemann erst aus größerer zeitlicher Distanz im Zweitinterview als unzuverlässiger
Trinker dargestellt, die Probandin mußte zeitweilig sogar den Wochenlohn persönlich abholen, um nicht zu verhungern. Auch die zunächst als Stütze erlebte Cousine
entpuppt sich schließlich als herrschsüchtige Person. Daß der Vater Alkoholiker
ist, zeigt sich ebenfalls erst beim Zweitinterview. Bedingt durch die massiven
Probleme zwischen Mutter und Tochter sowie die Abwesenheit des Vaters und den späteren Aufenthalt bei der Großmutter war eine adäquate ödipale Auseinandersetzung

kaum möglich. Gleichzeitig entstand ein erhebliches Bedürfnis nach Bindung, Geborgenheit und Sicherheit, was zu unrealistischen Erwartungen führte. So flüchtet die Probandin vor den Anforderungen der Umwelt in eine unsichere Ehe, von der sich der Mann mit jeder Schwangerschaft mehr distanziert, was die Probandin wiederum ihre Abhängigkeit zunehmend schmerzlich spüren läßt. Auch heute noch verbindet sie mit dem überwiegenden Teil ihrer Familie unangenehme Erfahrungen. Erst mit dem Rückzug auf eine eigene Intimsphäre gelingt es ihr bis zum Zweitinterview, sich weitgehend zu stabilisieren und zunehmend autonom zu werden.

Proband 6 (Erkranker, Nichtfall→ Fall)

Die 46jährige Frau bewohnt mit ihrem Partner und dem Sohn aus zweiter Ehe eine geräumige 4-Zimmer-Wohnung. Seit einer rechtsseitigen Nephrektomie vor ca. 5 Jahren leidet sie an rezidivierenden Rückenschmerzen und Blasenentzündungen. Ebenfalls seit dieser Zeit bestehe eine Allergie gegen Hausstaub. Ein erster Asthmaanfall ist vor ca. 3 Jahren aufgetreten, seitdem wird sie medikamentös behandelt. Des weiteren gibt sie Sodbrennen, Doppelbildsehen, Zyklusunregelmäßigkeiten, Schmerzen und Sensibilitätsstörungen im rechten Oberschenkel bei Aufregungen und schweren körperlichen Belastungen an. Die Probandin ist einmal verwitwet und einmal geschieden. Der derzeitige Partner ist 5 Jahre jünger, die Beziehung schildert sie als harmonisch. Trotz ungelernter Tätigkeit ist das Einkommen zufriedenstellend, zumal sie ja noch eine Rente vom verstorbenen ersten Ehemann bezieht. Die Probandin erhält vorwiegend aufgrund körperlicher Symptome im Beeinträchtigungsschwerescore 3 Punkte (ICD Nr. 305.2).
Zum Follow-up leidet die 49jährige Probandin weiterhin an einem Asthma bronchiale und chronischer Obstipation, was eine kontinuierliche Medikation erforderlich macht. Daneben bestehen Dunkel- und Platzängste, eine Dys- und Hypermenorrhö und Hypotonie mit gelegentlichen Ohnmachtsanfällen. Sie lebt weitgehend zurückgezogen, nur noch zu einer der Töchter bestehen regelmäßige Kontakte. Der Interviewer vergibt 9 Punkte im Beenträchtigungsschwerescore (ICD Nr. 305.2, 301.1).

<u>Entwicklung im Interviewintervall:</u> Kurz nach dem ersten Interview gründet die Probandin ein eigenes Unternehmen und setzt ihren Sohn als Geschäftsführer ein. Dieser hintergeht sie und unterschlägt erhebliche Beträge, so daß der Konkurs unvermeidlich ist. Neben einer erheblichen Schuldenlast prozessiert der eigene Sohn gegen sie. Die Probandin erlebt einen massiven Einbruch mit depressiven Zuständen, paranoid-sensitiven Erlebnissen und einem Selbstmordversuch. Ein Rentenantrag wird abgelehnt, so daß die Probandin seitdem nur noch von der Rente des ersten Ehemannes lebt. Nachdem der frühere Lebenspartner sie verlassen hat, besteht lediglich noch zu einer der Töchter aus zweiter Ehe regelmäßiger Kontakt. Offensichtlich hat sich die Probandin mit ihrer Lage abgefunden, in der sie vereinsamt und isoliert lebt.

<u>Zur Biographie:</u> Als drittes von 5 Mädchen wurde die Probandin 1935 im Gebiet der heutigen DDR geboren. Schon als Kind sei sie eigensinnig und dickköpfig gewesen. Zu anderen Kindern habe sie sehr wenig Kontakt gehabt, dieser war einerseits von der Mutter verboten und andererseits von der Probandin auch nicht gewünscht gewesen. Die Mutter wurde nie anders als streng erlebt. Zum Vater habe sie als Kind kaum eine Beziehung gehabt, was sich um das 14. Lebensjahr geändert habe. Nachdem 1945 zunächst die älteste Schwester nach Westdeutschland floh und 3 Jahre später der Vater mit 2 weiteren Schwestern, sei sie völlig überraschend 15jährig mit der Mutter und der letzten Schwester ebenfalls in die BRD geflohen. Die Probandin hatte in der DDR ein Stipendium, was ihr das Abitur ermöglicht hätte. Nachdem die Familie wieder zusammenfand, war es notwendig, zunächst einmal Geld zu verdienen; außerdem bestand offenbar keine Möglichkeit zu einer beruflichen Ausbildung. Bis zur ersten Ehe arbeitete die Probandin als Hausmädchen. Nach der Trennung vom zweiten Ehemann, 9 Jahre später, absolvierte sie eine Lehre in einem Industriebetrieb. Nach der Übersiedlung nach Mannheim arbeitete sie als Serviererin. Aus erster Ehe stammt der Sohn. Die 2 Töchter aus der zweiten Ehe sind inzwischen verheiratet. Der Vater starb vor ca. 7 Jahren, zur Mutter und den Schwestern habe sie ein sehr distanziertes, kritisches Verhältnis.

Die Probandin klagt, daß ihre Schwestern von jeher bevorzugt worden seien, da sie
eine "fürchterliche Beziehung" zur Mutter gehabt hätte. Sie habe ein Leben lang
protestiert, sei immer die Benachteiligte gewesen. Auch nach der Übersiedlung in
die BRD, die mit einem Verzicht auf ein Stipendium "erkauft" wurde, konnte es sich
die Probandin nicht leisten, eine Ausbildung zu absolvieren, da Geld verdient werden mußte. Dagegen haben jedoch alle Geschwister eine Ausbildung "finanziert bekommen". Mit 20 heiratet die Probandin und bringt ihren Sohn zur Welt. Der Ehemann
stirbt 3 Jahre später bei einem Verkehrsunfall. Eine 2 Jahre später geschlossene
Ehe wird auf ihr Betreiben nach 3 Jahren wieder geschieden. Als Scheidungsgrund
gibt sie an, Alkohol und nicht genannte "wesentlichere Gründe" seien entscheidend
gewesen. Nun arbeitet sich die Probandin hoch, macht sogar eine Ausbildung als
Werkmeisterin. 1979 zieht sie zusammen mit einem arbeitslosen Partner nach Mannheim um und arbeitet wieder als Servierin. In dieser Zeit tritt der erste Asthmaanfall auf. Von diesem Partner trennt sich die Probandin unter nicht bekannten
Umständen im Interviewintervall. 1982 wird die Probandin durch den eigenen Sohn
finanziell betrogen und versucht, den finanziellen Verpflichtungen durch einen
Rentenantrag zu entgehen. Einerseits imponiert bei der Probandin die Fähigkeit,
auf eigenen Beinen zu stehen, andererseits sind jedoch auch immer wieder Fehlentscheidungen mit erheblichen Folgen für sie zu erkennen. Beides könnte aus der sehr
fordernden und begrenzenden Haltung der Mutter bei gleichzeitiger Abwesenheit des
Vaters verstanden werden, so daß neben einer oralen auch eine ödipale Konfliktkon-
stellation wahrscheinlich ist.

5.2.3 Aus der Risikopopulation

Unter der sog. Risikopopulation verstehen wir hier solche Probanden,
die entweder zur Erst- oder zur Zweiterhebung eine nennenswerte psychogene Beeinträchtigung aufwiesen und zum Fall wurden, zum jeweils
anderen Meßzeitpunkt die operationalen Kriterien jedoch - trotz vorhandener Beeinträchtigung - nicht erfüllten. Diese Klientel weist Beeinträchtigungswerte auf, die jeweils knapp an die Fallgrenze heranreichen,
also um die Fallgrenze oszillieren. Möglicherweise lassen sich gerade an
einer solchen Klientel die Wirkungen von belastenden Umweltereignissen
auf die Ausprägung psychogener Symptome besonders gut darstellen.

Kasuistische Beispiele

Proband 7 (Erkranker Nichtfall➜Fall)

Der 45jährige Proband berichtet zur A-Erhebung von einer persistierenden Primordialsymptomatik in Form von diffusen Ängsten. Seit seinem Auszug von zu Hause habe
er - wie die Mutter - mehrmals in der Woche heftige Kopfschmerzen. Es besteht eine
essentielle Hypertonie mit dysrhythmischen Störungen, ein zervikaler Weichteilrheumatismus sowie Schmerzen einer Interkostalneuralgie und für den Interviewer deutlich wahrnehmbare anankastische Reaktionsbildungen. Der Proband erhält die
Diagnose vegetative Dystonie (ICD Nr. 305.9), wird jedoch mit lediglich 3 Punkten
im Beeinträchtigungsschwerescore zum Nichtfall.
Zum Follow-up 1983 treten bei dem inzwischen 48jährigen Probanden zur Hypertonie
und Migräne seit der Trennung von der Ehefrau vor ca. einem Jahr eine permanente
depressive Verstimmung, Unruhe, erhöhtes Schlafbedürfnis bei gleichzeitigen
Schlafstörungen sowie abdominelle Beschwerden, die er als Gallenleiden bezeichnet,
und eine Impotentia coeundi hinzu. Der Weichteilrheumatismus und die anankastischen Reaktionsbildungen treten dagegen deutlich zurück. Diagnostiziert wird eine
depressive Neurose (ICD Nr. 300.4), im Beeinträchtigungsschwerescore erhält der
Proband 5 Punkte und wird somit zum Fall.

<u>Zur Biographie:</u> Der 1935 geborene Proband wuchs als Einzelkind auf dem Dorf auf.
An den Vater kann er sich kaum erinnern, da dieser zunächst bei der Wehrmacht,
später in Kriegsgefangenschaft und anschließend bis zu seinem Tod 1956 zu Tuberku-
losetherapien in verschiedenen Sanatorien war. Von der Mutter und den ebenfalls
auf dem Dorf lebenden Großeltern wurde der Proband immer sehr verwöhnt, half der
Mutter bei der Feldarbeit und hatte so kaum Kontakte zu den anderen Kindern. 1955
siedelte der Proband zunächst allein in die Bundesrepublik über. Die berufliche
Entwicklung verlief problemlos. Nach Abschluß der Volksschule und einer handwerk-
lichen Lehre ist der Proband nun als Verwaltungsbeamter tätig. 1959 heiratete der
Proband eine 4 Jahre ältere, ihm bereits aus dem Heimatort bekannte Frau; 1962
wurde ein Sohn geboren.

<u>Entwicklung im Interviewintervall:</u> Nach Abschluß einer kaufmännischen Ausbildung
bezieht der Sohn eine eigene Wohnung, was den Probanden seinerseits ermutigt, sich
von seiner bereits seit 20 Jahren alkoholabhängigen Frau zu trennen. Die Ehe wird
jetzt als äußerst belastend beschrieben, die Scheidung eingereicht. Der Proband
zieht direkt zu einer 9 Jahre jüngeren, ebenfalls noch verheirateten Frau. Er er-
hofft sich eine positive Entwicklung der bis jetzt noch unbefriedigenden neuen Beziehung. Außerdem ist er in großer Sorge um den Sohn, der an einem seborrhoischen
Ekzem leidet.

Proband 8 (Erkranker, Nichtfall➤Fall)

Der 37jährige gelernte Elektriker wohnt mit seiner Frau und 2 Kindern im Haus der
Schwiegermutter. Er berichtet über Beschwerden im Schulterbereich, weswegen er
auch den Arzt konsultierte. Seit 4 Monaten macht er eine Abmagerungskur und hat
inzwischen schon 20 kg abgenommen. Seit ca. 3 Jahren leidet er gelegentlich unter
migräneartigen Kopfschmerzen. Eine neurologische Untersuchung aufgrund unklarer
Gesichtsschmerzen, verbunden mit Taubheitsgefühl, bleibt ergebnislos. Ansonsten
treten leichte innere Unruhe und Kreuzschmerzen auf. Seit dem 9.Lebensjahr hat er
immer wieder gastritische Beschwerden bei Aufregungen. Vor etwa 8 Jahren kolla-
bierte er 2mal. Der Interviewer vergibt 2 Punkte im Beeinträchtigungsschwerescore
(7-Tage-Prävalenz) und keine Diagnose.
Zum Follow-up weist der nun 40jährige Proband eine erhebliche Beeinträchtigung des
Selbstwertgefühls mit depressiven Verstimmungen, Grübeleien und Kopfschmerzen auf.
Seit etwa einem Jahr häufen sich herzneurotische Beschwerden und panikartige Zu-
stände, die als Kreislaufzusammenbrüche beschrieben werden; dazu Durchschlafstö-
rungen bei beruflichen oder privaten Sorgen. Obwohl er in der letzten Woche nur
ein Glas Wein trank, trinkt er gewöhnlich bis zu einer Flasche täglich. Der Interviewer vergibt 5 Punkte im Beeinträchtigungsschwerescore und diagnostiziert neben
multiplen psychosomatischen Beschwerden eine depressive Neurose (ICD Nr. 305.9,
300.4).

<u>Zur Biographie:</u> Der 1945 geborene Proband wuchs als Nachzügler auf, seine 18 Jahre
ältere Schwester war bei seiner Geburt bereits aus dem Haus. Nachdem der Vater
schon im 4. Lebensjahr des Probanden nach langer Bettlägrigkeit verstorben war,
sorgte der 13 Jahre ältere Bruder des Probanden mit für die Familie. Schon mit 9
Jahren kam es zu einem Aufenthalt in der Kinderklinik wegen gastritischer Beschwerden, später auch wegen Leberbeschwerden. Die Mutter habe wenig Zeit für ihn
gehabt, er habe oft auf dem Feld geholfen. Nach dem Besuch der Grundschule wechselt er auf die Realschule, die er erfolgreich abschließt. Nach einer Elektri-
kerlehre ist er lange im Verkauf tätig und arbeitet sich in der Datenverarbeitung
zum Abteilungsleiter hoch. Mit 26 heiratet der Proband und zieht in das Haus der
Schwiegereltern. Das Ehepaar bekommt 2 Kinder. Zunächst ist er noch im Außendienst
tätig, findet dann aber eine gut dotierte Stellung in der Datenverarbeitung. Erst
nach dem überraschenden Tod der Ehefrau zieht er aus dem Haus der Schwiegermutter
aus und mit einer Freundin und den Kindern zusammen in eine geräumige Wohnung.

<u>Entwicklung im Interviewintervall:</u> Überraschend stirbt die Ehefrau des Probanden
an einem Pleuramesotheliom nach 14jähriger Ehe, aus der 2 Kinder (12 und 9 Jahre
alt) hervorgingen. Kurz nach dem Tode der Frau bezieht der Proband zusammen mit
den Kindern und einer Freundin, die er bereits zum Zeitpunkt des Erstinterviews

kannte, eine geräumige 5 1/2-Zimmer-Wohnung. Hierzu meint der Proband, es sei eine glückliche Fügung gewesen, daß er so schnell eine neue Partnerin gefunden habe.

Nach unserer Ansicht lassen sich - trotz aller Vorbehalte aufgrund der unvermeidlichen Einseitigkeit einer exemplarischen Auslese der Fallbeispiele - verschiedene Verlaufskonstellationen beobachten (vgl. auch Kap. 11):

1) Es liegt ein *vorwiegend persönlichkeitsbedingtes neurotisches Arrangement* vor, das mehr oder weniger das ganze Leben durchzieht und insbesondere im Zusammenhang mit psychosozialen Schwellensituationen (z.B. Aufnahme einer beruflichen Tätigkeit, Heirat, Geburt etc.) zur Dekompensation führt. Dabei werden schon im Vorfeld des eigentlichen Ereignisses inadäquate Entscheidungen getroffen, Möglichkeiten und Alternativen nicht wahrgenommen oder Konsequenzen nicht bedacht. Diese weitgehend neurotischen Konstellationen kennzeichnen v. a. die konstanten Fälle.

2) Gerade die sog. Risikoklientel weist ein *labiles psychisches Gleichgewicht* auf, die Beeinträchtigung ist relativ geringgradig vorhanden, so daß *zufällige Umweltereignisse* eine Symptomatik nach sich ziehen, von der sich die Probanden bei guten Bedingungen wieder erholen können. Die Beeinträchtigung scheint an der "Oberfläche" der Persönlichkeit zu verlaufen. Möglicherweise liegen hier charakterneurotische Symptombildungen vor, mäßige Beeinträchtigungen werden überwiegend als Ich-synton erlebt.

3) Eine weitere Gruppe von Fallwechslern stellen diejenigen Probanden dar, die zur *Meisterung psychosozialer Schwellensituationen* sehr *viel Zeit* und ggf. *Hilfe von außen* benötigen. Sie prävalieren zunächst als Fall, können jedoch nach der Meisterung der Schwellensituation (Beruf, Partnerschaft etc.) ein befriedigendes Gleichgewicht erreichen und ausbauen. Im Gegensatz zur zuvor genannten Gruppe liegt nach Erreichen des jeweils geforderten Entwicklungsniveaus kaum mehr ein Risiko zu dekompensieren vor.

5.3 Die stabil Gesunden
G. Reister, W. Tress

5.3.1 Beschreibung der Stichprobe

Die deskriptive und analytische Epidemiologie untersucht gewöhnlich diejenigen Faktoren, die für die Häufigkeit und das Zustandekommen von Krankheiten bedeutsam sind. Gesundheit wird oft lediglich als Abwesenheit von Krankheit definiert, und die Gesunden (Nichtfälle) sind für den Epidemiologen häufig nur als Kontrollgruppe interessant. Gerade im Bereich der psychogenen Erkrankungen stellt der Übergang vom Gesunden ins Pathologische keinesfalls einen qualitativen Sprung dar, so daß Gesundheit positiv nur sehr schwer zu bestimmen ist. Dabei ist die Beantwortung der Frage, was seelische Gesundheit denn nun ausmacht, nicht nur von wissenschaftlichem Interesse; vor allem unter dem Gesichtspunkt präventiver und therapeutischer Maßnahmen gewinnt sie entscheidende Bedeutung.

Vor dem angedeuteten Hintergrund gehören in unserer Untersuchung nahezu 3/4 der Probanden zu den Nichtfällen, also zu der großen Gruppe der Bevölkerung, die mit den vielfältigen Anforderungen des Lebens im großen und ganzen zurechtkommt. Gleichzeitig dürfen wir mit Sicherheit annehmen, daß wir hier ganz unterschiedliche Menschen mit verschiedener Genese, unterschiedlichen sozialen Beziehungen und Bezügen, differenten Modi der Lebensbewältigung und -gestaltung antreffen.

Um hier weitere Aufschlüsse zu gewinnen, stellen wir im folgenden die retrospektive statistische und - anhand der ausführlichen Klartextinterviews - inhaltliche Untersuchung jener 72 Probanden in einigen Aspekten dar, die in beiden Querschnittsuntersuchungen konstant als die psychisch Gesündesten erschienen; d. h. wir beschäftigen uns lediglich mit einer Untergruppe der Nichtfälle (im folgenden stets als Gesunde bezeichnet).

Wir definieren unser Sample operational über den Beeinträchtigungsschwerescore, der sich überwiegend an der Symptomatik orientiert. In unsere Stichprobe gehen somit alle Probanden ein, die sowohl in der A-Studie als auch in der Follow-up-Untersuchung eine BSS-Summe von 0 bis maximal 2 Punkten aufwiesen, wobei sie in keinem Subscore 1 Punkt überschreiten durften.

Tabelle 5.9 zeigt die Zusammensetzung der Stichprobe, getrennt nach Alter und Geschlecht.

Tabelle 5.9. Verteilung der stabil Gesunden nach Alter (Kohorte) und Geschlecht

Jahrgang	Frauen	Männer	Gesamt
1935	10 (13,9%)	17 (23,6%)	27 (37,5%)
1945	7 (9,7%)	12 (16,7%)	19 (26,4%)
1955	6 (8,3%)	20 (27,8%)	26 (36,1%)
Gesamt	23 (31,9%)	49 (68,1%)	72 (100,0%)

Über 2/3 der stabil Gesunden sind Männer (Unterschied signifikant auf dem 5 %-Niveau, x^2 = 6,53; df = 1), ein Befund, der seine Entsprechung in der höheren Fallzahl der Frauen in der Gesamtstichprobe findet. Nahezu 3/4 der Stichprobe sind Probanden der Jahrgangskohorten 1935 und 1955. Im Altersjahrgang 1945 finden wir dagegen vergleichsweise wenige Gesunde. Die 1955 geborenen gesunden Männer (n=20) stellen fast 28 % der Stichprobe.

In der Absicht, möglichen Ursachen der unterschiedlichen Geschlechtsverteilung auf die Spur zu kommen, haben wir Frauen und Männer hinsichtlich soziodemographischer Merkmale und bestimmter (Belastungs)faktoren in Vergangenheit und Gegenwart statistisch miteinander verglichen. Es handelt sich dabei teils um relativ "harte" Daten, teils um Einschätzungen der Interviewer (Ratings).

Bei den aktuellen Belastungen (z. B. Neurotizität der Partnerschaft und der beruflichen und Leistungssituation, Anzahl unangenehmer Lifeevents, Krankschreibungen in den letzten 12 Monaten, neurotischer Umgang mit Besitz u. a.) fanden wir ebensowenig statistisch signifikante Unterschiede wie bei den (früh)kindlichen Belastungsfaktoren wie Vaterdefizit, Neurotizität der Erzieher, Summe frühkindlicher Symptome etc. Hier bildete lediglich das Rating "Psychopathologie der Mutter" eine Ausnahme (s. Tabelle 5.10).

Gesunde Männer hätten danach im Vergleich zu gesunden Frauen häufiger psychopathologisch auffällige Mütter (allerdings auch häufiger unauffällige Mütter). Bei der geringen Zellbesetzung scheint uns dieser Befund allerdings nicht zur Verallgemeinerung geeignet, obwohl er natürlich zur Nachdenklichkeit Anlaß gibt. Vielleicht sind gesunde Männer eher von ihren Müttern distanziert, schildern sie somit dem Interviewer kritischer als mit ihren Müttern identifizierte gesunde Frauen, die sich möglicherweise scheuen, etwas "Schlechtes" über sie zu sagen.

Tabelle 5.10. Psychopathologie der Mutter bei gesunden Männern und Frauen

Psychopathologie der Mutter	Frauen	Männer	Gesamt
Keine	9 (13,6%)	27 (40,9%)	36 (54,5%)
Leicht	11 (16,7%)	9 (13,6%)	20 (30,3%)
Deutlich	2 (3,0%)	8 (12,1%)	10 (15,1%)
Gesamt	22 (33,3%)	44 (66,6%)	66[a] (100%)

[a] Abweichung aufgrund von Missing data.

χ^2=6,150; df=2; CC=0,292; p=0,046.

Kasuistische Beispiele

Proband 1

Der bei der Erstuntersuchung 36jährige Handwerker lebt mit seiner Familie in einem
teilweise noch ländlich strukturierten Vorort Mannheims, wo er auch geboren wurde
und aufwuchs. Er wohnt mit seiner 1 Jahr jüngeren Ehefrau und den beiden 9 und 12
Jahre alten Töchtern im eigenen Mehrfamilienhaus; die Großmutter der Ehefrau hat
ein Wohnrecht für die Wohnung im Erdgeschoß.
Einziges eruierbares Symptom ist ein seit Jahren bestehender Nikotinabusus von ca.
25 Zigaretten täglich. Daneben wird im Interviewverlauf eine gewisse gereizte Gespanntheit deutlich, die vom Probanden in der Beschwerdenliste allerdings nicht
vermerkt worden war. Die relative Symptomfreiheit gilt für alle Prävalenzab-
schnitte. Herr N. ist stolz darauf, in den dem Interview vorangegangenen 10 Jahren
höchstens 10 Tage krank geschrieben gewesen zu sein.
Bei der Nachuntersuchung, jetzt von einer Interviewerin durchgeführt, wird der
tägliche Tabakkonsum mit 30 Zigaretten angegeben. Die weitere detaillierte Befragung ergibt keinerlei Hinweise auf nennenswerte körperliche oder psychische Symptome. Ein seit mehreren Jahren bestehender leichter Leistenbruch wird mit einem
Bruchband behandelt.
Beide Interviewer erleben den Probanden gesund und leistungsfähig: "ein ge-
standener Handwerker, lebenstüchtig, mit beiden Beinen auf dem Boden der Tatsa-
chen". Ohne Probleme und Beschwerden zu sein, sei offensichtlich sein Lebensprin-
zip.

<u>Zur Biographie</u>: Der Proband wurde 1945 als ältestes Kind seiner Mutter in zweiter
Ehe geboren. Aus erster Ehe der Mutter, die geschieden wurde, stammt eine 9 Jahre
ältere Schwester. Problemlose Hausgeburt, als Säugling und Kleinkind keinerlei
Auffälligkeiten. Seine ganze Liebe habe den Pferden gegolten, er sei hinter jedem
Pferdefuhrwerk hinterhergelaufen; oft hätten ihn seine Eltern suchen müssen, weil
er wieder bei einem der Nachbarn mit den Pferden beschäftigt gewesen sei. Diese
Leidenschaft habe ihn bis heute nicht verlassen, jeden Sonntag sei er auf der
Rennbahn zu finden.
Mit dem Vater (+39), einem ruhigen und arbeitsamen Bauhandwerker, der wegen der
Folgen eines Betriebsunfalls frühzeitig berentet wurde, sei er gut ausgekommen.
Die Beziehung der Eltern sei gut gewesen, wenn die Mutter (+28) vielleicht auch
etwas dominant gewesen sei, wie er mit einem Augenzwinkern bemerkt. Heute noch
komme die Mutter regelmäßig einmal in der Woche zum Bügeln ins Haus. Zu den Geschwistern bestehe nach wie vor ein herzliches Verhältnis, was auch für die Halb-
schwester zutreffe. Zu Festen und Geburtstagen komme die Familie regelmäßig zusammen. Der um 1 Jahr jüngere Bruder sei erst vor kurzem aus der Wohnung der Mutter ausgezogen, sei aber noch bei ihr gemeldet und esse täglich bei ihr zu Mittag.
Die 3 Jahre jüngere Schwester wohne noch bei der Mutter, habe aber, wie der Bruder, eine feste Partnerbeziehung.
Nach Absolvierung der Hauptschule erlernte der Proband das Schlosserhandwerk, ohne
herausragende Schwierigkeiten oder Höhen, eben eine "gutbürgerliche Lebens-
geschichte", wie er selbst meint. Dasselbe trifft auch für die weitere berufliche
und persönliche Entwicklung zu: Mit 23 Jahren heiratet er eine Frau, die er schon
von der gemeinsamen Kindergartenzeit her kannte, bald darauf - im Abstand von 3
Jahren - die Geburten der gemeinsamen Töchter, die sich recht gut entwickelt haben; Renovierung des von den Schwiegereltern übereigneten Hauses, Übertritt in den
Staatsdienst, aus finanziellen Gründen Verzicht auf den Besuch des Meisterlehr-
gangs und die Übernahme ins Angestelltenverhältnis. Ausgezeichnete nachbarschaftliche Beziehungen; Hobby: Pferdesport; im Nebenerwerb gemeinsam mit dem Bruder Betreiben einer kleinen Schweinezucht. Finanziell habe er keine Sorgen, v. a. seit
die Ehefrau wieder halbtags als Bankangestellte arbeitet. Zu ihr habe er eine gute
Vertrauensbasis, auch sexuell sei alles "ganz normal". Vielleicht habe sie, wie
früher die Mutter, eher das Sagen.

<u>Interpretation</u>: Beide Interviewer sind sich in der Bedeutung des stabilen und
tragfähigen (früh)kindlichen Milieus für die spätere Persönlichkeitentwicklung des

Probanden einig. Hervorgehoben wird seine bemerkenswerte Objektkonstanz. Dies gilt sowohl für seine Partnerschaft als auch für seinen Beruf und seine Ortsgebundenheit, sicherlich auch für die Beziehung zur Mutter. Dabei wirkt er keineswegs infantil-abhängig, sondern durchaus expansiv und selbständig. Der männliche Erstinterviewer unterstreicht die starke Abwehrfront in Form eines witzelnd-gutgelaunten Verhaltens und die ebenso vorgebrachten aggressiven Tendenzen, weswegen er Reaktionsbildung und Isolierung vom Affekt als Hauptabwehrmechanismen benennt; entsprechend sieht er eine überwiegend hysterisch-zwanghafte Charakterstruktur. Die weibliche Nachuntersucherin betont, daß der Proband wesentliche Teile seiner Mutterbindung in der Ehe mit einer Frau reproduziert, die für ihn wesentliche mütterliche Funktionen wie Unterstützung, Hilfe, emotionale Stabilität erfüllt. Insofern sei eine echte Loslösung und Neuorientierung selbst bei der Eheschließung nicht notwendig gewesen. Neurotische Abwehrmechanismen, falls überhaupt vorhanden, führten zu keinen wesentlichen Einengungen in zentralen Lebensbereichen. Die Interviewerin vermerkt eine recht ausgewogene Mischstruktur mit gewissen hysterischen Akzenten.

<u>Kommentar</u>: Der Proband verfügt über stabile internalisierte "gute" Objekte, die in Verbindung mit ausreichend gut entwickelten Ich-Funktionen zum Bild der körperlichen und psychischen Gesundheit beitragen. Allerdings scheint uns die Bedeutung des Nikotinabusus in beiden Interviews zu wenig gewürdigt; immerhin könnte hier die Frage auftauchen, aus welchen Gründen er auf diese orale Stimulation angewiesen ist. Die vom Erstinterviewer bemerkte witzelnde aggressive Gespanntheit sehen wir als ein weiteres Indiz dafür an, daß der Proband hinsichtlich Ambivalenz- und Konflikttoleranz doch gewisse, wenn vielleicht auch leichte Schwächen aufweist. Seine Binnenwahrnehmung scheint eher "oberflächlich" in dem Sinne, daß ihm emotionales Erleben, zumindest im direkten Ausdruck, nicht so leicht zugänglich ist. Seine bevorzugte Bewältigungsform scheint vom Typus Verdrängung zu sein, so daß man ihn vielleicht überspitzt als "Abwehrgesunden" bezeichnen möchte, also als jemanden, der sich durch eine gelungene Abwehr auszeichnet.

Proband 2

Die 1935 geborene, jünger und attraktiv wirkende Probandin bewohnt mit ihrem 3 Jahre älteren Ehemann und der 15jährigen Tochter zum Zeitpunkt der Erstuntersuchung eine sehr geräumige und geschmackvoll eingerichtete 4-Zimmer-Wohnung in einem Außenbezirk Mannheims, der als ruhige Wohngegend mit vielen Ein- und Zweifamilienhäusern bekannt ist. Die älteste Tochter (21 Jahre) lebt seit einigen Jahren im Ausland.
Zu Beginn des Interviews registriert die Interviewerin eine kaum merkliche Tendenz zum Stottern. Die Sprachhemmung trat erstmals im 4. oder 5. Lebensjahr der Probandin auf, war besonders ausgeprägt im Alter von 8 bis 11 Jahren. Gegenwärtig kommt es zum ansatzweisen Stottern nur dann, "wenn ich schneller denke als ich sprechen kann". Ebenfalls seit der Kindheit leidet sie an einer erhöhten Schweißneigung und einem leichten Herzklopfen, besonders dann, wenn sie etwas Ungewöhnliches vorhat. Daneben besteht eine hypotone Kreislaufdysregulation, die allerdings keiner Behandlung bedarf. Vor 10 Jahren kam es zu depressiven Verstimmungszuständen; gleichzeitig entwickelte sich ein allergisch bedingtes Asthma. Die Probandin bringt die Entwicklung dieser Symptomatik selbst in einen Zusammenhang mit der Übersiedlung der Mutter aus der DDR nach Mannheim; sie habe die Strenge und v. a. die übersteigerten Forderungen der Mutter gefürchtet. Als die älteste Tochter vor 2 Jahren als Arzthelferin ins Ausland ging, kam es ebenfalls zu leichten depressiven Verstimmungszuständen. Mäßig ausgeprägte menstruationsbegleitende Rückenschmerzen und eine Spinnenphobie werden als Bagatellsymptome gewertet.
Zum Zeitpunkt der Nachuntersuchung ist die Probandin erkältet. Sie berichtet jetzt zusätzlich von einer Neigung zum Erröten, wenn sie verlegen sei, und von einem großen Schlafbedürfnis, ohne daß sie sich besonders unausgeruht oder müde fühle. Morgens aus dem Bett zu kommen, bereite ihr keine Schwierigkeiten. Bei Todesfällen in der näheren Bekanntschaft habe sie in den letzten Jahren häufiger eine Neigung zum Weinen und zum sorgenvollen Grübeln verspürt. Insgesamt berichtet die Probandin von einer Besserung ihres Lebensgefühls, was sie mit mehr Selbstwertgefühl und

deutlicherem Abgrenzungsvermögen begründet. Die älteste Tochter habe inzwischen einen sehr netten Mann geheiratet, so daß auch an dieser Besorgnisfront eine Entlastung eingetreten ist.

<u>Zur Biographie</u>: Die Probandin wurde als einziges Kind ihrer Eltern 1935 in einer norddeutschen Großstadt geboren. Vater (+25) war Handwerksgeselle, der im 5. oder 6. Lebensjahr der Probandin zur Wehrmacht eingezogen wurde und 1943 fiel. In der Erinnerung idealisiert die Probandin ihn ebenso wie den Großvater mütterlicherseits, der in Preußen einen großen Bauernhof bewirtschaftete und bei dem sie sich oft aufhielt. "Vater habe ich abgöttisch geliebt." In der Zeit der Trennung vom Vater litt die Probandin an einer chronisch rezidivierenden Pleuritis, die u. a. zu einer Landverschickung führte. Die mit dem Vater gleichaltrige Mutter war von Beruf Schneiderin und konnte so die Familie auch in Kriegszeiten gut versorgen. Die Probandin schildert sie als bisweilen sehr hart und unzufrieden, mitunter sei sie von ihr auch geschlagen worden. 6 Jahre nach dem Tod des Vaters habe die Mutter wieder geheiratet, einen schwer diabeteskranken Friseur, zu dem die Probandin Onkel sagte; insgesamt habe sie sich mit ihm aber gut verstanden, er starb 1962.
Schon mit 15 Jahren zog die Probandin nach Mannheim, wo eine Schwester des Vaters lebte. Als Gründe hierfür gibt sie die ständigen Forderungen der Mutter und die Unmöglichkeit an, eine ihr genehme Berufsausbildung beginnen zu können; sie sei konfirmiert worden, was im politischen System der DDR als Makel angesehen wurde. Nach Absolvierung einer Lehre als Verkäuferin im Lederwarenhandel ist sie dort noch einige Zeit tätig gewesen, ehe sie 1958 einen Außenhandelskaufmann heiratete, den sie 4 Jahre zuvor kennengelernt hatte. 1959 und 1965 wurden die beiden Töchter geboren, 1961 und 1969 erlitt sie jeweils eine Fehlgeburt.Die Beziehung zum 3 Jahre älteren Ehemann wird als gut beschrieben, nachdem es Anfang der 70er Jahre zu einer Krise mit wechselseitigem "Fremdgehen" gekommen war. Man habe sich jedoch ausgesprochen; seitdem habe sich die Partnerschaft stetig entwickelt hin zu einem stabilen Vertrauensverhältnis. Die eigene Entwicklung der Probandin im Sinne von mehr Selbständigkeit habe sich auch hier positiv ausgewirkt. Die eheliche Sexualität wird als erfüllend und befriedigend geschildert. Die Töchter seien durchaus unterschiedliche Menschen; auf beide könne man sich jedoch verlassen.
Die Probandin ist seit Jahren stundenweise bis ganztags, je nach Arbeitsanfall, als Verkäuferin im Einzelhandelsgeschäft eines befreundeten Ehepaares beschäftigt, kann sich so mit dem erzielten Verdienst eigene Bedürfnisse erfüllen. Sie macht in durchaus selbstbewußter Abgrenzung keine Angaben über das Familieneinkommen. Nach dem äußeren Eindruck scheint ein bürgerlicher Wohlstand vorhanden. Das Ehepaar hat enge Beziehungen zu 3 befreundeten Ehepaaren, auch die nachbarschaftlichen Kontakte sind gut. Eine enge Freundin ist vorhanden; allerdings werden ganz vertrauliche Dinge nur mit dem Ehemann besprochen. Die Probandin achtet sehr auf ihr Äußeres, will sich auch durch sportliche Betätigung fit halten. Gymnastik und Volleyball betreibt sie im Sportverein, mit dem Ehemann geht sie oft zum Schwimmen und Wandern.
Die Probandin wurde im Rahmen der C-Studie (vgl. Kap. 13) 4 Jahre nach der Follow-up-Untersuchung nachuntersucht, diesmal von einem Interviewer. Dieser erlebte, ähnlich wie die Vorinterviewerinnen, die Probandin bemüht, eine freundliche und lockere Atmosphäre herzustellen, was ihr auch gelang. Ihm gegenüber zeigte sich, entsprechend dem eher rivalisierenden Verhalten, das v. a. eine der Interviewerinnen beschreibt, eine gewisse flirtende Haltung, die die Probandin, darauf angesprochen, auch gerne konzedierte: Das mache ihr eben Spaß, sie fühle sich wohl, wenn sie auch mit ihrer erotischen Ausstrahlung wahrgenommen werde. Ihre Fähigkeit, unkompliziert und offen auch ganz persönliche Konflikte anzusprechen und darüber zu reflektieren, wird von allen Untersuchern betont. Entsprechend ist die Gegenübertragung überwiegend positiv.

<u>Interpretation</u>: Die deutliche ödipale Fixierung an den Vater und das internalisierte gute Objekt des Großvaters mütterlicherseits stehen im Gegensatz zu der ambivalenten Beziehung zur Mutter, deren drohende Ankunft anläßlich ihrer Übersiedlung nach Mannheim die Probandin in eine unübersehbare Krise mit psychosomatischen (allergisches Asthma) und psychischen (Partnerkonflikt, depressive Verstimmungen) Symptomen stürzte. Sie hat diese Krise jedoch konstruktiv lösen können, wahrscheinlich auch aufgrund ihrer Offenheit sich selbst gegenüber und wegen ihrer

ausgeprägten Ambivalenztoleranz und der zunehmenden Fähigkeit zur Binnenwahrneh-
mung. Dem Drittinterviewer macht sie sehr deutlich, daß sie in dem Konflikt mit
der fordernden Mutter gelernt hat, Stellung zu beziehen, sich auch aggressiv abzugrenzen, ohne den Kontakt abbrechen zu müssen. Damit einher geht die allmähliche
Aufgabe des altruistischen Ideals selbstloser Hilfsbereitschaft, das der Erstun-
tersucherin noch stark imponierte, während im letzten Interview davon nicht mehr
die Rede sein konnte. Reife Ich-Funktionen und ein weitgehend abstrahiertes, de-
personifiziertes und integriertes Über-Ich zeichnen diese Probandin darüber hinaus
aus. Hinweise für manifeste Störungen in den Bereichen Leistungs-, Liebes- und Ge-
nußfähigkeit finden sich nicht. Die nach wie vor bestehende ödipale Fixierung
führt zu keiner merkbaren Beeinträchtigung der Probandin.

Die vorgestellten Probanden unterscheiden sich hauptsächlich darin, wie
sie mit inneren und äußeren Konflikten umzugehen in der Lage sind.
Während der Proband 1 sich durch seine gelungene Abwehr auszeichnet,
die es ihm ermöglicht, gesund zu bleiben, erscheint die Probandin 2 eher
deswegen gesund, weil sie auch aufgrund eines relativ offenen Zugangs
zu sich selbst Konflikte zulassen und sie dann konstruktiv lösen kann.

Diese Hypothese wird u. E. auch durch folgende Beispiele gestützt: Frau N. (Probandin 2), berichtet im Interview strahlend, wie sehr sie während eines Kuraufent-
haltes die Aufmerksamkeiten der Männer und teilweise auch deren sexuelle Annähe-
rungsversuche genossen und auch mit eigenen Phantasien beantwortet habe, ohne der
Versuchung nachgeben zu wollen. Herr M. (Proband 1), ebenfalls 1935 geboren, reagierte in einer ähnlichen Versuchungssituation mit für ihn unerklärlichen Symptomen wie Kopfschmerzen und Schwindelgefühlen. In den sicheren Hafen der Ehe nach
Hause zurückgekehrt, war er wieder beschwerdefrei.

Es bleibt einer genaueren Untersuchung überlassen, ob die Persönlichkeitsmerkmale einer besonderen Konfliktfähigkeit oder von gut an-
gepaßten Abwehrmustern sozusagen den Kern seelischer Gesundheit
ausmachen, oder ob andere Faktoren (z.B. Social support, Life-events,
andere Persönlichkeitseigenschaften) einen größeren Beitrag zur Varianzaufklärung leisten können.

6 Analyse der den Verlauf beeinflussenden Faktoren

Das Life-event-Konzept ist hervorgegangen aus der streßpsychologischen Forschung. Deren zentrale These lautet: Vor Ausbruch einer Krankheit war der Betreffende einer gehäuften Belastung durch Life-events ausgesetzt. In der Erstuntersuchung hatten wir die Erfassung von Life-events in Form eines umfangreichen Inventars aufgenommen und zusätzlich das Globalmaß der Anzahl von Life-events in einem bestimmten Zeitraum (3 Jahre) weiter differenziert durch die Aufnahme von Expertenratings und vom Probanden selbst beurteilter subjektiver Belastungsschwere der einzelnen Lebensereignisse.

Der Life-event-Komplex stellt ein Element unseres Versuchs dar, aus der sozialwissenschaftlichen Forschung stammende Konzepte in unseren psychoanalytischen Ansatz zu integrieren. Die neuere Life-event-Forschung hat gezeigt, daß es notwendig ist, für eine sinnvolle Erfassung der subjektiven Belastungsschwere und Bedeutung eines wichtigen Lebensereignisses weitere Parameter zu berücksichtigen (vgl. Siegrist 1980). Dazu gehören beispielsweise neben Bedrohlichkeit, Vorhersagbarkeit und Kontrollierbarkeit des speziellen Ereignisses das Ausmaß, in dem es die Alltagsroutine des Betreffenden unterbricht und - ganz wesentlich - die *Streßverarbeitungsfähigkeiten* (Coping), die dem Individuum in dieser Situation zur Verfügung stehen; daneben spielen die aktuelle psychophysiologische Disposition zur Erkrankung und die momentane Verfügbarkeit und Tragfähigkeit des sozialen Netzes (Social support), wie u.a. Cobb (1976) und Henderson (1984) dargestellt haben, eine wesentliche Rolle.

In der Follow-up-Studie nahmen wir deshalb zusätzlich zum Life-event-Inventar einen Fragebogen zur Erfassung der Copingstrategien und ein Expertenrating der sozialen Unterstützung bei den Probanden auf. Wir taten dies in der Überzeugung, damit weitere wichtige Kriterien des aktuellen individuellen Lebenskontextes zu berücksichtigen, durch die das jeweilige Maß an außergewöhnlicher Belastung wesentlich mitbestimmt wird.

Es handelt sich hier um sog. Copingressourcen, die (nach Prystav 1981, S. 192) von den Copingfähigkeiten zu unterscheiden sind und wichtige Voraussetzungen für effiziente Copingprozesse im Sinne der Ausschaltung der Stressoren oder der Adaption des Individuums an die Stressoren darstellen. Von "internen Ressourcen" wie Gesundheit, Fähigkeit zum Problemlösen, Wertvorstellungen, Überzeugungen sind "externe

Ressourcen" wie soziale Unterstützung und Verständnis des Partners zu unterscheiden. Die Einbeziehung dieser Faktoren soll eine exaktere Vorhersage der zu erwartenden psychogenen Beeinträchtigung ermöglichen und zur Analyse der Interaktionswirkungen der einflußnehmenden Faktoren untereinander beitragen. In einem der folgenden Abschnitte (6.4) soll ein Integrationsversuch dieser 3 sozialwissenschaftlichen Konzepte dargestellt werden. Wesentliches Ziel dabei ist, die relativen Beiträge von Life-events, Coping und Social support zur psychogenen Beeinträchtigung zu quantifizieren.

6.1 Life-events
N. Schiessl

Da Lebensereignisse in unserem Projekt zu den 2 Erhebungszeitpunkten in gleicher Vorgehensweise erhoben wurden, ergibt sich die Möglichkeit, die folgenden 4 Fragen zu bearbeiten:
a) Ändert sich die Auftretenshäufigkeit von Lebensereignissen?
b) Ändert sich die Proportion der Fälle bei Lebensereignissen?
c) Welcher Zusammenhang besteht zwischen der "Globalbelastung" durch Lebensereignisse und der psychogenen Beeinträchtigung im Längsschnitt?
d) Welche Bedeutung haben einzelne Ereignisse im Längsschnitt?

6.1.1 Erhebung von Lebensereignissen

Das von uns verwendete Life-event-Inventar beruht auf einer modifizierten Form der ILE (Inventar zur Belastungswirkung lebensverändernder Ereignisse) von Siegrist (1980). Es ist im Anhang (in: Schepank 1987a) abgedruckt. Das Instrument erfaßt 31 Ereignisse, die den Probanden selbst oder seine engsten Angehörigen betreffen. Neben dem Zeitpunkt des Auftretens (6 Monate, 1 Jahr, 2 Jahre, 3 Jahre) interessierte ebenso die Häufigkeit und die subjektive Beurteilung der Ereignisse.

Für jedes Ereignis mußten folgende Erlebnisqualitäten beurteilt werden: a) angenehm vs. unangenehm, b) unerwartet, c) Lebenslauf geändert, d) gefühlsmäßig getroffen, e) heute noch betroffen.

Trat ein Ereignis mehr als einmal auf, so mußte der Proband sich auf das für ihn subjektiv bedeutsamste konzentrieren und die Erlebnisqualitäten für dieses einstufen. Der Interviewer hatte die Aufgabe, die Belastung des Probanden zu beurteilen und hierbei den Kontext zu berücksichtigen. Zusätzlich wurde die Persönlichkeitabhängigkeit des Ereignisses beurteilt.

Besonders bewährt hat sich, eine Mischung von Fragebogentechnik (Inventar) und Interview zu verwenden: Hierdurch wird zum einen die Zuverlässigkeit der Daten erhöht; außerdem wird die Information konkreter und somit lebensnäher bzw. valider (s. hierzu auch Dehmel u. Wittchen 1984; Katschnig 1980).

6.1.2 Änderung der Häufigkeiten bestimmter Lebensereignisse

Die relative Häufigkeit einzelner Lebensereignisse hat sich aus 2 Gründen innerhalb der letzten 3 Jahre verändert:

a) Aufgrund des zunehmenden Alters war zu erwarten, daß (im Gruppenmittel) die Gesamtzahl der Lebensereignisse pro Proband in jedem Jahr zurückgeht. Wir könnten diese Zahl (0,2 Life-events) aus dem A-Querschnitt extrapolieren; sie stimmt mit der tatsächlichen Abnahme annähernd überein.

b) Obwohl die Häufigkeit der meisten Lebensereignisse altersentsprechend abnimmt, gibt es jedoch Ausnahmen. So nahm die Häufigkeit einzelner Ereignisse auch zu, z.B.:
    - Veränderung der Arbeitssituation sinkt von 33 % auf 24 %,
    - Anzahl der Sterbefälle von Angehörigen steigt von 15 % auf 18 %.
    Das heißt, die Rangreihe der häufigsten Ereignisse hat sich allein wegen des Alterungseffektes verändert.

6.1.3 Anteil an Fällen bei bestimmten Ereignissen. Pathogenesegrad einzelner Lebensereignisse

Wären Life-events zufällig auf Fälle und Nichtfälle verteilt, so müßte - von kleinen Zufallsschwankungen abgesehen - die insgesamt gefundene Fallrate von 26 % auch in dem gleichen Prozentsatz bei jedem einzelnen Life-event wieder zu finden sein. Wir erwarten also im Prinzip gleiche Fallraten bei den einzelnen Lebensereignissen.

Ein Vergleich zwischen A- und B-Studie ergibt, daß keine der Veränderungen signifikant ist, wenn eine α-Adjustierung vorgenommen wird. Insbesondere die "Hitliste" der Ereignisse mit besonders hohen Fallraten bleibt im wesentlichen erhalten, wie folgende Beispiele aus Tabelle 6.1 zeigen:

Konflikte mit Angehörigen: 55 % Fälle A-Studie,   40 % B-Studie,
Partnerkonflikte: 41 % Fälle A-Studie,   47 % B-Studie,
Arbeitslosigkeit: 40 % Fälle A-Studie,   38 % B-Studie.
Dabei beträgt die durchschnittlichen Fallrate 26 %.

Tabelle 6.1. Vergleich der Fallprozente für die A- und B- Studie. Prozentangaben beziehen sich jeweils auf die Probanden, die das jeweilige Ereignis[a] erlebt haben. Fallraten über 40 % wurden markiert (*S* Selbst, *A* Angehöriger, *SM* Selbstmord)

Ereignis	A-Studie		B-Studie	
	n	% Fälle	n	% Fälle
Operation S	99	41	65	32
Operation A	262	28	193	25
Unfall S	60	27	34	27
Unfall A	78	19	55	33
Sterbefall	87	25	95	24
SM-Versuch S	8	75	5	100
SM-Versuch A	18	33	13	62
Prüfung	93	21	74	16
Beruf	63	44	46	37
Arbeitssituation	184	29	127	25
Arbeitslosigkeit S	48	40	47	38
Arbeitslosigkeit A	45	33	59	24
Arbeitswechsel	66	29	58	22
Ausbildung	56	20	24	33
Arbeitswechsel beim Partner	96	27	74	16
Schwangerschaft	85	26	63	27
Jemand ins Leben getreten	119	27	107	37
Prozeß S	41	27	37	41
Prozeß A	24	42	20	45
Geld	196	31	137	32
Wohnsituation	172	31	144	26
Konflikte mit Freunde	43	47	37	35
Verlust von Freunden	61	30	69	38
Konflikte mit Angehörigen	56	55	40	40
Ehekonflikt	74	41	57	47
Ehe	51	30	40	22
Kinder	83	26	75	27
Kränkung	60	48	34	32
Befürchtung	60	37	48	38
Anderes Ereignis S	43	30	36	36
Anderes Ereignis A	19	42	19	11

[a] Die genaue Bezeichnung der Ereignisse findet sich in Schepank 1987a, S. 314-315.

6.1.4 Interaktion der Veränderung von Ereignissen mit der psychogenen Beeinträchtigung bei einem Probanden

Selbst wenn man dem Life-event-Komplex in Pfadmodellen nur einen geringen varianzaufklärenden Effekt zugesteht, bleiben immer noch Fragen offen:

a) Wie wirkt sich die vorausgehende Erkrankung (A-Studie) auf die Anzahl erlebter Ereignisse der folgenden Zeit (B-Studie) aus? Hierin ist die Annahme enthalten, daß psychogen Erkrankte dazu neigen, sich weitere belastende Lebensereignisse zu konstellieren.[1]

---

[1] Als Hintergrundvariable kann hierbei die Persönlichkeit angenommen werden.

Hypothese 1: Die Anzahl der im Intervall erlebten Lebensereignisse ist abhängig von der vorausgehenden psychogenen Beeinträchtigung.

b) Wirken sich bestimmte Lebensereignisse u.U. länger als ein Jahr aus? Wir erwarten, daß A-Ereignisse sich auch in der B-Erhebung noch auswirken.

Hypothese 2: Der Effekt von Lebensereignissen wirkt (über vermittelnde Prozesse) auch länger als 3 Jahre. Beispiel: Die vor 3 Jahren erlebte Arbeitslosigkeit kann in Form einer Befürchtung immer noch aktuell sein, obwohl der Proband wieder Arbeit hat.

c) Hängt die Anzahl der in A erhobenen Lebensereignisse mit der Anzahl an Lebensereignissen in den folgenden 3 Jahren zusammen? Wir wissen z.B., daß schwere Partnerkonflikte sich häufig wiederholen. So berichten 37,5 % der Probanden mit Partnerkonflikten (A-Studie) auch in der B-Studie von Partnerkonflikten, obwohl Partnerkonflikte im Gesamtsample nur bei ca. 11 % der Probanden vorkommen.

Hypothese 3: Einige Lebensereignisse sind von chronischer Art[2], d.h. sie sind praktisch durchgehend vorhanden oder wiederholen sich sehr häufig; dies äußert sich in einer höheren Korrelation beider Messungen.

Diesen 3 Fragen gingen wir mit Hilfe einer Pfadanalyse nach, deren Daten aus 2 Querschnitterhebungen im Abstand von 3 Jahren bezogen wurden. Als Maß für Belastung durch Lebensereignisse wurde hier die Gesamtzahl der erlebten Ereignisse[3] des jeweils letzten Jahres verwendet. Die psychogene Beeinträchtigung wurde operationalisiert über den Beeinträchtigungsschwerescore. Die Beeinträchtigung zum Zeitpunkt A wirkt sich in unserer Analyse nicht auf die Anzahl der Ereignisse zum Zeitpunkt B aus. Man kann nicht davon sprechen, daß sich psychisch oder psychosomatisch beeinträchtigte Probanden alle ihre Ereignisse selber schaffen. Das schließt jedoch nicht aus, daß einzelne, womöglich zentrale Ereignisse konstelliert werden.

Weiterhin zeichnet sich ab, daß die längerdauernde Wirkung von Lebensereignissen ca. 3 % der B-Beeinträchtigung erklärt. Der Pfad ist mit 0,17 gleich groß wie die kurzfristigen Einflüsse. Auch hier können Ereignisse von "chronischer Art" eine Rolle spielen, da sie stärker in die Gesamtsumme der Ereignisse eingehen. Ebenfalls zeigt sich, daß die Anzahl der Lebensereignisse eine hohe Korrelation über die Zeit aufweist, d.h. eine hohe Anzahl erlebter Ereignisse zum Zeitpunkt A geht auch mit vielen Ereignissen zum Zeitpunkt B einher. Das Modell erklärt immerhin 37,6 % Varianz der B-Beeinträchtigung.

---

[2] Diese Ereignisse stehen an der Schwelle zwischen Lebensereignissen (Life-events) und chronischen Schwierigkeiten ("chronical difficulties").

[3] Es wurden angenehme, neutrale und unangenehme Lebensereignisse zusammen betrachtet.

6.1.5 Die Gesamtzahl der erlebten Ereignisse als Indikator für Belastung

In die Gesamtzahl aller Ereignisse geht eine Vielzahl von Bagatell-Life-events[4] oder angenehmen Life-events ein, die den Einfluß auf psychogene Beeinträchtigung verwischt. Die dramatische Wirkung einzelner Ereignisse zeigt sich bei der Betrachtung der Fallraten. Aus diesem Grund sollen nur vom Probanden als unangenehm eingestufte, also belastende Life-events (LEu) herausgegriffen werden. Auch hier beschränken wir uns auf die berichteten Ereignisse der jeweils letzten 12 Monate vor dem Interview.

Die Ergebnisse des Pfadmodells belegen unsere Annahme, daß unangenehme Ereignisse einen größeren pathogenen Einfluß auf die psychogene Beeinträchtigung zeigen, sowohl in der A- als auch in der B-Studie: LEu A-Studie =0,20, LEu B-Studie =0,23 und der längerfristige Effekt von LEu A-Studie =0,19.

Ziel der Pfadanalyse ist es, zu zeigen, ob eine Modellvorstellung mit den Daten übereinstimmt. In unserem Fall bestätigt die Pfadanalyse unser Modell. Doch das einfache Auszählen von Ereignissen führt nicht zu einer befriedigenden Varianzaufklärung: lediglich 14,5 % Varianz können den direkten oder indirekten Einflüssen von unangenehmen Lebensereignissen zugeschrieben werden.

6.1.6 Die Bedeutung einzelner Lebensereignisse

Wenden wir bei der Betrachtung von Lebensereignissen eine oft verwendete Strategie an und betrachten das Auftreten einzelner bestimmter Ereignisse. Aus der Palette der Lebensereignisse seien zwei herausgegriffen, von denen wir wissen, daß sie hoch mit psychischer Beeinträchtigung kovariieren[5]:
- Konflikte mit Familienangehörigen[6],
- Konflikte mit dem Partner.

In beiden findet sich eine erhöhte Fallrate von $\geq$40 % (s. Tabelle 6.1) bei einer durchschnittlichen Fallrate in der gesamten Stichprobe von 26 %.

Betrachtet wird das Auftreten dieser Lebensereignisse über den gesamten Zeitraum der 3 Jahre, die dem jeweiligen Interview vorausgingen.

---

[4] Als Bagatellen können z.B. Prüfungen ohne weitreichende Konsequenzen gelten (Führerschein für private Zwecke), nicht jedoch Geburtstag und Weihnachten, wie Rahe dies in seinem Ansatz annimmt.

[5] Der Begriff Kovariation beinhaltet, daß über die Richtung der kausalen Beeinflussung keine Aussage getroffen wird.

[6] Zur Familie gehören neben der Primärfamilie auch die der Familie angehörigen Personen.

Theoretische Überlegung zu Familien- und Partnerkonflikten

Wenn von der "pathogenen Wirkung" von Lebensereignissen gesprochen wird, insbesondere wenn es um die hier zu behandelnden Life-events geht, muß darauf hingewiesen werden, daß neben den Life-events noch andere Einflußfaktoren wirksam sind und mit Life-events interagieren: soziale Unterstützung, Persönlichkeit, Bewältigungsverhalten. Vor allem ist damit zu rechnen, daß ein Proband Konflikte dieser Art (aufgrund seiner Persönlichkeit) eher konstellieren wird und bei unangemessenem Bewältigungsverhalten oder fehlenden sozialen Fertigkeiten die Wiederholung des Konfliktes wahrscheinlicher ist (s. Abb. 6.1: Pfeil 1 und 2).

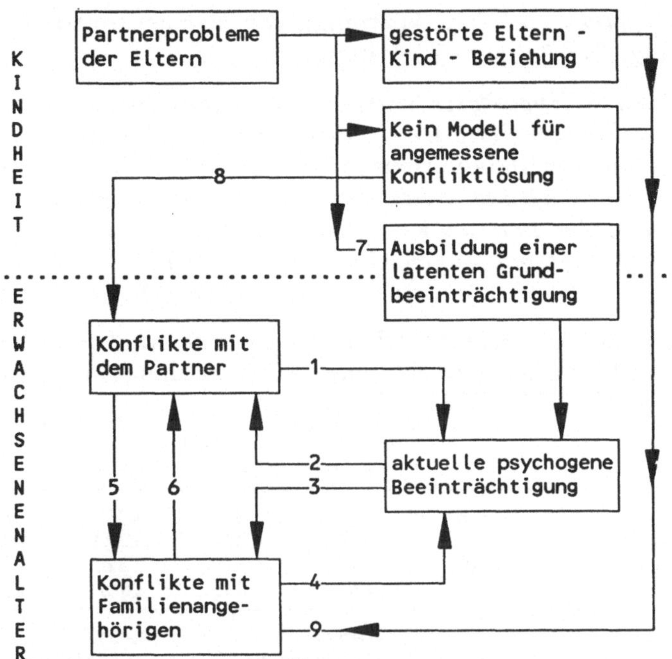

Abb. 6.1. Mögliche Übergänge von Konflikten der Herkunftsfamilie zu aktuellen Konflikten (Partnerschaft, Familie)

Familien- und Partnerkonflikte und ihre Zusammenhänge

Die Zusammenhänge zwischen Familien- und Partnerkonflikten sind aus mehreren Theorierichtungen ableitbar: - Lerntheorie zu Konfliktbewältigungsverhalten - psychoanalytische Theorie. Der Weg zu u. U. chronischen Familien- und Partnerkonflikten ist in der Kindheit über folgende Hintergrundvariablen denkbar (s. Kriebel u. Tress 1987; Kriebel u. Tress 1988): - Partnerprobleme der Eltern - Psychopathologie einzelner Bezugspersonen - Defizit von Bezugspersonen. Diese Hintergrundfaktoren (hieraus exemplarisch Partnerprobleme der Eltern (s. Abbildung 1) können entweder ein schlechtes, unangemessenes Modell für soziale Fertigkeiten liefern oder eine Identifikation (Internalisierung des Modells) blockieren. Es ist also zu erwarten, daß Familien- und Partnerkonflikte überzufällig häufig zusammen auftreten (s. Abb. 6.1: Pfeil 5 und 6).

Hypothese 4: Familienkonflikte und Partnerkonflikte sind in ihrem Auftreten unabhängig voneinander.

Hypothese 5: Das Auftreten von Familienkonflikten erfolgt nach stochastischen Gesetzen. Die Häufigkeitsverteilung folgt der Poisson-Verteilung.

Hypothese 6: Das Auftreten von Partnerkonflikten erfolgt zufällig und folgt der Poisson-Verteilung.

Diese 3 Hypothesen müssen zurückgewiesen werden: Partnerkonflikte und Familienkonflikte treten nicht unabhängig voneinander auf. Probanden mit Partnerkonflikten erleben überzufällig häufig ebenfalls Familienkonflikte. Partnerkonflikte treten bei einzelnen Probanden häufiger auf, als aufgrund der Poisson-Verteilung[7] zu erwarten ist. Der gleiche Befund ist bei Konflikten mit Angehörigen anzutreffen.

Tabelle 6.2. Kombination von Partner- und Familienkonflikten A- und B-Studie: Häufigkeiten (Prozent)

		A-Studie		B-Studie	
		Partnerkonflikt			
		Nein	Ja	Nein	Ja
	Nein	476	61	430	47
Familien-		(80%)	(10%)	(83%)	(9%)
Konflikt	Ja	43	14	32	8
		(7%)	(3%)	(6%)	(2%)
Gesamt		n=594		n=517	
		(Missing=6)		(Missing=6)	
		p<0,01		p<0,05	

6.1.7 Die Wirkung von Familien- und Partnerkonflikten auf die psychogene Beeinträchtigung

Wir erwarten, daß Familien- und Partnerkonflikte auf der einen Seite auslösende Faktoren (unter anderen) für eine psychogene Erkrankung darstellen (s. Abb.6.1: Pfeil 1 und 2), auf der anderen Seite jedoch auch Partner- und Familienkonflikte durch die psychische Störung des Probanden erst entstehen können (s. Abb. 6.1: Pfeil 3 und 4). Der systemi-

---

[7] Verteilungsannahme für seltene Ereignisse.

sche Ansatz in der Familientherapie drückt diese Wechselwirkung in eindeutiger Weise aus. Erinnert werden soll an dieser Stelle noch einmal an die Hintergrundfaktoren, z.B. Konflikt in der Herkunftsfamilie, der sowohl für die Grundbeeinträchtigung verantwortlich ist (Abb. 6.1: Pfeil 7) als auch den Umgang mit Konflikten prägen kann (Abb. 6.1: Pfeil 8 und 9). Unbeschadet bleibt der anzunehmende Einfluß der Konfliktereignisse auf die Auslösung oder Aufrechterhaltung einer psychogenen Störung bestehen. Wo auch immer die Ursache der Konflikte zu suchen ist, bei einem aufbrechenden Partner- oder Familienkonflikt würden wir erwarten, daß dies zu einer verschlimmernden Rückwirkung auf die Symptomatik des Probanden führt. Die folgenden Fragestellungen verdienen unser Interesse:

a) Ist bei gleichzeitigem Auftreten beider Ereignisse mit einer noch höheren Fallrate zu rechnen?
b) Falls diese Ereignisse tatsächlich von so hoher pathogener Brisanz sind, sollte
   - bei einem Wegfallen dieser Ereignisse die Fallrate deutlich sinken,
   - bei einem Hinzukommen dieser Ereignisse die Fallrate deutlich ansteigen.

Tabelle 6.3. Zusammenhang zwischen Wechsel der Falleigenschaft und dem Auftreten von Partnerkonflikten in der A-Studie und/oder der B-Studie. n=518, Missing = 10, Verweigerer = 72 (F Fall, NF Nichtfall)

Partner-konflikt		Wechsel der Falleigenschaft					Signifikanz
A	B	A B NF NF	A B F NF	A B NF F	A B F F	Gesamt	
Nein	nein	278	41	39	55	413	$p<0,001$[a]
		(67 %)	(10 %)	(9 %)	(13 %)	(100 %)	
Ja	nein	19	12	1	7	39	$p<0,05$
		(48 %)	(31 %)	(3 %)	(18 %)	(100 %)	
Nein	ja	25	2	14	7	48	$p<0,05$
		(52 %)	(4 %)	(29 %)	(15 %)	(100 %)	
Ja	ja	8	2	2	6	18	$p<0,05$
		(45 %)	(11 %)	(11 %)	(33 %)	(100 %)	
Gesamt		330	57	56	75	518	
		(64 %)	(11 %)	(11 %)	(14 %)	(100 %)	

[a] Es wurde Fishers Exakter Test herangezogen.

Aus Tabelle 6.3 ist zu entnehmen, daß ein hinzukommender Partnerkonflikt mit einer höheren Erkrankerrate verbunden ist und das Verschwinden von Partnerkonflikten mit einer erhöhten Gesunderrate verknüpft ist. Anzumerken ist, daß die absolute Anzahl der zusätzlich zu diesen Ereignissen auftretenden Life-events eine wichtige Kovariate darstellt, aus Gründen einer vereinfachten Darstellung hier jedoch weggelassen wurde.

Hypothese 7: Beim erstmaligen (letzte 3 Jahre) Auftreten von Familienkonflikten oder Partnerkonflikten ist auch die Erkrankerrate[8] erhöht. Das Ausbleiben dieser Ereignisse geht mit einer Erhöhung der Gesunderrate[9] einher.

6.1.8 Diskussion

Dem einen oder anderen Leser, der im klinischen Alltag steht, mögen diese Ergebnisse trivial erscheinen. Wir meinen aber, daß eine Bestätigung mit einer ausgefeilten wissenschaftlichen Methodik und mit objektivierten Untersuchungsinstrumenten Sinn macht. Die Anwendung einer differenzierten mathematisch-statistischen Auswertung kann, wenn sie mit der klinischen Erfahrung übereinstimmt, diese bestätigen und als Beleg dienen. Und sie kann den Nichtfachmann etwas beruhigen, angesichts vieler vulgarisierter Behauptungen in der alltäglichen Illustriertenweisheit.

6.2 Fähigkeiten zur Streßverarbeitung (Coping)
H. Parekh

In der B-Studie wurde zur Erfassung der individuellen Krisen- bzw. Konfliktverarbeitung des Probanden ein Copingfragebogen eingeführt, der eine verkürzte Form des von Janke et al. (1985) veröffentlichten "Streßverarbeitungsfragebogens" (SVF) darstellt. Es handelt sich bei diesem SVF um ein Instrument, das auf dem Trait-Konzept beruhend in 19 Faktoren zeitstabile Persönlichkeitsmerkmale erfaßt. Für unsere Studie wurde eine aus 17 Items bestehende Kurzform in Anlehnung an die Markieritems der Jankeschen Faktoren erstellt, die auf einer jeweils 3stufigen Antwortskala pro Item von "gar nicht" über "manchmal" bis "oft" vom Probanden anzukreuzen ist. Diese für unsere Zwecke reduzierte "Mannheimer Kurzskala zur Streßverarbeitung" wurde den Probanden im Anschluß an das Life-event-Inventar mit folgender allgemei-

---

[8] Erkranker sind Probanden, die im Erstinterview noch gesund waren und bei der zweiten Erhebung krank eingestuft wurden.

[9] Die Gesunderrate erfaßt Probanden, die in der A-Studie als Fall eingestuft und zum Zeitpunkt B als gesund beurteilt wurden.

ner Instruktion vorgelegt: "Jeder Mensch fühlt sich manchmal beeinträchtigt, aufgewühlt oder aus dem Gleichgewicht gebracht. Bei solchen Gelegenheiten denke ich mir..." - Es folgen die 17 Statements, die zur Veranschaulichung hier aufgeführt werden:

```
Item                                           gar nicht    manchmal    oft
 1. Die Zeit heilt alle Wunden.
 2. Ich kann nichts dafür.
 3. Ich muß mich jetzt mit etwas anderem beschäftigen.
 4. Jetzt bereite ich mir erst einmal selbst eine
    Freude.
 5. Es gab auch genügend Gelegenheiten, bei denen ich
    sehr erfolgreich war.
 6. Ich will mir die Situation noch einmal in allen
    Einzelheiten klarmachen.
 7. Nur nicht entmutigen lassen.
 8. Jetzt brauche ich jemanden, den ich um Rat
    fragen kann.
 9. In Zukunft werde ich es gar nicht mehr so weit
    kommen lassen.
10. Nur weg von hier!
11. Jetzt möchte ich allein sein.
12. Das wird mich noch lange beschäftigen.
13. Es ist hoffnungslos.
14. Warum muß das gerade mir passieren?
15. Was habe ich denn jetzt schon wieder falsch
    gemacht?
16. Jetzt soll mir nur mal einer in die Quere kommen.
17. Jetzt brauche ich etwas zur Beruhigung
    (Alkohol, Tabletten).
```

Denjenigen Probanden, die im Life-event-Inventar ein oder mehrere *belastende* Lebensereignisse angegeben hatten mit einer subjektiven Belastungsschwere von mindestens 3 von 4 möglichen Punkten, bekamen zu jedem dieser Life-events einen weiteren Copingfragebogen vorgelegt mit der *spezifischen Instruktion*: "Als mich *jenes Ereignis* traf, ..." - Es folgte derselbe Text wie im allgemeinen Copingbogen (s.oben).

6.2.1 Datenmaterial

Von 455 der insgesamt 528 Probanden der B-Studie liegen uns SVF zur Auswertung vor. Die Fallrate beträgt in dieser Stichprobe 24,4 % und kann damit in etwa als repräsentativ für die Gesamtstichprobe mit einer Fallrate von 26 % gelten.

6.2.2 Auswertungsschritte

1) Die Auswertung des Copingmaterials erfolgt in mehreren Schritten: Eine Faktorenanalyse der Copingkurzskala gilt dem Versuch, dahinterliegende Copingdimensionen aufzuzeigen. Es ergeben sich 3 den erforderlichen statistischen Kriterien genügende Faktoren, die auch psychologisch sinnvoll erscheinen:

- F_1 *"Hoffnungslosigkeit":* Dieser Faktor wird gebildet aus Items wie "Es ist hoffnungslos", "Was habe ich denn jetzt schon wieder falsch gemacht?" etc.
- F_2 *"Coping":* Hier sind Items enthalten wie: "Ich will mir die Situation noch einmal in allen Einzelheiten klarmachen", "Nur nicht entmutigen lassen" etc.
- F_3 *"Ablenkung, Ersatzbefriedigung* (Kompensation)": Hierzu gehören Items wie "Jetzt bereite ich mich erst einmal selbst eine Freude", "Ich muß mich jetzt mit etwas anderem beschäftigen" etc.

Die ermittelten Faktoren erweisen sich als hinreichend konsistent. Die Faktorenanalysen zum SVF in der Allgemeinversion und in den Fassungen für spezielle Life-events ergeben vergleichbare Strukturen mit einer nur geringfügigen Bedeutungsverschiebung beim Faktor 3.

Insgesamt erscheint allerdings das Ergebnis der Faktorenanalyse nicht besonders vielversprechend. Es folgt daher ein zweiter Ansatz zur Auswertung.

2) Die Items werden nach deskriptiven inhaltlichen Gesichtspunkten bestimmten Kategorien bzw. Dimensionen zugeordnet. Diese Zuordnung zu einer abstrakteren Ebene erfolgt entsprechend der im Item anklingenden *Richtung* des Copingverhaltens, z.B. eher vom Problem weg oder problemzentriert; danach, ob eine (adäquate) Auseinandersetzung oder aber Vermeidung des Problems angestrebt wird. Von einer anfangs vierteiligen Kategorisierung gelangen wir schließlich zu 2 Dimensionen, die einen "Non-Coping-" und einen "Copingfaktor" umschreiben.

Zum *Non-Copingfaktor* gehören Items einer ersten Kategorie, in denen das belastende Ereignis bzw. der damit verbundene Konflikt verleugnet wird oder aber der Proband sich von ihm abwendet, d.h. mit Flucht vor der Auseinandersetzung bzw. mit Nichtbefassen reagiert. Items: 2. "Ich kann nichts dafür"; 3. "Ich muß mich jetzt mit etwas anderem beschäftigen"; 10. "Nur weg von hier!"; 14. "Warum muß das gerade mir passieren?"; 17. "Jetzt brauche ich etwas zur Beruhigung (Alkohol, Tabletten" .

Items einer zweiten Kategorie sind eher gekennzeichnet durch Resignation bzw. eine Art aggressiver Abwehr des Konflikts: 13. "Es ist hoffnungslos"; 15. "Was habe ich denn jetzt schon wieder falsch gemacht?"; 16. "Jetzt soll mir nur mal einer in die Quere kommen."

Beim *Copingfaktor* hingegen läßt sich eine mehr kognitive Komponente erkennen bei Items, die auf eine konstruktive (kognitive) Verarbeitung des Problems hinweisen, ein aktives Auseinandersetzen mit dem Konflikt, also Problemlöseverhalten im eigentlichen Sinne kennzeichnen (Items: 6. "Ich will mir die Situation noch einmal in allen Einzelheiten klarmachen"; 8. "Jetzt brauche ich jemanden, den ich um Rat fragen kann"; 9. "In Zukunft werde ich es gar nicht mehr so weit kommen lassen"; 11. "Jetzt möchte ich allein sein"; 12. "Das wird mich noch lange beschäftigen").

In einer stärker emotional akzentuierten Kategorie sind Items enthalten, in denen der Proband eine positive Selbstinstruktion vornimmt und sich damit auf eigene Ressourcen besinnt. Dazugehörige Items lassen sich kennzeichnen als eine Art emotionaler Vorbereitung auf den Problemlösungsprozeß (Coping) im eigentlichen Sinne (4. "Jetzt bereite ich mir erst einmal selbst eine Freude"; 5. "Es gab auch genügend Gelegenheiten, bei denen ich sehr erfolgreich war"; 7. "Nur nicht entmutigen lassen").

Für die beiden so zusammengefaßten Hauptdimensionen mit je 8 Items ergeben sich recht zufriedenstellende Homogenitätswerte (innere Konsistenz):

Coping α = 0,92,
Non-Coping α = 0,98.

Exkurs: Das Item 1 ("Die Zeit heilt alle Wunden") wurde ausgeschlossen, da es nur unsicher zuzuordnen ist. Seine Bedeutung im Hinblick auf Coping ist offenbar nicht eindeutig, es besteht ein großer subjektiver Interpretationsspielraum für den beantwortenden Probanden. Während es für manche wohl eher ein Hinweis auf Verleugnung bzw. Resignation vor dem Konflikt kennzeichnet, kann dieses Item bei anderen durchaus im Kontext einer adäquaten Verarbeitung des Ereignisses stehen und hier den Versuch bezeichnen, sich selbst vor übereilten, unüberlegten oder allzu impulsiven Reaktionen zu bewahren, sich eine gewisse Zäsur zu gestatten, bevor ein angemessener Problemlösungsvorgang eingeleitet wird. Das Item wird von der Auswertung ausgeschlossen, um auf diese Weise eine Erhöhung der Homogenität der beiden Dimensionen zu erreichen.

Ebenso besteht bei Item 11 ("Jetzt möchte ich allein sein") eine Doppeldeutigkeit der Zuordnung zur Non-Coping- oder Copingdimension. Rechnerisch ergibt sich eine Erhöhung der Homogenität bei Aufnahme in die Copingdimension. In der Non-Copingdimension dagegen zeitigt das Item keinen nennenswerten Effekt auf die innere Konsistenz der Skala. Es wurde daher der Copingdimension zugeordnet und ist in diesem Sinne am ehesten zu verstehen als ein zeitweiliges Sichzurückziehen, Sichbesinnen auf die subjektiven Verarbeitungsmöglichkeiten, sich Ruhe und Überlegung einzuräumen, um sich dann mit dem anstehenden Problem adäquat auseinanderzusetzen.

6.2.3 Ergebnisse

1) Wir untersuchen die Frage, ob sich bestimmte "Streßverarbeitungstypen" differenzieren lassen, nämlich Probanden mit durchgehend adäquatem bzw. durchgehend inadäquatem Copingverhalten, sozusagen "Copers" gegenüber "Non-Copers". Es ist zu vermuten, daß sich unter den Nichtfällen signifikant mehr Copers als Non-Copers befinden. Dieser Erwartung liegt die Hypothese zugrunde, daß Nichtfälle sich u.a. dadurch

auszeichnen, daß sie insgesamt über adäquatere Copingmöglichkeiten verfügen als Fälle. Die rechnerische Überprüfung dieser Hypothese kommt zu folgendem Ergebnis: Bei Probanden, die sich im obersten Quartil der Non-Copingdimension bewegen, ist die Fallrate mit 39,5 % gegenüber dem Durchschnitt deutlich erhöht. Tabelle 6.4 zeigt im Vergleich die Mittelwerte von Coping und Non-Coping bei Fällen und Nichtfällen.

Tabelle 6.4. Copingmittelwerte bei Fällen und Nichtfällen (t-Test)

Dimension	Nichtfälle $(\bar{X})$	Fälle $(\bar{X})$	p
Coping	7,1	7,6	-
Non-Coping	4,83	6,9	<0,001

Es zeigt sich deutlich, daß nur auf der Non-Copingdimension Fälle sich signifikant von Nichtfällen unterscheiden.

2) Der nächste Auswertungsschritt gilt der Frage, wie die beiden Copingdimensionen mit (der Falleigenschaft bzw.) unserem Maß der Beeinträchtigungsschwere (BSS) assoziiert sind. In der Analyse werden rechnerische Zusammenhänge ermittelt zwischen Coping und BSS, die im folgenden Varianzdiagramm veranschaulicht werden (Abb. 6.2).

Es fällt auf, daß Non-Coping und Coping einen relativ großen gemeinsamen Überlappungsbereich von 27% aufweisen, wohingegen die Copingdimension mit der Beeinträchtigungsschwere praktisch nicht korreliert. Non-Coping und BSS hingegen haben einen gemeinsamen Varianzanteil von 12 %.

Da Coping sehr hoch mit Non-Coping, nicht jedoch mit dem BSS korreliert, könnte diese Dimension bei einer gemeinsamen Regressionsanalyse als Suppressorvariable definiert werden und somit zur Erhöhung der Vorhersagequalität psychogener Beeinträchtigung beitragen.

3) Weiter wird überprüft, ob evtl. unterschiedliche psychoanalytische Persönlichkeitsstrukturdiagnosen (schizoid, depressiv, zwangsneurotisch, hysterisch) durch jeweils spezifische Streßverarbeitungsweisen charakterisiert sind. Es zeigt sich, daß die obersten Quartile der Coping- und Non-Copingdimension hinsichtlich ihrer Häufigkeitsverteilung der Verteilung der Strukturen in der Gesamtstichprobe entsprechen. Es bestehen also keine strukturspezifischen Verzerrungen. Weiter ergibt sich, daß Probanden mit unterschiedlichen Strukturdiagnosen sich hinsichtlich ihrer Mittelwerte auf der Coping- bzw. Non-Copingdimension nicht unterscheiden. Daraus ist zu schließen, daß offenbar Streßverarbeitungsfähigkeit nicht den analytisch definierten Persönlichkeitsstrukturen analog ist, sondern vielmehr ein eigenständiges Persönlichkeitsmerkmal kennzeichnet.

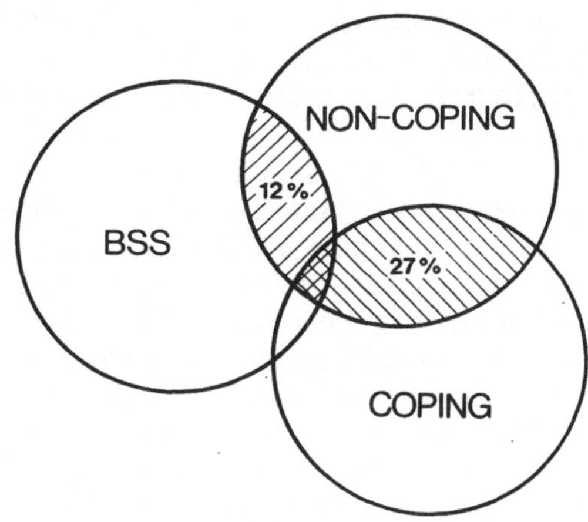

Abb. 6.2. Diagramm der Varianzanteile von Coping, Non-Coping und BSS

6.2.4 Zusammenfassende Diskussion

Die Mittelwerte bei Fällen und Nichtfällen belegen eine etwa identische Ausprägung der Copingfähigkeit in beiden Gruppen (ohne Korrelation zum BSS). Als entscheidend erweist sich vielmehr die Non-Copingdimension, die pathologische, nichtadäquate Reaktionen auf belastende Lebensereignisse erfaßt: Unter den Fällen finden sich signifikant mehr Non-Copers als bei den Nichtfällen. Mit 39,5 % (gegenüber 26 %) ist die Fallrate von Probanden im obersten Quartil der Non-Copingdimension stark erhöht.

Ein Grundgedanke des Copingkonzepts betrifft die individuelle Auseinandersetzung mit Life-events, die entweder a) einen positiven Entwicklungsanreiz darstellt oder b) zur pathologischen Dekompensation eines vorher in Homöostase befindlichen Systems führt. Die erste Möglichkeit wird in der beschriebenen Copingdimension operationalisiert und enthält Aspekte von positiven Bewältigungsmustern aus sog. "internen Ressourcen" wie Gesundheit, Fähigkeit zum Problemlösen, Überzeugungen etc. und möglicherweise einen supportiven Partner (s. Abschn. 6.3) - also die gesunden, unneurotischen Anteile der Persönlichkeit. Non-Coping ist dagegen eher der pathogene Anteil der Reaktion als unangemessene Bewältigung (Heim 1988), charakterisiert durch eine passive Grundhaltung, resignative Einstellung und emotionale Dissonanzen.

Als Meßinstrument genügt der SVF kaum den Ansprüchen einer mehrdimensionalen Persönlichkeitsdiagnostik. Beispielsweise beziehen sich diese Auswertungen fast ausschließlich auf den kognitiven Anteil eines "Globalfaktors" (Heim et al. 1983), der Bewältigungsfähigkeiten auf Trait-Niveau erfaßt und situative Aspekte im Kontext je spezifischer Lebensereignisse (hier wegen zu geringer Zellenbesetzung!) ebensowenig berücksichtigt wie unbewußte Abwehrstrategien (vgl. Parekh et al. 1988). Neuere Untersuchungen führten aber zu der Erkenntnis, daß es sich bei Streßverarbeitungsmechanismen weniger um generelle Fähigkeiten als um situationsabhängige Reaktionsmuster handelt, wie sie in interaktionistischen Konzepten (vgl. Prystav 1981) zugrunde gelegt werden.

Unsere Ergebnisse einer hierarchischen Regressionsanalyse zum Einfluß der unabhängigen Variable Life-event, Coping und Non-Coping, Social support auf die abhängige Variable psychogene Beeinträchtigung (BSS)(s. Abschn. 6.4) zeigen z.B., daß bei schlechter Supportstruktur eines Probanden die Bedeutung unangenehmer Lebensereignisse so gravierend ist, daß die Variablen Coping und Non-Coping keinen weiteren Erklärungsbeitrag zur Varianzaufklärung liefern, während sie dies bei guter Supportstruktur durchaus leisten. Es ist also die folgende (Abschn. 6.4) integrative Sichtweise der unterschiedlichen Einflußparameter unerläßlich für eine bedeutungsvolle Interpretaion der Copingergebnisse, die zusammen mit der Dimension Social support ihren gemeinsamen Ausgang in der Persönlichkeit des Individuums haben.

6.3 Social support
R. Manz

6.3.1 Einleitung

Neben den oben beschriebenen sozialwissenschaftlichen Konzepten Life-event und Coping untersuchten wir auch den Einfluß sozialer Ressourcen einer Person auf die Manifestation und den Verlauf psychogener Symptomatik.

Im wesentlichen werden 2 Modellvorstellungen zur Wirkungsweise sozialer Unterstützung diskutiert: Die sog. *Haupteffekthypothese* besagt, daß das Fehlen sozialer Unterstützung mit einem erhöhten Risiko, psychogen aber auch körperlich zu erkranken, einhergeht.

Die *Puffereffekthypothese* dagegen postuliert lediglich in belastenden Situationen gesundheitsfördernde bzw. streßreduzierende Auswirkungen der sozialen Unterstützung auf eine Person (vgl. House 1981; Henderson 1984; Cohen u. Syme 1985; Waltz 1981).

Nach House (1981) lassen sich folgende Dimensionen sozialer Unterstützung anführen: Die Versicherung emotionaler Verbundenheit und Wertschätzung sowie instrumentelle Hilfen, beispielsweise Besorgungen, Informationen. Soziale Unterstützung wird von Personen wie etwa dem Partner, dem Freund, der Familie aber auch den Kollegen gewährt. Dabei variiert die Intensität der sozialen Beziehungen erheblich (vgl. Mueller 1980). Besondere Bedeutung kommt dem engen Vertrauten - "Confidant" - einer Person zu (vgl. Miller u. Ingham 1976; Brown u. Harris 1978; Thoits 1984).

6.3.2 Methodik

Wir beurteilten die Qualität wichtiger sozialer Beziehungen der untersuchten Probanden anhand der für jeden Probanden vorliegenden umfangreichen Klartextdokumentationen des Interviews. Hierfür entwikkelten wir eigens ein Ratingschema zur Textanalyse (s. Anhang C, vgl. Manz u. Schepank 1989).

Das Vorgehen gestaltet sich wie folgt: Zunächst wird abgeklärt, ob der Proband einen Partner hat, zu welchem - in Abgrenzung zu sonstigen Personen - in der Regel eine sexuelle Beziehung besteht (Confidant 1). Sodann wird die Qualität der Beziehung zum Vertrauten nach folgenden Kriterien als supportiv bzw. nichtsupportiv beurteilt:

- Die Beziehung zum Partner soll im Erleben des Probanden emotional als befriedigend und hilfreich empfunden werden. Gelegentliche Konflikte innerhalb der Partnerschaft werden gemeinsam bewältigt.
- Die Beziehung ist in instrumenteller Hinsicht arbeitsteilig, d.h. Haushaltspflichten, Erziehung, Einkommenserwerb etc. werden geteilt (Ausnahme hierbei könnte z.B. eine schwere körperliche Erkrankung eines der beiden Partner darstellen).
- Die Partnerschaft wird in sexueller Hinsicht als befriedigend erlebt.
- Die Beziehung besteht seit mindestens einem halben Jahr und es finden sich keine Hinweise auf eine baldige Trennung.

Unter einem Confidant 2 verstehen wir einen engen Freund, mit dem auch persönliche Belange besprochen werden. Hier müssen folgende Kriterien erfüllt sein:

- Die Beziehung zum engen Freund/zur engen Freundin wird emotional als Ergänzung zur Partnerschaft erlebt. Mit dem engen Freund können verschiedene, auch intime Probleme (z.B. Schwierigkeiten in der Partnerschaft) besprochen werden.
- Der enge Freund erfüllt zumindest teilweise auch instrumentelle Bedürfnisse des Probanden (z.B. finanzielle Hilfen, verschiedene Dienstleistungen).
- Die Beziehung besteht ebenfalls seit mindestens einem halben Jahr.

Das Rating wies in mehreren Interraterstudien eine befriedigende Interraterreliabilität auf (vgl. Abschn. 4.3.1, S. 54). Die hier beschriebene Operationalisierung enger Bezugspersonen ist weitgehend identisch mit den Vorgehensweisen von Brown u. Harris (1978) oder Thoits (1984). Eine wesentliche Erweiterung besteht jedoch darin, daß wir mit Hilfe der Kodierung des Confidant 1 nach 2 Aspekten zwischen allein lebenden Probanden und solchen mit nichtsupportivem (belastendem) Partner

unterscheiden. Mit Hilfe dieser Kodierung kommen wir zu folgenden 3 Gruppen:
- Probanden, die keinen Partner haben,
- Probanden, die mit einem nichtsupportiven Partner zusammen sind,
- Probanden, die mit einem supportiven Partner zusammenleben.

6.3.3 Ergebnisse für die Querschnitte A/B

Die Relevanz der Qualität der Partnerschaft für die psychogene Beeinträchtigung läßt sich anhand der für die entsprechenden Supportgruppen ermittelten Fallraten für die A- und B-Daten aus Abb. 6.3 ersehen. Während Probanden mit supportivem Partner insgesamt eine leicht unterdurchschnittliche Fallrate aufweisen, sind solche ohne und in noch stärkerem Maße solche mit belastender Partnerschaft psychogen Erkrankte. Weitere Untersuchungen anhand von Querschnittsdaten des ersten Erhebungszeitpunktes (A-Studie) stützen die Haupteffekthypothese sozialer Unterstützung (vgl. Manz et al. 1987; Manz u. Schepank 1989). So erweisen sich Personen, welche über keine enge Bezugsperson verfügen oder deren Bezugsperson nach unseren Kriterien nichtsupportiv ist, als deutlich stärker psychogen beeinträchtigt als diejenigen Personen, die über eine supportive Bezugsperson verfügen. Dieser Zusammenhang ist unabhängig davon, ob die Personen zuvor unangenehme Lebensereignisse erlebt hatten oder nicht. Man könnte also folgern, daß soziale Unterstützung, die in Form einer engen Bezugsperson (Confidant 1, Partner) verfügbar ist, charakteristisch ist für psychisch weitgehend gesunde Personen. Diese Ergebnisse ließen sich auch mit Hilfe der Daten des zweiten Erhebungsquerschnitts (B-Studie) replizieren.

Nachdem wir nun über Daten zu 2 Erhebungszeitpunkten verfügen, ist es möglich, die Zusammenhänge zwischen den Variablen Support und psychogene Beeinträchtigung im Verlauf darzustellen. Wir wählten für die Auswertung eine Zufallsstichprobe von n = 224 Probanden aus. Dies Substichprobe kann als repräsentativ für die Gesamtstichprobe angesehen werden, insbesondere hinsichtlich des relativen Anteils psychogen Erkrankter zu den Erhebungszeitpunkten A und B, den Variablen Alter, Geschlecht und Schicht sowie des relativen Anteils an Fallwechslern von A nach B.

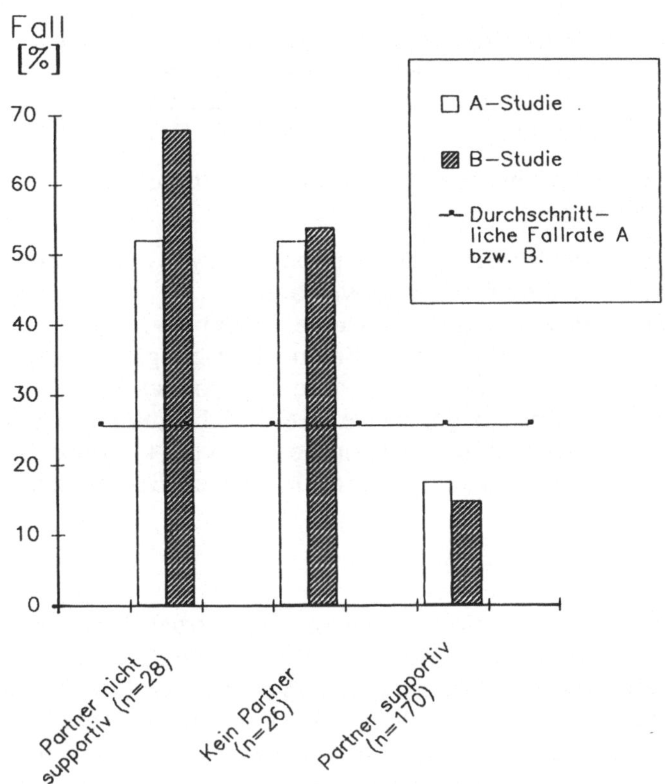

Abb. 6.3. Fallraten für 3 Supportgruppen (A- und B-Studie), n=224

6.3.4 Hypothesen zum Verlauf

Hypothese: Änderungen in der Supportstruktur einer Person schlagen sich auch in entsprechenden Änderungen ihrer psychogenen Beeinträchtigung nieder.

Ausgehend von einer dichotomen Supportvariablen zu jedem Erhebungszeitpunkt (supportive Bezugsperson vorhanden/keine oder nicht supportive Bezugsperson vorhanden) ergeben sich für eine Verlaufsbetrachtung zu 2 Meßzeitpunkten folgende 4 Verlaufskategorien der Supportstruktur einer Person:

1) Die Person hat weder zum A- noch zum B-Zeitpunkt eine supportive Bezugsperson (konstant schlechte Supportstruktur) (Typ --).
2) Der Proband verfügte zwar bei der A-Erhebung über eine supportive Bezugsperson, nicht jedoch zum Zeitpunkt B (verschlechterte Supportstruktur) (Typ +-).

110

3) Obgleich zum A-Zeitpunkt keine supportive Bezugsperson vorhanden war, hat die Person zum B-Zeitpunkt einen supportiven Partner (verbesserte Supportstruktur) (Typ -+).
4) Der Proband lebt sowohl zum A- als auch zum B-Interview mit einen supportiven Partner zusammen (konstant gute Supportstruktur) (Typ ++).

Die oben angeführte Hypothese läßt sich durch folgende Hypothesen (H) präzisieren:

H_1: Probanden der Gruppe 1 (Typ --) weisen konstant die höchsten Beeinträchtigungswerte auf.

H_2: Probanden der Gruppe 2 (Typ +-) weisen zum zweiten Erhebungszeitpunkt höhere Beeinträchtigungswerte auf als zum Zeitpunkt A.

H_3: Probanden der Gruppe 3 (Typ -+) weisen zum zweiten Erhebungszeitpunkt geringere Beeinträchtigungswerte auf als zum ersten.

H_4: Probanden der Gruppe 4 (Typ ++) weisen sowohl zur A- als auch zur B-Erhebung die niedrigsten Beeinträchtigungswerte auf.

6.3.5 Verlaufsergebnisse

Als Maß für die psychogene Beeinträchtigung benutzten wir den Beeinträchtigungsschwerescore (BSS). Zusätzlich zum BSS stand uns zur Beurteilung der Beeinträchtigung das Goldberg-Cooper-Interview (GCI) (Goldberg et al. 1970) zur Verfügung. Tabelle 6.5. enthält für beide Meßzeitpunkte die Mittelwerte der Beeinträchtigungsmaße (BSS; GCI) der 4 Supportverlaufsgruppen (vgl. auch Abb. 6.4).

Mit Hilfe einfaktorieller Varianzanalysen mit geplanten Kontrastvergleichen ließ sich die Hypothese stützen, daß die Gruppe mit konstant schlechter Supportstruktur (Typ --) sowohl zum A- als auch zum B-Erhebungszeitpunkt signifikant höhere Beeinträchtigungswerte aufwies als die Gruppe mit konstant guter Supportstruktur (Typ ++). Der genannte Effekt zeigte sich für beide Beeinträchtigungsmaße zu jedem der 2 Erhebungszeitpunkte. Diejenigen Probanden, deren Supportstruktur sich verbesserte (Typ -+), zeigten zur A-Erhebung noch signifikant höhere Beeinträchtigungsmaße als diejenigen mit durchgehend guter Supportstruktur (Typ ++). Dieser Effekt verschwand - erwartungsgemäß - zum B-Zeitpunkt; d.h. mit einer Verbesserung der Supportstruktur ging eine Verringerung der psychogenen Beeinträchtigung einher. Umgekehrt unterscheiden sich die Probanden, deren Supportstruktur sich verschlechterte (Typ +-), zum Zeitpunkt A nicht von der Gruppe mit durchgehend guter Supportstruktur (Typ ++). Dagegen war zum Zeitpunkt B eine signifikante Gruppendifferenz vorhanden. Die Hypothesen H_2 und H_3 wurden mit Hilfe des t-Tests für abhängige Stichproben geprüft. Für die Supportgruppe Typ +- war eine Zunahme der psychogenen Beeinträchtigung über die Zeit, für die Supportgruppe Typ -+ dagegen eine Abnahme zu erwarten. Die Ergebnisse zeigt Tabelle 6.5.

Trotz der geringen Gruppengrößen bilden sich die erwarteten Effekte mit einer Ausnahme gemäß den Hypothesen H_2 und H_3 ab. Auf eine α-Adjustierung konnte verzichtet werden, da gezielte Untersuchungshypothesen vorlagen und nur wenige Tests gerechnet wurden.

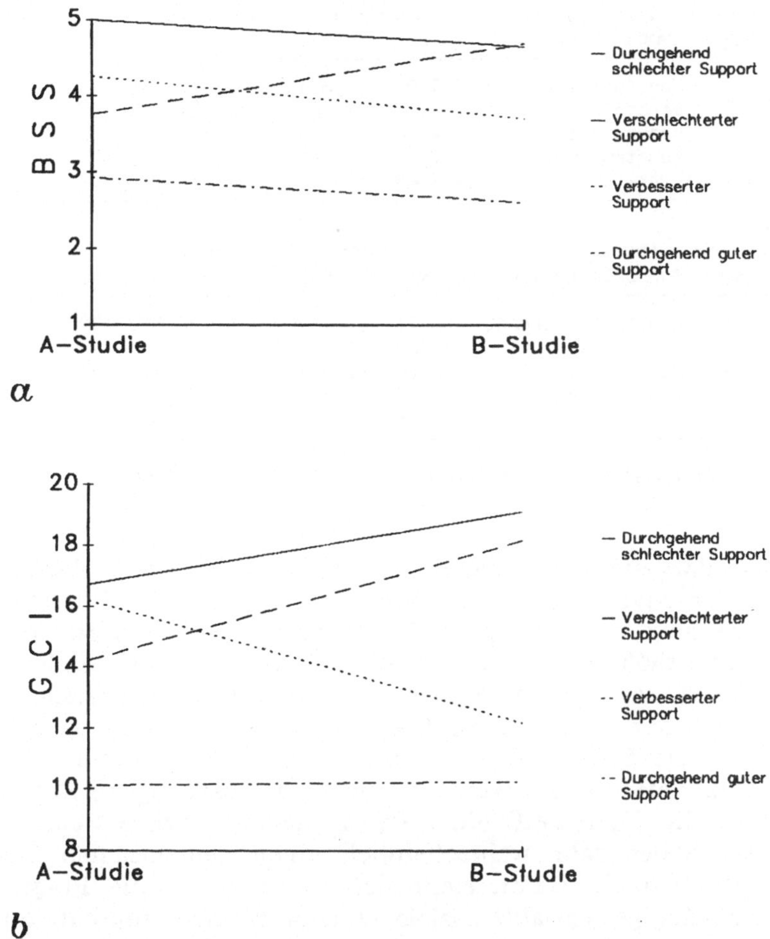

Abb. 6.4a,b. Mittlere psychogene Beeinträchtigung: BSS (a) und GCI (b) für 4 Supportverlaufsgruppen zu 2 Erhebungszeitpunkten (A- und B-Studie) n=224

Tabelle 6.5. Gruppenmittelwerte ($\bar{x}$) und Standardabweichungen (SD) der Beeinträchtigungsmaße BSS und GCI für 4 Supportverlaufstypen zu den Erhebungszeitpunkten A und B sowie Test auf Mittelwertdifferenzen für veränderte Supportstrukturen (n = Gruppengröße)

BSS

Supportverlaufsgruppen		A-Studie		B-Studie			Diffe-		
Gruppe	Supportstruktur	$\bar{x}$	(SD)	$\bar{x}$	(SD)	n	renz	T	p
1	Konstant schlecht	5,00	(1,86)	4,65	(1,88)	40	-	-	-
2	Verschlechtert	3,76	(1,56)	4,70	(2,14)	17	-0,94	-2,17	0,02
3	Verbessert	4,25	(1,74)	3,70	(1,89)	20	0,5	1,21	0,12
4	Konstant gut	2,93	(1,70)	2,60	(1,62)	147	-	-	-
Gesamtstichprobe		3,48	(1,90)	3,22	(1,95)	224	-	-	-

GCI

Supportverlaufsgruppen		A-Studie		B-Studie			Diffe-		
Gruppe	Supportstruktur	$\bar{x}$	(SD)	$\bar{x}$	(SD)	n	renz	T	p
1	Konstant schlecht	16,72	(9,15)	19,10	(10,31)	39[a]	-	-	-
2	Verschlechtert	14,23	(6,83)	18,17	(10,05)	17	-3,94	-1,99	0,03
3	Verbessert	16,20	(8,49)	12,20	(7,89)	20	4,00	1,98	0,03
4	Konstant gut	10,11	(7,33)	10,26	(7,21)	147	-	-	-
Gesamtstichprobe		12,13	(8,21)	12,59	(8,82)	223[a]	-	-	-

[a] Abweichungen der Gruppengröße aufgrund von Missing data.

Die dargestellten Ergebnisse legen eine deutliche Assoziation der Variablen psychogene Beeinträchtigung und soziale Unterstützung für Verlaufsdaten nahe. So geht der Verlust einer supportiven Beziehung mit einer Erhöhung der psychogenen Beeinträchtigung einher, während umgekehrt das Auftreten einer supportiven Bezugsperson mit einer Abnahme der psychogenen Beeinträchtigung verbunden scheint. Dennoch sollte die Bedeutung der Variablen soziale Unterstützung nicht einfach kausal interpretiert werden. Sowohl die psychogene Beeinträchtigung als auch die "Fähigkeit" einer Person, stabile soziale Beziehungen einzugehen, haben sehr wahrscheinlich einen gemeinsamen Ursprung in der Persönlichkeit. Damit stellt sich unweigerlich die Frage, inwiefern die unabhängige Variable soziale Unterstützung - zumindest in der von uns vorgenommenen Operationalisierung - nicht selbst als Teilaspekt der abhängigen Variablen psychogene Beeinträchtigung zu verstehen ist. Auf die neurosenpsychologische Deutung mangelnder sozialer Unterstützung als Krankheitssymptom - z.B. aufgrund einer schizoiden Kontaktstörung - haben wir mehrfach hingewiesen (Manz et al. 1987; Manz u. Schepank 1989). Um die Bedeutung der inhaltlichen und meßtechnischen Konfundierung sozialer Unterstützungsphänomene und psychogener Beeinträchtigung (via BSS) zu kontrollieren, bieten sich im vorliegenden Fall 2 Möglichkeiten an:

Zunächst können die Ergebnisse der alternativen Beeinträchtigungsmaße BSS-Score und GCI-Score verglichen werden. Das GCI beinhaltet keine Skala, die explizit mit dem Supportkonzept konfundiert ist, dennoch sind die Ergebnisse für beide Maße vergleichbar. Eine zweite Möglichkeit besteht darin, aus dem BSS-Summenwert den jeweiligen sozialkommunikativen Subskalenwert einer Person zu eliminieren, d.h., daß derjenige Beeinträchtigungswert einer Person, der sich primär im sozialkommunikativen Bereich manifestiert, mathematisch aus der Berechnung ausgeschlossen wird. Niedrige Korrelationen zwischen den Subskalen des BSS (vgl. Schepank 1987a, S. 235ff.) lassen ein solches Vorgehen zu Demonstrationszwecken gerechtfertigt erscheinen. Allerdings muß darauf hingewiesen werden, daß eine solche "Korrektur" nicht abschätzbare Einflüsse auf die Validität des Ratings haben könnte (zur Validität des BSS s. Schepank 1987a, S. 235ff.). Die Ergebnisse für den korrigierten BSS-Score (BSSKP) sind Tabelle 6.6 zu entnehmen (s. auch Abb. 6.5).

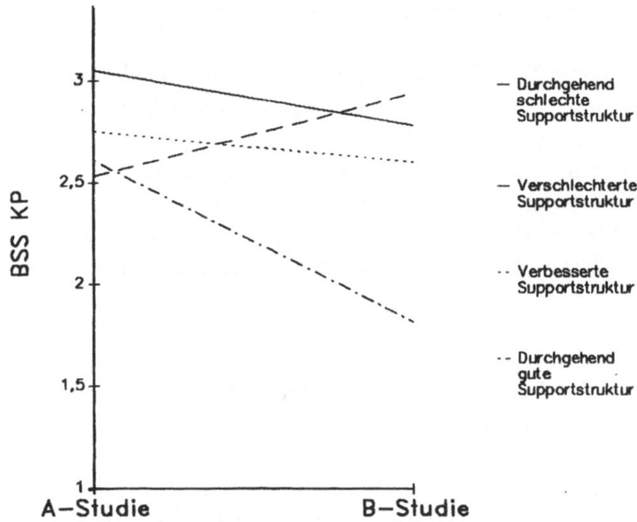

Abb. 6.5. Mittlere psychogene Beeinträchtigung BSS (ohne Skala sozialkommunikative Beeinträchtigung; BSS KP) für 4 Supportverlaufsgruppen zu 2 Erhebungszeitpunkten (A- und B-Studie), n = 224

Während sich zum Zeipunkt A lediglich die Gruppen mit durchgehend schlechter Supportstruktur (Typ --) und mit durchgehend guter Supportstruktur (Typ ++) signifikant voneinander unterscheiden, läßt sich zum Zeitpunkt B auch eine signifikante Mittelwertdifferenz zwischen den Gruppen mit konstant guter Supportstruktur und mit verschlechterter Supportstruktur nachweisen.
Für den reduzierten BSS-Score ergeben sich vergleichbare Kurvenverläufe wie bereits in Abb. 6.5 für den gesamten BSS-Score und den GCI-Score dargestellt. Jedoch lassen sich die erwarteten Mittelwertdifferenzen über die Zeit für eine Verbesserung bzw. Verschlechterung der Supportstruktur nicht mehr nachweisen.

Tabelle 6.6. Mittlere psychogene Beeinträchtigung nach dem um die sozial-kommunikative Subskala korrigierten BSS-Score (BSSKP) für die Supportstrukturverlauftstypen 1 bis 4, getrennt für A- und B-Erhebung

| BSSKP | | A-Studie | | B-Studie | | |
Gruppe	Supportstruktur	$\bar{x}$	(SD)	$\bar{x}$	(SD)	n
1	Konstant schlecht	3,05	(1,41)	2,78	(1,42)	40
2	Verschlechtert	2,53	(1,23)	2,94	(1,78)	17
3	Verbessert	2,75	(1,07)	2,60	(1,19)	20
4	Konstant gut	2,61	(1,36)	1,82	(1,20)	147
Gesamtstichprobe		2,40	(1,37)	2,14	(1,36)	224

6.3.6 Zusammenfassung

Unsere Ergebnisse legen nahe, daß psychogene Beeinträchtigung im zeitlichen Verlauf deutlich mit sozialer Unterstützung - operationalisiert als supportive Bezugsperson(en) - kovariiert. Die Ergebnisse lassen sich zu einem großen Teil auch dann noch nachweisen, wenn konzeptionelle Überschneidungen der Variablen psychogene Beeinträchtigung und soziale Unterstützung - nach einer Forderung von Monroe u. Steiner (1986) - meßtechnisch weitgehend korrigiert werden.

6.4 Erklärungsanteil der drei beschriebenen Konzepte
   R. Manz

In unserer bisherigen Betrachtung stellten wir den Einfluß verschiedener sozialwissenschaftlicher Konzepte auf Prävalenz und Verlauf psychogener Erkrankungen isoliert dar und konnten zunächst sowohl für die Variable "Life-event" als auch "Social support" die postulierte Wirkung auf psychogene Erkrankung nachweisen (vgl. 6.1 und 6.3). Demgegenüber zeichnet sich für die Variable "Coping" kein direkter Zusammenhang mit psychogener Beeinträchtigung ab (vgl. 6.2). Dies erscheint nicht verwunderlich, wird Coping doch als interaktives Konzept verstanden. Bewältigungsfähigkeiten eines Individuums treten erst dann in Kraft und sind auch erst dann relevant, wenn es sich einer Belastung (Streß) ausgesetzt sieht. Eine gesundheitsfördernde Wirkung des Konzepts wird also nur in Belastungssituationen (z. B. unangenehme Life-events) zu erwarten sein (vgl. z. B. Lazarus u. Launier 1978). Die 3 dargestellten Konzepte - belastende Lebensereignisse, soziale Unterstützung und Coping - sind eng aufeinander bezogen, ihr relativer Beitrag zur Aufrechterhaltung psychischer Gesundheit bzw. Entstehung psychischer Erkrankungen kann nur in einer Zusammenschau aller 3 Ebenen hinreichend dargestellt werden.

In unserer Untersuchung liegen sowohl die Variable "unangenehme Life-events" als auch "Coping" kontinuierlich verteilt vor, wohingegen die Supportvariable nominal gemessen wurde. Wir wählen daher ein Regressionsmodell zur Darstellung der Ergebnisse, wobei psychogene Beeinträchtigung via BSS als abhängige Variable dient und sowohl unangenehme Lebensereignisse als auch Coping als unabhängige Variablen fungieren. Um weiterhin den Einfluß der Variable Support berücksichtigen zu können, berechnen wir das Regressionsmodell für die verschiedenen Supportsubgruppen und vergleichen die Ergebnisse miteinander. Theoretische Annahmen über die Wirkungsweise der beschriebenen Variablen legen ein hierarchisches Regressionsmodell nahe. In einem ersten Schritt wird jeweils die Variable "unangenehme Life-events" in die Regressionsgleichung einbezogen und deren Vorhersagefähigkeit in bezug auf psychogene Erkrankung geprüft. In einem zweiten Schritt folgt die Variable "Non-Coping" und in einem dritten die Variable "Coping". Der erklärte Varianzanteil sollte von Schritt zu Schritt im hierarchischen Modell ansteigen, wobei die Variablen "unangenehme Life-events" und "Non-Coping" positive ß-Gewichte, die Variable "Coping" dagegen ein negatives ß-Gewicht erhalten sollten. Die genannten Effekte müßten sich für Personen mit guter Supportstruktur weniger deutlich abbilden als für Personen mit schlechter Supportstruktur, da die Variable "Social support" selbst einen günstigen Einfluß auf psychische Gesundheit haben wird. Die Ergebnisse sind in Tabelle 6.7 dargestellt.

Ihr ist zu entnehmen, daß die unabhängige Variable "belastende Lebensereignisse im letzten Jahr" sowohl für die Gesamtstichprobe als auch für die nach Supportstruktur getrennten Substichproben jeweils einen signifikanten Effekt auf die Variable "psychogene Beeinträchtigung" hat. Wie zu erwarten, ist dieser jedoch bei der Gruppe mit schlechter Supportstruktur wesentlich deutlicher ausgeprägt (24 % Varianzerklärung) als bei der Stichprobe mit guter Supportstruktur (lediglich 6 % Varianzerklärung). Für die Gruppe mit schlechter Supportstruktur ist die Bedeutung der Variable "unangenehme Life-events" so hoch, daß die restlichen Erklärungsvariablen (Non-Coping, Coping) keinen weiteren Erklärungsbeitrag mehr liefern. Sowohl für die Substichprobe mit guter Supportstruktur als auch für die Gesamtstichprobe läßt sich der zusätzliche Beitrag der Variablen Non-Coping und Coping in den Modellen darstellen. Dieser ist jedoch mit ca. 7 % für die Subgruppe 1 mit guter Supportstruktur bzw. 6 % für die Gesamtstichprobe relativ gering. Sehr deutlich wird die Bedeutung der Variable Support in ihrer Pufferwirkung für psychische Gesundheit. Während unangenehme Lebensereignisse bei der Subgruppe 2 mit schlechter Supportstruktur 24 % der Varianz psychogener Beeinträchtigung zu erklären vermögen, lassen sich bei Subgruppe 1 mit guter Supportstruktur durch die Variable "unangenehme Lebensereignisse" allein lediglich 6 % Varianz erklären.

Tabelle 6.7. Regressionsanalytische Ergebnisse zum Einfluß der Variablen "Life-event" (LE), "Coping" und "Social support" auf psychogene Beeinträchtigung. Vergleich: Gesamtstichprobe (n=200), Substichprobe 1 mit guter Supportstruktur (n=153) und Substichprobe 2 mit schlechter Supportstruktur (n=47)

1. Gesamtstichprobe (n=200)

Variablen	Unange- nehme LE	Non- Coping	Coping	mult. r	r^2	r^2 adj.
ß-Gewichte	0,35	0,26	-0,15			
				0,43	0,19	0,17
r^2-Änderung	0,13	0,04	0,02			

2. Substichprobe 1 mit guter Supportstruktur (n=153)

Variablen	Unange- nehme LE	Non- Coping	Coping	mult. r	r^2	r^2 adj.
ß-Gewichte	0,25	0,27	-0,20			
				0,36	0,13	0,11
r^2-Änderung	0,06	0,04	0,03			

3. Substichprobe 2 mit schlechter Supportstruktur (n=47)

Variablen	Unange- nehme LE	Non- Coping	Coping	mult. r	r^2	r^2 adj.
ß-Gewicht	0,49	-	-			
				0,49	0,24	0,23
r^2-Änderung	0,24	-	-			

Zusammenfassend läßt sich festhalten, daß sich Effekte selbst für solche Variablen nachweisen lassen, die bei einer isolierten Betrachtung keinen nennenswerten Einfluß auf psychogene Erkrankungen zu haben scheinen (Non-Coping, Coping). Der unterschiedliche Erklärungsbeitrag der Variable "unangenehme Life-events" für verschiedene Supportsubgruppen deutet auf eine theoretisch geforderte Interaktion der Variablen "Life-events" und "Social support" in bezug auf psychische Gesundheit bzw. psychogene Erkrankung hin.

6.5 Zusammenfassende Einschätzung aller neurosepathogenen Varianzanteile für das Lebensganze
H. Schepank

Dieses Unterkapitel ist mitten in das Buch eingeflochten, um ihm nicht zu viel Gewicht im Sinne einer abschließenden zusammenfassenden Urteilsbildung zu geben. Es kontrastiert mit den akribischen Überlegungen und sorgfältigen statistischen Berechnungen in den vorausgegangenen Unterkapiteln.

Während sich alle bisherigen quantitativen Auswertungen/Aussagen auf die empirischen Befunde unserer Verlaufsuntersuchung und somit lediglich auf ein Dreijahresintervall im Leben der Erwachsenen beziehen, will ich hier riskieren, meine augenblickliche und sehr persönliche "wissenschaftliche" Meinung zu äußern: aus welchen globalen Faktorengruppen und in welchem Ausmaß, d.h. mit welchen Anteilen an der Gesamtvarianz, sich die *lebenslange Entwicklung von psychischer Gesundheit und psychogener Erkrankung* konstituiert.

Da eine umfassende Analyse vieler repräsentativer Lebensläufe von psychogen Erkrankten *und* von Gesunden unter diesem Gesichtspunkt und mit diesem Ziel meines Wissens bisher noch nicht gelungen ist, wage ich es einmal, mich auf eine Schätzung in Zahlen festzulegen. Ich berufe mich dabei 1) auf eine mehr als 30jährige diagnostische und analytisch-psychotherapeutische Berufspraxis mit Kindern, Jugendlichen und Erwachsenen, ambulant und stationär, sowie auf meine Mitarbeit an evaluativen Katamnesestudien; 2) auf die Ergebnisse meiner sich über 25 Jahre erstreckenden Zwillingsuntersuchungen zur Erbe-Umwelt-Frage und diesbezügliche Follow-up-Studien (Schepank 1974; Heigl-Evers u. Schepank 1980/81; Schepank u. Muhs 1990) sowie 3) auf die Erkenntnisse aus der hier vorgelegten epidemiologischen Untersuchung.

Bei meinem Wagnis bin ich mir auch bewußt, daß eine schlichte *Addition quantitativer Varianzanteile* der wirklichen Komplexität des Geschehens nie gerecht werden kann. Ungebührlich vernachlässigt werden bei solcher Betrachtung: Circuli vitiosi bzw. auch positive Rückkopplungen, kybernetische Modelle, kompensierende Faktoren und erst recht die Soziodynamik menschlicher Beziehungsfaktoren oder gar der Einfluß von Wertordnungen.

Mein empirisch begründetes *Schätzurteil über die pathogenen Varianzanteile bei der Entwicklung psychogener Erkrankungen lautet:*

1) Der quantitativ bedeutsamste Anteil an der Varianz bei der Entwicklung einer sog. psychogenen Erkrankung dürfte *genetischen Faktoren* (im Sinne der Humangenetik, also dem Erbpotential) zuzuschreiben sein. Ich würde diesen Anteil auf etwa *20 %-40 % der Gesamtvarianz* einschätzen. Familien-, Adoptions- und v. a. Zwillingsstudien sprechen in diesem Sinne.

Besonders gilt das wohl für Alkoholismus und andere Süchte sowie zahlreiche charakterneurotische Varianten/Persönlichkeitsstörungen, Delinquenz und sicher auch für affektive Störungen. Es betrifft vermutlich auch viele der heute leichtfertig mit dem Verlegenheitskonstrukt der sog. "Frühstörung" etikettierten Problempatienten. Triebstärke, Angst-/Frustrationstoleranz, Ich-Stärke und Steuerungsfähigkeit - alles Konstituenten neurotischer Entwicklung - sind sicher auch deutlich genetisch mitdeterminiert (jüngst konnten wir - wie unabhängig von uns Crisp (1985) - auch genetische Determinanten für die Anorexia nervosa nachweisen (Schepank 1983).

Intelligenz und andere kognitive Persönlichkeitsbereiche sowie die Motorik, die als Moderatorvariablen das pathogenetische Geschehen mitbestimmen können, sind ebenfalls zu einem beachtlichen Anteil erblich.

Exkurs: Gemeint ist mit erblichem Anteil in jedem Fall die interindividuelle Varianz. Es geht also nicht etwa um die banale Behauptung, daß der Mensch als sog. "höheres" lebendiges Wesen überhaupt die (evtl. vergleichsweise größere) Fähigkeit hat, neurotische Symptome zu entwickeln, - im Kontrast vielleicht zur Drosophila-Fliege. Gemeint sind folglich nicht die menschenartspezifischen Unterschiede gegenüber Tieren. "Erblicher Unterschied" zielt immer auf das, was das eine menschliche Individuum vom anderen unterscheidet, und die Frage, welchen Anteil an diesem Unterschied erblichen Faktoren zuzuschreiben ist.

Genetiker (z.B. v. Schilcher 1988) weisen auf eine paradox erscheinende Entwicklung hin: Die heute und hier weitgehend praktizierte Chancengleichheit muß längerfristig zu einer vergleichsweise stärkeren (!) Wirksamkeit von Anlagefaktoren gegenüber Umweltfaktoren z.B. auf die Intelligenzentwicklung führen.

Der - derzeit sicher kaum manipulierbare - genetische Faktor trägt auch zum Verständnis bei, warum wir bei einigen Patienten auf Grenzen der Therapierbarkeit und somit auf Therapiemißerfolge stoßen; und warum die Entstehung psychogener Symptomatik bei vielen Patienten nicht immer durch äußere Belastungsfaktoren (in Frühkindheit und symptomauslösender Situation) hinreichend zu erklären ist.

2) Der *zweite* (sowohl zeitlich in der ontogenetisch biographischen Entwicklung gesehen, wie hinsichtlich der Einflußgröße) wesentliche Varianzanteil an der Entwicklung psychogener Symptomatik kommt den *neurotisierenden frühkindlichen Einflüssen* (= 1.-6. Lebensjahr) zu. Sie wurden v. a. von der psychoanalytischen Nosologie herausgearbeitet. Ich schätze diesen Anteil auf *20 %-30 % der Varianz*. Methodisch bereitet es große Schwierigkeiten, diese pathogenen Einflüsse von denen aus der weiteren Kindheit/"Latenzzeit" abzugrenzen. Der beachtliche Varianzanteil resultiert aus dem weitgehenden Ausgeliefertsein gegenüber den entsprechenden familiären Umwelteinflüssen und den unbewußten, unreflektierten emotionalen Verarbeitungsmodi.

3) Aus soziodynamischen wie auch entwicklungspsychologischen Gründen ist es sinnvoll, die Einflüsse in der *weiteren Kindheit* (ab 7. Lebensjahr) bis etwa zum 20. Lebensjahr getrennt zu gewichten. Dieser Lebensabschnitt ist einesteils noch durch weitgehende Abhängigkeit vom Elternhaus charakterisiert, andererseits erfolgen passagere Fremdbetreuung, beginnende Loslösung und Verselbständigung. Die Pubertät entfaltet Eigendynamik. Erste (Vor)entscheidungen für den späteren Beruf und für die Partnerwahl kennzeichnen diese Lebensperiode. - Die von außen einwirkenden (ggf. neurosepathogenen) Einflüsse möchte ich auf einen *Varianzanteil von 10-20 %* einschätzen. - Dieser Varianzanteil ist m.E. deshalb geringer einzuschätzen als der frühkindliche, weil der Mensch jetzt bereits zunehmend rationale Weltbewältigungstechniken in der Auseinandersetzung mit Umwelteinflüssen einsetzen kann, Copingme-

chanismen heranbildet etc. Er ist der Umwelt nicht mehr so stark passiv ausgeliefert.

4) Am meisten weiß man wohl durch die zahlreichen Untersuchungen der letzten beiden Jahrzehnte über den Varianzanteil durch belastende *Life-events*, hier einmal gleichgesetzt mit symptomauslösender Versuchungs-/Versagungssituation. Er ist mindestens mit ca. *10 %* anzusetzen, vielleicht *15 % oder 20 % Varianzanteil* (s. Abschn. 6.1).

5) *Social support*, soziales Netzwerk, ein gut operationalisierbares Konstrukt, enthält teilweise persönlichkeitsstrukturelle, d.h. selbstgewebte Arrangements und ist insofern mit den vorgenannten Variablen konfundiert. Es dürfte einen Anteil von ca. *10 % Varianz* ausmachen, bei Betrachtung der Interaktion mit Life-event-Belastung schwankt der Anteil zwischen 5 und 25 % (s. Abschn. 6.4).

6) *Copingpotential*, soweit erworben, ist sicher stark konfundiert mit den unter 2 und 3 genannten Einflüssen. Es stellt eher eine Kriteriumsvariable als eine unabhängige Variable dar und ist deshalb als eigenständiger Faktor in diesem Zusammenhang quantitativ kaum extrahierbar.

Addieren wir die Varianzanteile:

Heredität 20-40%	(im Durchschnitt): 30%
Frühgenese 20-30%	(im Durchschnitt): 25%
6.-20. Lebensjahr 10-20%	(im Durchschnitt): 15%
Life-event 10-15-20%	(im Durchschnitt): 15%
Social support 5-25%	(im Durchschnitt): <u>10%</u>
	Gesamt: 95%

Beim Aufaddieren der bisher genannten Varianzanteile bzw. ihrer Mittelwerte bleibt noch ein Rest. Durch Copingverhalten ist er nicht hinreichend aufgelöst. Er vergrößert sich noch, wenn man konzeptuelle Überschneidungen berücksichtigt. Dem Zufall, den Unwägbarkeiten des Lebens ist wohl ebenso Raum zu geben, wie richtunggebenden, lebenswichtigen Entscheidungen, insbesondere bei der Partnerwahl und der Berufswahl. In beiden Bereichen sind wesentliche Fehlentscheidungen anfangs oftmals noch korrigierbar, mit zunehmendem Alter jedoch weniger. Es gibt Kompensationsmöglichkeiten äußerer Art (z.B. positive Life-events) und die Mobilisierung innerer Ressoursen (Sublimierungen, Freizeitaktivität, Therapie). Andere biologische Einwirkungen begrenzen aber auch die Flexibilität.

An allen genannten neurosebeeinflussenden Konstituenten/Variablen - außer vielleicht an den im Erbpotential begründeten - können präventive oder therapeutische, soziale oder rehabilitative Maßnahmen wirkungsvoll korrigierend ansetzen.

7 Der Verlauf im Licht psychoanalytischer Testfragen

7.1 Die Gegenübertragung des Untersuchers
H. Parekh

Da unsere wissenschaftliche epidemiologische Forschungsarbeit von einem psychoanalytischen Theoriehintergrund aus explizit psychoanalytische Fragestellungen und Hypothesen an den Forschungsgegenstand herantrug, beinhaltet sie auch den Versuch einer fruchtbaren Synthese von exakter wissenschaftlicher Forschung und psychoanalytischem Denken. Ein Aspekt der Bemühungen um dieses Ziel ist die Integration psychoanalytischer Testfragen in die halbstandardisierten Interviews sowie die sorgfältige Erfassung und Dokumentation von Gegenübertragungsreaktionen der Interviewer in den für jeden Probanden schriftlich formulierten Klartexten.

An dieser Stelle nun sollen Gegenübertragungsreaktionen der Untersucher in A- und B-Studie (z.T. dieselben, z.T. neu hinzugekommene Kollegen) dargestellt, ausgewertet und miteinander in Beziehung gesetzt werden. Für Hinweise auf den Kontext der registrierten Gegenübertragungen sei auf die Monographie zur A-Studie verwiesen (Weinhold-Metzner in: Schepank 1987a, S. 211–217), dessen Ausführungen analog für die B-Studie gelten.

Unter *Gegenübertragung* (GÜ) wird hier die Gesamtheit der affektiven Reaktionen des Interviewers auf den Probanden in der Gesprächssituation verstanden. In diesem Rahmen werden zum einen besonders Stabilität und Variabilität von Parametern psychischer Gesundheit bzw. psychogenen Erkrankungen im zeitlichen Verlauf untersucht, worauf auch bei dem Teilaspekt der Gegenübertragungen der Interviewer das Augenmerk gelenkt wird. Zum anderen interessiert in besonderem Maße die Korrelation von positiven, negativen oder ambivalenten Gegenübertragungsreaktionen mit der Fallidentifikation der Probanden.

Die Auswertung beschränkt sich auf ein schlichtes Beurteilungs-
schema von positiven, negativen oder während des Interviews sich än-
dernden Gegenübertragungsreaktionen. Die ohne strukturierende Vor-
gaben frei und bewußt subjektiv formulierten Erklärungen der Untersucher in Abschn. VII ("Gegenübertragung und Validität der Angaben")
der Interviewklartexte lassen eine differenziertere Einteilung kaum zu,
will man nicht dem Fehler einer unkritischen Scheinexaktheit unterliegen. Zur Veranschaulichung für den Leser sei für jede der genannten
Kategorien ein Originalbeispiel aus den Klartexten aufgeführt.

Beispiel: Gegenübertragung negativ.
IV Nr. 544 A (männl., geb. 1945, Nichtfall):
"Die bereits erwähnte Schwierigkeit bei der Fixierung eines IV-Termins, in der
deutlich die Ambivalenz des Probanden erkennbar wird, wirkt sich auch jetzt im IV-
Verlauf wieder aus. Ich habe den Eindruck, er schützt die Berufsatmosphäre vor, um
ja keine zu weitgehenden Mitteilungen über sich machen zu müssen. Ich merke bei
ihm doch sehr viel aggressive Abwehr, als ich diesen Punkt anspreche. Ich fürchte
fast schon, daß er auch jetzt wieder das IV abbrechen möchte. Es entsteht für mich
der Eindruck, daß er sich ja nicht hinter die Kulissen schauen lassen wolle. Ich
finde im wesentlichen keinen Ansatzpunkt, das IV etwas tiefergehend zu gestalten."
(Interviewer Nr. 15, männl.)

Beispiel: Gegenübertragung positiv.
IV Nr. 174 B (weibl., geb. 1935, Fall):
"Bei mir wächst zunehmend Bewunderung für das tapfere Leben einer Frau, das unter
sehr schlechten Ausgangsbedingungen stand und die im Grunde nicht gelernt hat, mit
den Realitäten des Lebens umzugehen, andererseits irgendwie doch erfolgreich und
aufrecht sich durchwurstelt. Probandin ist in ihren Auskünften recht offen, auch
wenn sie häufig mit den Tränen zu kämpfen hat. Charakteristisch ist eine Anmerkung
der kleinen Pakistanin, welche die Probandin fragte, warum sie immer lache, während sie tatsächlich ihre Tränen zu kaschieren suchte."
(Interviewer Nr. 20, männl.)

Beispiel: Gegenübertragung wechselnd.
IV Nr. 319 B (weibl., geb. 1935, Nichtfall):
"Die Probandin ist zwar oberflächlich freundlich, dabei aber kühl und eher distanziert. Ich habe den Eindruck, als sehne sie sich nach näheren Kontakten, traue
sich aber nicht mehr aus sich herauszugehen. Ich war froh, nach etlichen Anstrengungen ihr wenigstens das Zugeständnis eines kurzen Termins abzuringen. Das hatte
dann zur Folge, daß ich ihr, als es mir endlich gelang, die Probandin "zu schnap-
pen", sehr vorsichtig, entgegenkommend und bestätigend begegnete. Auch unser Zu-
sammentreffen hat in gewisser Weise etwas von einem subtilen Kampf gehabt, der so
ausging, daß jeder von uns quasi einen Teilsieg davontrug."
(Interviewer Nr. 14, weibl., Durchführung "blind")

Die Aufmerksamkeit für halbbewußte oder auch bewußte Einflußparameter im interpersonalen Forschungsprozeß haben psychoanalytische
Forscher keinesfalls allein für sich gepachtet. So weist Schraml (1964)
beispielsweise darauf hin, daß bei der Einleitung des Untersuchungsge-
sprächs eine offene und sachliche Aufklärung über die Zielsetzungen des
Interviews wichtig sei, um Gegeneinstellungen oder Widerstände beim
Probanden abzubauen. "Die intrinsic motivation - vergleichbar der positiven Übertragung - eine Verstärkung der sozialen Beziehung des P.
[Probanden] zum U. [Untersucher], ist zu wesentlichen Teilen eine
Funktion der Untersuchungseinstellung und ihrer verbalen und paraver-
balen Verhaltensäußerung" (Schraml 1964, S. 881). Schraml weist darauf
hin, daß die emotionale Beziehung zwischen beiden Gesprächspartnern

durch die jeweilige individuelle Vorgeschichte bestimmt sei, durch bewußte und halbbewußte Assoziationen, Projektionen und gegenseitige Identifikationen, also eine "ubiquitäre außeranalytische Übertragung" von Affektkonstellationen zu Personen der eigenen Geschichte (Schraml 1964, S. 887).

Cohen (1956) hat mit Hilfe des sog. "Blacky-Tests" an Untersucher-Probanden-Paaren Gründe für gute oder schlechte Gesprächsbeziehungen im unbewußten Material der Partner nachgewiesen. In anderen Untersuchungen wurde nachgewiesen, daß meßbare Merkmale des Interaktionsverhaltens sowohl von einem Untersucher gegenüber verschiedenen Probanden als auch umgekehrt von verschiedenen Untersuchern gegenüber demselben Probanden sich als recht stabil erweisen. Zu diesem Ergebnis kommt auch Beckmann (1974) bei differenzierten Untersuchungen zur Übertragung und Gegenübertragung in psychoanalytischen Erstinterviews.

Mit der Formulierung der Gegenübertragungsreaktion des Untersuchers kommen wir Schramls Forderung nach: "Als Beitrag zur methodischen Zuverlässigkeit sollte der U. seine affektive Primärreaktion auf den P. im Protokoll verzeichnen" (Schraml 1964, S. 888).

7.1.1 Gegenübertragungsreaktionen bei den sog. Fallwechslern

Einen zentralen Ausschnitt der Analyse von Gegenübertragungsreaktionen aus A- und B-Studie stellen die 100 Probanden dar, die im 3jährigen Untersuchungsintervall ihre Fallidentität in der einen oder anderen Richtung wechselten, sog. Gesunder und Erkranker. Diese Subgruppe der Fallwechsler (vgl. Abschn. 5.2) erscheint für die Frage der Validität der Fallidentifikation besonders brisant, da an ihr die Frage einer möglichen Konfundierung von Gegenübertragungsreaktionen und Fallidentifikation kritisch verfolgt werden kann. Die folgenden Ergebnisse beziehen sich auf n = 49 "Gesunder" und n = 51 "Erkranker". Die Probanden wurden in der Erst- und Zweituntersuchung von jeweils unterschiedlichen Interviewern befragt, und zwar die eine Hälfte *mit* Kenntnis des Erstinterviews beim B-Untersucher (sog. "sehendes" Vorgehen bei allen geraden IV-Nummern) und zur anderen Hälfte ohne Vorkenntnis des A-Interviewers ("blindes" Vorgehen bei ungeraden Nummern).

Ergebnisse

- Trotz Wechsels der Fallidentität (n = 100) waren *48 % der Gegenübertragungsreaktionen* jeweils verschiedener Untersucher in A und B ein und *demselben Probanden gegenüber identisch.*

- Bei fast allen übrigen Probanden (n = 46) mit wechselnder Fallidentität finden wir *nur geringfügige Veränderungen der Gegenübertragungsreaktionen* zwischen A- und B-Untersucher, z.B. von eindeutig positiver oder negativer Gegenübertragung zu ambivalenter Gegenübertragung im Interview oder von wechselnder Gegenübertragung zu einer eindeutigeren Reaktion in B.

- Nur bei insgesamt 6 dieser 100 Probanden gab es einen *deutlichen Wechsel von positiver zu negativer Gegenübertragung* bzw. umgekehrt, und zwar gleich häufig bei sog. Gesundern und Erkrankern.

Bei unserer kritischen Suche nach ursächlichen Faktoren für den Fallwechsel tauchte auch die heikle Vermutung auf, daß u.U. die subjektiven Reaktionen des Interviewers einem Probanden gegenüber den Grad der Psychopathologie mitbestimmen, der diesem Probanden zugeschrieben wird, und zwar in folgendem Sinne:

- bei positiver Gegenübertragung eher eine Beurteilung als Nichtfall,
- bei negativer Gegenübertragung eine größere Wahrscheinlichkeit, den Probanden als Fall zu klassifizieren.

Die Ergebnisse belegen nun in eindeutiger Weise, daß nur bei 6 von 100 Probanden zu diesem Einwand überhaupt Anlaß gegeben sein könnte.

Insgesamt zeigen diese Ergebnisse an der besonders kritischen Subpopulation der Fallwechsler, daß keine gravierenden *systematischen Verzerrungen* durch affektive Reaktionen der Untersucher bei der Beurteilung der Psychopathologie bzw. der psychogenen Beeinträchtigung auftreten.

7.1.2 Gegenübertragungsreaktionen der Untersucher in A- und B-Studie (n=144)

Neben den erwähnten Fallwechslern wurden auch die in der A-Studie zufällig ausgewählten 50 Probanden hinsichtlich der Gegenübertragungsreaktion des Zweitinterviewers analysiert. (Davon wurden 8 B-Verweigerer durch 8 nach Geschlecht und Fallidentität parallelisierte Probanden substituiert.) Durch einige personelle Überschneidungen ergibt sich eine Teilstichprobe für die Analyse der Gegenübertragungsreaktionen in A- und B-Studie von n=144 Probanden.

Ergebnisse

Tabelle 7.1 zeigt die zahlenmäßigen Ergebnisse.

124

Tabelle 7.1. Gegenübertragung (*GÜ*) bei Fällen und Nichtfällen aus A- und B-Studie (n=144; Prozentangaben in Klammern)

A-Studie Fall- identität	Positiv	Negativ	Wechsel der GÜ %	Gesamt
Fall	9	23	29	61
	(27)	(47)	(47)	
Nichtfall	24	26	33	83
	(73)	(53)	(53)	
Gesamt	33	49	62	144
% der				
Stichprobe	23	34	43	100

B-Studie Fall- identität	Positiv	Negativ	Wechsel der GÜ %	Gesamt
Fall	9	23	33	65
	(24)	(59)	(9)	(45)
Nichtfall	28	16	35	79
	(76)	(41)	(51)	(55)
Gesamt	37	39	68	144
% der				
Stichprobe	26	27	47	100

Aus beiden Untersuchungsdurchgängen zusammengenommen ergeben sich 24 % positive Gegenübertragungsreaktionen in den Interviews, 31 % negative und in 45 % der Interviews ein Wechsel der Gegenübertragungsreaktion im Verlauf des 2- bis 3stündigen Gesprächs. Trotz verschiedener Untersucher in A- und B-Studie wurden bei immerhin 47 % der Probanden (n=67) in beiden Durchgängen identische Gegenübertragungsreaktionen schriftlich fixiert. In ebenfalls 47 % der Interviews traten nur geringfügige Veränderungen der Gegenübertragungsreaktionen zwischen A- und B-Untersucher auf (z.B. von eindeutig positiver oder negativer Gegenübertragung im IV zu ambivalenter bzw. von wechselnder Gegenübertragung zu einer eindeutigeren Reaktion in B). Nur bei 10 Probanden (7 %) gab es einen eindeutigen Wechsel der Gegenübertragung, wobei sich in 7 Fällen ein Wechsel von negativ zu positiv vollzog. Interessanterweise treten die erwähnten Schwankungen der Gegenübertragung unabhängig von der Gleich- bzw. Andersgeschlechtlichkeit des Interviewers auf und unabhängig von dem Parameter sog. blinder oder sehender Vorgehensweise beim B-Interview.

7.1.3 Diskussion

*Gegenübertragungsreaktionen als Parameter der Interaktion
zwischen Interviewer und Proband*

Die Ergebnisse unserer Analyse von Gegenübertragungsreaktionen in
beiden Untersuchungsdurchgängen korrespondieren mit den Resultaten
anderer Untersuchungen, in denen sich die Merkmale des Interaktionsverhaltens von Probanden als relativ stabil erwiesen (vgl. Beckmann
1974). Die insgesamt erstaunlich geringfügigen Veränderungen trotz
wechselnder Interviewer bei ein und demselben Probanden sprechen für
die Reliabilität der Gegenübertragung des Untersuchers und weisen sie
damit als einen brauchbaren Parameter und Beitrag zu einem vertieften
Erkenntnisprozeß in der Untersuchungssituation des diagnostischen Gesprächs aus.

Aufgrund der im Laufe seiner beruflichen Sozialisation erworbenen
psychoanalytischen Haltung des Untersuchers weisen unsere Forschungsinterviews gewisse gemeinsame Züge mit analytischen Erstinterviews auf. Abweichend allerdings von der üblichen Arzt-Patient-Beziehung des diagnostischen Gesprächs wird der Interviewer hier von einem
eigenen Anliegen, nämlich seinem Forschungsinteresse geleitet. Sonst
sucht dagegen der Patient aus eigenem Leidensdruck bzw. seinem Bedürfnis nach adäquater Diagnose und Behandlung im Arzt seinen Gesprächspartner. Im Forschungsinterview nimmt der Untersucher im privaten Milieu beim Probanden mit seinem eigenen Anliegen einen vorübergehenden Gaststatus ein. Ein größeres Maß an Symmetrie kennzeichnet hier die Situation zwischen den Gesprächspartnern. Rückfragen
des Probanden sind häufig Indikator für eine gelungene, vertrauensvolle,
hinreichend persönlich und offen gestaltete Gesprächsatmosphäre, in der
er sich mit der forscherischen Neugier des Interviewers identifiziert und
sich frei genug fühlt, um seinerseits Fragen zu stellen.

Die prozentuale Verteilung der Gegenübertragungsreaktionen (ca.
24 % positiv, 31 % negativ und 45 % ambivalent) scheint die affektive
Atmosphäre wiederzugeben, wie sie wahrscheinlich in der Alltagsrealität
bei Kontakten zwischen 2 zufällig aufeinandertreffenden Personen auftreten, von denen eine gegenüber der anderen ein Anliegen hat. Da der
Untersucher von einem klaren Interesse, seiner forscherischen Zielsetzung und Aufgabe geleitet ist, ergibt sich von vornherein eine gewisse
Wahrscheinlichkeit, daß dieser Kontakt auch Unzufriedenheit, Frustration bzw. Angst vor dem eigenen Versagen bei ihm auslöst, sofern nämlich der Gesprächspartner dem an ihn herangetragenen Anliegen nicht
zufriedenstellend entspricht. Eindeutig positive Gegenübertragungsreaktionen können also als Indikator für einen harmonischen und als effektiv
empfundenen Gesprächsverlauf gelten, in dem beide Teilnehmer wechselseitig Gratifikationen erhalten und der vom Interviewer offenbar mit
Empathie sensibel gestaltet wurde. Hier haben sich reale Beziehung und
Informationsgehalt der Daten in befriedigender Weise ergänzt.

126

Negative Gegenübertragungsreaktionen hingegen werden verzeichnet, wenn beispielsweise der Proband die berufliche Autorität des Interviewers in Frage stellt bzw. dessen Informationsbedürfnissen nicht ausreichend entspricht und so Insuffizienzgefühle bei ihm in bezug auf die Erfüllung seines Forschungsauftrags induziert. Andererseits kann so eine Gegenübertragungsreaktion auch durch den Gesprächsstil des Untersuchers mitverursacht sein und eine Abwehrleistung des Ich des Probanden darstellen (alexithymes Verhalten als Folge der "Instrumentalisierung des Probanden"; s. Ahrens 1988). In inhaltsanalytischen Untersuchungen von Erstinterviews (Shands 1958) werden Patienten, die beim Therapeuten negative Gegenübertragungsaffekte auslösten, häufig als ungeeignet für eine Therapie qualifiziert. Pathologische Züge in deren Objektbeziehungen konstellieren sich offenbar dann auch in der Gesprächssituation zwischen Patient und Therapeut.

Der relativ hohe Anteil ambivalenter Gegenübertragungsaffekte und das erstaunlich hohe Maß an Stabilität in den Gegenübertragungen verschiedener Untersucher bei ein und demselben Probanden über das Dreijahresintervall hinweg sind für uns Beleg für die Differenziertheit der getroffenen diagnostischen Urteile sowie für die Wichtigkeit der Erfassung subjektiver Einflußparameter im interpersonalen Forschungsprozeß. Sie liefern wichtige Informationen u.a. über die Validität der erhobenen Daten, die wesentlich über die sog. objektiven, quantitativ erfaßten und statistisch gesicherten Zusammenhänge hinausgehen.

7.2 Träume der Probanden.
H. Parekh

Psychotherapeuten ist aus ihrer klinischen Erfahrung und Praxis der Umgang mit Träumen ihrer Patienten vertraut. Dieser Zugang ist - dem therapeutischen Setting der Situation zu zweit entsprechend - ein *idiographischer* und *hermeneutischer*. Aus der Sicht des Epidemiologen dagegen ist die inhaltliche *Deskription* einer möglichst *großen Anzahl* von Traumberichten von Probanden einer unausgelesenen Zufallsstichprobe von besonderem Interesse. Ziel dabei ist, über die detaillierte statistische Erfassung und Beschreibung zu *normativen Daten* über die Trauminhalte Erwachsener zu gelangen, die als Bezugsgrößen für spezielle Fragestellungen dienen können.

Bei unserer Auswertung des Traummaterials sind wir ausschließlich auf den sog. "manifesten Traum" angewiesen. Dem manifesten Traum haftet seit Freud, der in ihm "nur" die Fassade des dahinterliegenden "eigentlichen" latenten Traumgedankens sah, eine Konnotation von Seichtheit und Unwichtigkeit an.

Ursache bzw. Funktion des Traums war nach Freuds Verständnis die Katharsis bzw. Ventilfunktion für verdrängte infantile Wünsche, denen im Traum partielle Erfüllung gestattet wird. Freuds Theorie über den

Traum ist also im wesentlichen eine therapeutische (vgl. Jones, 1979, S. 282). Nun muß angenommen werden, daß die kathartische Funktion des Traumes, die heilende Kraft der in ihm enthaltenen Wahrheit auch ohne das Erinnern und Deuten des Traumes gegeben sei, da unbestritten ist, daß sich der größte Teil unserer Träume dem bewußten Erinnern entzieht. Freuds Verständnis vom Traum hat wesentlich dazu beigetragen, daß andere Aspekte bzw. Möglichkeiten, sich die erinnerten Träume zunutze zu machen, z.B. in diagnostischer, adaptiver und ästhetischer Hinsicht, lange Zeit nicht ins Blickfeld traten. Traumtheoretiker nach Freud (z.B. C.G. Jung, Herbert Silberer, Richard M. Jones, auch A. Adler und E. Erickson) haben dagegen den manifesten Trauminhalt ins Zentrum ihrer Aufmerksamkeit gerückt. In ihm werden nämlich besonders die Modalitäten unseres unbewußten Denkens offenbar. Im dynamischen Sinne ist der manifeste Traum ein Produkt des Unbewußten, ein Stück bewußt gemachtes (d.h. erinnertes) Unbewußtes. Freud selbst hat schon die Gefahr und die Neigung gesehen, das Wesen des Traumes allein in dessen latentem Inhalt zu suchen. Der Traum - so sagt er - sei im Grunde nichts anderes als eine besondere Form unseres Denkens, die durch die Bedingungen des Schlafzustandes ermöglicht werde (Freud 1900, S. 486).

Calvin S. Hall, als "Erzempirist der Traumpsychologie" bezeichnet (Jones 1970, S. 90), hat in einem eigenen Institut für Traumforschung in Kalifornien Tausende von Träumen "normaler" Menschen (d.h. keine Patienten) gesammelt und klassifiziert, wobei ihn besonders die Trauminhalte interessierten und die Frage, was diese über den jeweiligen Träumer bzw. über ganze Gruppen von Träumern auszusagen vermögen (Hall 1966). Dabei stellte er u.a. fest, daß in fast allen Träumen folgende Variablen zu finden sind: Ein bestimmtes Setting, bestimmte Personen, Handlungen und Emotionen. Auf diese Elemente haben auch wir bei der Analyse der manifesten Traumtexte wieder besonderes Gewicht gelegt (vgl. Parekh in: Schepank 1987, S. 194-200).

7.2.1 Empirisches Datenmaterial manifester Traumtexte

Die *Datenerhebung* geschah im Rahmen des halbstandardisierten strukturierten Forschungsinterviews an exakt festgelegter Stelle in vorgegebener Form. Der Kontext der Traumerhebung hatte also prinzipiell für jeden der 600 Probanden in beiden Untersuchungsdurchgängen dieselben Antezedenzien.

In der Erstuntersuchung konnte von 67 % aller 600 Befragten Traummaterial entweder in Form eines Traumberichtes oder aber als Angabe typischer Traumthemen erhoben werden. In der B-Untersuchung - 3 Jahre später - wurde von den verbliebenen 528 Probanden, teilweise unter erschwerten Bedingungen, immerhin noch zu 56 % Traummaterial der einen oder anderen Art erhoben. Insgesamt ist also ein deutlicher Rückgang der "Ausbeute" (11 %) zu verzeichnen. Wie bereits erwähnt, stand von seiten der Probanden bei der Zweituntersuchung häufig weniger Zeit zur Verfügung. Die Anzahl an erhobenen Traumtexten war gleichermaßen geringer bei Männern und Frauen. Der Rückgang an Material ist auf die Nichtfälle zurückzuführen, denen offenbar in der Nachuntersuchung häufig weniger Aufmerksamkeit (Zeit) gewidmet wurde als den schwer beeinträchtigten Probanden (Fälle).

7.2.2 Empirische Ergebnisse der Inhaltsanalyse

Grundlage der Auswertung ist die aus A- und B-Studie kompilierte Analysestichprobe aller 600 Probanden, die sich in 485 (81 %) sog. Reporters (Probanden, die einen Traum nannten) und 115 (19 %) sog. Non-Reporters gliedert. Es wurde untersucht, ob sich Probanden, die in wenigstens einem der Interviews von ihren Träumen berichteten, in bestimmten persönlichkeits- oder morbiditätsspezifischen Variablen unterscheiden von solchen, die zu keinem der beiden Untersuchungszeitpunkte Traummaterial lieferten.

Mit 84 % lag der Anteil der Reporters unter den Frauen um 6 % höher als der der Männer. Hinsichtlich Familienstand, Berufstätigkeit und Alterskohortenzugehörigkeit fanden sich geringe, nichtsignifikante Differenzen zwischen den Subgruppen in der Häufigkeit ihres Traumberichtens.

Auch in den Fallraten findet sich keine signifikante Differenz zwischen Reporters und Non-Reporters. Allerdings zeigt deren geschlechtsspezifische Differenzierung, daß das Erinnern bzw. Berichten von Träumen bei Frauen eher mit seelischer Gesundheit assoziiert ist, während bei den Männern das Nichtberichten von Träumen einen Hinweis auf besondere psychische Stabilität darstellt (n.s.). Die Hypothese, daß sich im Sinne des Alexithymiekonzepts unter den Non-Reporters überzufällig viele psychosomatisch gestörte Probanden finden, ließ sich nicht verifizieren. Auch hinsichtlich des Beschwerdescores (BSS, letzte 7 Tage) für psychogene Beeinträchtigung und der Verteilung von psychoanalytisch definierten Persönlichkeitsstrukturdiagnosen ließen sich keine signifikanten Differenzen zwischen den Subgruppen der Reporters und Non-Reporters belegen.

Wir gehen also begründet davon aus, daß die folgenden inhaltsanalytischen Ergebnisse der Träume repräsentativ für die Gesamtstichprobe sind.

Die Auswertung von knapp 300 stichwortartig berichteten Traumthemen ("typische" Träume) ergab, daß in Übereinstimmung mit anderen in der Literatur referierten Untersuchungen die häufigsten Träume vom Fallen und Verfolgtwerden (Flucht) handeln oder allgemein Angst- bzw. Alpträume darstellen. Ebenso ließ sich das Vorherrschen dysphorischer Affekte in Träumen, wie es bereits vielfach nachgewiesen wurde, auch anhand unseres Traumsamples belegen. Rund 57 % der typischen Träume sind von dysphorischen Affekten geprägt, 35 % sind affektiv neutral oder komplex, und nur rund 8 % der Träume sind durch euphorische Affekte gekennzeichnet.

Die detaillierte *Inhaltsanalyse der 391 Traumtexte* mit Jorswiecks (1966) inhaltsanalytischem Verfahren erbrachte weder zwischen Frauen und Männern, noch zwischen Fällen und Nichtfällen statistisch signifikante Differenzen in der Häufigkeitsverteilung der 45 definierten Traumvariablen (s. Tabelle 7.2 und Abb. 7.1).

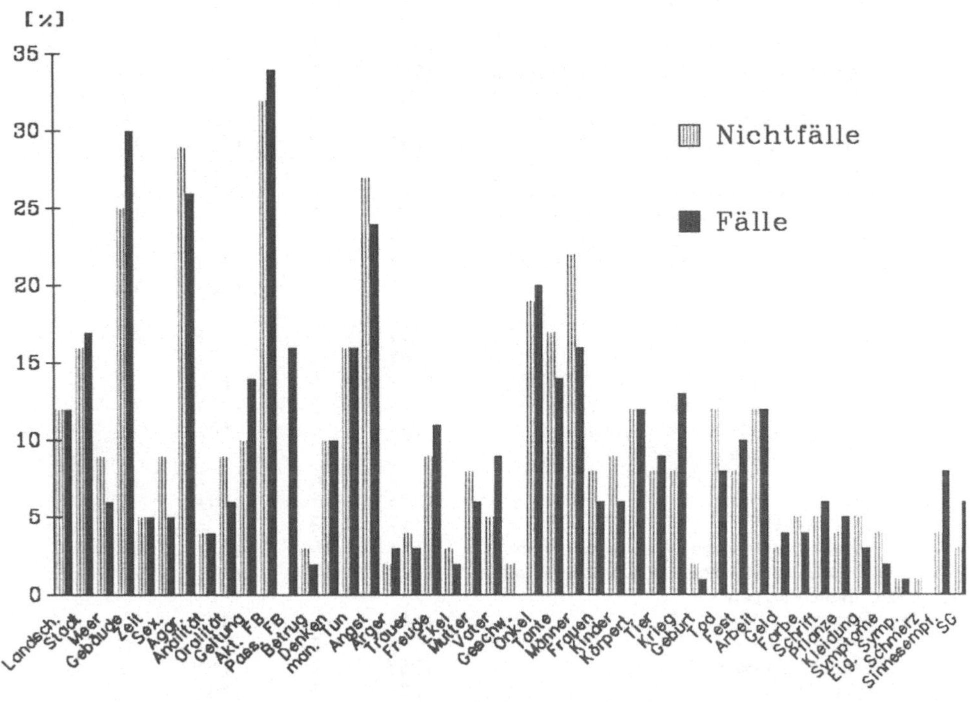

Abb. 7.1. Häufigkeiten (Prozent) bei Fällen/Nichtfällen (A/B)

Lediglich die spezielle Hypothese, 1) daß Frauen häufiger von bestimmten Akteuren (Kategorie E: Vater, Mutter, Geschwister, Partner oder andere Bekannte) träumen als Männer, konnte als signifikant (p<0,0001) bestätigt werden. Eine andere Hypothese, 2) nach der Männer häufiger als Frauen von Handlungen und bestimmten Akteuren träumen, wurde durch das Material nicht belegt. Unter Beachtung strenger methodischer Anforderungen fanden sich lediglich auf der Ebene von 2 der insgesamt 9 übergeordneten Inhaltskategorien geschlechtsspezifische Differenzen: nämlich "bestimmte Akteure" und "Situation", deren Variablen signifikant häufiger bei Frauen kodiert wurden.

Tabelle 7.2. Häufigkeiten der Traumvariablen bei Fällen und Nichtfällen (absolut und Prozent)

Kategorie/Nr./Variable	Nicht-fälle (n = 283)		Fälle (n = 108)		Signi-fikanz p<0,05
	absolut	[%]	absolut	[%]	
A. Ort und Zeit					
1. Landschaft, Gebirge/Natur	(35)	12	(13)	12	-
2. Stadt, Siedlung, Dorf	(44)	16	(18)	17	-
3. Wasser, Meer, See	(25)	9	(7)	6	-
5. Tageszeit, Monat, Jahreszeit	(13)	5	(5)	5	-
B. Bedürfnis					
6. Sexualität, Zärtlichkeit, Erotik	(25)	9	(5)	5	-
7. Aggression, Zerstörung, Destruktion	(82)	29	(28)	26	-
8. Analität, Schmieren, Sezernieren	(11)	4	(4)	4	-
9. Oralität, Hunger, Essen, Trinken	(26)	9	(6)	6	-
10. Geltung, Anerkennung, Prestige	(29)	10	(15)	14	-
C. Handlung					
11. Aktive Fortbewegung (auch: Auto)	(91)	32	(37)	34	-
12. Passive Fortbewegung (auch Fallen)	(27)	10	(17)	16	-
13. Betrug, Täuschung, Diebstahl	(9)	3	(2)	2	-
14. Denken, Lesen, Schreiben (Erzählen)	(28)	10	(10)	10	-
15. Manuelles Tun	(44)	16	(16)	16	-
D. Emotion					
16. Angst	(76)	27	(24)	24	-
17. Ärger, Wut, Zorn	(6)	2	(3)	3	-
18. Trauer, Weinen	(12)	4	(3)	3	-
19. Freude, Fröhlichkeit, Lachen	(24)	9	(12)	11	-
20. Ekel, Peinlichkeit, Schuld	(8)	3	(2)	2	-
E. Bestimmte Akteure					
21. Mutter	(21)	8	(7)	6	-
22. Vater	(15)	5	(10)	9	-
23. Geschwister	(5)	2	-	-	-
24. Männl. Verwandte, bestimmte Männer	(55)	19	(21)	20	-
25. Weibl. Verwandte, bestimmte Frauen	(47)	17	(15)	14	-
F. Unbestimmte Akteure					
26. Männer	(61)	22	(16)	16	-
27. Frauen	(22)	8	(6)	6	-
28. Kinder(gruppen)	(25)	9	(6)	6	-
30. Tier, Tierteil	(23)	8	(10)	9	-
G. Situation					
31. Krieg, Gewitter, Unfall	(22)	8	(14)	13	-
32. Geburt	(5)	2	(1)	1	-
33. Tod, Begräbnis	(34)	12	(9)	8	-
35. Arbeit, Schule, Beruf	(33)	12	(13)	12	-
H. Gegenstand					
36. Geld	(7)	3	(4)	4	-
37. Farbe	(15)	5	(4)	4	-
38. Schrift, Symbol, Zahl	(13)	5	(4)	5	-
40. Kleidung, Kleidungsstück	(15)	5	(3)	3	-
I. Krankheit					
41. Symptome, Kranksein	(11)	4	(2)	2	-
42. Eigene Symptome	(2)	1	(1)	1	-
43. Schmerz	(3)	1	-	-	-
44. Sinnesempfindungen	(11)	4	(9)	8	-
45. Schutz und Geborgenheit	(9)	3	(7)	6	-
Gesamt	(1209 Variablen)		(449 Variablen)		

Erstaunlicherweise brachte selbst ein Extremgruppenvergleich zwischen besonders Gesunden (BSS 0 - 2) und schweren Fällen (BSS 7 - 12) auf Variablenebene keine signifikanten Differenzen.

Einige spezifische psychoanalytische Hypothesen wurden überprüft in der Erwartung, in der Literatur referierte Ergebnisse u.U. an unserem Traummaterial verifizieren zu können. Weder die Hypothese, daß in Träumen von Probanden mit depressiver Persönlichkeitsstrukturdiagnose mehr negative Affekte vorkommen als bei Probanden mit anderen Persönlichkeitsstrukturdiagnosen noch die Hypothese, daß depressiv strukturierte Probanden häufiger von Mutter oder Vater träumen als andere, konnte statistisch signifikant belegt werden. Auch die Hypothese, daß depressiv Strukturierte mehr orale Themen in ihren Träumen aufweisen oder daß bei ihnen seltener Aggression als Trauminhalt auftritt als bei anderen Strukturen, wurde zurückgewiesen. Als Fazit ist festzuhalten, daß es sich beim Vorherrschen bestimmter Affekte oder anderer Besonderheiten in Trauminhalten eher um situationsspezifische Parameter im Sinne von "states" handelt als um zeitüberdauernde, persönlichkeitsspezifische "traits". So läßt sich erklären, daß es auf keiner der untersuchten Ebenen gelang, verschiedene Gruppen (Männer und Frauen, Fälle und Nichtfälle, Extremgruppen von Gesunden und schweren Fällen, depressiv Strukturierte gegenüber anderen) anhand ihrer Trauminhalte voneinander statistisch gesichert zu differenzieren.

Der Wert der detaillierten inhaltsanalytischen Untersuchung des Traummaterials einer Zufallsstichprobe aus der Großstadtbevölkerung liegt dennoch darin, die Universalität von Trauminhalten und typischen Traumthemen über die Grenzen von Altersgruppen, Geschlechtern, Gesunden und psychogen Beeinträchtigten hinweg aufgezeigt zu haben. Für die klinische Praxis ist festzuhalten, daß eine diagnostische Bewertung des Traumes nur im Rahmen einer kasuistischen Betrachtungsweise auf individueller Ebene sinnvoll erscheint. Hier kann allerdings der Traum wie auch die früheste Kindheitserinnerung (s. Abschn. 7.3) wichtige Hinweise auf ein zentrales Lebensthema des Probanden liefern.

7.2.3 Zusammenfassung und Diskussion

Wo liegen die Ursachen für die insgesamt farblos und wenig kontrastreich erscheinenden Ergebnisse dieser Untersuchung von manifesten Trauminhalten der "Gesunden"? Hat sich die Via regia hier als epidemiologische Sackgasse erwiesen?

Mit welchen Problemen und Mängeln ist diese Traumstudie möglicherweise behaftet, und wie könnten sich diese in den Ergebnissen niedergeschlagen haben?

Die *Interraterreliabilität* wurde kontrolliert und als ausreichend befunden, jedoch ist anzunehmen, daß die Reliabilität der Daten auf intraindividueller Basis nicht ausreichend gegeben ist. Nur unter standardisierten Bedingungen erhobene Traum*serien* von Probanden können in-

132

traindividuell reliables Traummaterial liefern, welches psychometrisch ausreichend fundierte Schlußfolgerungen zuläßt.

Wie in anderen Untersuchungen auch hat sich in dieser Traumstudie erwiesen, daß detaillierte inhaltsanalytische Traumkategorien u.U. weniger erkenntnisträchtig sind als gut definierte psychologische Konstrukte (so auch Urbina 1981, S. 77). Wie bereits diskutiert, war unser Traummaterial für andere Untersuchungsmethoden allzu lückenhaft. Jedoch kann es trotz der erwähnten Einschränkung als ein Beitrag zur Etablierung normativer Traumdaten dienen.

Nach diesen kritischen methodologischen Erwägungen nun zu den zentralen inhaltlichen Ergebnissen: Die Analyse der Trauminhalte auf ihre Strukturspezifität hin hat ergeben, daß der manifeste Trauminhalt nicht unmittelbar pathognomonisch für den Träumer ist, wie die Vergleiche der Träume von Fällen und Nichtfällen zeigen.

Das Berichten oder Nichtberichten von Träumen ist offenbar *kein* Indikator für Psychopathologie bzw. für psychogene Beeinträchtigung im definierten Sinne: Die Fallraten von Reporters und Non-Reporters sind identisch mit denen der Gesamtstichprobe. Aufgeschlüsselt nach Geschlechtern zeigt sich ein überaus interessantes Phänomen: Während bei Männern das Nichtberichten von Träumen eher mit seelischer Gesundheit assoziiert ist, ist es bei Frauen offenbar gerade umgekehrt. Unter den weiblichen Non-Reporters ist die Fallrate mit 46 % überzufällig stark erhöht (p<0,05)

In Kongruenz mit den in der Literatur berichteten Ergebnissen stehen auch in diesem Sample Themen vom Fallen (17 %), vom Verfolgtwerden (Flucht 13 %) und Alpträume (11 %) an erster Stelle der Häufigkeiten. Dies kann als Indikator für die Generalisierbarkeit der Resultate gelten. Ebenfalls korrespondierend zu anderen Forschungsergebnissen überwiegen bei den Themen bei weitem die dysphorischen Affekte (mindestens 57 %). Bekanntlich ist Angst im Traum häufig mit physiologischen Korrelaten wie Herzklopfen, Schwitzen oder sogar Schreien gekoppelt, die zum Erwachen und damit zu einer deutlich gesteigerten Gedächtnishaftung des Traumes führen. Auf diesem Wege wird wahrscheinlich eine Selektion von Träumen mit negativem Affektgehalt bewirkt.

Zahlreiche Untersuchungen an manifesten Trauminhalten verfolgten das Ziel, differentielle Indikatoren für Träume von unterschiedlichen klinischen Diagnosegruppen und Kontrollgruppen aufzufinden. Positive Ergebnisse erbrachten lediglich einige Vergleichsstudien an Träumen von Psychotikern und Gesunden (z.B. Langs 1966; Schnetzler u. Carbonnel 1976). Andere Studien dagegen fanden - wie wir - keine signifikanten Differenzen in den Träumen von Fällen und Nichtfällen (z.B. Hickman 1975). Eine mögliche Erklärung ist, daß nichtgestörte Probanden toleranter gegenüber dem bewußten Erinnern ihrer Traumerfahrungen sind, während Gestörte ihre Gefühle, Impulse und Bedürfnisse weniger wahrnehmen, sondern eher verdrängen und folglich auch ihre Traumerfahrungen zu unterdrücken suchen. Träume mit ängstigenden Affekten werden von ihnen daher eher nicht dem bewußten Erinnern zugeführt.

Als Möglichkeit, Differenzen zwischen Gesunden und Kranken deutlicher herauszuarbeiten, bot sich ein Extremgruppenvergleich an. Selbst hier erwies sich bei keiner der 45 Inhaltsvariablen die Differenz in der Auftretenshäufigkeit bei Gesunden und Schwergestörten statistisch als bedeutsam. Deutlich häufiger treten allerdings bei den schweren Fällen die Variablen "Gebäude" (+10 %), "Geltung" (+5 %) sowie Handlungsvaribalen wie "aktive" (+5 %) und "passive Fortbewegung" (+9 %) und "manuelles Tun" (+19 %) auf. Aufgrund ihrer schweren psychogenen Beeinträchtigung im körperlichen/psychischen/sozialkommunikativen Bereich liegt ein besonderer Akzent im Leben dieser Menschen im häuslichen Bereich; die Behinderung schlägt sich sozusagen in einer Einschränkung ihres Umfeldes und Lebensraumes (im Wachen und) im Traum nieder. Das Bedürfnis nach Geltung und Handlung hat möglicherweise kompensatorischen Charakter im Traumgeschehen bzw. bringt nicht realisierte Wünsche des Träumers zum Ausdruck.

Dagegen fallen die deutlich konflikthaften Bereiche von Beziehungen und Interaktionen mit nahestehenden Personen (Männern und Frauen), existentielle Bedrohung durch den Tod und Angst in dieser Gruppe im besonderen Maße der Verdrängung anheim. Diese Variablen werden also seltener in den von schweren Fällen berichteten Träumen genannt. Dies ist um so beachtenswerter, als gerade das bewußte Wahrnehmen von Angst im übrigen tendenziell häufiger bei den Nichtfällen auftritt. Diese Ergebnisse korrespondieren mit *Freuds Modell der Traumfunktion, das Kontinuität zwischen manifestem Trauminhalt und Persönlichkeitskorrelaten bei Gesunden und Diskontinuität bei psychisch (bzw. neurotisch) gestörten Menschen postuliert.*

7.3 Die früheste Kindheitserinnerung
H. Parekh

Die Frage nach der jeweils frühesten Kindheitserinnerung (fKE) des Probanden gehörte im Rahmen der psychoanalytischen Testfragen in beiden Untersuchungsdurchgängen zum obligatorisch erhobenen Material. Bereits die Definition als "früheste" Erinnerung läßt die Frage nach deren Stabilität bzw. Veränderbarkeit über die Zeit besonders interessant erscheinen. Freud hatte den besonderen Charakter der von ihm sog. "Deckerinnerung" als harmlose Kompromißbildung herausgearbeitet, hinter der sich traumatisches Material verbirgt. Die Abwehrmechanismen von Verdichtung, Verschiebung und Symbolisierung, die den latenten unbewußten Inhalt in eine für das Bewußtsein akzeptable Form, nämlich die manifeste Kindheitserinnerung transformieren, sind zu analysieren, um die dahinterliegende traumatische latente Bedeutung aufzudecken. Dieses Vorgehen ist v. a. dem psychoanalytischen Setting vorbehalten, da es weitere zusätzliche Informationen vom betreffenden Menschen, z.B. seine dazugehörigen Assoziationen, erfordert.

Ein anderes Vorgehen, v. a. von Alfred Adler und dessen Schülern, zentriert die Analyse hingegen auf den manifesten Erinnerungsinhalt. In diesem Verständnis wird die Kindheitserinnerung nicht als verdeckend ("Deckerinnerung"), sondern vielmehr als Offenbarung wichtiger Aspekte der jeweiligen Persönlichkeit, ihrer subjektiven Wahrnehmung und Auseinandersetzung mit der Welt verstanden. Tatsächlich schließen diese beiden Sichtweisen einander nicht aus, sondern bezeichnen eher unterschiedliche Techniken zur Erforschung der fKE. Es liegt auf der Hand, daß die zweite Vorgehensweise, die sich auf die manifeste Form der bewußten Erinnerung bezieht, weit mehr geeignet ist, empirisch erhobene Kindheitserinnerungen in großer Zahl systematisch zu untersuchen. Das Material kann so einer formalen und quantitativen Analyse unterzogen werden, aber auch der Validierung spezifischer psychoanalytischer Konzepte durch deren Überprüfung mit objektiven Methoden dienen.

Für Überlegungen zur Komplexität des Untersuchungsgegenstands fKE, zu deren Wesen und Funktion und der verwendeten Analysemethode sei auf die umfangreiche Monographie über den ersten Untersuchungsabschnitt dieses Forschungsprojektes (s. Parekh in: Schepank 1987a, S. 200ff.) verwiesen.

7.3.1 Früheste Kindheitserinnerungen im Dreijahresvergleich

Während in der A-Studie von insgesamt 600 untersuchten Probanden 276 (46 %) Kindheitserinnerungen erfragt werden konnten, war die Ausbeute in der B-Studie mit 417 fKE von den verbliebenen 528 Probanden (79 %) wesentlich größer. Dies ist um so erstaunlicher, als in der Nachbefragung 3 Jahre später von den Interviewern bei vielen Probanden Konzessionen im Hinblick auf Länge und Intensität des Interviews gemacht werden mußten. Für einen direkten Vergleich zweier Erinnerungen ein und desselben Probanden aus der Erst- und Zweituntersuchung liegen von insgesamt 193 Befragten Angaben (37 %) vor.

Bei 58 (30 %) Probanden erwiesen sich diese frühesten Kindheitserinnerungen als stabil über die Zeit: Die Szene bzw. das Erlebnis, das vom Probanden in der Nachuntersuchung nach 3 Jahren dem Interviewer auf dessen Fragen nach der frühesten Kindheitserinnerung geschildert wurde, stellt bei diesen 58 Probanden eindeutig eine inhaltliche *Dublette* zu der in der Erstuntersuchung berichteten Kindheitserinnerung dar. Selbstverständlich sind geringfügige sprachliche Abweichungen in den wörtlich im Interviewprotokoll festgehaltenen Abfassungen vorhanden. Zweifelsfrei handelt es sich aber jeweils um inhaltlich identische Ereignisse. Bei weiteren 20 Probanden gab es zwar gewisse abweichende bzw. veränderte Darstellungen, jedoch ist die zentrale Thematik der berichteten Kindheitserinnerungen offenbar dieselbe. Wir bezeichnen diese Konstellationen als *parallele Kindheitserinnerungen*. Zusammen mit den eindeutigen Dubletten ergibt dies 78 identische bzw. variierte fKE-Themen (40 %).

Beispiel für eine fKE-Dublette (wörtliches Protokoll):
Nr. 212 A: "Ein Hund habe ihn im Alter von 3 bis 3½ Jahren in die Backe gebissen, ein Schäferhund aus der Nachbarschaft. Er habe angeblich etwas am Schwanz gehabt, der Hund, und er, der Junge, sei zufällig an den Hund herangetreten, als dieser angefangen habe, seinen Schwanz suchend im Kreis herumzurennen." - B "Er war 5 Jahre, habe mit einem Hund gespielt, den er gut gekannt habe. Aus Versehen sei er an seinen Schwanz gekommen, den er durch den Krieg teilweise verloren hatte. Da habe der Hund ihm in die linke Wange gebissen und einen Teil des Wangenfleisches herausgerissen."

Beispiel für fKE-Parallele:
Nr. 229 A: "Wohl im Alter von 3-4 Jahren in den Jahren zwischen 1955 und 1960 könne er sich erinnern, wie er im großväterlichen Haus oben an der Treppe stand und seine Uroma unten. Sie sagt: Gib acht, mein Bub. Wenn seine Erinnerung richtig sei, sei er öfter, vielleicht 1-2mal, die Treppe runtergefallen." - B "Ich erinnere mich an meine Urgroßmutter, an die Wohnung, die die Urgroßeltern hatten, die ganze Einrichtung. Ich weiß genau die Zimmereinteilung von dem alten Haus, das später, als meine Eltern bauten, abgerissen wurde. Ich muß zwischen 4 und 7 Jahre alt gewesen sein."

Oder: Nr. 185 A: "Der Proband erinnert sich, an seinem dritten Geburtstag ein Spielbügeleisen und eine Trachtenweste geschenkt bekommen zu haben, worüber er sich sehr freute." - B: "Vor seinem 3. Geburtstag steht der Vater vor seinem Gitterbettchen und fragt ihn, wie alt er werde."

7.3.2 Befunde der Inhaltsanalyse

Die Frage nach einer frühesten Kindheitserinnerung - in der A-Studie nicht obligat - konnte vom Interviewer ggf. zurückgestellt werden. Dadurch liegen nur 46 % Angaben vor. Die Wichtigkeit der psychoanalytischen Testfragen wurde während der B-Studie kaum in Frage gestellt, zumal die entsprechenden A-Daten inzwischen einer detaillierten Auswertung unterzogen worden waren (Parekh 1987, S. 200-206).

Auch dieser zweite Datensatz (B) wurde mit dem von Stiemerling (1974) entwickelten Auswertungsverfahren analysiert:

a) *Personen*: Bei 33 % der fKE wurde neben dem erinnernden Selbst keine weitere Person explizit genannt (A: 26 %). In zahlreichen anderen fKE dagegen wurden mehrere Personen erwähnt. Die Mütter stehen in der Häufigkeit der Nennungen eindeutig an erster Stelle - wie übrigens in der A-Studie auch. Als nächstes in der Rangfolge der Häufigkeiten stehen Vater, Geschwister, Großmutter, Großvater, Tante und Onkel. Andere Erwachsene und andere Kinder stehen trotz der jeweils 9 %, mit denen sie vertreten sind, weiter hinten in der Rangfolge. Die Häufigkeit der Nennung entspricht der Hierarchie der Bedeutung, die den familiären Bezugspersonen auch im realen Leben des Kindes zukommt. Die relativ häufige Erwähnung der Großmutter - meist mit positiver affektiver Tönung - erinnert an die mögliche Bedeutung einer stabilen verfügbaren, guten Bezugsperson als eines wesentlichen protektiven Faktors seelischer Gesundheit während der ersten 6 Lebensjahre (Tress 1986).

136

b) *Emotionen*: Die Emotionen der Probanden in den von ihnen erinnerten
Kindheitsszenen wurden nach 4 Affektqualitäten unterschieden, denen 4
Verhaltensmuster (nach Stiemerling: Bemächtigung, Bannung, Aggression
und Flucht) zugeordnet werden. Mit 44 % (A: 35 %) an hervorragender
Stelle stehen Szenen bzw. Erinnerungen mit *passiv-negativ* getöntem
Affekt, in denen der Erinnernde von Angst, Schrecken oder Unlust
übermannt wird, leidet und dem Geschehen passiv ausgeliefert ist. An
nächster Stelle mit 28 % (A: 21 %) stehen Szenen mit *passiv-positivem*
Affekt, in denen sich der Betreffende einer angenehmen Situation
überläßt, Zuwendung bekommt, Verständnis findet, Freude oder
Hingabe empfindet oder sich mit einem entsprechenden anderen identifiziert, ohne selbst dabei aktiv zu sein. Mit 8 % (A: 16 %) eher selten
dagegen sind Situationen, in denen der fkE-Träger *positiv* gestimmt ist,
Sympathie äußert oder selbst Zuwendung spendet, sich *aktiv* betätigt und
dabei Lebensfreude empfindet. Am seltensten werden Szenen berichtet
mit *aktiv-negativem* Affekt (B: 6 %; A: 8 %), in denen der Betreffende
selbst aggressiv oder destruktiv reagiert, Wut empfindet, sich verteidigt
oder behauptet bzw. sich aktiv aus einer mißlichen Lage befreit. Auch
dieses Ergebnis scheint Wesentliches der realen Situation des kleinen
Kindes, nämlich das vorwiegend passive Ausgeliefertsein (72 %) sowohl
mit negativen als auch positiven Gefühlen widerzuspiegeln.

Tabelle 7.3. Zentrale Thematik der fKE in A- und B-Studie in Prozent
(Mehrfachnennungen möglich)

	Zentrale Thematik	A-Studie (n=276) [%]	B-Studie (n=417) [%]
1.	Bedrohung oder Verletzung der eigenen Integrität	26	44
2.	Positive mitmenschliche Erlebnisse	15	19
3.	Expansivsein, Eigenaktivität, Motorik	14	22
4.	Besitzthematik	6	15
5.	Bedrohung oder Verletzung der Integrität einer Bezugsperson	2	10
6.	Trennung, Abriß menschlicher Beziehungen	1	6
7.	Umgebungswechsel, Umzug, Reise	11	4
8.	Geschwisterthematik (Geburt)	6	14
9.	Verlustthematik (Tod, Trennung, materieller Verlust, Kaputtgehen von etwas)	5	13
10.	Freudiges Ereignis (Weihnachten, Geburtstag, Kinderfest, Glückserleben, Thrill)	8	11
11.	Eigenwilligkeit, Opposition, Trotz, Sichwehren	8	7
12.	Normverletzungen des fKE-Trägers	1	2
13.	Positives Selbstwerterleben	1	8
14.	Beschmutzen, Schmutz, Kot, Urin	3	3
15.	Statische visuelle Impressionen der häuslichen Umwelt	19	17
16.	Sexualität	1	1
17.	Einschulung	1	1
18.	Aussehen, Äußeres	0,4	4
19.	Schlaraffenlandthematik	1	0

c) *Zentrale Thematik der frühesten Kindheitserinnerungen*: Die Kategorisierung der fKE nach den jeweils zentralen Themen ergab die Häufigkeiten, die in Tabelle 7.3 aufgeführt sind. (Durch zwei oder mehr zentrale Themen in einer fKE resultiert eine Summe von über 100 %.)

7.3.3 Stabilität der frühesten Kindheitserinnerung und psychische Gesundheit

Bei den 58 Probanden mit konstanten fKE im Dreijahresintervall (Dubletten) findet sich gegenüber dem Gesamtkollektiv eine deutlich erniedrigte Fallrate. Bei den Männern mit zeitlich stabiler fKE beträgt die Fallrate in der A-Studie 12 %, bei den entsprechenden Frauen 20 %. In der B-Studie weisen diese Männer eine Fallrate von 15 % die entsprechenden Frauen eine Fallrate von 16 % auf. In allen Gruppen liegen diese Prozentzahlen erheblich unter den entsprechenden der Gesamtstichprobe. Dabei wird u.a. deutlich, daß – wie im Gesamtkollektiv – von der A- zur B-Studie die Fallraten zwischen Männern und Frauen sich einander deutlich angleichen. Unter den Probanden mit fKE-Dubletten errechnet sich für die A- als auch für die B-Studie eine Gesamtfallrate von 16 %, also jeweils um 10 % unter der Gesamtfallrate.

Fazit: Über die Zeit stabile Kindheitserinnerungen scheinen demnach überzufällig häufig mit stabiler psychischer Gesundheit einherzugehen. Dieses Faktum läßt sich u. U. diagnostisch verwerten. Die Untersuchung des Verlaufsaspektes bei fKE erbringt als interessantes Ergebnis, daß über die Zeit stabile Kindheitserinnerungen offensichtlich mit Ich-Stärke korrelieren.

8 Messung der Veränderungen im Spiegel spezieller Instrumente

8.1 Veränderungsfragebogen des Erlebens und Verhaltens
R. Manz

Mit dem Veränderungsfragebogen des Erlebens und Verhaltens (VEV; Zielke u. Kopf-Mehnert 1978) führten wir ein spezielles Instrument zur Abbildung subjektiver Veränderungen der untersuchten Probanden von der Erst- zur Zweiterhebung ein.

Der Fragebogen, ein änderungssensitives Meßinstrument, besteht aus 42 Items. Sie sollen Lebensbereiche erfassen, die durch therapeutische Verfahren wie Gesprächstherapie oder Verhaltenstherapie veränderbar sind. Die komparativ formulierten Items stellen positive oder negative Veränderungsaussagen dar. Auf einer 7stufigen Antwortskala hat der Proband eine Änderung bezüglich des jeweils in Frage stehenden Sachverhaltes in Richtung der Aussage bzw. in entgegengesetzter Richtung zu beurteilen. Eine mittlere Kategorie bedeutet keine Veränderung.

Im Anhang (Instrumente) sind die Anleitung und 10 Frageitems abgedruckt.

Die einzelnen Skalenwerte werden aufsummiert zu einem Gesamtwert, dieser kann zwischen 42 (extreme Verschlechterung) und 294 (extreme Verbesserung) variieren. Als theoretisches Mittel steht der Punktwert 168 für keinerlei Veränderung. Kritische Grenzen (5 % Irrtumswahrscheinlichkeit) geben die Autoren für eine positive Veränderung mit 187, für eine negative mit 149 an. Die interne Konsistenz der Skala beträgt α =0,97, die Retestreliabilität (Intervall 8 Wochen) r_{tt}=0,61. Der Fragebogen wurde zusammen mit dem FPI nach dem Zweitinterview den Probanden überlassen mit der Bitte, ihn ausgefüllt an uns zurückzuschicken. Die Instruktion lautete, die Veränderung seit der Erstuntersuchung vor ca. 3 Jahren zu beurteilen. Wir erhielten 102 ausgefüllte Bogen zurück. Trotz der geringen Beantwortungsfrequenz entspricht diese Substichprobe hinsichtlich Fällen, Fallwechslern und Geschlecht der Gesamtstichprobe.

Zunächst wurden mögliche Einflüsse der Moderatorvariablen Geschlecht, Schicht und Kohorte (Alter) geprüft. Die Ergebnisse zeigt Tabelle 8.1.

Für keine der Moderatorvariablen ließen sich signifikante Mittelwertdifferenzen nachweisen (t- bzw. F-Test).

Tabelle 8.1. VEV-Mittelwerte ($\bar{x}$) und -Standardabweichungen (*SD*) sowie Tests auf signifikante Gruppendifferenzen für die Variablen Geschlecht, Kohorte und Schicht (n=102)

Gruppe	n	$\bar{x}$	SD	Test	p
Männer	50	178,08	24,24		
				t=-0,24	0,815
Frauen	52	197,35	31,31		
Kohorte 1935	39	174,15	24,50		
Kohorte 1945	41	182,00	31,83	F= 0,86	0,425
Kohorte 1955	22	178,74	25,92		
Unterschicht	37	176,38	29,06		
Mittelschicht	41	174,78	25,56	F= 2,35	0,100
Obere Schicht	23	189,78	28,06		
Gesamtdurchschnitt		178,74	27,93		

Wir erwarteten deutliche Unterschiede zwischen den Probanden, die ihre Falleigenschaft von A nach B wechselten.

Hypothese: Probanden, welche von A nach B "gesunden", weisen höhere Werte im VEV auf (positive Veränderung); solche, die von A nach B "erkranken" dagegen niedrigere (negative Veränderung).

Die Gruppe der Gesunder lag mit einem Mittelwert von 192,36 über der laut Manual kritischen Grenze von 187 für eine positive Veränderung. Wir verglichen folgende Probandengruppen auf Mittelwertdifferenzen hin:

Gruppe 1: Probanden, die weder im A- noch im B-Interview als Fall identifiziert wurden (NF - NF).

Gruppe 2: Gesunder, die zum Zeitpunkt A Fälle, dagegen zum Zeitpunkt B psychisch gesund waren (F - NF).

Gruppe 3: Erkrankte, welche - ehemals psychisch gesund - zum Zeitpunkt B Fälle waren (NF - F).

Gruppe 4: Probanden, die sowohl in A als auch in B Fälle waren (F - F).

Tabelle 8.2 zeigt die Ergebnisse zu dieser Fragestellung.

Da für die untersuchten Gruppen Varianzhomogenität nicht gegeben war ($\text{var}_{max}/\text{var}_{min} = 5{,}61$), überprüften wir die Fragestellung mit Hilfe der Rangvarianzanalyse (H-Test) nach Kruskall-Wallis (vgl. Siegel 1986). Die Prüfung der Rangplatzdifferenzen (vgl. Diehl u. Kohr 1977) erbrachte nur für die Gruppen 2 und 3 ein signifikantes Ergebnis. Demnach zeigen die Gesunder einen höheren Veränderungswert im VEV als die Erkranker.

Tabelle 8.2. VEV-Mittelwerte ($\bar{x}$) und -Standardabweichungen (SD) der 4 Gruppen (konstant Gesunde, Gesunder, Erkranker und konstant Fälle) sowie Ergebnisse zum H-Test (Kruskall-Wallis)

Gruppe	n	$\bar{x}$	SD	Mittlere Ränge
1 Konstant Gesunde	70	189,98	25,77	53,07
2 Gesunder	11	192,36	27,59	68,73
3 Erkranker	7	165,57	15,91	36,64
4 Konstant Fälle	14	163,42	36,13	37,54

H-Test: $\chi^2 = 8,85$; $p = 0,031$.
Gruppendifferenz ($D2\text{-}3 = 36,63 > D_{k.p.=0,05} = 32,76$), d.h. signifikante Gruppendifferenz zwischen den Gesundern und den Erkrankern.

Die hier dargestellten Berechnungen erschienen notwendig, da einerseits die von den Autoren berichteten Veränderungsnormen nicht generalisiert werden können (vgl. Zielke u. Kopf-Mehnert 1978) und andererseits der VEV-Mittelwert der konstant gesunden Gruppe mit 189,98 signifikant höher liegt als der theoretische VEV-Wert für das Fehlen einer Veränderung (Irrtumswahrscheinlichkeit 5 %). Dies erscheint für eine Gruppe, die die Falleigenschaft nicht ändert, nicht plausibel.

Um die diagnostische Relevanz des Fragebogens über den Gruppenvergleich hinaus für den Einzelfall abschätzen zu können, berechneten wir für jede der 4 Gruppen den prozentualen Anteil der Probanden, die laut VEV eine positive Veränderung im Verhalten und Erleben angaben (also einen Punktwert >187 im VEV erzielten). Die Ergebnisse zeigt Tabelle 8.3.

Tabelle 8.3. Absoluter ($n_{posänd.}$) und relativer ($\%_{posänd.}$) Anteil von Personen mit positiver Veränderung laut VEV-Norm für die 4 untersuchten Probandengruppen (konstant Gesunde, Gesunder, Erkranker und konstant Fälle)

Gruppe	n	$n_{posänd.}$	$\%_{posänd.}$
1 Konstant Gesunde	70	17	24,3
2 Gesunder	11	5	45,5
3 Erkranker	7	0	0,0
4 Konstant Fälle	14	2	14,3
Gesamt	102	24	23,5

Aufgrund der zu kleinen Zellbesetzung ist eine Prüfung auf Abweichung von der Erwartungswertverteilung (23,5 % positive Veränderungen) nicht möglich.

Diskussion

Da der VEV bezüglich keiner der berücksichtigten Moderatorvariablen (Geschlecht, Alter, Schicht) Gruppendifferenzen zeigte, scheint er prinzipiell ohne weitere Normierung für die Abbildung subjektiver Veränderungen im Erleben und Verhalten geeignet zu sein. Die Gruppe der Gesunder zeigte erwartungsgemäß einen - laut Norm - signifikant positiven Veränderungswert. Auch unterschieden sich die Gruppen der Gesunder und Erkranker signifikant voneinander. Auf der Einzelfallebene scheint dagegen Vorsicht bei der Interpretation der VEV-Werte angebracht, da lediglich 45,5 % der Gesunder auch einen signifikanten Veränderungswert in positiver Richtung aufweisen. Erkranker lassen sich - wie von den Autoren berichtet - mit Hilfe des VEV offensichtlich nicht abbilden. Allerdings muß bei der Betrachtung der Ergebnisse berücksichtigt werden, daß der Beurteilungszeitraum mit ca. 3 Jahren erheblich über dem durch die Autoren untersuchten Katamnesezeitraum von 16 Monaten liegt. Auch untersuchten Zielke et al. Probanden nach einer therapeutischen Intervention, während die von uns befragten Probanden in der Zwischenzeit meist keine spezifische Therapie bekommen hatten; außerdem bedeutet "Gesunder" oft nur eine minimale positive Veränderung im Beeinträchtigungsschwerescore (vgl. Abschn. 5.2).

Da der Mittelwert der konstant gesunden Probanden unserer Stichprobe signifikant über dem theoretischen Mittelwert des VEV liegt, stellt sich die Frage der Gültigkeit der mit dem VEV erzielten Ergebnisse, denn für diese Gruppe wäre keine Veränderung zu erwarten. Möglicherweise weist der Fragebogen einen Bias in positiver Richtung auf. Dieser ließe sich folgendermaßen erklären: Der VEV besteht aus 28 positiv und 14 negativ formulierten Items. Der Proband ist angehalten, Veränderungen in Richtung des Items einzuschätzen. Dies setzt bei negativ formulierten Items ein hohes Maß an kognitiver Fähigkeit voraus.

Das folgende Beispiel soll dies veranschaulichen. Item Nr. 12 "meine Stimmung schwankt jetzt stärker als früher":

- Ist beim Probanden eine Verbesserung hinsichtlich dieses Sachverhaltes eingetreten, so müßte er einen Punkt "in entgegengesetzter Richtung" ankreuzen.
- Leidet der Proband dagegen vermehrt unter Stimmungsschwankungen, so sollte er einen Punktwert "in gleicher Richtung" markieren.
- Ist keine Veränderung eingetreten, so wird die mittlere Kategorie "keine Änderung" angegeben.

Möglicherweise lassen sich nicht alle Probanden auf die Differenziertheit der Items ein und geben generell bei einer subjektiv positiv erlebten Veränderung einen positiven Wert an, was bei Aufsummierung - nach Verpolung der negativen Items - immer zu einem tendenziell höheren VEV-Wert führt.

Insgesamt bildet der VEV Gruppenunterschiede zwischen konstant Gesunden, Gesundeten, Erkrankten und konstant Kranken nicht in der erwarteten Deutlichkeit ab. Hierbei ist jedoch zu berücksichtigen, daß der Fragebogen speziell für therapieinduzierte Veränderung konzipiert wurde und in diesem Zusammenhang offensichtlich auch ausreichend zwischen untersuchten Therapie- und Wartegruppen differenziert (Zielke 1980). Einzelfalldiagnostisch relevante Ergebnisse sind für die von uns untersuchten Probanden daher kaum zu erwarten. Weiterhin dürften die geringen Teilstichprobenumfänge in unserer Untersuchung mit dafür verantwortlich sein, daß auch Gruppenunterschiede kaum nachweisbar waren.

8.2 Freiburger Persönlichkeitsinventar
H. Parekh

Bei der Konzeption unseres Forschungsprojektes war der Entschluß gefaßt worden, auch einen psychologisch und klinisch bewährten Persönlichkeitstest in das umfangreiche Untersuchungsinstrumentarium aufzunehmen. Dazu bot sich das FPI (Freiburger Persönlichkeitsinventar, Fahrenberg et al. 1978) an, das zum einen den Vergleich unserer Ergebnisse mit denen anderer Forschungsprojekte möglich macht und außerdem als Instrument zur Veränderungsmessung dient (vgl. Manz, Abschn. 4.1).

8.2.1 Ausgewertetes Datenmaterial

Die A-Studie hatte eine Rücklaufquote ausgefüllter FPI-Fragebogen der Halbform A von 83 % erbracht, die B-Studie immerhin noch 75 %. Unter den häufig recht erschwerten Bedingungen der Follow-up-Untersuchung ist dies ein erfreuliches Ergebnis. Verglichen mit dem VEV (s. Abschn. 8.1), traf das FPI also auf eine weitaus bessere Akzeptanz bei den Probanden. Beide Fragebögen wurden in gleicher Weise gegen Ende des Interviews mit der Bitte, sie auszufüllen und baldmöglichst in einem Freiumschlag zurückzusenden, bei den Probanden hinterlassen. (Mit großer Wahrscheinlichkeit sind zahlreiche Probanden mit dem für psychotherapeutische Inanspruchnahmeklientel konstruierten VEV intellektuell etwas überfordert, so daß sie entweder die Beantwortung insgesamt verweigern oder aber eine Art indirekter Testverweigerung durch undifferenziertes, quasi mechanisches Ankreuzen der mittleren Kategorie praktizieren.)

Da wir in besonderem Maße an Veränderungsmessung, d.h. Prozeßdiagnostik von der A- zur B-Studie interessiert sind, konzentrieren wir die Auswertung auf die 358 Probanden, von denen uns sowohl ein A- als auch ein B-FPI der Halbform A vorliegt. Für jeden dieser Probanden können wir also dem Eingangstestwert einen Nachtestwert gegenüberstellen. Wir legen der Analyse ausschließlich Rohwerte zugrunde, um erwartete Geschlechts- und Altersdifferenzen nicht von vornherein durch eine Standardisierung nach diesen Parametern zu verwischen (Begründung für dieses Vorgehen s. Parekh in: Schepank 1987a, S. 223).

Entsprechend einer Empfehlung des Testautors eliminieren wir (wie in der A-Auswertung auch) Probanden, deren Testwert auf der FPI-Skala 9 "Offenheit" unter einem kritischen Grenzwert blieb, d.h. die in der Beantwortung als nicht hinreichend offen gelten müssen. Die Wichtigkeit dieses Offenheitskriteriums für eine zuverlässige Interpretation der Ergebnisse wird später diskutiert.

In die eigentliche Auswertung gehen schließlich 235 Probanden ein, von denen sowohl aus der A- als auch aus der B-Untersuchung hinreichend offen ausgefüllte FPI (s. oben) vorliegen.

8.2.2 Ergebnisse

1) Geschlechtsspezifische Differenzen im FPI

Ein zentrales Ergebnis unserer Studie sind die unterschiedlichen Fallraten psychogener Erkrankungen bei Männern und Frauen. Den Ursachen und Gründen dieser Geschlechtsdifferenzen gilt bei unserer Auswertung auf allen Ebenen besondere Aufmerksamkeit, da das Geschlecht eine der wichtigsten Kernvariablen bei der epidemiologischen Analyse psychogener Erkrankungen darstellt.

Die - analog den deskriptiv epidemiologischen Morbiditätsdaten - an den FPI-Daten zu überprüfende Hypothese lautet: "Frauen haben in den Subdimensionen des FPI pathologischere Werte als Männer."

Signifikante Mittelwertsdifferenzen (s. Tabelle 8.4; $p < 0,001$) in der erwarteten Richtung mit pathologischeren Werten bei den Frauen finden sich in den 3 Dimensionen FPI 1 "Nervosität" (psychosomatische Gestörtheit in Form von körperlichen Beschwerden, psychosomatischen Allgemeinstörungen, -starker körperlicher Affektresonanz), FPI 8 "Gehemmtheit" (Schüchternheit, Lampenfieber, körperliche Angstkorrelate, geringe Tatkraft auf dem pathologischen Pol vs. Ungezwungenheit, Selbstbewußtsein, sicheres Auftreten und Handeln, Unternehmungslust) und FPI M "Maskulinität" (Zurückhaltung, Schüchternheit, Gehemmtheit, niedergedrückte Stimmung, wenig Zuversicht und Selbstvertrauen und psychosomatische Allgemeinstörungen auf dem pathologischen Pol vs. körperliche Durchsetzung, ausgeglichene Stimmungslage und wenig körperliche Beschwerden). Bei weiteren 5 Dimensionen, nämlich FPI 3 "Depressivität", FPI 4 "Erregbarkeit", FPI 6 "Gelassenheit", FPI E "Extraversion" und FPI N "emotionale Labilität" sind die geschlechtsspezifischen Differenzen zwar auf dem Fünfprozentniveau signifikant, würden jedoch nach einer α-Adjustierung das strenge Kriterium von $p \leq 0,004$ nicht mehr erfüllen.

Tabelle 8.4. Gruppenmittelwerte (A- und B-Rohwerte) der FPI-Dimensionen bei Männern und Frauen (n=235)

FPI-Dimension	Männer n=135		Frauen n=100		Signifikanz		α-Adjust. in B signifikant
	A ($\bar{x}$)	B ($\bar{x}$)	A ($\bar{x}$)	B ($\bar{x}$)	A p<	B p<	
FPI 1 "Nervosität"	4,68	4,51	6,06	6,22	0,005	0,002	*
FPI 2 "Aggressivität"	3,04	2,68	2,48	2,36	0,035	0,167	
FPI 3 "Depressivität"	4,99	4,41	5,73	5,35	0,119	0,05	
FPI 4 "Erregbarkeit"	3,88	3,91	5,03	4,69	0,000	0,018	
FPI 5 "Geselligkeit"	8,22	8,21	7,85	8,07	0,384	0,73	
FPI 6 "Gelassenheit"	5,71	5,65	4,67	4,99	0,002	0,039	
FPI 7 "Dominanzstreben"	3,38	3,33	3,27	3,18	0,667	0,56	
FPI 8 "Gehemmtheit"	3,84	3,80	5,17	4,91	0,000	0,000	*
FPI 9 "Offenheit"	9,93	9,90	9,73	9,81	0,425	0,688	
FPI E "Extraversion"	6,26	6,08	5,47	5,41	0,018	0,039	
FPI N "Emotionale Labilität"	4,69	4,31	5,60	5,30	0,031	0,016	
FPI M "Maskulinität"	7,69	7,76	5,29	5,60	0,000	0,000	*

* Auch nach α-Adjustierung noch signigfikant.

Zur vergleichenden Analyse der Geschlechtsdifferenzen in A- und B-FPI wurde die Hypothese formuliert, daß die Rohwertprofile der FPI-Mittelwerte auf Gruppenebene für Männer und Frauen in A und B weitgehend kongruent sind. Der Vergleich der Daten bestätigt diese Annahme, d.h. die in der A-Studie getroffenen Aussagen über geschlechtsspezifische Differenzen im FPI werden in der Nachuntersuchung repliziert und können als ein Reliabilitätsbeleg angesehen werden. Die höhere Gesundungsrate der Frauen in der Nachuntersuchung findet ihre Entsprechung auf der Ebene der FPI-Daten in der Tendenz einer leichten Verbesserung bei den Frauen in Richtung weniger pathologischer Werte in einzelnen Dimensionen.

Exkurs: Zum Vergleich wurden auch die Mittelwerte derjenigen 70 Probanden auf Geschlechtsdifferenzen hin überprüft, die sowohl in der A- als auch in der B-Studie dem Offenheitskriterium der Skala FPI 9 nicht genügten. Die Analyse belegt deutlich, daß die Probanden offenbar ihre Antworten "geschönt", d. h. die Ergebnisse in positiver, nichtpathologischer Richtung verzerrt haben. Hier sind die Geschlechtsdifferenzen, die bei den "Offenen" deutlich pathologischere Werte bei den Frauen aufweisen, auf fast allen Dimensionen (ausgenommen FPI 8 "Gehemmtheit" und FPI 12 "Maskulinität") verwischt. Besonders gravierend zeigt sich diese verfälschende Antworttendenz im Mittelwert der Skala "Maskulinität", die eine stabile, durchsetzungsfähige und unneurotische Selbstschilderung erfaßt. Hier liegt der Mittelwert aller "unoffenen" Probanden sogar deutlich über dem Mittelwert der in A- und B-Studie stabil gesunden Probanden. Sie schildern sich also im Durchschnitt noch gesünder als die zu beiden Untersuchungszeitpunkten als gesund diagnostizierten Probanden. Selbst die Frauen dieser Untergruppe erreichen einen Maskulinitätsmittelwert, der demjenigen der stabil gesunden Probanden entspricht.

Hieran zeigt sich in eindrucksvoller Weise, wie wichtig die Beachtung des von den Autoren festgesetzten Offenheitskriteriums (s. oben) für eine verläßliche Interpretation der Daten ist.

2) Psychogene Beeinträchtigung und FPI (Fälle vs. Nichtfälle)

Eine anfänglich formulierte Arbeitshypothese hatte gelautet: "Fälle und Nichtfälle unterscheiden sich in ihrer Selbstschilderung in einem psychometrischen Persönlichkeitstest wie dem FPI". Die Untersuchung der FPI-Ergebnisse in der A-Studie hatte bei 10 der insgesamt 12 Persönlichkeitsdimensionen signifikante Differenzen zwischen Fällen und Nichtfällen mit jeweils eindeutig pathologischeren Werten bei den Fällen erbracht (Parekh 1987, S. 226f.). Fälle waren stärker psychosomatisch gestört, zeigten eine stärkere spontane Aggressivität, waren deutlich depressiver bzw. selbstunsicherer, leichter erregbar, ungeselliger, leichter irritierbar, gehemmter, introvertierter, emotional labiler und zeigten eine weiblichere, d.h. hier pathologischere Selbstschilderung im Vergleich zu den Nichtfällen.

In Tabelle 8.5 sind die Mittelwerte (Rohwerte) von Fällen und Nichtfällen aus der A-Studie denen derselben Analysestichprobe (n = 235, s. oben) der B-Studie gegenübergestellt.

Tabelle 8.5. FPI-Mittelwerte ($\bar{x}$) (Rohwerte) bei Fällen und Nichtfällen in A- und B-Studie (n=235)

	Dimension		Nichtfälle		Fälle		Signifi-kanz	$\alpha-$Adjust.	
	A $\bar{x}$	B $\bar{x}$	A	B	A	B	A	B	in
	n=235	n=235	n=175	n=178	n=60	n=57	p≤	p≤	A u.B signifikant
FPI 1 "Nervosität"	5,27	5,24	4,39	4,04	7,82	9,00	0,000	0,000	*
FPI 2 "Aggressivität"	2,80	2,54	2,67	2,39	3,18	3,02	0,094	0,020	
FPI 3 "Depressivität"	5,31	4,81	4,42	3,89	7,90	7,68	0,000	0,000	*
FPI 4 "Erregbarkeit"	4,37	4,24	4,05	3,79	5,30	5,66	0,002	0,000	*
FPI 5 "Geselligkeit"	8,06	8,15	8,73	8,54	6,13	6,93	0,000	0,001	*
FPI 6 "Gelassenheit	5,27	5,37	5,87	5,76	3,50	4,16	0,000	0,000	*
FPI 7 "Dominanzstreben"	3,34	3,26	3,34	3,15	3,33	3,61	0,990	0,113	
FPI 8 "Gehemmtheit"	4,41	4,27	3,83	3,88	6,10	5,49	0,000	0,000	*
FPI 9 "Offenheit"	9,84	9,86	9,72	9,73	10,20	10,28	0,084	0,040	
FPI E "Extraversion"	5,92	5,79	6,39	6,02	4,57	5,09	0,000	0,013	
FPI N "Emotionale Labilität"	5,08	4,74	4,32	3,99	7,28	7,07	0,000	0,000	*
FPI M "Maskulinität"	6,67	6,84	7,37	7,49	4,63	4,79	0,000	0,000	*

146

Tabelle 8.6. Mittelwerte ($\bar{x}$) der FPI-Skalen (A- und B-Rohwerte) bei konstant Gesunden, Gesundern, Erkrankern und konstanten Fällen; n=235 (offen in A und B)

Dimension	1. A-NF/B-NF n=151 Gesunde	2. A-F/B-NF n=27 Gesunder	3. A-NF/B-F n=24 Erkranker	4. A-F/B-F n=33 Fälle	Signifikanz p≤
FPI 1 "Nervosität"					
A ($\bar{x}$) = 5,27	3,97	6,96	7,04	8,51	0,0000
B ($\bar{x}$) = 5,24	3,61	6,37	7,83	9,85	0,0001
(max. = 17)					
FPI 2 "Aggressivität"					
A ($\bar{x}$) = 2,80	2,49	3,63	3,79	2,82	0,0031
B ($\bar{x}$) = 2,54	2,25	3,14	3,66	2,54	0,0006
(max. = 13)					
FPI 3 "Depressivität"					
A ($\bar{x}$) = 5,31	4,05	7,67	6,71	8,09	0,0000
B ($\bar{x}$) = 4,81	3,39	6,66	7,87	7,54	0,0001
(max. = 14)					
FPI 4 "Erregbarkeit"					
A ($\bar{x}$) = 4,37	3,82	5,00	5,50	5,55	0,0002
B ($\bar{x}$) = 4,24	3,54	5,11	6,08	5,36	0,0001
(max. = 10)					
FPI 5 "Geselligkeit"					
A ($\bar{x}$) = 8,06	8,83	6,56	8,08	5,79	0,0000
B ($\bar{x}$) = 8,15	8,70	7,67	7,71	6,36	0,0010
(max. = 14)					
FPI 6 "Gelassenheit"					
A ($\bar{x}$) = 5,27	5,95	3,93	5,42	3,15	0,0000
B ($\bar{x}$) = 5,37	6,08	3,93	4,46	3,94	0,0001
(max. = 10)					
FPI 7 "Dominanzstreben"					
A ($\bar{x}$) = 3,34	3,21	3,19	4,13	3,45	0,2150
B ($\bar{x}$) = 3,26	3,10	3,44	4,04	3,30	0,1490
(max. = 10)					
FPI 8 "Gehemmtheit"					
A ($\bar{x}$) = 4,41	3,72	6,19	4,54	6,03	0,0000
B ($\bar{x}$) = 4,27	3,59	5,52	4,75	6,03	0,0001
(max. = 10)					
FPI 9 "Offenheit"					
A ($\bar{x}$) = 9,84	9,55	10,19	10,79	10,21	0,0059
B ($\bar{x}$) = 9,86	9,57	10,63	10,75	9,94	0,0010
(max. = 14)					
FPI E "Extraversion"					
A ($\bar{x}$) = 5,92	6,43	4,81	6,13	4,36	0,0000
B ($\bar{x}$) = 5,79	6,15	5,30	5,83	4,54	0,0048
(max. = 12)					
FPI N "Emotionale Labilität"					
A ($\bar{x}$) = 5,08	4,03	6,81	6,17	7,67	0,0000
B ($\bar{x}$) = 4,74	3,60	6,19	7,33	6,88	0,0001
(max. = 12)					
FPI M "Maskulinität"					
A ($\bar{x}$) = 6,67	7,58	5,44	6,04	3,97	0,0000
B ($\bar{x}$) = 6,84	7,76	6,04	5,58	4,21	0,0001
(max. = 13)					

Diskussion
Signifikante Gruppendifferenzen zwischen Fällen und Nichtfällen finden sich übereinstimmend in A- und B-Untersuchung in folgenden Dimensionen: FPI 1 "Nervosität", FPI 3 "Depressivität", FPI 4 "Erregbarkeit", FPI 5 "Geselligkeit", FPI 6 "Gelassenheit", FPI 8 "Gehemmtheit", FPI N "emotionale Labilität" und FPI M "Maskulinität". Auch nach α-Adjustierung ($p \leq 0{,}004$) bleiben diese Differenzen erhalten. Wir werten dies als einen Beleg für die Brauchbarkeit des FPI zur Erfassung relativ zeitstabiler Persönlichkeitsdimensionen im Sinne von "traits".

Mit Hilfe empirisch verifizierter Indikatoren werden so persönlichkeitsspezifische Verhaltens- und Erlebensweisen und subjektive Verarbeitungsmodi erfaßt. Die Items des FPI beziehen sich zum großen Teil auf Symptome, die analog in unser Konstrukt psychogener Beeinträchtigung eingehen und von seiten der untersuchenden Experten mit Hilfe der Fallidentifikationsinstrumente erfaßt werden.

Fazit: Die auch auf FPI-Ebene in beiden Untersuchungen durchgehend signifikanten Differenzen zwischen Fällen und Nichtfällen zeigen, daß die FPI-Dimensionen sich mit unserem Konstrukt psychogener Beeinträchtigung weitgehend decken. Somit erscheint das FPI als ein relativ brauchbares Screeninginstrument, da seine Dimensionen sensibel für wesentliche Faktoren psychischer Gesundheit bzw. Beeinträchtigung sind.

3) Fallwechsel und FPI im Dreijahresintervall

Für die Veränderungsdiagnostik im engeren Sinne stellen wir in einem weiteren Schritt nicht nur die zu beiden Untersuchungszeitpunkten Gesunden den psychogen Kranken gegenüber, sondern analysieren nun zusätzlich die beiden Subgruppen der sog. "Fallwechsler" (vgl. Abschn. 5.2) im Vergleich zu den stabilen Fällen bzw. Nichtfällen anhand ihrer FPI-Testergebnisse (Tabelle 8.6).

8.2.3 Hypothese

"Die 4 Subgruppen der stabilen Fälle, der stabilen Nichtfälle, der Gesunder und Erkranker lassen sich mit Hilfe ihrer Mittelwertsdifferenzen auf den 12 FPI-Dimensionen in der B-Untersuchung signifikant voneinander differenzieren."

Abbildung 8.1 zeigt in Form der geläufigen FPI-Profile (Rohwerte!) die Mittelwerte der 4 Gruppen. Es ist deutlich zu erkennen, daß die stabil Gesunden und die stabilen Fälle nahezu durchgehend die äußeren, d.h. extremen Positionen in den einzelnen Dimensionen belegen und die Wechsler sich erwartungsgemäß jeweils dazwischen bewegen. Ausnahmen bilden lediglich einige Dimensionen, bei denen die sog. "Erkranker" noch pathologischere Werte als die konstanten Fälle aufweisen. Dies trifft für die Dimensionen "Depressivität" (FPI 3), "Erregbarkeit" (FPI 4) und "emotionale Labilität" (FPI N) zu.

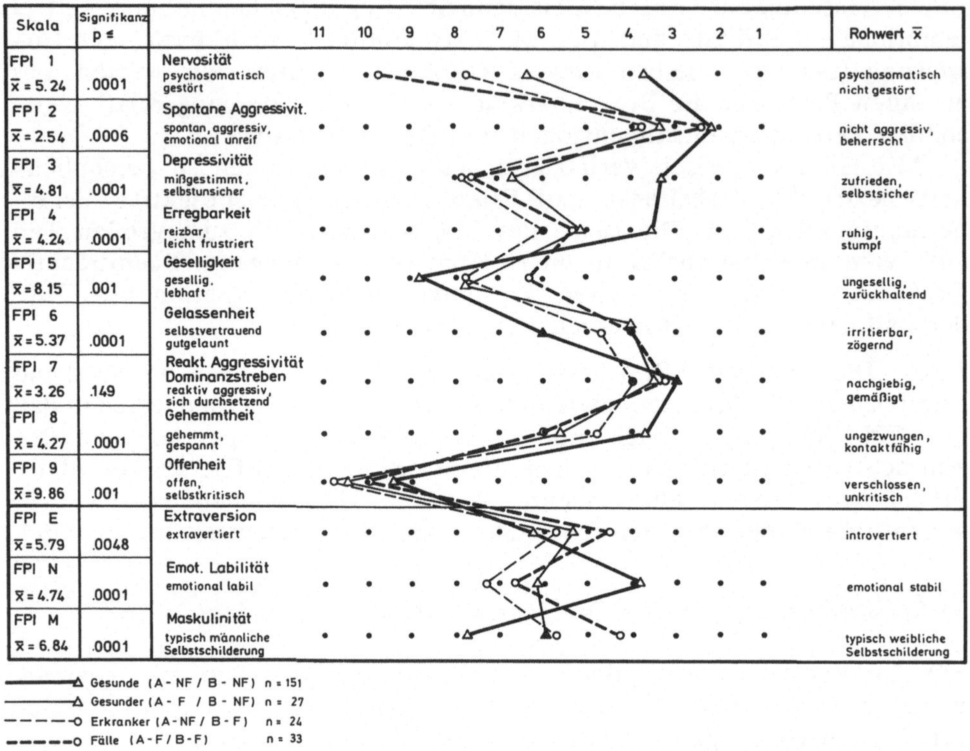

Abb. 8.1. Mittelwerte der FPI-Profile (Rohwerte) von 4 Gruppen: konstanten Fällen, konstanten Nichtfällen, "Gesundern" und Neuerkrankten

Die größte diagnostische Valenz besitzen offenbar die Dimensionen "Nervosität" (FPI 1), "Depressivität" (FPI 3), "emotionale Labilität" (FPI N) und "Maskulinität" (FPI M). Diese 4 Dimensionen erweisen sich am trennschärfsten in bezug auf die 4 definierten Gruppen von Gesunden und Fällen in A und B. Ein weiterer Beleg hierzu sind die hohen Korrelationen dieser Skalen mit dem Beeinträchtigungsschwerescore.

8.2.4 Interpretation

Die Berechnung von A-priori-Mittelwertskontrasten ergab weder für A- noch für B-Werte auf irgendeiner der 12 Skalen signifikante Differenzen zwischen den beiden Subgruppen der Fallwechsler, d.h. den Gesundern und Erkrankern.

Signifikante Gruppendifferenzen beziehen sich dagegen immer auf den Vergleich mit konstant Gesunden und konstanten Fällen. Inhaltlich zeigt sich hier also die Erhaltung der Trait-Komponente, für die das FPI sensibel ist; bei sog. Fallwechslern können dagegen die Veränderungen durch die Testmittelwerte der Gruppe nicht abgebildet werden. Wir sehen darin nochmal einen Beleg dafür, daß es sich bei den Wechslern um eine Risikopopulation handelt, deren FPI-Mittelwerte generell zwischen den Mittelwerten der konstant Gesunden und der konstanten Fälle rangieren. In einigen Dimensionen zeigt sich, wie sich zwischen den beiden Wechslergruppen die Veränderungen der Mittelwerte quasi überkreuzen im Sinne von Verbesserungen bei den Gesundern und pathologischeren Werten von A zu B bei den Erkrankern. Auch auf der Ebene der Expertenbeurteilung (Fallidentifikation) ist diese Population als sog. Risikoklientel ausgewiesen mit BSS-Scores um das Cut-off-Kriterium von 5 Punkten herum.

8.2.5 Zusammenfassung

Das Kriterium FPI-Test repliziert im Rahmen der Veränderungsmessung von A- zu B-Untersuchung im wesentlichen die Dimensionen, die mit psychogener Beeinträchtigung im von uns definierten Sinne kovariieren. Jedoch ist eine Abbildung des spontanen Verlaufs (Wechsler) wohl nicht möglich, da die Differenzen in den z.T. relativ kleinen Subgruppen zu gering sind. Die differenzierten Expertenurteile können im Vergleich subjektive Veränderungen im Dreijahresintervall sensibler erfassen.

9 Aspekte demographischer Kernvariablen

9.1 Geschlechtsunterschiede im Krankheitsverhalten
W. Tress, D. Merscher

Mit dem Begriff des Krankheitsverhaltens versucht die medizinische
Psychologie und Soziologie, dem zunächst unerwarteten Phänomen nä-
herzukommen, daß "Menschen beim Wahrnehmen von Krankheitsanzei-
chen unterschiedlich handeln und dieses Verhalten nur teilweise mit den
von den Experten geforderten Maßnahmen übereinstimmt" (Janta u. Valentin in: Schepank 1987a). Hier fließen soziokulturelle Aspekte ebenso
wie institutionelle Gegebenheiten mit ein. Gleichfalls sind Diskrepanzen
im Spiel zwischen den (möglichst) wissenschaftlich fundierten Thera-
pieempfehlungen des Arztes und der Laientheorie des Patienten, ob und
wie seine Leiden, die nicht immer mit Beschwerden einhergehen müssen,
angemessen zu behandeln seien.

Daneben erwarten Janta und Valentin gerade für psychogene Erkrankungen, bei denen unbewußte irrationale Motive im Dienste der Abwehr
eine zentrale Rolle spielen, ein besonders inadäquates Krankheitsverhalten. So können, die Autoren weiter, wiederholte organmedizinische Untersuchungen und langzeitige Einnahme von sedierenden Medikamenten
das unbewußte Streben des Patienten unterstützen, sich nicht mit seinen
Konflikten auseinandersetzen zu müssen. In diese Richtung gehen dann
auch die Ergebnisse unserer A-Studie: Psychogen Kranke nehmen im
Gegensatz zu seelisch Gesunden generell häufiger ärztliche Leistungen in
Anspruch, nehmen auch vermehrt Psychopharmaka zu sich und konsultieren häufiger die unterschiedlichsten Fachärzte. Sie werden ferner gegenüber den Nichtfällen öfter aus den verschiedenartigsten Gründen
krank geschrieben. Ein Viertel von ihnen nimmt auch Psychiater, Psychotherapeuten oder Psychologen in Anspruch. Die angesichts des
Krankheitsbildes suboptimale somatische Versorgung steht freilich ganz
im Vordergrund. Neben vielem anderem berichten Janta u. Valentin
weiter, daß Frauen mit psychogener Erkrankung sich ganz eindeutig an
eine größere Zahl von Ärzten wenden, wofür häufiger als von den
ebenfalls beeinträchtigten Männern die psychogenen Beschwerden zum
Anlaß genommen werden.

Um nun das Krankheitsverhalten Gesunder und psychogen Erkrankter auf Geschlechtsunterschiede im Detail zu überprüfen, wurden aus
dem Datenmaterial des Mannheimer Kohortenprojektes zunächst 2 Ex-

tremgruppen gebildet: die der stabil Gesunden (I) und die der chronisch
-psychogen Kranken (II). Über die vergangenen 3 Jahre hinweg er-
reichte die Gruppe der Gesunden (I) höchstens 2 Punkte der Beeinträchtigungsschwere durch psychogene Erkrankungen (BSS), die der chronisch
Kranken (Gruppe II) aber konstant 5 oder mehr Punkte.

Für diese Probanden prüften wir einige elektronisch gespeicherte
Aspekte des Krankheitsverhaltens hinsichtlich möglicher Geschlechtsunterschiede:

a) Zahl der Arztbesuche in den letzten 12 Monaten,
b) Zahl der besuchten Ärzte in den letzten 12 Monaten,
c) Grund des letzten ambulanten Arztbesuches,
d) Psychotherapieinanspruchnahme,
e) Krankschreibung in den letzten 3 Jahren,
f) Krankschreibungen wegen ICD 300 bis 307 (WHO, 8. Rev.),
g) Medikamenteneinnahme in den letzen 7 Tagen,
h) Symptomzahl,
i) Expertenrating: nachbarschaftliche Integration,
k) Expertenrating: soziale Integration.

9.1.1 Ergebnisse

Innerhalb der Gruppe I (stabil Gesunde) liegt in den aufgeführten
Aspekten des Krankheitsverhaltens nur ein einziger sehr signifikanter
Geschlechtsunterschied vor: 23 % der Frauen, aber nur 7 % der Männer
konsultierten während der vergangenen 12 Monate mehr als 2 Ärzte.
Vermutlich verbirgt sich dahinter die gynäkologische Vorsorge, was auf
seiten der Männer kein altersentsprechendes Pendant findet. Mithin stellt
sich zwischen seelisch gesunden Männern und Frauen kein wirklicher
Geschlechtsunterschied im Krankheitsverhalten (Aspekte a bis k) dar.

Wenden wir uns der Gruppe II, den chronisch psychogen Kranken
zu, so ist krankheitsbedingt in allen Aspekten ein deutliches Ansteigen
in den Parametern des Krankheitsverhaltens für Männer und Frauen zu
verzeichnen. Deutliche Geschlechtsunterschiede ergeben sich bezüglich
der *Frequenz der Arztbesuche*: 75 % der Frauen, aber nur 56 % der
Männer geben mehr als 2 Konsultationen für das vergangene Jahr an. Im
Gegensatz zu den Gesunden treten keine Unterschiede bezüglich der
Anzahl der besuchten Ärzte auf. Ähnlich der Gruppe I wenden sich bei
den chronisch Kranken mehr Männer als Frauen (49 % gegenüber 25 %)
wegen vornehmlich organischer Erkrankungen an den Arzt, aber auch 40
% der Männer und 51 % der Frauen wegen psychogener Syndrome. Die
lebenslange Inanspruchnahme psychotherapeutischer Angebote im weitesten Sinne beträgt in Gruppe II 28 % bei den Frauen und 20 % bei den
Männern. Der Tendenz nach ließen sich mehr Frauen als Männer (33 % :
20 %) wegen psychogener Syndrome in den letzten 3 Jahren krank
schreiben. Schließlich zeichnet sich ein hochsignifikanter Ge-

schlechtsunterschied hinsichtlich der generellen Medikamenteneinnahme für die zurückliegende Woche ab, wovon immerhin 80 % der psychogen kranken Frauen, aber nur 56 % der ebenfalls kranken Männer berichten.

Über die Aspekte a bis k hinaus kann bezüglich des Klageverhaltens in den Beschwerdelisten (v. Zerssen 1976) von einer geringfügig, statistisch aber signifikant höheren Klagsamkeit der Frauen aufgrund seelischer Beeinträchtigungen gesprochen werden, nicht aber für körperlich erlebte Beschwerden. Die Gruppe II (chronisch Kranke) gibt selbstverständlich durchgängig mehr Beschwerden an als Gruppe I, wobei nun im Bereich des seelischen Erlebens die Beschwerden der Frauen hochsignifikant und bei den körperlich zugeordneten Beschwerden immer noch der statistischen Tendenz nach überwiegen.

Im folgenden geht es um die Frage, ob die Daten zum Krankheitsverhalten aus dem zweiten Querschnitt zusätzliche, insbesondere verlaufsorientierte Gesichtspunkte beitragen können.

Zunächst einmal ist mitzuteilen, aber nicht näher auszuführen, daß sich das Krankheitsverhalten in der gesamten Stichprobe über das Dreijahresintervall hinweg insgesamt nur geringfügig verändert hat. Eine Ausnahme bildet das subjektive Klageverhalten, das bei beiden Geschlechtern generell ansteigt. Demgegenüber werden fremddiagnostisch speziell bei Frauen weniger Symptome seitens der Interviewer vermerkt. Auch die Zahl der jährlichen Arztbesuche steigt in den niedrigen und mittleren Frequenzen geringfügig an. Dies mag einerseits auf das zunehmende Durchschnittsalter der Stichprobe zurückgehen, andererseits aber auch ein Effekt der durch die Drop-outs wie auch durch zunehmende Unbefangenheit gegenüber dem Interview veränderten B-Stichprobe sein. Die interessante empirische Frage für die Betrachtung des Verlaufs geht dahin, wie sich das Krankheitsverhalten von Frauen und Männern ändert, die im Beobachtungszeitraum die definierte Fallgrenze im Sinne unseres Projekts kreuzten, indem sie entweder von der Rubrik "Fall" in die andere ("Nichtfall") oder umgekehrt wechselten (vgl. Abschn. 5.2).

Zunächst die männlichen "Wechsler": Allgemein besteht ein durchgängiger Trend von A nach B, der bei den chronisch Kranken besonders deutlich wird, wonach Männer bei der Zweiterhebung in der Regel etwas höhere Werte in den Parametern ihres Krankheitsverhaltens angeben. Nicht ganz entsprechen dem jene männlichen "Wechsler", deren Symptomatik sich gebessert hat (A: Fall, B: Nichtfall). Sie geben im Vergleich zum A-Interview eine etwas höhere Medikamenteneinnahme und eine höhere Zahl besuchter Ärzte (1,5 statt 1) für die zurückliegenden 12 Monate an. Dennoch war die Anzahl subjektiv geklagter wie vom Untersucher im B-Interview diagnostizierter Symptome deutlich gesunken. Die geschilderten Veränderungen lassen durchaus die Möglichkeit eines angemesseneren Gesundheits bzw. Krankheitsverhaltens der in B gebesserten Männer zu. Männer, die sich von A nach B verschlechterten und dadurch zu Fällen wurden, besuchten entgegen dem gesamten Trend genauso viele Ärzte (1,5) wie im A-Zeitraum. Ihre Symptomatik stieg sowohl in den Beschwerdelisten wie auch in der Fremddiagnostik beachtlich an.

Die Parameter des Krankheitsverhaltens konstant gesunder Frauen entwickeln sich vom ersten zum zweiten Querschnitt eher zurück, während sie für die chronisch kranken Frauen etwas zunehmen. Vor diesem Hintergrund berichten von A nach B gebesserte Frauen geringere Medikamenteneinnahme und geringere Symptombelastung, womit die Fremddiagnostik des Interviewers übereinstimmt. Indessen sind für Frauen, die im Intervall erkrankten, vornehmlich vermehrte Arztkontakte und eine subjektiv wie objektiv wesentlich höhere Symptombelastung festzustellen. Die Varianzanalyse (2x4-Design: männlich/weiblich; stabile Fälle - stabile Nichtfälle - neue Fälle - neue Nichtfälle) bestätigt für die soeben in ihrer Veränderung beschriebenen Aspekte des Krankheitsverhaltens hochsignifikante Geschlechtsunterschiede wie in aller Regel auch hochsignifikante Einflüsse der wechselnden Falleigenschaft, verwirft aber durchgängig die Hypothese eines Interaktionseffektes zwischen beiden.

9.1.2 Zusammenfassung

Frauen mit psychogenen Erkrankungen suchen den Arzt häufiger auf als ihre männlichen Leidensgenossen. Wenn letztere sich doch an ihren Arzt wenden, dann häufiger als Frauen aufgrund organischer Erkrankungen. Dementsprechend liegt auch die Inanspruchnahme für Psychotherapie bei Frauen höher als bei Männern, ebenso die Rate der Krankschreibung wegen psychogener Beschwerden, wie auch die Quote genereller Medikamenteneinnahme. Klagen über seelisch bedingte Beschwerden bringen Frauen insgesamt stärker als Männer zum Ausdruck, ein Geschlechtsunterschied, der besonders für die Gruppe der chronisch Kranken gilt. Mit diesem Befund gehen auch nosologische Geschlechtsdifferenzierungen einher, wonach Persönlichkeitsstörungen und Suchterkrankungen, die schon krankheitsbedingt oft nicht zur artikulierten Klage befähigen, bei Männern überproportional häufig auftreten. Verändert sich die Beeinträchtigungsschwere im Laufe der Zeit zum Besseren, nehmen Männer wohl im Sinne eines adäquateren Gesundheitsverhaltens die Angebote der Medizin stärker als bislang in Anspruch.

Scheinbar widersprüchliche Erhebungen wie diese waren es schließlich, die den Begriff des Krankheitsverhaltens überhaupt notwendig machten. Die erwähnten Indikatoren nehmen bei gesundheitlich gebesserten Frauen, allerdings von einem höheren Niveau der Inanspruchnahme ausgehend, parallel zur Symptombesserung ab. Das Krankheitsverhalten der im Untersuchungsintervall verschlechterten Männer bleibt unverändert, während Frauen mit dem gleichen Schicksal noch stärker als bisher auf die Angebote der Medizin zurückgreifen.

Die Literatur zu unserem Fragenkomplex diskutiert u.a., daß die traditionelle Frauenrolle mehr Abhängigkeit vorsehe und daher den Frauen die Übernahme des Patientenstatus leichter mache (Mechanic 1965, Richter 1974, Veroff 1981). Frauen hätten i. allg. auch mehr Zeit, um z.B. einen Arzt aufzusuchen (Chesler 1972). Zudem könnten die soziokulturellen Lebensbedingungen der Frauen das Gefühl der Hilfsbedürftigkeit begünstigen (z.B. Gove u. Tudor 1973). Während Männer psychische und soziale Probleme eher verleugnen, werden Klagen hierüber bei Frauen i. allg. akzeptiert (z.B. Pleck 1976). Korrespondierend dazu sprechen Frauen bereitwilliger über Problembereiche und diskutieren sie mit anderen (Kessler et al. 1981; Weyerer et al. 1983). Auch akzeptieren Frauen stärker als Männer ein "seelisches Krankheitskonzept" (Beckmann et al. 1977), wonach seelische Konflikte sich in körperlichen Symptomen ausdrücken können (Mechanic 1974; Verbrugge 1979). Solche soziologischen und sozialpsychologischen Überlegungen wird der Psychoanalytiker durch die Berücksichtigung des Ödipus-Komplexes und seiner Überwindung ergänzen wollen, der für die Erörterung von Unterschieden zwischen den Geschlechtern den zentralen Begriffsrahmen abgibt. Aus dieser Perspektive könnten unsere Befunde auch dafür sprechen, daß Männer möglichst lange versuchen, die mit allen Erkrankungen einhergehende Depotenzierung im Sinne eines Kastrationserlebens abzuwehren. Erkrankungen der Frauen andererseits lassen die frühkindliche Kastrationsklage, von Beginn des Lebens an zu kurz gekommen zu sein, erneut aufleben, was heutzutage gerne als depressiv-narzißtische Störung verstanden wird.

9.2 Differenzierte Syndromanalyse der Geburtsjahrgänge 1935, 1945 und 1955
W. Tress, W. Benn

Immer wieder sind klinische Psychoanalytiker mit dem Vorwurf konfrontiert, Wechselbezüge zwischen gesellschaftlichen Entwicklungen, typischen Ausformungen der Persönlichkeit und neurotischer Krankheit zu vernachlässigen.

Die Planung unserer Feldstudie wollte im Rahmen des Möglichen auch diesen Problemhorizont beachten und entschied sich dafür, keinen repräsentativen Alters*querschnitt* der Bevölkerung, sondern 3 Geburtsjahrgänge (1935, 1945 und 1955) als Kohorten zu untersuchen. Angesichts dramatischer zeitgeschichtlicher Veränderungen, welche in unserem Jahrhundert den einzelnen Menschen im Sinne eines Kollektivschicksals erfaßten, sollte das Kohortendesign den Einfluß sehr unterschiedlicher zeitgeschichtlicher Konstellationen während der Kindheit auf die psychogenen Erkrankungen des Erwachsenenalters empirisch prüfen.

Die Unterschiede in den frühkindlichen Kollektivschicksalen unserer Alterskohorten drängten förmlich zur Hypothese, daß derlei sich auch in Art und Ausmaß späterer psychogener Erkrankungen niederschlagen müsse. Die ersten *Befunde der A-Studie* aber blieben negativ: Die Fallrate war in allen 3 Jahrgangskohorten annähernd gleich hoch. Auch die Subskalen des Beeinträchtigungsschwerescores (BSS) erlaubten keine weitergehende Differenzierung. Lediglich geringfügige Unterschiede traten hinsichtlich der Hauptdiagnosen auf: Psychoneurosen häufen sich eher im Jahrgang 1955, psychosomatische Syndrome im Jahrgang 1945 und Alkoholismus im Jahrgang 1935. Bezüglich der Einzelsymptome klagte der Jahrgang 1955 häufiger über Konzentrationsstörungen, Partnerschaftskonflikte und allgemeine innere Unruhe, der Jahrgang 1945 über Kopfschmerzen und der Jahrgang 1935 über Muskelschmerzen. Schlafstörungen dominierten in den Jahrgängen 1945 und 1935 (vgl. Schepank 1987a, S. 124 ff.).

Nach Abschluß der B-Studie können wir diesen Fragenkomplex weiter vertiefen. Abweichend von der im Projekt üblichen Punktprävalenz (7 Tage), beziehen sich die in diesem Abschnitt mitgeteilten Auswertungen und Ergebnisse auf die dem A- bzw. B-Interview vorangegangenen 12 Monate und die für diese Periode beim jeweiligen Probanden auszumachende *durchschnittliche* Belastung durch psychogene Beschwerden (BSS). Zudem befragen wir das Datenmaterial auf Unterschiede hinsichtlich der ICD-Diagnosen 300 bis 306 (8. Rev.), der Einzelsymptome und der Persönlichkeitsstruktur. Ferner untersuchen wir Frauen und Männer innerhalb der Jahrgangskohorten getrennt, um den in der A-Studie aufgetauchten Hinweis weiter abzuklären, daß die Männer des Jahrgangs 1945 in ihrer seelischen Entwicklung doch stärker beeinträchtigt und gegenüber psychogenen Erkrankungen im späteren Leben anfälliger sein könnten als ihre Geschlechtsgenossen der beiden anderen Alterskohorten.

9.2.1 Ergebnisse

Der BSS für psychogene Erkrankungen identifizierte unter der Einjahresprävalenz 33,2 % aller Probanden in der A-Studie und 28,6 % in der B-Studie als Fälle, d.h. ihr BSS lag bei 5 Punkten oder darüber.

Betrachten wir die A- und die B-Studie (n = 528 Probanden, die wir zweimal untersuchten) zusammen und suchen nach solchen Personen, die im Durchschnitt aus beiden Erhebungswellen das Fallkriterium (Prävalenzperiode 1 Jahr, BSS$\geq$5) erreichten, so liegt deren Zahl für die Männer am höchsten im Jahrgang 1945, während die Jahrgangsprozente der Frauen im Zufallsbereich streuen (s. Tabelle 9.1).

156

Tabelle 9.1. Fälle (gemäß neu definierter Einjahresprävalenz) für Männer und Frauen aus den 3 Jahrgangskohorten (Zahlen in Klammern: Fallprozent pro Geschlecht und Jahrgang)

Jahrgang	1935	1945	1955
Männer	14 (15,2 %)	22 (24,2 %)	20 (20,6 %)
Frauen	27 (33,6 %)	31 (34,1 %)	28 (36,4 %)

Tabelle 9.2. Dieselben Probanden wie in Tabelle 9.1 mit niedrigerem Cut-off-point: Anzahl und Jahrgangsprozente der Männer und Frauen mit BSS$\geq$4

Jahrgang	1935	1945	1955
Männer	30 (32,6 %)	45 (49,5 %)	31 (32,0 %)
Frauen	43 (53,8 %)	46 (50,6 %)	44 (57,1 %)

Der Gipfel der Beeinträchtigungsschwere unter den Männern des Jahrgangs 1945 wird deutlicher, wenn man auch solche Probanden mit einschließt, die in beiden Erhebungswellen eine Beeinträchtigungsschwere von mindestens 4 Punkten (knapp unter der eigentlichen Fallgrenze) aufweisen. Bei den Frauen hingegen entwickelt sich auch unter dieser Bedingung kein vergleichbarer Trend (s. Tabelle 9.2).

Betrachtet man dann die einzelnen Dimensionen des BSS, so kommt der Anstieg an psychogener Beeinträchtigung unter den Männern das Jahrgangs 1945 durch höhere Werte auf allen 3 Subskalen (körperlich, psychisch und sozialkommunikativ) zustande, ohne daß eine davon herausstechen würde. Frauen indessen zeigen mit steigendem Alter eine Zunahme der psychosomatischen Beschwerden und eine Abnahme der psychisch-erlebnismäßigen Beeinträchtigung. Dabei bleibt natürlich offen, ob dies als Effekt des Geburtsjahrgangs und damit zusammenhängender Unterschiede der Sozialisation oder als geschlechtsspezifischer Alterungseffekt anzusehen ist.
Vergleichen wir als nächstes die Jahrgänge nach den Hauptdiagnosen, so wurden die Unterschiede bezüglich der A-Studie schon oben referiert. In der B-Studie stoßen wir im Jahrgang 1955 häufiger auf Psychoneurosen und seltener auf psychosomatische Erkrankungen, während Charakterneurosen und Suchtverhalten im Jahrgang 1945 überrepräsentiert sind. Betrachten wir angesichts dieser teilweise divergenten Ergebnisse sämtliche Haupt- und Nebendiagnosen in beiden Studien für die einzelnen Jahrgänge, werden deutlichere Trends sichtbar: Während Psychoneurosen unter Männern sich annähernd gleich auf die Jahrgangskohorten verteilen, häufen sich für beide Geschlechter die Charakterneurosen im Jahrgang 1945. Alkoholmißbrauch (ICD 303) kommt eher unter den männlichen Probanden des Jahrgangs 1945 vor. Geschlechtsunabhängig sind psychosomatische Erkrankungen (ICD 305, 306) in den beiden älteren Jahrgängen überrepräsentiert (p<0,05).
Konzentrieren wir uns mit der gleichen Fragestellung ausschließlich auf die Fälle (Prävalenzperiode: 1 Jahr, BSS>5) in beiden Erhebungswellen, so findet sich eine Gleichverteilung der Psychoneurosen über die Jahrgänge sowohl bei Männern als auch bei Frauen; allerdings sind die Psychoneurosen bei Frauen durchgängig ca. 2,5mal häufiger. Charakterneurosen finden wir bei den Männern in den Jahrgängen 1955 und 1945 etwa doppelt so oft wie im Jahrgang 1935, während sie sich bei Frauen über die Altersgruppen gleichmäßig verteilen. Alkoholmißbrauch überwiegt etwas, psychosomatische Syndrome dagegen deutlicher im Jahrgang 1945, sowohl bei den Männern als auch bei den Frauen.

In gleicher Weise ordneten wir alle Symptome gemäß ihrer Häufigkeit (Einjahresprävalenz) und verglichen miteinander die 3 Jahrgänge auf der Grundlage beider Studien. Dabei zeigten sich die folgenden Unterschiede:
Unter innerer Unruhe leiden die Männer und Frauen des Jahrgangs 1955 am stärksten.
Depressive Symptome tauchen bei Männern des Jahrgangs 1935 sowie bei den Frauen
der Jahrgänge 1935 und 1945 häufiger als in den anderen Kohorten auf.
Suchtverhalten ist beim weiblichen Geschlecht über die Geburtsjahrgänge gleich-
mäßig verteilt, hat dagegen unter den Männern einen Gipfel im Jahrgang 1945.
Über Kopf-, Muskel- und Gelenkschmerzen sowie Schlafstörungen klagen eher die
Frauen der Jahrgänge 1935 und 1945.
Oberbauchbeschwerden dagegen schildern eher die Männer des Jahrganges 1955.
Partnerkonflikte nennen geschlechtsunabhängig vorwiegend die jüngeren Jahrgänge
(1945 und 1955).

Nachdem die eben angeführte Auflistung alle Probanden betraf und damit auch die leichteren Ausprägungsgrade der Symptome mit einschloß,
untersuchen wir nun nach denselben Gesichtspunkten ausschließlich unsere chronischen *Fälle* (BSS>5 in A und B-Studie, Einjahresprävalenz),
also Menschen mit entsprechend schwerer Symptomausprägung:

Depressive Verstimmungen sind bei weiblichen Fällen doppelt so
häufig wie bei männlichen, verteilen sich aber auf die Altersklassen
gleichmäßig.

Auch Angaben über allgemeine *innere Unruhe* tauchen bei Frauen
eher als bei Männern auf. Dabei überwiegen die Jahrgänge 1945 und
1955 bei beiden Geschlechtern.

Ebenso werden *Ängste* von weiblichen Fällen häufiger als von männlichen angegeben.

Suchtverhalten (hier tauchen insbesondere Menschen mit einem Niko-
tinkonsum von mehr als 20 Zigaretten täglich auf) zeigen annähernd so
viele Frauen wie Männer mit Gipfeln bei weiblichen Fällen des Jahrgangs 1955 und ausgeprägt bei männlichen des Jahrgangs 1945.

Arbeits- und Leistungsstörungen lassen sich wiederum eher bei
Frauen, speziell des jüngeren Jahrgangs, ausmachen. Vorwiegend von ih-
nen wie von Geschlechtsgenossinnen des Jahrgangs 1945 werden auch
Konflikte im Bereich der Partnerschaft genannt.

Unter psychoanalytischen Gesichtspunkten interessiert schießlich die
Frage, ob zeitgeschichtliche Einflüsse, wenn schon nicht in speziellen
Symptomen und Syndromen, sich vielleicht doch in der Akzentuierung
bestimmter neurotischer Charakterstrukturen niederschlagen. Diese
Möglichkeit läßt sich leicht überprüfen, da wir in beiden Querschnitterhebungen alle Probanden den gängigen psychoanalytischen Charaktery-
pen (schizoid, depressiv, zwanghaft, hysterisch) zuordneten.

Das den Psychoanalytiker vermutlich enttäuschende Resultat weist
indessen keine durchgängigen Betonungen bestimmter Charakterstrukturen, weder für Frauen noch für Männer, in den einzelnen Jahrgängen
nach. Selbst bei ausschließlicher Konzentration auf die Fälle deuten sich
vornehmlich statistische Tendenzen an, die am ehesten altersabhängig zu
erklären sein dürften: Besonders bei den männlichen Fällen überwiegt
die Häufigkeit schizoider Strukturanteile beim jüngeren im Gegensatz
zum älteren Jahrgang um ca. das 3fache. Zwanghafte Persönlichkeitsan-

teile dagegen sind im Jahrgang 1955 nur halb so oft wie in den beiden anderen zu registrieren. Ferner lassen die Fälle beider Geschlechter mit den Jahren depressive Persönlichkeitsmomente klarer hervortreten. Schließlich wäre für die weiblichen Fälle noch ein leichtes Absinken hysterischer Momente für den Geburtsjahrgang 1945 als einziger Befund zu berichten, der altersunabhängig möglicherweise auf vornehmlich zeitgeschichtliche Einflüsse zurückgehen könnte. Es scheint, als vermöchten auch dramatische, politische oder ökonomische Veränderungen das *familiäre Binnenklima* im Sinne eines nationalen frühkindlichen Kollektivschicksals im Zeitraum von einer oder von zwei Dekaden nur relativ gering zu beeinflussen.

9.2.2 Zusammenfassung

Unter den chronischen Beeinträchtigungen sind die Männer des Jahrgangs 1945 in allen 3 Subskalen des BSS 1,5mal so stark betroffen wie die beiden Vergleichsjahrgänge. Inwieweit hier die Tatsache eine Rolle spielen mag, daß viele Söhne des Jahrgangs 1945 vaterlos aufwachsen mußten, sollte zumindest bedacht werden. Diagnostisch scheint der Jahrgang 1945 für beide Geschlechter durch Charakterneurosen und die Jahrgänge 1935 und 1945 durch psychosomatische Erkrankungen gekennzeichnet zu sein. Auch dramatische politisch-ökonomische Veränderungen haben über den Zeitraum von 3 Jahrzehnten hinweg keinen merklichen Einfluß auf die kollektive Verteilung von Persönlichkeitsstrukturen. Somit bleibt als Resümee dieses Versuchs, soziokulturellen und ökopolitischen Einflüssen während der Kindheit auf die Entwicklung späterer psychogener Syndrome nachzuspüren, einzig der Befund, daß Männer, deren Frühkindheit in Zeiten der Nachkriegswirren fiel, hiervon deutlich stärker belastet sind als ihre Geschlechtsgenossen, deren primäre Sozialisation in ruhigeren Zeiten stattfand. Dagegen scheinen chaotische Nachkriegszeiten für Mädchen, die später als erwachsene Frauen ohnehin eine größere Krankheitsrate erreichen, langfristig keine zusätzlichen Beeinträchtigungen durch psychogene Erkrankungen mit sich zu bringen.

9.3 Soziale Herkunft und psychogene Krankheit
W. Tress, T. Schwen-Harant

9.3.1 Erklärungsmodelle

Die unterschiedliche Prävalenz psychogener Erkrankungen in den verschiedenen Schichten der Gesellschaft, speziell ihre Häufung am unteren

Ende der sozialen Rangskala, wird in der Regel vor dem Hintergrund zweier Erklärungsmodelle erörtert (vgl. Angermeyer u. Klusmann 1987):

a) Theorie der *sozialen Verursachung*: Sie sieht die Ursache der Pathologie in:

aa) der aktuellen Zugehörigkeit der Probanden zu den niedrigen sozialen Schichten ("social stress") bzw. den zugehörigen belastenden und frustrierenden Lebensumständen (Faris u. Dunham 1939) oder

ab) der Abstammung der Probanden aus einer niedrigen Herkunftsschicht mit den entsprechenden negativen frühkindlichen Einflüssen.

b) Hypothese der *sozialen Selektion* (sog. Drift-Hypothese): Sie postuliert, ein sozialer Abstieg sei häufig Folge des Krankheitsprozesses selbst (Jarvis 1855): Diese Hypothese erwartet

ba) für eine in ihrem sozialen Gefüge stabile Gesellschaft das Abwärtsdriften der Kranken,

bb) für eine Gesellschaft in allgemeiner sozialer Aufwärtsentwicklung aber, daß die seelisch Kranken residual in den unteren Schichten verbleiben.

Schließlich besteht auch noch eine selten diskutierte dritte Möglichkeit:

c) Theorie der *Erblichkeit*: Nach dieser Theorie könnten seelische Erkrankungen und niedriger Sozialstatus zwei nicht direkt voneinander abhängige Folgen einer gemeinsamen Ursache erblicher Art sein, z.B. niedrige Frustrationstoleranz, erhöhte Ängstlichkeit, niedrige Intelligenz o.ä. (vgl. Schepank 1986).

Die hier aufgeworfenen theoretischen Möglichkeiten, so Dohrenwend (1987), beweisen gegen alle Versuche, zwischen ihnen zu entscheiden, eine bemerkenswert hohe Resistenz. Läßt man einmal die von den beiden ersten Thesen implizierten theoretischen Kausalmodelle beiseite, so liegen auf Datenebene die deskriptiven Unterschiede lediglich in der zeitlichen Abfolge der Ereignisse: Die Theorie der sozialen Verursachung postuliert, daß die Zugehörigkeit zu einer niederen sozialen Schicht der Erkrankung *vorausgeht*, die Hypothese der sozialen Selektion (Drift-Hypothese) fordert hingegen einen umgekehrten zeitlichen Zusammenhang. Da nach alltagsweltlicher, sozialempirischer und klinischer Erkrankung im Leben der Menschen beide Konstellationen tatsächlich vorkommen, wird als Resultat epidemiologischer Forschung kaum die eine der beiden Hypothesen zugunsten der anderen völlig aufzugeben sein.

9.3.2 Einteilung der Probanden

Auch das Material der Mannheimer Kohortenstudie kann die hier ange-
stoßenen Fragen kaum auflösen, etwa weil nur selten der Beginn einer
psychogenen Erkrankung zeitlich präzise und theoretisch stringent zu fi-
xieren ist. Immerhin aber wurde mit Sorgfalt die soziale Schicht unserer
Probanden wie auch jene ihrer Herkunftsfamilie dokumentiert, was zumindest eine differenzierte Deskription der Zusammenhänge zwischen
sozialer Mobilität im Vergleich zur ursprünglichen Familie und heutiger
Psychopathologie ermöglicht. Es existieren verläßliche Anhaltspunkte

- zur sozialen Mobilität unserer Probanden, bezogen auf das vormalige
  Familienoberhaupt, sowie
- zur Mobilität des Probanden in den 3 Jahren zwischen der Ersterhebung und der Follow-up-Studie.

Das läßt zumindest einige Indizien mehr in Richtung der einen und eher
gegen die andere der oben genannten Teilhypothesen erwarten.

Wie weit allerdings die grundsätzliche Alternative einer gemeinsamen
erblichen Genese von psychogener Krankheit und niedrigem Sozialstatus
trägt, dies abzuschätzen, läßt unser Material prinzipiell nicht zu.

Zur Bestimmung der aktuellen sozialen Position eines Probanden wie
auch der seiner Eltern bedienen wir uns des Modells von Kleining u.
Moore (1968). Es ordnet die Probanden gemäß ihrer Berufstätigkeit einer
von 9 Kategorien der Sozialschicht zu, wobei die einzelnen Schichten
durch eine Liste von Ankerbeispielen umrissen sind. Wegen zu geringer
Häufigkeiten und um die Reliabilität des Verfahrens im Sinne klarer
Schichteffekte zu steigern, legen wir die 3 oberen und ansonsten 2
benachbarte Schichten des ursprünglich 9stufigen Modells zu jetzt 4
Kategorien zusammen.

Das ergibt die folgende Schichtung des sozialen Prestiges:

Untere Unterschicht: ungelernte Berufe mit harter körperlicher Arbeit
im Freien (Bauarbeiter, Straßenarbeiter), Hilfs- und Gelegenheitsarbeiter
etc.

Untere Mittelschicht: oberste Gruppe der Arbeiter (Industriemeister,
Montageführer, Facharbeiter etc.) sowie die Mehrheit der einfachen
Angestellten und Beamten (Sparkassenangestellte, Vertreter, Beamte des
mittleren Dienstes) sowie selbständige Handwerker mit kleinen Betrieben
oder Geschäften (Lebensmittelhändler, Landwirte u.a.).

Oberschichten: dazu zählen bereits mittlere Angestellte wie Büro-
vorsteher, Beamte des gehobenen Dienstes, Inspektoren, Ingenieure (ab
Fachhochschule), Inhaber mittelgroßer Geschäfte sowie freie Berufe wie
Apotheker, Dentisten und alle Berufe und Positionen, die darüber rangieren.

Die Schichtzugehörigkeit der Herkunftsfamilie ergibt sich aus dem
Beruf des damaligen Hauptverdieners (i. allg. des Vaters) zur Zeit der

Pubertät des Probanden. Dessen aktuelle Sozialschicht entspricht der seiner eigenen Berufstätigkeit, wenn nicht anders erwähnt, zur Zeit des B-Interviews. Ehefrauen ("Hausmänner" bilden die extreme Ausnahme), die weniger als 20 Wochenstunden berufstätig sind, zählen zur Schicht des Ehemannes. Die 42 Schüler, Lehrlinge und Studenten unserer A-B-Stichprobe bleiben aus offensichtlichen Gründen von der Analyse ausgeschlossen.

Zunächst einmal bestätigt bereits das Material der A-Studie auch für unsere Stichprobe die in der Literatur gängige Erfahrung einer gehäuften Fallrate psychogener Erkrankungen in den niedrigeren sozialen Schichten (Valentin in: Schepank 1987a), wobei die Erkrankungshäufigkeit der Frauen regelmäßig die der Männer übersteigt.

Da inzwischen jedoch auch die Ergebnisse der B-Studie vorliegen, teilen wir die in Frage kommenden 486 Probanden (jene, die die Teilnahme an der B-Studie verweigerten, fallen naturgemäß aus) aus beiden Erhebungsquellen zur weiteren Untersuchung folgendermaßen auf:

Stabil Gesunde: Ihr Beschwerdescore überschreitet weder in der A- noch in der B-Studie den BSS-Summenwert von 3 in der 7-Tages-Prävalenz (n=231).

Chronisch Kranke: Als solche bezeichnen wir Probanden, deren BSS-Summen unter denselben Diagnosebedingungen einen Punktwert von 5 nicht unterschreiten (n=61).

Mittelgruppe: Hierzu gehören Probanden, die sich keinem der beiden eben definierten Bereiche eindeutig zuordnen lassen, entweder weil sie zwischen den beiden Erhebungen den Bereich gewechselt haben oder weil sie mindestens einmal einen BSS-Summenwert von 4 Punkten erreichten (n=194). Solche Probanden sind prognostisch zumindest als Risikogruppe einzustufen.

Die so vorgenommene Gruppeneinteilung könnte problematisch erscheinen, da die Beschwerdescores beider Erhebungsquerschnitte in die Gruppenzuordnung eingehen. Obwohl das vorliegende Kapitel u.a. den möglichen Zusammenhang zwischen Schichtzugehörigkeit und Störungsentstehung behandeln will (vgl. Erklärungsmodell aa), wird neben dem Schweregrad der psychischen Störung auch eine Dreijahresstrecke des Verlaufs und potentieller Inzidenz zum Kriterium. Nun zeigt aber die soziale Mobilität unserer Probanden *zwischen* den Erhebungsquerschnitten weder einen Effekt des Geschlechts noch der psychogenen Beeinträchtigung, sondern allein der Auswirkung des Lebensalters: Im Jahrgang 1955 besteht erwartungsgemäß ein Trend zum sozialen Aufstieg, weil diese Substichprobe noch am weitesten von ihrer endgültigen sozialen Position entfernt ist und diese entsprechend dem gesamtgesellschaftlichen Trend höher liegen wird als jene der Herkunftsfamilien. Hingegen finden wir keine kurzfristigen Effekte der psychogenen Beeinträchtigung oder der sozialen Schicht zum Zeitpunkt A auf Veränderungen in der jeweils anderen Variablen zum Zeitpunkt B. Um solche Zusammenhänge zu erfassen, dürfte der Dreijahresabstand zu kurz sein. Deshalb bleibt

162

die vorgenommene Gruppeneinteilung (stabil Gesunde - Mittelgruppe - chronisch Kranke) de facto unproblematisch und bietet den Vorteil, die klinische Zuordnung von Probanden von den Zufälligkeiten kurzfristiger Zustandsschwankungen, wie sie in die Punktprävalenz eingehen, herauszulösen.

9.3.3 Ergebnisse

Die erläuterte Einteilung der Probanden ergibt mit 36 % eine deutliche Häufung der chronisch Kranken in den unteren Schichten (Abb. 9.1).
Auch der Anteil der Mittelgruppe (Risikogruppe) an den einzelnen Schichten fällt, wenngleich schwächer, von den niedrigeren zu den höheren Schichten ab.

Die Verteilung der 486 (254 Männer, 232 Frauen) Personen insgesamt, aber auch getrennt nach Geschlechtern, über die 3 Kategorien der psychogenen Beeinträchtigung wie über den sozialen Auf- oder Abstieg zeigt Tabelle 9.3. Von sozialem Auf- oder Abstieg sprechen wir beim Wechsel eines Probanden auf unserer 4stufigen Skala der sozialen Schichtung (s. oben) nach oben oder nach unten gegenüber der Herkunftsfamilie. Dabei teilten wir die Frauen auch nach dem Familienstatus auf, sofern die berufliche Tätigkeit einer Frau nicht unbedingt Auskunft über ihren tatsächlichen Sozialstatus gibt, der traditionellerweise ebenso auf dem Wege der Einheirat in eine andere Sozialschicht zu erreichen ist.

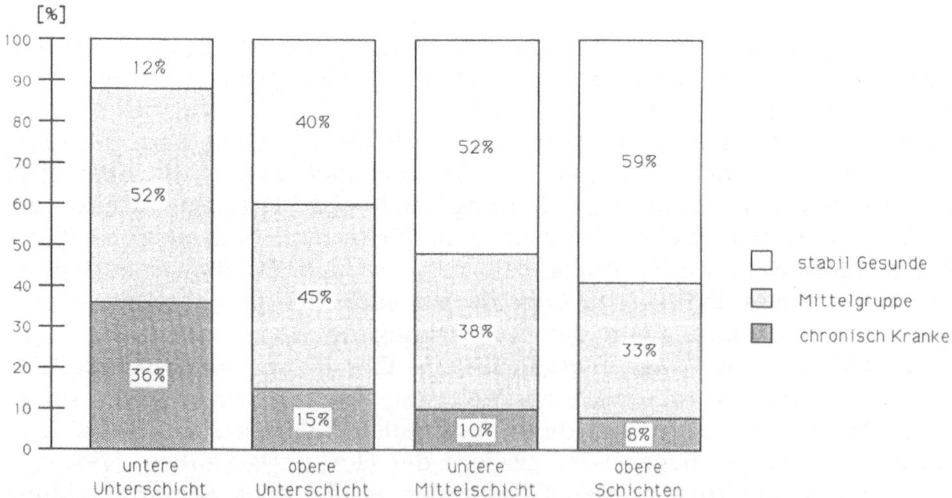

Abb. 9.1. Prozentuale Aufteilung der sozialen Schichten (Stand der B-Studie)

163

Tabelle 9.3. Soziale Intergenerationenmobilität (Geburtsjahrgänge 1935, 1945, 1955; auf- bzw. abgerundete Prozentzahlen)

Relativ zur Herkunft	Gesamt- stich- probe n=486 [%]	Männer n=254 [%]	Stabil Gesunde n=143 [%]	Mittel- gruppe n=87 [%]	Chro- nisch Kranke n=24 [%]	Frauen[a] n=232 n=174 (n=71) [%]	Stabil Gesunde n=88 (n=74) [%]	Mittel- Gruppe n=107 (n=29) [%]	Chro- nisch Kranke n=37 [%]
Aufstieg	36	35	39	31	29	36 (39)	39 (41)	37 (24)	27 (24)
Konstant	46	50	50	52	38	43 (44)	48 (48)	39 (45)	41 (45)
Abstieg	18	15	11	17	33	21 (18)	14 (11)	23 (31)	32 (31)
Gesamt	100	100	100	100	100	100 (100)	100 (100)	100 (100)	100 (100)

[a] Angaben in Klammern beziehen sich auf verheiratete Frauen.

Zunächst erkennt man für die Gesamtbevölkerung eine Tendenz zum sozialen Aufstieg gegenüber der Herkunftsfamilie: 36 % aller Probanden bewegen sich auf der sozialen Rangskala nach oben, und nur 18 % steigen ab. Die endgültige Quote des sozialen Aufstiegs innerhalb unserer Stichprobe dürfte eines Tages noch höher liegen, da zumindest für einen Großteil der Probanden des Jahrgangs 1955, mit Einschränkungen aber auch der höheren Jahrgänge, im Zeitraum der Erhebung zwischen 1979 und 1983 die berufliche Entwicklung noch keinesfalls abgeschlossen war. Es fällt auf, daß die Männer und Frauen am sozialen Aufstieg gleichermaßen beteiligt sind. Dennoch verbleiben Frauen etwas weniger in ihrer sozialen Herkunftsschicht, indem immerhin 21 % der Frauen gegenüber nur 15 % der Männer sozial absteigen. Dieser (vermutlich scheinbar) stärkere Abstieg der Frauen rührt vielleicht daher, daß der allgemeine soziale Aufstieg (relativ zum Status des früheren Hauptverdieners!) insbesondere berufstätige Frauen erst in etwas späteren Lebensjahren erfaßt. Setzen wir diese Befunde zur Intergenerationenmobilität nun in Relation zur Beeinträchtigungsschwere (stabil Gesunde, Risikogruppe, chronisch Kranke) und vergleichen hierzu die korrespondierenden Spalten der Tabelle 9.3, so bemerken wir bei den stabil gesunden wie auch bei den chronisch kranken Frauen keine deutlichen Differenzen zu den entsprechenden Gruppen der Männer. Demgegenüber verzeichnet die weibliche Mittelgruppe einen signifikant stärkeren Auf- wie Abstieg. Innerhalb der weiblichen Stichprobe heben sich verheiratete Frauen (Prozentzahlen in Klammern) in keiner differentiellen Weise ab und bilden deshalb in unserem Zusammenhang keine eigenständige Untergruppe. So folgern wir aus Tabelle 9.3 für Männer, daß stabil Gesunde die besten Chancen des sozialen Aufstiegs haben, während sozialer Abstieg am ehesten bei chronisch Kranken zu beobachten ist. Für Frauen gilt ähnliches, lediglich ihre psychisch instabile Mittelgruppe mit deutlichen Amplituden des Aufstiegs wie Abstiegs weicht von diesem linearen Trend ab. - Im übrigen gilt die soeben skizzierte Korrelation von seelischer Gesundheit/Krankheit und sozialem Auf- oder Abstieg besonders deutlich für beide Geschlechter des Jahrgangs 1935, da diese Personengruppe ihren endgültigen Ort auf der Skala des sozialen Prestiges am ehesten erreicht haben dürfte.

Haben wir bisher die Richtung der sozialen Mobilität zwischen den Generationen global nach Aufwärts- und Abwärtsbewegungen analysiert, so fragen wir zum Ende, in welchen sozialen Bereichen diese Bewegungen vornehmlich stattfinden. Hierzu vereinfachen wir aus Gründen der zu geringen Zellbesetzung nochmals unser Schema und kombinieren die untere mit der oberen Unterschicht zur Unterschicht (uS). Wir erhalten dann für die weitere Betrachtung als soziale Strata: Unterschicht, untere Mittelschicht und obere Schichten (Tabelle 9.4). Die Frage lautet nun: Wohin ging die soziale Entwicklung von Probanden, die wir heute als stabil gesund, als Risikoprobanden oder als chronisch krank einstufen und die aus der Unterschicht, aus der unteren Mittelschicht oder aus den oberen Schichten stammen? Wo stehen diese Personengruppen heute, insgesamt bzw. nach Geschlechtern getrennt?
Beginnen wir mit den Probanden, die *aus der Unterschicht* kommen: Von ihnen steigen die Gesunden am stärksten auf, und zwar am ehesten in die untere Mittelschicht hinein (43 %). Die Kranken indessen sind zu zwei Drittel (69 %) wieder in den unteren Schichten zu finden. Während stabil gesunde und chronisch kranke Männer wie Frauen aus der unteren Herkunftsschicht sich nicht bezüglich ihrer sozialen Intergenerationenmobilität unterscheiden, differieren die männlichen und weiblichen Probanden der klinischen Mittelgruppe deutlich voneinander: Von ihnen erscheinen nämlich vorwiegend die Frauen (42 %) und nur 20 % der Männer in der unteren Mittelschicht. Hingegen verbleiben die Männer mit 74 %, Frauen aber nur mit 53 %, auf dem niedrigen sozialen Niveau ihrer Geburt.

Tabelle 9.4. Die Entwicklung des sozialen Prestiges von stabil Gesunden (*G*), Mittelgruppe (*M*) und chronisch Kranken (*Kr*) in Abhängigkeit von ihrer Herkunftsschicht (*uS* untere Schichten, *uMS* untere Mittelschicht, *oS* obere Schichten; auf- bzw. abgerundete Prozentzahlen)

Herkunft		Heutige Sozialschicht der Gesamtstichprobe					Männer					Frauen			
		uS	uMS	oS	n		uS	uMS	oS	n		uS	uMS	oS	n
uS	G:	44%	43%	13%	115 (45%)		45%	43%	12%	67 (54%)		44%	42%	15%	48 (36%)
	M:	62%	33%	6%	110 (43%)		74%	20%	7%	45 (37%)		53%	42%	5%	64 (49%)
	Kr:	69%	25%	6%	32 (13%)		75%	25%	0%	12 (10%)		65%	25%	10%	20 (15%)
					257 (100%)					125 (100%)					132 (100%)
uMS	G:	18%	55%	27%	77 (52%)		20%	49%	31%	51 (60%)		15%	65%	19%	26 (41%)
	M:	31%	42%	27%	52 (35%)		25%	38%	38%	24 (28%)		36%	46%	18%	28 (44%)
	Kr:	50%	30%	20%	20 (13%)		40%	30%	30%	10 (12%)		60%	30%	10%	10 (16%)
					149 (100%)					85 (100%)					64 (100%)
oS	G:	10%	21%	69%	39 (49%)		8%	12%	80%	25 (57%)		14%	36%	50%	14 (39%)
	M:	9%	44%	47%	32 (40%)		6%	29%	65%	17 (39%)		13%	60%	27%	15 (42%)
	Kr:	22%	44%	33%	9 (11%)		-	50%	50%	2 (5%)		29%	43%	29%	7 (19%)
					80 (100%)					44 (100%)					36 (100%)

Teilweise ist p <0,1 und z.T. <0,05 .

Menschen, die *in die untere Mittelschicht hineingeboren* wurden, haben prinzipiell sowohl die Möglichkeit des sozialen Auf- als auch Abstiegs. Von den stabil Gesunden befinden sich noch 55% in ihrer Herkunftsschicht, 27 % steigen auf und 18% ab. Für die Risikogruppe erhöht sich demgegenüber die Rate des Abstiegs auf 31 % zu Lasten der sozial Unveränderten. Erst die Kranken gleiten zu 50 % in die unteren Schichten ab. Nur 20% von ihnen wechseln nach oben. - Auch innerhalb dieses Gesamtergebnisses registrieren wir deutliche Geschlechtsunterschiede: Gesunde Männer steigen stärker auf als Frauen (31 % : 19 %); entsprechend verbleiben mehr Frauen (65 %) in der Herkunftsschicht (Männer 49 %). In der Gruppe der Risikoprobanden (Mittelgruppe) steigen demgegenüber die Männer sowohl etwas stärker auf als auch ab, während die Frauen lediglich eine deutlich höhere Quote des sozialen Abstiegs erreichen (36 %). Aufgrund recht kleiner Zahlen sind die Geschlechtsdifferenzen bei den chronisch Kranken nicht zu interpretieren.

Die *oberen Schichten* können in unserem Schema nur innerhalb ihres sozialen Stratums verbleiben oder absteigen. Letzteres betrifft Risikoprobanden und chronisch Kranke stärker als Gesunde, von denen wir immerhin 69 % wieder in den oberen Schichten antreffen. Auch behaupten sich die stabil gesunden Männer, wie die männliche Mittelgruppe, besser als die entsprechenden Frauen. Abermals aufgrund kleiner Zahlen gestatten die Abweichungen zwischen den Geschlechtern in der Gruppe der chronisch Kranken keine weiterführenden Aussagen.

Die Ursachen der Geschlechtsunterschiede in der Intergenerationenmobilität von stabil Gesunden und Probanden der Risikogruppe mit Abstammung aus der unteren Mittelschicht und den oberen Schichten sind sicherlich mannigfach. Zum einen dürfte dem Heiratsverhalten der Frauen, das für viele die spätere soziale Schicht bestimmt, eine Tendenz zur sozialen Mitte hin unterliegen. Zum anderen ergreifen viele Frauen aus den oberen Schichten weniger anspruchsvolle Berufe als ihre Väter und steigen außerdem langsamer als Männer im Zuge ihrer beruflichen Karriere auf, so daß auch dieser Effekt eher zu einer Häufung der Frauen in den mittleren Schichten beiträgt.

Mit Blick auf unsere Ausgangsfrage nach der Bedeutung der sozialen Herkunft für das psychosoziale Lebensschicksal sind die dritten Spalten der Tabelle 9.4 (n/%) besonders aufschlußreich. Betrachten wir auch hier wieder die Gesamtstichprobe, dann verhalten sich alle 3 Herkunftsschichten recht ähnlich: Zwischen 45 % (uS) und 52 % (uMS) bleiben stabil gesund, zwischen 35 % (uMS) und 43 % (uS) treten als Risikogruppe in Erscheinung, und 11-13 % der Menschen aus allen 3 Herkunftsschichten sind derzeit chronisch krank. Es zeichnet sich mit schwacher Tendenz folgende Rangreihe ab: Die meisten stabil Gesunden und die wenigsten Risikoprobanden stammen aus der unteren Mittelschicht, danach aus den oberen Schichten und schließlich den unteren Schichten, allerdings mit leichten Abweichungen für beide Geschlechter.

Das allein begründet aber noch *keinen übergreifenden Zusammenhang zwischen sozialer Herkunft und psychischer Gesundheit.* Vielmehr zeigen die stabil Gesunden, die Risikogruppe und die chronisch Kranken aus allen 3 Herkunftsschichten im großen und ganzen eine recht ähnliche Verteilung, und zwar, von kleineren Schwankungen abgesehen, ohne sonderliche Geschlechtsunterschiede. Zwar liegt im Sinne eines allgemeinen Geschlechtsfaktors die Quote der stabil gesunden Männer regelmäßig über jener der Frauen und die Rate der weiblichen Risikoprobanden über den entsprechenden Zahlen der Männer. Innerhalb der Geschlechter aber gleichen sich die Verteilungen der Gesunden, der Risikogruppe und der chronisch Kranken aus den jeweiligen Herkunftsschichten doch erstaunlich an.

9.3.4 Resümee

Welche Theorie auch immer zutreffender sein mag, die der sozialen Verursachung, der sozialen Selektion oder erblicher Mitverursachung: *Der Sozialstatus der Herkunftsfamilie nimmt keinen allgemein durchgängigen Einfluß auf die spätere psychosoziale und psychosomatische Verfassung der jeweiligen Personengruppen.* Bezogen auf die sehr breite Mehrheit der Bevölkerung, fungiert er nicht als vermittelnde Variable innerhalb des positiven Zusammenhangs von psychogener Krankheit und niedrigem Sozialstatus im späteren Leben.

Insgesamt widersprechen unsere Befunde der Annahme, daß die niedrigere soziale Herkunft für die Häufung psychogener Krankheiten in den unteren sozialen Schichten verantwortlich sei (Teilthese ab). Die These der sozialen Verursachung kann folglich nur dergestalt in der Diskussion verbleiben, daß die *aktuellen Belastungen*, die das Leben im unteren Teil der sozialen Rangskala mit sich bringt, psychogene Erkrankungen begünstigen (Teilthese aa). Die Gegenthese der sozialen Selektion durch psychogene Erkrankungen lautet für unsere Zeit allgemeiner sozialer Aufwärtsentwicklung, daß psychogen Kranke mit Herkunft aus den unteren und mittleren sozialen Schichten hinter der durchschnittlichen Aufstiegserwartung zurückbleiben und daher die unteren Schichten anreichern (Teilthese bb). Beiden Argumentationssträngen steht jener der Erblichkeit von einschlägigen Hintergrundvariablen (etwa der Intelligenz) gegenüber, die auf das Sozialprestige Einfluß nehmen. Entlang dieser 3 Linien wird, nachdem 2 andere (Teilthesen ab und ba) aufgrund unserer Befunde ausgeschlossen werden können, die Diskussion weitergehen.

10 Pfadmodelle des Verlaufs

N. Schiessl, R. Manz

10.1 Zusammenwirken verschiedener Einflußgrößen

Im folgenden sollen mit dem statistischen Verfahren der multiplen Regression mehrere Einflußgrößen in ihrem Zusammenwirken auf die Beeinträchtigung der letzten 7 Tage in der B-Studie betrachtet werden. Hierfür wählten wir aus den kindlichen Risikofaktoren sowohl die Psychopathologie der Mutter (PPM) und des Vaters (PPV) als auch die Neurotizität der Elternbeziehung und aktuelle Einflußgrößen die Belastung durch unangenehme Lebensereignisse des vorangegangenen Jahres und das Copingverhalten aus. Wir erwarten, daß Coping den ungünstigen Einfluß von Lebensereignissen auf die psychogene Beeinträchtigung abmildert, daß es jedoch keinen direkten Effekt auf die psychogene Beeinträchtigung ausübt (zu Coping s. Abschn. 6.2). Da den Identifikationsprozessen mit dem gleichgeschlechtlichen Elternteil entsprechend der psychoanalytischen Theorie eine zentrale Rolle zukommt und eine nicht gelungene Identifikation vermutlich das Risiko, im späteren Leben psychisch oder psychosomatisch zu erkranken, erhöht, nehmen wir eine Wechselwirkung zwischen dem Geschlecht des Probanden und den oben genannten Kindheitsfaktoren an.

Hypothese 1: Eine Aufteilung nach Geschlechtern belegt die in der A-Studie aufgezeigte unterschiedliche Bedeutung von Vater und Mutter: Die PPV bedeutet nur für Männer, die PPM dagegen nur für Frauen ein erhöhtes Krankheitsrisiko.

Hypothese 2: Die Bedeutung von Lebensereignissen für die psychogene Beeinträchtigung ist für beide Geschlechter gleich.

Hypothese 3: Für Probanden mit guten Bewältigungsstrategien sind vorwiegend kindliche Risikofaktoren für eine psychogene Erkrankung verantwortlich; aktuelle Einflüsse treten in der Bedeutung dagegen zurück. Für Probanden mit nicht ausreichendem Copingpotential hingegen haben vorwiegend aktuelle Lebensereignisse Einfluß auf den Gesundheitszustand.

Hypothese 4: Für die psychogene Beeinträchtigung gewinnt bei Männern mit hohen Copingfähigkeiten die PPV an Bedeutung, bei Frauen die PPM. Sind Copingstrategien nur in geringem Ausmaß vorhanden, so treten für Männer und Frauen gleichermaßen die kindlichen Faktoren in ihrem Einfluß zurück und aktuelle unangenehme Lebensereignisse wirken sich beeinträchtigend aus.

10.1.1 Ergebnisse der Hypothesentestung für Querschnittsdaten

Hypothese 1 kann bestätigt werden: Für Männer und Frauen bilden sich verschiedene Modelle ab. Die PPM wirkt sich speziell bei Frauen und die PPM dagegen bei den Männern aus. Entsprechend der Hypothese 2 sind Lebensereignisse bei Männern und Frauen von gleicher Bedeutung für die aktuelle psychogene Beeinträchtigung. Der in der A-Studie aufgezeigte unterschiedliche Einfluß der Psychopathologie der Erziehungspersonen auf die Geschlechter (Parekh u. Schiessl in: Schepank 1987a, S. 261ff.) wird aufgrund der dargestellten Ergebnisse untermauert (Tabelle 10.1).

Tabelle 10.1. Regression kindlicher und aktueller Belastung auf die psychogene Beeinträchtigung der letzten 7 Tage (B-Studie). Erwartete signifikante Effekte (ß-Gewichte) unterstrichen

	Gesamt	Männer	Frauen	Coping -[a]	Coping +[a]
Coping	0,05	0,05	0,04	--	--
PPM	0,18**	0,07	0,29**	0,11	0,23**
PPV	0,12	0,24**	-0,01	0,21*	0,06
Neurotizität					
Eltern	0,05	0,08	-0,01	-0,07	0,14
Life-events	0,21**	0,24**	0,18*	0,24**	0,19**
n	401	217	183	171	229
R	0,40	0,47	0,36	0,35	0,45
R^2	0,16	0,22	0,13	0,12	0,21

* $p<0,05$; ** $p<0,01$.
[a] Die Aufteilung in Probanden mit hohen Copingfähigkkeiten (Coping +) und wenigen Bewältigungsstrategien (Coping -) erfolgte durch Medianhalbierung.

Hypothese 3 wird nicht durch die Daten gestützt: Lebensereignisse wirken sich sowohl bei Probanden mit niedrigem als auch mit hohem Copingpotential ungünstig aus. Unverständlich ist auf den ersten Blick, warum die PPM bei Probanden mit guten Bewältigungsstrategien und die PPV bei Probanden mit geringem Copingpotential bedeutsam ist.

Eine differenzierte Betrachtung der Geschlechter schafft Klarheit. Betrachtet man Coping und Geschlecht kombiniert, so bestätigen sich unterschiedliche Modelle: Aus Tabelle 10.2 ist ersichtlich, daß die PPV bei Männern unabhängig von Coping Einfluß nimmt. Bei den Frauen spielt die PPM nur bei den "guten Copern" eine Rolle.

Tabelle 10.2. ß-Gewichte der Regression kindlicher und aktueller Belastung, aufgespalten nach Geschlecht und Copingverhalten. Erwartete signifikante Effekte unterstrichen

| | Männer | | Frauen | |
	Coping -	Coping +	Coping -	Coping +
PPM	0,04	0,06	0,15	<u>0,41</u>**
PPV	0,31*	<u>0,21</u>*	0,15	-0,19
Neurotizität				
Eltern	-0,05	0,17	-0,09	0,16
Life-events	0,16	0,26**	<u>0,31</u>**	0,06
n	91	125	79	103
R	0,35	0,53	0,36	0,45
R^2	0,12	0,28	0,13	0,21

* $p<0,05$; ** $p<0,01$.

In bezug auf Life-events wirkt sich Coping bei Männern nicht entsprechend der Hypothese 5 aus. Für Frauen gilt, daß "gute Coper" deutlich weniger durch Lebensereignisse beeinträchtigt sind; diese wirken sich besonders prägnant bei Frauen mit geringem Copingpotential aus. Die Neurotizität der Elternbeziehung ist in keiner der Untergruppen von Bedeutung. Die Hypothese 3 kann somit nur für Frauen akzeptiert werden. Was die Männer betrifft, so vermuten wir, daß sie ihre Copingfähigkeiten überschätzen. Wahrscheinlich versagen bei einer realen Bewährungsprobe ihrer Bewältigungsstrategien, so daß unangenehme Lebensereignisse sie stärker als erwartet belasten. Mit wenigen Inkonsistenzen kann die Annahme, daß bei guter Bewältigung von Streßsituationen kindliche Risikofaktoren zum Tragen kommen und bei ungünstigem Umgang mit Lebensereignissen diese vorwiegend belastend wirken, als belegt gelten. Männer scheinen jedoch, unabhängig vom Bewältigungsverhalten, empfindlicher sowohl für kindliche als auch für aktuelle Belastungen zu sein. Die in einigen Subgruppen erzielte Varianzaufklärung (bis zu 28 %) ist befriedigend. Im Gegensatz zum Gesamtmodell zeigt sich in den Subgruppen, daß Coping als Erklärungsfaktor für psychogene Beeinträchtigung nicht vernachlässigt werden kann. Im Zusammenwirken mit kindlichen Vulnerabilitätsfaktoren und aktueller Life-event-Belastung leistet das Copingkonzept einen deutlichen Erklärungsbeitrag (vgl. auch Abschn. 6.4).

10.1.2 Ergebnisse der Hypothesentestung für Verlaufsdaten

Für die zuletzt dargestellte Aufteilung in Männer und Frauen mit hohem (Coping +) bzw. geringem Copingpotential (Coping -) untersuchten wir anhand von hierarchischen Regressionsmodellen den unterschiedlichen Beitrag der einzelnen Faktoren im Längsschnitt.

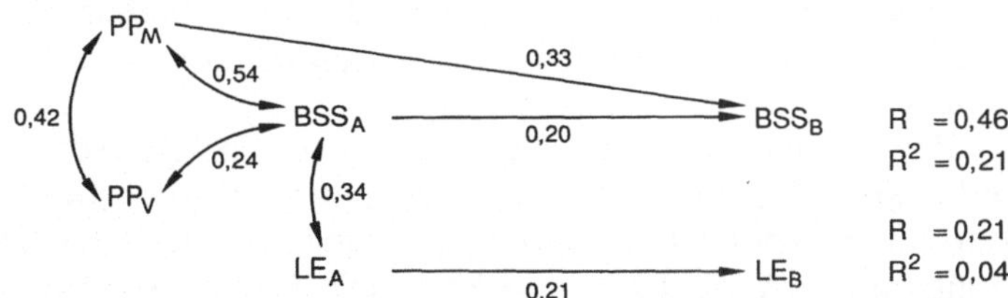

PPM = Psychopathologie Mutter; PPV = Psychopathologie Vater; LEA = unangenehme Ereignisse A-Studie; LEB = unangenehme Ereignisse B-Studie BSSA = Beeinträchtigung A-Studie; BSSB = Beeinträchtigung B-Studie.

Abb. 10.1. Längsschnittmodell für Frauen mit ausgeprägten Copingstrategien (Coping +)

Auch hier ergeben sich für Frauen konsistente Ergebnisse. Abbildung 10.1 zeigt, daß bei hohem Copingpotential Frauen mit vielen unangenehmen Lebensereignissen auch in B über vermehrte Life events berichten ($\beta_{LEA-LEB}$=0,21); diese haben jedoch keinen Einfluß auf die B-Beeinträchtigung (BSSB).

Dies kann dadurch erklärt werden, daß das Copingpotential nur für die B-Studie erhoben wurde und offenbar auf die erste Erhebungsphase nicht generalisiert werden kann. Bei einem angemessen Umgang mit aktuellen Belastungen wirkt sich, entsprechend Hypothese 4, die PPM auf die B-Beeinträchtigung der Frauen aus.

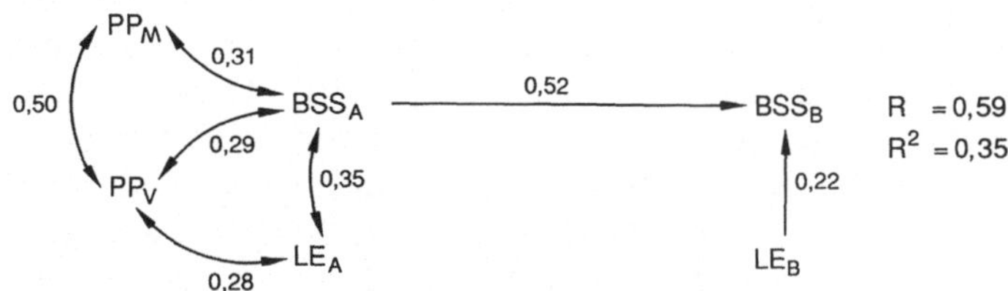

PPM = Psychopathologie Mutter; PPV = Psychopathologie Vater; LEA = unangenehme Ereignisse A-Studie; LEB = unangenehme Ereignisse B-Studie BSSA = Beeinträchtigung A-Studie; BSSB = Beeinträchtigung B-Studie.

Abb. 10.2. Längsschnittmodell für Frauen mit geringem Copingpotential (Coping -)

Schätzen Frauen ihre Bewältigungsstrategien gering ein (s. Abb. 10.2), so tritt der Einfluß von Ereignissen auf psychogene Beeinträchtigung deutlich hervor ($\beta_{LEB\text{-}BSSB}=0,22$).

Dagegen spielt die PPM für die Varianzaufklärung von BSSB nun keine Rolle mehr und tritt im Vergleich zur aktuellen Belastung deutlich zurück.

Für Männer zeigen sich ebenso wie im Querschnitt völlig andere Modelle. Die Hypothesen 4 und 5 können durch die Daten ebenfalls nicht gestützt werden: Bei Männern, die ihre Copingfähigkeiten hoch einschätzen (s. Abb. 10.3), wirken sich Lebensereignisse entgegen der Hypothese signifikant auf die Beeinträchtigung aus ($\beta_{LEB\text{-}BSSB}=0,17$).

Männer coping: hoch

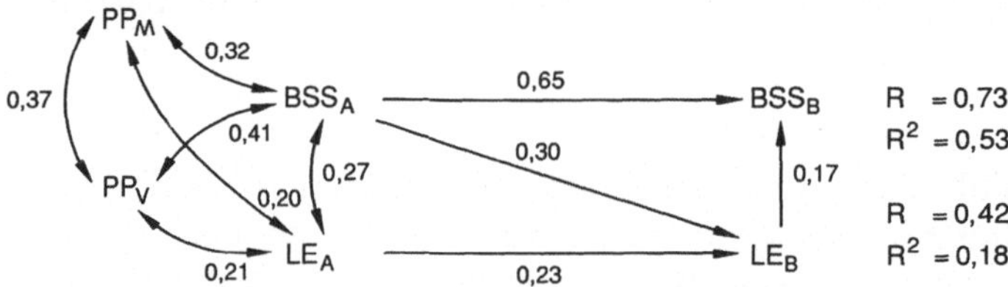

PPM = Psychopathologie Mutter; PPV = Psychopathologie Vater; LEA = unangenehme Ereignisse A-Studie; LEB = unangenehme Ereignisse B-Studie BSSA = Beeinträchtigung A-Studie; BSSB = Beeinträchtigung B-Studie.

Abb. 10.3. Längsschnittmodell für Männer mit hohem Copingpotential (Coping +)

Probanden mit vielen belastenden Ereignissen in der A-Studie zeigen auch in der B-Studie eine erhöhte Life-event-Belastung ($\beta_{LEA\text{-}LEB}=0,23$). Ein Teil dieser Personen konstelliert sich offenbar durch die vorausgegangene A-Beeinträchtigung die Lebensereignisse zum Zeitpunkt B selbst ($\beta_{BSSA\text{-}LEB}=0,30$). Diese Life-event-Belastung kann jedoch trotz der angeblich vorhanden angemessenen Bewältigungsstrategien nicht abgepuffert werden und wirkt sich weiterhin ungünstig auf den Gesundheitszustand zum Zeitpunkt B aus ($\beta_{LEB\text{-}BSSB}=0,17$). Wir vermuten, daß sich Männer bei der Selbstbewertung ihrer Copingfähigkeiten überschätzen und beim tatsächlichen Eintreten von unangenehmen Ereignissen viele dieser Strategien nicht anwenden (können).

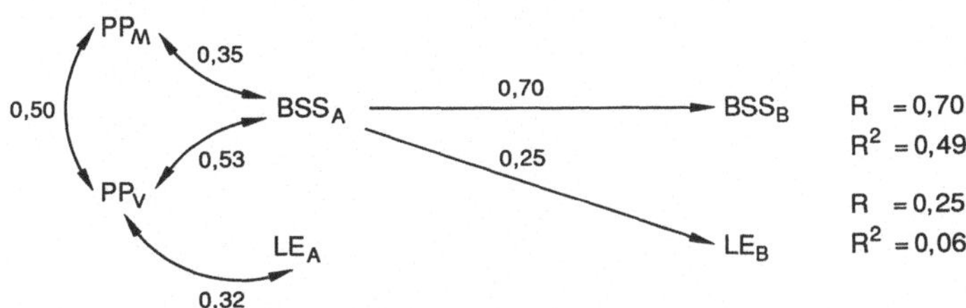

<u>PPM</u> = Psychopathologie Mutter; <u>PPV</u> = Psychopathologie Vater; <u>LEA</u> = unangenehme Ereignisse A-Studie; <u>LEB</u> = unangenehme Ereignisse B-Studie <u>BSSA</u> = Beeinträchtigung A-Studie; <u>BSSB</u> = Beeinträchtigung B-Studie.

Abb. 10.4. Längsschnittmodell für Männer mit geringem Copingpotential (Coping -)

Männer mit ungenügenden Copingstrategien (s. Abb. 10.4) scheinen zwar ebenfalls einen Teil der Life-events zu konstellieren ($\beta_{BSSA-LEB}=0,25$), diese bleiben jedoch sowohl in der A- als auch in der B-Studie ohne Einfluß auf die Beeinträchtigung.
Dies ist z. T. als mathematisches Artefakt zu erklären. Die Hintergrundvariable PPV korreliert sowohl mit der A-Beeinträchtigung als auch mit den A-Lebensereignissen hoch. Da gleichzeitig die Beeinträchtigung über die Zeit hohe Konstanz aufweist ($\beta_{BSSA-BSSB}=0,70$), wird im Regressionsmodell Erklärungsvarianz aus der Beziehung zwischen unangenehmen Lebensereignissen und psychogener Beeinträchtigung abgezogen.

10.1.3 Diskussion

Für Frauen kann auf der einen Seite die Wechselwirkung zwischen Bewältigungsstilen und unangenehmen Lebensereignissen bestätigt werden: Frauen mit ausgeprägten Bewältigungsstilen können die pathogene Wirkung von Life-events abmildern. Auf der anderen Seite tritt in dieser Gruppe die Psychopathologie der Mutter als Erklärungsfaktor für die psychogene Beeinträchtigung in dem Maße in den Vordergrund, wie Copingfähigkeiten fehlen.
Bei Männern konnten die postulierten Zusammenhänge nicht belegt werden; es bleibt die Frage offen, ob sie sich gerade durch eine Überschätzung ihrer Copingfähigkeiten auszeichnen.

11 Prognose und realer Verlauf

H. Schepank

11.1 Vorüberlegungen

Im Bereich der *klinischen Medizin* ist eine *Prognose* die Wahrscheinlichkeitsaussage über den Verlauf einer bestehenden Erkrankung auf der Basis von

1. einer gesicherten Diagnose,
2. dem generellen Expertenwissen über regelhafte Verlaufsmuster dieser speziellen Erkrankung und die Wahrscheinlichkeit bestimmter Komplikationen und deren Risiken,
3. Detailkenntnissen der besonderen Umstände der Erkrankung im Einzelfall (Schweregrad, Ausbreitung, bereits diagnostizierte Komplikationen) in Relation zu den Ressourcen des Individuums (Lebensalter, Ernährung-Kräftezustand, psychische Stabilität, ggf. komplizierende und interagierende Multimorbidität, Herz-/Kreislaufzustand, etc.) und schließlich
4. (insoweit noch Spontanverlauf gegen Optimalverlauf getestet werden soll) der Verfügbarkeit und Chancen/Nebenwirkungen spezieller effektiver Therapien.

Bei einer psychogenen Erkrankung handelt es sich um ein außerordentlich komplexes und multifaktorielles Geschehen. Von den genannten Prognosevoraussetzungen sind die erste (gesicherte Diagnose) und die vierte (Verfügbarkeit effektiver Therapien) hier und heute meist gegeben. Die dritte Voraussetzung erfordert eine fachkundige intensive Untersuchung (von Schultz-Hencke, 1951, als "gezielte tiefenpsychologische Anamnese" eingeführt, jetzt meist als psychoanalytisches Interview bezeichnet). Woran es jedoch noch immer mangelt, ist ein fundiertes Expertenwissen über regelhafte Verlaufsmuster psychogener Erkrankungen (Pkt. 2). Diese zu erforschen, ist ein wesentliches Anliegen unseres Projektes.

Ein spezielles Problem bei der uns gestellten Aufgabe, das die Treffsicherheit einer prognostischen Einschätzung erheblich verunsichern muß, besteht allerdings darin, daß wir es nicht - wie sonst in der Medizin üblich - mit einer klinischen Inanspruchnahmeklientel zu tun haben, sondern mit einer repräsentativen Zufallsstichprobe aus der Allgemeinbevölkerung und d.h. zum überwiegenden Teil (wie wir nun wissen: zu etwa 75 %) mit ziemlich Gesunden.

Der dadurch entstehende Schwierigkeitsgrad mag durch folgenden Vergleich plausibel werden: Kein Kundiger kann heute bei einem klinisch gesunden Säugling, der keine speziellen bekannten hereditären Belastungsrisiken mitbringt (wie z.B. Hämophilie, familiären Diabetes oder Polyposis coli) dessen individuelles Krankheitsschicksal, Todesjahr und/oder -ursache voraussagen. Man kann lediglich prognostizieren,

- daß er unter den gegenwärtigen und hiesigen Lebensumständen - vorausgesetzt, sie bleiben gleich -, massenstatistisch gesehen (!), eine Lebenserwartung von 71,54 (Junge) bzw. 78,10 Jahren (Mädchen)hat;
- daß er mit einer Wahrscheinlichkeit von null Komma soundsoviel Prozent schon im 1. Lebensjahr an "sudden infant death" (plötzlicher Kindestod) sterben wird;
- daß seine Todesursache im späteren Leben zu je etwa 0,5 bis 2 % einmal Suizid oder Verkehrsunfalltod sein könnte und
- daß er mit ebenfalls bekannten Prozentrisiken statistischer Wahrscheinlichkeit einmal an einem Karzinom, einem Apoplex, einem Herzinfarkt etc. sterben wird.

Auch der versierteste Psychiater kann heute einem gesunden 15jährigen Menschen nur vorhersagen, daß er mit einer Wahrscheinlichkeit von ungefähr 1 % (das ist die lebenslange Schizophrenieprävalenzrate bei genetisch Unbelasteten) einmal eine Schizophrenie bekommen wird - es sei denn, der Psychiater wüßte, daß ein Elternteil oder sogar beide bereits eine Schizophrenie haben. Dann betrüge die Wahrscheinlichkeit hierfür 10-15 bzw. 30-50 %. - Auch wird heute kein Gesundheitsexperte einem nach allgemeinem klinischem Check-up gesunden 50jährigen Mann voraussagen können, ob gerade er in 10 Jahren noch lebt oder ob gerade ihn ein Herzinfarkt, ein Karzinom, ein Unfall, ein Suizid tötet. Die Sterbetafeln der Lebensversicherer geben lediglich statistische Wahrscheinlichkeitswerte für den Eintritt eines Todesrisikos; über solche Trefferquoten wird auch ein kundiger Prognostiker nicht hinauskommen.

Diese Erwägungen waren voranzuschicken, bevor wir unser Vorgehen und seine Ergebnisse skizzieren.

11.2 Methodik

Die prognostische Einschätzung jedes Probanden durch den Interviewer fand jeweils im Anschluß an die erste Querschnittsuntersuchung statt. Sie wurde 1) im Dokumentationsbogen chiffriert niedergelegt und ist damit EDV-technisch auswertbar. 2) Im Klartext wurden detailliertere Erwägungen über den wahrscheinlichen Verlauf sowie über mögliche Risiken und Chancen beschrieben.

Im EDV-Bogen erscheint das prognostische Urteil über den Probanden in 2 verschiedenen Ratings: In dem einen legt der Interviewer alternativ fest, ob er bei der Zweituntersuchung in 3 Jahren einen Nichtfall oder einen Fall erwartet. In dem anderen Score schätzt er in Punktwerten unseres BSS - also etwas feiner abgestuft - die voraussichtliche Beeinträchtigungsschwere ab und legt sich fest, ob er in 3 Jahren für diesen Probanden erwartet, daß er

1. praktisch gesund sein wird (0-2 BSS-Gesamtpunkte bekommt) oder ob er ihn
2. als Normvariante (3-4 Punkte im BSS) oder
3. als deutlich gestörten Probanden (eindeutiger Fall, 5-6 BSS-Punkte) oder
4. als psychogen Schwerkranken (7-12 BSS-Punkte) erwartet.

Nunmehr, nach Abschluß der Follow-up-Untersuchung, kann geprüft werden, inwieweit die Prognoseeinschätzung dem wirklichen Verlauf entspricht. Im Falle falscher Prognose kann aufgrund einer detaillierten Analyse der im Klartext (z.Z. der A-Studie) niedergelegten prognostischen Erwägungen und der bei der B-Untersuchung erhobenen neuen biographischen und anderen Befunde ermittelt werden, warum prognostische Erwartung und realer Verlauf auseinanderliefen, oder ggf. ob unsere Prognosekriterien überhaupt grundsätzlich untauglich sind und wir uns - ähnlich wie die Meteorologen - trotz aller Bemühungen mit einer großen Unsicherheit und nur ganz kurzzeitigen Prognosen bescheiden müssen.

11.3 Ergebnisse

Von 528 in der B-Studie nachuntersuchten Probanden war 18mal durch den A-Interviewer eine Prognosebeurteilung nicht möglich. Diese wie auch 4 Missings oder Fehlkodierungen, also insgesamt 22, scheiden aus den folgenden Berechnungen aus. Ausgangsmaterial sind 506 abgegebene und durch den realen Verlauf überprüfte Prognosen. Tabelle 11.1 zeigt den prognostizierten und den realen Verlauf nach dem dichotomen Kriterium Nichtfall oder Fall.

Tabelle 11.1. Prognose und realer Verlauf nach Fall und Nichtfall

Prognose	Realer Verlauf Nicht-fall	Fall	Gesamt
Nichtfall	310	45	355
Fall	68	83	151
Gesamt	378	128	506[a]

[a] 22 der insgesamt 528 B-Studien-Probanden mußten unberücksichtigt bleiben: nicht beurteilbar (18), Missings (3) und fehlkodiert (1).

Aus der Tabelle ergibt sich: Es wurden insgesamt
richtig prognostiziert: 393 (= 77,7%),
fälschlich als Fall, d.h. zu pessimistisch prognostiziert: 68 (= 13,4%),
fälschlich als Nichtfall, d.h. zu optimistisch prognostiziert: 45 (= 08,9%).

Ausgehend von dem Endergebnis Fall oder Nichtfall lag die höchste Trefferquote bei den 310 richtig als Nichtfall Vorhergesagten mit 82,01 % (von den 378 Nichtfällen). Von den jetzigen Fällen sind nur 83 von insgesamt 128 (= 64,84 %) richtig als Fälle vorhergesagt worden.

Ein interessantes Ergebnis fällt auf: Die falsch-positiven Prognosen, also die nicht bestätigten pessimistischen Vorhersagen, überwiegen deutlich die falsch negativen, also die zu optimistischen Fehlprognosen. Schon unabhängig von einer Prognosenverifikation/-falsifikation fiel uns bei der Auswertung der A-Studie diese Tendenz auf (Schepank 1987a, S. 255). Wir vermuten, daß dieser kollektive Pessimismus mit der speziellen Professionalisierung der an psychopathologisch auffälligen Patienten geschulten Interviewer zusammenhängt: Der Kontakt mit chronifiziert psychisch Kranken und auch die vielen negativen Ausgänge und die Patienten, denen man nicht helfen kann, scheinen eher Vorsicht und zu negative Einschätzungen zu bewirken. Erwähnenswert ist in diesem Zusammenhang auch, daß nach einer Untersuchung von Aldrich (1986) Psychiater offensichtlich in einer Fernprognose (hier ebenfalls bei überwiegend Gesunden) eher zu übertrieben pessimistischen Einschätzungen neigen. In der zitierten Untersuchung ging es darum, daß Psychiater den Studienerfolg von Medizinstudienanfängern aus Chicago zu prognostizieren hatten; die Überprüfung ihrer Prognosen 35 Jahre später zeigte in die gleiche Richtung wie bei uns.

Unterteilen wir unsere Probanden hinsichtlich ihres *realen Verlaufes* in 4 Gruppen: konstant Gesunde, Gesunder (von Fall auf Nichtfall wechselnd), Erkranker (in A Nichtfall und in B Fall geworden) und konstant (also in A und in B) Kranke/Fälle, so ergibt sich ein differenzierteres Zahlenbild für die Trefferquoten (Tabelle 11.2).

Tabelle 11.2. Prognoseurteile- und Trefferquoten bei den 4 unterschiedlichen Verlaufstypen (*NF* Nichtfall; *F* Fall)

Prognose \ Realer Verlauf	Konstant Gesunde A:NF-> B:NF	Erkranker A:NF-> B:F	Gesunder A:F-> B:NF	Konstant Kranke A:F-> B:F
NF	303	43	7	2
F	21	14	47	69
Trefferquote	93,5%	24,6%	13%	97,2%

Bezüglich der Gesamtzahl von 506 Probanden s. Anmerkung zu Tabelle 11.1.

Bevor wir auf Tabelle 11.2 eingehen, scheint uns folgende Überlegung wichtig: Die individuelle Prognosestellung eines Experten für einen bestimmten Probanden muß, wenn sie ihn als guten Prognostiker ausweisen soll, signifikant treffsicherer sein als der durchschnittliche Erwartungswert, der bereits dem Laien bekannt ist; z.B. kann jeder Laie mit 80 %iger Treffsicherheit vorhersagen, daß das Wetter morgen ziemlich genauso sein wird wie heute, wenn er nur weiß, daß die Großwetterlage hierzulande im Durchschnitt 4 Tage konstant bleibt. Den kundigen Meteorologen mit seinem Fachwissen und Kenntnis übergreifender Satellitenbeobachtungen muß es dann auszeichnen, daß seine Trefferwahrscheinlichkeit höher liegt als 80 % (das soll tatsächlich der Fall sein, allerdings nur für einen Zeitabschnitt von ca. 24 h). Wie das Wetter in einer Woche oder im kommenden Sommer wirklich sein wird, weiß auch der beste Meteorologe nicht treffsicherer vorherzusagen als ein Laie. Auch dieser ist nämlich aus seiner Alltagserfahrung in der Lage, richtig zu prognostizieren, daß es im kommenden Sommer wärmer sein wird als im Frühjahr oder Winter und daß es keinen Schnee geben wird.

Schon die bisher vorliegenden Daten über Stichtagsprävalenzraten schwanken bekanntlich (s. Dohrenwend 1987 u.a.) selbst bei soliden Felduntersuchungen beträchtlich, zwischen < 1 und > 60 % in der Bevölkerung. Über die mittelfristigen Verläufe psychogener Erkrankungen und Gesundheit, Spontanheilungsraten etc. existiert - das muß man bis heute wohl so sagen - keine wissenschaftlich fundierte präzise Kenntnis.

Lediglich der Kliniker, d.h. der in der Praxis und in Institutionen tätige psychotherapeutische Fachmann, weiß aus seiner professionellen Alltagserfahrung einiges. Er hat jedoch bevorzugt mit prognostisch ungünstigen rezidivierenden oder nicht gebesserten chronischen Verläufen zu tun und ist von daher möglicherweise in seinem Urteil beeinträchtigt; zum anderen pflegen nicht gebesserte Patienten evtl. andere Fachrichtungen zu konsultieren und geraten ihm insofern auch katamnestisch aus der Sicht. In eine intensive Psychotherapie nimmt er andererseits wiederum auch nur Patienten mit einer noch ausreichend günstigen Prognose und stellt die Indikation für eine hochfrequente Psychoanalyse auch nur dann, wenn er sich von dieser Erfolg erwartet; das heißt: Der Fachmann für psychogene Erkrankungen kann sich bei seiner Prognostizierleistung nicht - wie der aufmerksam beobachtende Laie, ein Landwirt oder gar der kundige Meteorologe hinsichtlich Wetter oder Klima - auf annähernd gesicherte Meßdaten stützen.

Anhaltszahlen, mit denen wir die (ggf. größere) Treffsicherheit einer Expertenprognose für eine Feldstichprobe von Probanden messen könnten, existierten bisher nicht. Erst jetzt, nachdem die A-Studie ausgewertet ist, wissen wir, daß mit unserer Meßmethode (BSS etc.) ungefähr 1/4 der Population als Fälle einzustufen sind und somit ca. 75 % als Nichtfälle/Gesunde beurteilt werden. Würde also ein Prognostiker heute, nachdem er diese Basiszahl kennt, 3/4 seiner Urteile mit "Nichtfall" und 1/4 als "Fall" abgeben, so läge er mit dieser Zahl im zufälligen Erwartungsbereich. In eine Prognosebeurteilung psychogener Erkrankungen auf den zukünftigen Zeitpunkt von in 3 Jahren geht jedoch noch das wichtige Datum ein, ob jemand jetzt Fall ist oder nicht, und eine ungefähre Ahnung darüber (gesichertes Wissen liegt bekanntlich bisher nicht vor), wie solch eine Krankheit i. allg. verläuft.

Hierzu wieder ein banales Beispiel: Man weiß, daß vielleicht ca. 1% der Menschen jetzt gerade einen fieberhaften, grippalen Infekt haben, daß solch ein Infekt aber fast immer in 1-2 Wochen abklingt. Kein Gesundheitsspezialist kann vorhersagen, ob ein bestimmter Mensch an einem bestimmten Stichtag in 3 Jahren auch einen grippalen Infekt haben wird, und zwar gleichgültig, ob der jetzt gerade von einem

Infekt betroffen ist oder nicht. Er kann lediglich prognostizieren, daß mit einer
Wahrscheinlichkeit von ca. 1% auch dieser Mensch gerade zum Meßzeitpunkt in 3
Jahren an einem Infekt leiden wird. Geht die Trefferquote wesentlich über diese
Zahl von ca. 1% hinaus, so hat der Experte sehr gut prognostiziert. Nur ein echter
Hellseher dürfte hierzu heutzutage in der Lage sein.

Es bereitete uns - zusammen mit unseren Fachkollegen für Methodik
und Statistik - beträchtliche Gedankenarbeit, festzulegen, von welcher
durchschnittlichen Basisrate an zufällig richtigen Treffern man auszugehen hat, um zu beurteilen, welche von unseren A-Interviewern prognostizierten Werte zu erwarten gewesen wären bzw. ob ihre Einschätzung
von einer Zufallstrefferquote abweicht. Wir sind zu folgendem Ergebnis
gekommen:

Die Trefferquote der Prognoseurteile der A-Interviewer über den
wirklichen Verlauf zeigt eine U-förmige Kurve (Abb. 11.1).

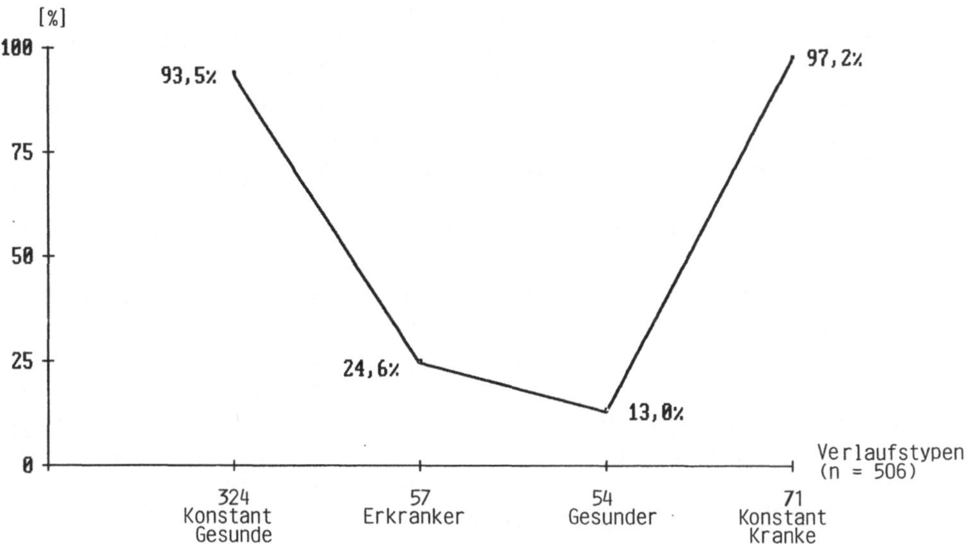

Abb. 11.1. U-Kurve: Trefferwahrscheinlichkeit des Prognoseurteils bei
verschiedenen Verlaufstypen

Die höchste Trefferquote (97,2 % richtige Prognoseurteile) fand sich bei
jenen Probanden, die konstant Fälle geblieben sind (n=71). Diese
Probandengruppe ist gleichzeitig - das muß als keineswegs selbstverständlich betont werden - die mit dem durchschnittlich höchsten Ausgangs-BSS-Wert von x = 6,17 Punkten bei der A-Untersuchung. Ebenfalls weit über der Zufallstrefferquote lag die Vorhersage richtig für die
konstant Gesunden (n=324). Hier betrug die Trefferquote 93,5 %. Der
Ausgangs-BSS-Wert während der A-Untersuchung betrug für diese
Gruppe im Durchschnitt x = 2,34 BSS-Punkte. Die beiden dazwischen-
liegenden Gruppen der anfangs Gesünderen, später Erkrankten (n=57)
sowie derjenigen, die anfangs zwar Fall waren, aber gesünder geworden

sind (n=54), liegen mit 24,6 bzw. 13,0 % richtigen Prognosen schlecht.
Ihre Start-BSS-Werte zum Zeitpunkt A betrugen im Durchschnitt 3,27
und 5,53 BSS-Punkte (Tabelle 11.3).

Tabelle 11.3. Durchschnittliche BSS-Werte der 4 Verlaufstypen
zum Zeitpunkt A und B

	Konstant Gesunde n = 333	Erkranker n = 59	Gesunder n = 58	Konstant Kranke n = 77
Zeitpunkt A	2,34	3,27	5,53	6,17
Zeitpunkt B	2,14	5,56	3,01	6,18

Es ergibt sich daraus, daß wir die günstigste Vorhersage machen konnten
bei Probanden mit hohen BSS-Werten. Ebenfalls noch gut ist die
Prognosetrefferquote bei den konstant Gesunden mit einem anfänglich
niedrigeren BSS-Wert. Ein BSS-Wert mehr zur Mitte, d.h. bei den gerade
noch Nichtfällen oder den "leichten" Fällen, macht dagegen die Vorhersage sehr unsicher.

Entgegen dem ersten Eindruck bei einer pauschalen Beurteilung (s. S.
176 und Tabelle 11.1), daß vielleicht gar keine über der Zufallserwartung liegende Prognosetrefferquote möglich ist, zeigt diese differenzierte
Betrachtung doch, daß das Expertenurteil eine deutlich höhere
Trefferquote erreicht bei einer bestimmten Klientel, die immerhin (410
von 527) 77,7 % der gesamten Stichprobe ausmacht! Allerdings muß man
nachhaltig betonen, daß dieser Prognose eine ausgefeilte Untersuchung
und Schweregradeinschätzung zugrunde liegt. Ein einfaches Zählen von
angekreuzten Symptomen in einer Beschwerdeliste oder eine Grobdia-
gnostik nach ICD oder Leidensdruck etc. hätte keinesfalls ausgereicht,
um eine solche Prognose zu stellen.

Wir geben uns mit diesem ermutigenden Ergebnis jedoch noch nicht
zufrieden.

11.4 Analyse der Fehlurteile

Um den Gründen für die erwiesenen prognostischen Fehlurteile nach-
zugehen, ist v. a. die Überlegung wichtig, nach welchen Kriterien sich
die A-Interviewer bei ihrer Vergabe eines Prognoseurteils für einen Probanden richteten. Wir können davon ausgehen, daß weitgehend die aus
der Schule von Schultz-Hencke (1951) abgeleiteten, u.a. von Heigl (1972)
ausführlich beschriebenen, aus der klinisch psychotherapeutischen Erfahrung gewonnenen Kriterien maßgebend gewesen sind, die auch unsere ambulante und stationäre Arbeit und Indikationsstellung an der
Psychosomatischen Klinik in Mannheim bestimmen; z.B.: Symptomart,

Symptomdauer, primärer vs. sekundärer Leidensdruck, sekundärer Krankheitsgewinn, einklagbare Verpflichtungen, Flexibilität und Devianzgrad der Persönlichkeitsstruktur, Schwere der auslösenden Versuchungs-/Versagungssituation (VVS), Schwere der frühkindlichen Belastungen etc. - Etwas unsicher bleibt dann noch, inwieweit einzelne Interviewer sich vielleicht von anderen Informationen und Beobachtungen haben leiten oder in die Irre führen lassen, z.B. Berufsstatus, Intelligenz, häusliche Umgebung/Eindruck von der Wohnung, gesehene und miterlebte Angehörige oder zufällig beim Interview mit Anwesende, Fehlleistungen (z.B. wenn der Proband den verabredeten Termin vergaß etc.) und andere die Gegenübertragung prägende Umstände dieses besonderen Feldinterviews.

Die beste Möglichkeit, den Fehlurteilen auf die Spur zu kommen, liegt in der bei uns einmaligen Chance, *aus der Klartextdokumentation* für jeden Probanden detaillierte Informationen zu entnehmen. Diese ausführlichen Interviews (ca. 10 engzeilige Schreibmaschinenseiten für jeden Probanden in jeder Studie) sind nun allerdings ein so umfangreiches Datenmaterial (für alle 600 Probanden zusammengerechnet überschlagsweise etwa 11000 Seiten!), daß kein menschliches Gehirn diese Informationsfülle sinnvoll in toto verarbeiten kann. [Und eine nur ausschnittweise Lektüre aller Interviews (wie z.B. bei der Bearbeitung der Träume, des Social support etc.) würde nicht weiterhelfen].

Aus *12 Interviewklartexten* von 2fach untersuchten Probanden *mit falscher Prognose* gewann ich folgende Erkenntnis, die wenigstens heuristischen Wert haben dürfte:

Bei *2* anfangs gesunden und im Dreijahresintervall neu erkrankten Probanden, die vom A-Interviewer fälschlich als "weiterhin Nichtfall" prognostiziert worden waren, ist die *Neuerkrankung* auf eindeutige belastende zwischenzeitliche *Life-events* zurückzuführen: Im einen Fall eine Trennung von der langjährigen Ehefrau (was natürlich auch mit persönlichkeitsabhängigen Faktoren zusammenhängt); im anderen Fall eine an sich wegen des Lebensalters unwahrscheinliche und somit unerwartete lebensbedrohliche Erkrankung des Ehemannes. Hier hatte jedoch der erfahrene A-Interviewer sogar bei seiner günstigen Prognose bereits vorweg eingeschränkt: "vorausgesetzt, der für die Probandin bedeutsame Lebenspartner bleibt ihr erhalten".

Bei einer anderen, in der A-Untersuchung als Fall eingestuften und auch weiterhin als Fall prognostizierten Probandin bewirkte eindeutig ein günstiges und unvorhersehbares *Life-event* die *Gesundung*: Bei der jungen Frau bestand bereits zur A-Zeit der dringende Wunsch nach einem Eigenheim. Der Ehemann hat nun inzwischen ein Haus geerbt, was für sie Fortfall der bis dahin notwendigen belastenden aushäusigen Berufstätigkeit bedeutete. Die 2 Kinder sind zudem inzwischen auch etwas älter geworden, was ihre Pflege zusätzlich erleichtert. - Auch bei einem anderen gesund gewordenen Patienten hat sich die pessimistische Prognose nicht bestätigt: Ein Life-event, eine zweite Heirat, verstärkte bei dieser Frau das Social support und schaffte insgesamt (wenn auch vielleicht nicht auf Dauer) Entlastung und somit Symptombesserung.

Bei 2 anderen Probanden - einem im A gesunden, inzwischen neu erkrankten Mann und einer konstant kranken Frau, von der der A-Interviewer eine Symptombesserung erwartet hatte - war das viel zu optimistische Fehlurteil eindeutig dadurch begründet, daß gravierende und für die Prognose wichtige biographische Details im A-Interview von den Probanden schlicht *verschwiegen* worden waren: Im einen Fall der schon damals seit langem bestehende chronische Alkoholismus der Ehepartnerin, von der der Proband innerlich stärker abhängig war, als er selbst ahnte. Das führte bei ihm im Dreijahresintervall zu einer ihn psychisch belastenden Fehlentscheidung, sich von der Frau zu trennen. Eine andere Probandin, die bei A als Fall beurteilt worden war, hatte der Interviewerin ihr langjähriges sexuelles Agieren verschwiegen und sie damit über ihre emotionale Beziehungsstörung hinweggetäuscht. Die Interviewerin hatte zudem optimistische Erwartungen in eine damals gerade begonnene Psychotherapie der Probandin gesetzt, die diese jedoch (s. ihre Objektinkonstanz) kurz danach erfolglos abbrach.

Eine weitere 35jährige, geschiedene Frau mit unehelichem Kind, ganztags berufstätig, mit vielfältiger psychosomatischer Symptomatik war dem A-Interviewer eindeutig als Fall begegnet und auch prognostisch als recht desolat erschienen. - Im von mir (blind durchgeführten) B-Interview bestand die Hauptsymptomatik fort, war aber so deutlich abgeschwächt, daß sie mit 4 BSS Punkten kein Fall mehr wurde. Sie hat sich inzwischen Erleichterung verschafft, indem sie ihre berufliche Tätigkeit auf halbtägige Beschäftigung reduzierte (günstiges "Live-event?"). Das war ihr möglich mit Hilfe einer konstanten Partnerschaft (Social support) mit einem wesentlich älteren verheirateten Mann. Die A-Diagnoseeinschätzung ist auch aus meiner späteren Sicht gerechtfertigt; die zu pessimistische Prognose wäre aber vielleicht (?) vermeidbar gewesen, hätte der A-Interviewer die schon damals bestehende, zwar etwas ungewöhnliche, aber im Grunde ganz solide Partnerschaft der Probandin durch die richtige Fragetechnik genauer betrachtet und richtig eingeschätzt. - Ich hatte im übrigen etwas mehr Glück: Das Interview mit der Probandin konnte ich - zeitweise mit ihr allein - durchführen, während der A-Interviewer durch ständige Anwesenheit des Partners und zweier spielender kleiner Kinder etwas irritiert war. Aufgrund nur des im Klartext dokumentierten A-Interviews könnte ich mich allerdings ohne weiteres der pessimistischen Prognose des Kollegen von damals anschließen.

Bei einem weiteren Probanden, einem konstant Gesunden (Mann) hatte der *A-Interviewer* zu pessimistisch künftige Erkrankung prognostiziert: Er war *fehlgeleitet* worden durch eine frühere skeptische Beurteilung unseres Klinikteams, das vor Jahren einmal wegen ungünstiger Prognose (Alkohol etc.) abgelehnt hatte, diesen Probanden als Patienten stationär zu behandeln. Der ehemalige Patient war dann jedoch in einer anderen psychotherapeutischen Fachklinik stationär psychotherapeutisch

- und zwar effektiv - behandelt worden. Das wußte der A-Interviewer zwar, hat aber offenbar der Stabilität des Erfolges dieser (damals bereits abgeschlossenen) Therapie nicht getraut. De facto hatte die Therapie offenbar durchaus positive Langzeitnachwirkungen in Form einer - im Intervall zwischen A- und B-Untersuchung getroffenen - günstigen Partnerentscheidung und dadurch langzeitig gewonnenem Social support des Patienten. Auch waren hier vielleicht als weitere prognostisch günstige Faktoren ungenügend gewichtet worden: seine originäre Intelligenz, günstiger sozialer Status und Fehlen hinderlicher juristischer Verbindlichkeiten. - Umgekehrt verhielt es sich bei einer jungen Frau, die anfangs noch gesund und als weiterhin Nichtfall prognostiziert wurde: Bei ihr hat der Interviewer die Fernwirkung der gravierenden frühkindlichen Belastung unterschätzt und die im Gefolge dieser Persönlichkeitsfehlhaltung eingegangenen lebenswichtigen (Fehl)entscheidungen: uneheliches Kind 16jährig, Frühheirat eines Kriminellen 17jährig, anschließend Scheidung und Zweitehe mit einem Trinker.

Bei einem weiteren zu optimistischen Urteil handelt es sich lediglich um einen eindeutigen Kodierfehler: Bei einem konstant Kranken hatte der A-Interviewer richtig "Fall" diagnostiziert und sich laut Klartextdokumentation auch nach Abwägung einzelner Faktoren richtig entschieden, daß der Proband wohl Fall bleiben wird. In der EDV-Dokumentation war dann jedoch *irrtümlich* Nichtfall *kodiert* worden.

Komplizierter liegt es bei 2 sog. Gesundern. In beiden Fällen hat der A-Diagnostiker richtig einen Fall diagnostiziert und auch weiterhin Falleigenschaft prognostiziert. Die B-Diagnostikerin meinte jedoch bei der B-Untersuchung, daß es sich eigentlich um eine primär somatische Krankheit gehandelt habe (chronische Herzinsuffizienz und Myokarditisfolgen), und daß somit überhaupt kein Fall von psychogener Erkrankung vorlag. In der Gesamtauswertung ist diese Probandin deshalb (*m.E. zu unrecht!*) als Gesunderin und ihre (m.E. richtige) pessimistische Fall*prognose* als falsch bezeichnet worden.

Auch mit dem Urteil einer anderen Zweitinterviewerin bei einem anderen Probanden stimme ich nicht überein: Es handelte sich bei der A-Studie um eine wirklich vital bedrohte Trinkerin. Wider Erwarten war dann danach in einer sehr langen und intensiven stationären (psychiatrisches Landeskrankenhaus) und anschließenden ambulanten (psychiatrisch-psychotherapeutischen) Behandlung eine deutliche Besserung und Lebenserhaltung bewirkt worden. Im Kontrast zu dem beeindruckenden Krankheitsbild z.Z. der A-Untersuchung war somit zweifellos eine wesentliche Besserung beobachtbar. Jetzt von "Gesundheit" zu sprechen, ist aber m.E. unzutreffend in Anbetracht der gravierenden und irreversiblen noch bestehenden Folgen des früheren Alkoholismus: Untergewicht, Arbeitslosigkeit, dauerhafte Abhängigkeit von Sozialunterstützung bei einer seit je partnerlosen Frau von Ende 40. Ich halte also die *Beurteilung* in der B-Studie als "Nichtfall" für *falsch* und damit die pessimistische A-Prognosenbeurteilung "weiterhin Fall" noch grundsätzlich für zutreffend.

Die 2 zuletzt geschilderten Beurteilungsdiskrepanzen sind - das sei ausdrücklich betont - die seltene Ausnahme. Sie sollten nicht darüber hinwegtäuschen, daß die Interviewerurteile und v. a. die erhobenen Daten in ungewöhnlich hohem Maße und bis ins letzte Detail übereinstimmen, wie jedem Leser deutlich werden kann, der sich mit den Klartexten befaßt.

Die meisten dieser Probanden sind auch weitere 3 oder 5 Jahre später noch einmal, also zum 3. Mal, untersucht worden. Vereinzelt wurde dann die in der B-Untersuchung als falsch prognostizierte Beurteilung durch den weiteren Verlauf wieder aufgehoben und richtiggestellt. Einzelheiten führen hier zu weit.

Insgesamt hilft eine Vertiefung in die sehr sorgfältig verfaßten und umfangreichen Klartextbeschreibungen der Probanden, eine große Anzahl der Fehlprognosen aufzuklären, sowohl der zu optimistischen als auch der zu pessimistischen. Daß keine 100 %ige Übereinstimmung der Beurteiler vorliegt und sogar einmal ein Kodierfehler als menschliche Schwäche hingenommen werden muß, belegen gerade diese Problemfälle. Dennoch gelang es, durch unsere doppelt gesicherte Dokumentation (durch EDV und Klartext) eine ganze Reihe offener Fragen wenigstens einer Lösung näher zu bringen.

Vor allem aber bleibt festzuhalten: Der Experte kann auf der Basis seiner sehr gründlichen tiefenpsychologisch fundierten Untersuchung immerhin bei einer klar definierten Klientel, die 77,7 % der Bevölkerung umfaßt, aufgrund klinisch bewährter Kriterien eine weit über der Zufallstrefferquote liegende richtige Prognose über den weiteren Verlauf abgeben.

12 Lebenslange Prävalenz

H. Schepank

Gegenstand dieses Buches sind im wesentlichen die Ergebnisse aus 2 Meßzeitpunkten im Abstand von 3 Jahren. Dabei wurde meist die Punktprävalenz, also der psychische Zustand zum Zeitpunkt der Untersuchung, beurteilt, immer verstanden als: die letzten 7 Tage. Den Kliniker befriedigt das nicht: Er ist meist mit chronisch persistierenden, längeren oder rezidivierenden Verläufen psychogener Erkrankungen konfrontiert. Wir betrachten deshalb jetzt auch noch die lebenslange Prävalenz.

Einschränkend für die im folgenden mitzuteilenden Ergebnisse ist darauf hinzuweisen, daß sie mit 2 erheblichen Unsicherheitsfaktoren belastet sind. Beide ergeben sich aus der Tatsache einer retrospektiven Betrachtung:

1) Gedächtnisschwächen beim Probanden und mögliche Erinnerungsfälschungen über seinen früheren Gesundheitszustand bzw. seine Symptomatik.
2) Die Schwierigkeit seitens des Interviewers, das frühere Befinden eines Probanden sicher einzuschätzen und v. a. die Beeinträchtigungsschwere treffsicher zu gewichten. Ein gewisses Interviewerbias könnte dazu geführt haben, daß der Untersucher unter dem Eindruck des aktuellen Erscheinungsbildes im Sinne eines vorläufigen Endzustandes einer langfristigen Lebensentwicklung die lebenslange Prävalenzeinschätzung der Beeinträchtigungsschwere für zurückliegende Zeiten eher dem jetzigen Zustandsbild angenähert hat, ohne daß das wirklich immer der Fall gewesen sein muß.

Bei der Interpretation der folgenden Ergebnisse ist ferner zu beachten, daß wir von der üblichen *Definition* der *lebenslangen Prävalenz* in zweierlei Hinsicht abweichen: 1) Wir dokumentieren nur den Zeitabschnitt ab 20. Lebensjahr. Begründung: Die Belastung durch psychogene Krankheitssymptomatik in der Kindheit haben wir bereits getrennt erhoben und dokumentiert; sie schlägt sich z.B. in Zahl und Art kindlicher neurotischer Symptomatik nieder; diese korreliert bekanntlich signifikant mit der jetzigen Falleinstufung (Schepank 1987a, S.123, 158ff.). 2) Wir gewichteten die *durchschnittliche Beeinträchtigung* durch psychogene Symptomatik im Lebenslauf und nicht - wie bei der üblichen Definition der lebenslangen (Perioden)prävalenz - danach, ob evtl. überhaupt nur einmal im Leben eine Episode von Erkrankung/Symptomatik registrierbar war. Begründung: Dieses übliche Verständnis von lebenslanger Prävalenz hätte eine extrem hohe Prävalenzrate ergeben, da fast jeder Mensch schon einmal in seinem Leben eine mindestens kurzzeitige Episode von Niedergeschlagenheit, Angstsymptomatik, abnormer Reaktion, Leistungsversagen oder von psychosomatischen funktionellen Beschwerden angeben könnte.

Die Vorbemerkung abschließend sei noch darauf hingewiesen, daß für die 3 miteinander verglichenen Jahrgangskohorten unterschiedlich lange Zeitabschnitte in die Untersuchung der lebenslangen Prävalenz eingehen: ca. 8 Jahre für Jahrgang 1955, 18 Jahre für Jahrgang 1945 und 28 Jahre für Jahrgang 1935. - Einschränkend wäre auch noch zu sagen, daß in unserer Untersuchung naturgemäß alle diejenigen nicht enthalten sein können, die vorzeitig ausgewandert, an somatischen oder auch psychogenen Erkrankungen verstorben sind (Suizidenten, Anorexia-nervosa-Tote, Unfalltote etc.) und auch diejenigen, die eine Untersuchung verweigert haben. Für die Migranten und die Verweigerer können wir allerdings nach allem bisherigen Wissen davon ausgehen, daß es sich bei ihnen nicht bevorzugt um besonders Gesunde und auch nicht um eine markante Selektion psychogen Erkrankter handelt.

12.1 Ergebnisse

Diese Vorbehalte und Konzessionen gegenüber einer strengen Methodenkritik im Sinn, teilen wir unsere Ergebnisse mit: Bei der folgenden Auflistung der lebenslangen Prävalenz für verschiedene Gruppen haben wir uns auf diejenigen Probanden beschränkt, die in der B-Studie "sehend" interviewt worden sind, d. h. der Interviewer konnte voll bewußt auch die Daten und Diagnostik eines 3 Jahre zuvor erfolgten Interviews - meist durch einen anderen Kollegen - in seine Gesamtbeurteilung mit einbeziehen.

Die Tabellen 12.1 und 12.2 zeigen die Anzahl dieser (n = 269) Probanden, untergliedert nach der lebenslangen Beeinträchtigungsschwere:

1. lebenslang ziemlich stabil Gesunde (BSS 0 bis 2)
2. lebenslang als Risikoprobanden Eingestufte (BSS 3 bis 4),
3. lebenslang als leichte bis mittlere Fälle Beurteilte (BSS 5 bis 6) und
4. lebenslang schwer Beeinträchtigte (BSS $\geq$ 7).

Gruppe 1 und 2 wären dann nach dieser neuen Definition als lebenslang Nichtfälle, die Gruppen 3 und 4 als lebenslang Fälle einzustufen.

Die Ergebnisse sind besonders instruktiv, wenn man sie getrennt nach Geschlecht (Tabelle 12.1) und nach den 3 Jahrgangskohorten (Tabelle 12.2) betrachtet.

Tabelle 12.1 weist rund 70 % aller Probanden bei lebenslanger Prävalenzbeurteilung als Nichtfälle aus, davon 29 % als sehr stabil Gesunde (BSS 0-2), 40,89 % als etwas beeinträchtigte Risikoprobanden, die noch als ausreichend gesund zu beurteilen sind. Gut 30 % aller sind lebenslang als Fälle anzusehen, davon die überwiegende Zahl (21,56 %) als leichte oder mittelschwere Fälle (BSS 5-6) und 8,55 % als lebenslang recht schwer Gestörte (BSS 7 und mehr). Besondere Beachtung verdient (s. Tabelle 12.1) das Ergebnis, daß sich bei lebenslanger retrospektiver Betrachtung der früher beschriebene, in der Punktprävalenz manifestierte Überhang der Fälle von Frauen sehr weitgehend nivelliert! Die *Geschlechtsunterschiede* in der Gesamttabelle sind nicht signifikant! Lediglich die Extremgruppen zeigen Unterschiede: Bei den besonders schwer Gestörten ist ein deutliches Überwiegen der Frauen zu vermerken: 10,87 % aller weiblichen Probanden sind schwer gestört (gegenüber nur 6,11 % aller Männer). Bei den stabil Gesunden überwiegen mit 31,3 % die Männer etwas (vs. 26,81 % Frauen).

Tabelle 12.1. Lebenslange Prävalenz, unterteilt nach Geschlecht

	BSS	Männer n	% aller Männer	Frauen n	% aller Frauen	Gesamt n	% aller Probanden	Gesamt aller Fälle/Nichtfälle n	% aller Probanden
Nicht-fälle	0-2	41	31,30	37	26,81	78	29,00		
	3-4	53	40,46	57	41,30	110	40,89	188	69,89
Fälle	5-6	29	22,14	29	21,01	58	21,56		
	≥ 7	8	6,11	15	10,87	23	8,55	81	30,11
Gesamt		131	100	138	100	269	100	269[a]	100

[a] Retrospektiv bei den "sehend" interviewten 28-, 38- und 48jährigen.

Von großem Interesse, insbesondere auch im Vergleich zu unseren beiden Punktprävalenzergebnissen der Querschnittsuntersuchungen ist die differenzierte Beurteilung nach *Geburtsjahrgangskohorten* (Tabelle 12.2).

Tabelle 12.2. Lebenslange Prävalenz, unterteilt nach Geburtsjahrgangskohorten (*Pbn. Jg.* Probanden des Jahrgangs)

BSS	Jahrgang 1955 n	% aller Pbn.Jg.	Jahrgang 1945 n	% aller Pbn.Jg.	Jahrgang 1935 n	% aller Pbn.Jg.	Gesamt n	% aller Probanden	Fälle vs. Nichtfälle n	[%]
0-2	32	41,03	23	22,33	23	26,14	78	29,00	188	69,89
3-4	31	39,74	40	38,83	39	44,32	110	40,89		
5-6	11	14,10	34	33,01	13	14,77	58	21,56	81	30,11
≥ 7	4	5,13	6	5,83	13	14,77	23	8,55		
Gesamt	78	100	103	100	88	100	269[a]	100	269[a]	100

[a] Retrospektiv bei den "sehend" interviewten 28-, 38- und 48jährigen.

Es zeigt sich, daß die weitaus größte Anzahl von stabil Gesunden (BSS 0-2) und überhaupt der Nichtfälle im Jahrgang 1955 zu finden ist (80,77 %). Die größte Anzahl von Fällen (38,84 %) findet sich eindeutig bei dem Geburtsjahrgang 1945. Eine Mittelstellung (29,54 % Fälle) wird beim Geburtsjahrgang 1935 diagnosiziert, wo insbesondere die mit Abstand größte Zahl besonders schwer Gestörter auffällt: 14,77 %.

12.2 Diskussion

Dieses Ergebnis ist doppeldeutig: Wir favorisieren die wahrscheinlichste *Interpretationsalternative*. Sie setzt an der möglichen frühkindlichen Schädigung an. Danach wäre der Geburtsjahrgang 1945 - wie von uns auch ursprünglich erwartet wegen der extrem ungünstigen frühkindlichen Entwicklungsbedingungen in der unmittelbaren Nachkriegszeit - der mit Abstand schwerstgeschädigte, der die höchste Rate an Kranken zur Folge hat. Ihm folgt der Jahrgang 1935, also diejenigen Probanden, die in ihrer Entwicklung ab etwa ihrem 5./7. Lebensjahr durch zunehmend auch die Familie belastende Kriegsereignisse (fehlende Väter, arbeitsüberlastete Mütter, Bombenterror, zunehmende Nahrungs- und Wohnungsengpässe) und erschwerte Entfaltungsmöglichkeiten etwa im 10.-14. Lebensjahr (Nachkriegszeit) groß geworden sind. Der Jahrgang 1955 mit kollektiv gesehen relativ günstigen Umweltbedingungen während der prosperierenden Wirtschaftswunderperiode in der Bundesrepublik Deutschland weist den mit Abstand größten Anteil von stabil Gesunden auf. Anders gerechnet: Die beiden Geburtsjahrgänge 1935 und 1945 stellen zusammen 24 % aller Fälle bei Betrachtung von lebenslanger Prävalenz; demgegenüber stammen nur 5,5 % aller Fälle aus dem Jahrgang 1955. Auf den Jahrgang bezogen sind es vom Jahrgang 1945 38,84 %, die als Fälle eingestuft werden, vom Jahrgang 1935 29,54 % und vom Jahrgang 1955 nur 19,23 %! Diese Unterschiede sind hochsignifikant (p<0,001).

Ebenfalls hochsignifikant (p<0,001) sind die Jahrgangsunterschiede, wenn man die Geschlechter getrennt betrachtet. Hier wird insbesondere bei den Männern der Unterschied drastisch: 42,86 % der Männer des Geburtsjahrgangs 1945 sind lebenslang Fälle(!), vom Geburtsjahrgang 1935 sind es 21,74 % und vom Jahrgang 1955 nur 16,66 %.

Bei den Frauen sind die Kohortenunterschiede zwar auch noch signifikant (p≤0,05), der Jahrgang 1945 unterscheidet sich aber nicht vom Jahrgang 1935: Im Jahrgang 1945 sind 35,19 % der weiblichen Probanden Fälle; im Jahrgang 1935 sind es 38,10% und im Jahrgang 1955 nur 21,43 %!

Damit wird auch schon die 2. Interpretationsmöglichkeit der gefundenen lebenslangen Prävalenzunterschiede bei den 3 Jahrgangskohorten unwahrscheinlich: Daß nämlich nicht die frühkindliche Belastung, sondern das zunehmende Lebensalter einen Anstieg der Prävalenzraten bewirkt. Genauer: daß die lebenslange Prävalenz psychogener Erkrankungen gerade im mittleren Lebensalter, also im Alter zwischen 35 und 40 Jahren einen Höhepunkt zeigt und dann wieder abflaut. Hierfür gäbe es keine plausible Erklärung und vor allem: Die Erfassung der Punktprävalenz, gemessen zu dem Zeitpunkt um das 25.-28., 35.-38., 45.-48. Lebensjahr müßte ja dann ebenfalls einen deutlichen Unterschied der Jahrgangskohorten in derselben Richtung ergeben haben. Das ist bekanntlich nicht so (Schepank 1987a, S. 124ff. und Abschn. 3.2 in diesem Band).

12.3 Zusammenfassung

Bei allen methodischen Vorbehalten (s. oben) gegenüber einer hier notgedrungen nur retrospektiven Einschätzung zeigte sich folgendes:

Die lebenslange Prävalenz im Sinne einer durchschnittlichen Schweregradeinschätzung ergibt: 30 % der Probanden sind lebenslang Fälle, 8,5 % schwere (!), 21,5 % leichtere (BSS-Grad 5-6). Demgegenüber sind 29 % lebenslang "kern"gesund; weitere 41 % gehören ebenfalls zu den Nichtfällen mit einem Beeinträchtigungsschweregrad von 3 bis 4. Lebenslang gesehen, sind Frauen mit rund 32 % etwas häufiger als Fälle eingestuft als Männer (28 %). Die kollektiv stärkste Frühgenesebelastung des Geburtsjahrgangs 1945 hatte die stärkste pathogene Wirkung in Form der höchsten lebenslangen Prävalenzrate - und zwar bei Männern noch signifikant deutlicher als bei Frauen. Die im Lebensalter von 7-14 Jahren erfolgte kollektive Schicksalsbelastung bei den Probanden des Geburtsjahrgangs 1935 wirkte sich ebenfalls - jedoch nicht so gravierend wie beim Geburtsjahrgang 1945 - pathogen aus. Der Geburtsjahrgang 1955, kollektiv in einer vergleichsweise wenig belasteten Zeit aufgewachsen, ist der gesündeste (p<0,001).

13 Eindrücke aus der dritten Untersuchung nach 6 Jahren

G. Reister, M. Ehl

Nach Beendigung des Gesamtprojekts haben wir wegen fehlender finanzieller Mittel nur einen kleinen Teil unserer Probanden erneut aufgesucht und diese mit dem nahezu unveränderten Instrumentarium der B-Studie wieder befragt. Diese für die Probanden dritte Erhebung fand etwa 6 Jahre nach dem Erstinterview und ca. 3 Jahre nach der Follow-up-Untersuchung statt. Wir überblicken damit einen Zeitraum von 6 Jahren im Lebenslauf unserer Probanden. Die jüngsten von ihnen waren bei der Erstuntersuchung (A-Studie) 24 Jahre, die ältesten bei der dritten Befragung 52 Jahre alt. Wir haben so einen Einblick in die aktive Lebensphase vom 24. bis 52. Lebensjahr.

Wir interessierten uns besonders für die Frage, ob sich die in den Voruntersuchungen erhobenen Befunde replizieren ließen und ob sich die damals gestellten Prognosen bestätigten. Kam es etwa zu einer kontinuierlichen Besserung eines zu Beginn als psychisch krank Beurteilten oder zu einer zunehmenden Verschlechterung im Befinden eines zunächst Gesunden? Oder gab es ein dauerndes Auf und Ab einer in ihrer Intensität wechselnden Symptomatik oder gar einen Wandel der Symptome selbst?

Bei der Zielsetzung für diese zweite Follow-up-Untersuchung stand also der Verlaufsaspekt ganz im Vordergrund, wobei wir von vornherein der biographischen Deskription den Vorang vor der statistischen Evaluation der Daten einräumten.

Wir erfragten bei durchgehend "sehender" Vorgehensweise, d.h. also mit Kenntnis der Vorinterviews, in bezug auf das Interviewintervall (ca. 3 Jahre) das Auftreten jedweder Art von Erkrankungen oder Beschwerden, Anzahl und Intensität von Arztbesuchen, Krankschreibungen, Medikamenteneinnahme, Krankenhaus- oder Kuraufenthalte, die augenblickliche Lebenssituation mit den Beziehungen zu den nächsten Angehörigen und zum sozialen Umfeld, die Berufs- und Arbeitssituation, Freizeitaktivitäten, und legten in all diesen Bereichen großen Wert auf die Erhebung des habituellen und speziellen Bewältigungsverhaltens. Abschließend stellten wir einige tiefenpsychologische Fragen nach Träumen, Wünschen und der ersten Kindheitserinnerung. Außerdem legten wir wiederum einen Fragebogen zur Erfassung von Life-events und das Freiburger Persönlichkeitsinventar (FPI; Fahrenberg et al. 1978) vor.

Für das Interview hatten wir einen zeitlichen Rahmen von 1 bis 1,5 Stunden veranschlagt. Entsprechend hatte der Interviewer, um ausrei-

chend valide Daten zu erhalten, sich vorher intensiv mit den Klartexten
der Vorinterviews zu beschäftigten, um insbesondere mit der Biographie
des jeweiligen Probanden vertraut zu sein. Da die biographische
Anamnese von den Voruntersuchungen her bereits bekannt war, ging es
uns im Interview in diesem Bereich lediglich um die Klärung fehlender
oder widersprüchlicher Angaben. Wie in den vorangegangenen Studien
wurde nach dem Interview ein ausführlicher Bericht (Klartext) verfaßt.
Es erfolgte eine tiefenpsychologische Interpretation, auch anhand von
Ratingskalen, und eine Übertragung der wesentlichen Daten auf einen
gegenüber dem früheren verkürzten EDV-Datenbogen zur späteren statistischen Auswertung.

13.1 Selektionskriterien

Für die Studie wählten wir aus der Gesamtstichprobe 41 Probanden aus,
die in den Vorinterviews entweder als psychisch besonders wenig (BSS
0-3, Einjahresprävalenz) oder als deutlich beeinträchtigt (BSS gleich oder
größer 6) eingeschätzt worden waren. Die Probanden mit mittelschwerer
Beeinträchtigung wurden nicht berücksichtigt, da für diese Risikoklientel
eine Interventionsstudie zu einem späteren Zeitpunkt geplant war.
Außerdem versprachen wir uns von der Untersuchung von Extremgruppen aussagekräftigere Erkenntnisse hinsichtlich der Faktoren, die für den
Verlauf psychischer Befindlichkeit maßgebend sind. Bevorzugt untersuchten wir den Geburtsjahrgang 1955, in der Annahme, hier die meisten Lebensveränderungen zu finden. Die Jahrgangskohorten sind somit
nicht gleich verteilt.
Tabelle 13.1 zeigt die Verteilung der Stichprobe nach Geschlecht und
Jahrgang.

Tabelle 13.1. Verteilung der Stichprobe nach Geschlecht und Jahrgang (Prozentangaben bezogen
auf die Gesamtstichprobe)

Jahrgang	Männer	Frauen	Gesamt
1935	3 7,9 %	2 5,3 %	5 13,2 %
1945	4 10,5 %	4 10,5 %	8 21 %
1955	14 36,9 %	11 28,9 %	25 65,8 %
Gesamt	21 55,3 %	17 44,7 %	38 100 %

13.2 Ergebnisse

Von insgesamt 41 angeschriebenen Probanden aus allen 3 Jahrgangs-kohorten haben 3 die erneute Untersuchung verweigert. Es bleiben somit 38 Probanden, für die Datensätze und inhaltliche Beschreibungen des Verlaufs vorliegen.

Tabelle 13.2 gibt die Fallraten (Einjahresprävalenz) zu den 3 Erhebungszeitpunkten an.

Tabelle 13.2. Absoluter und relativer Anteil von Fällen und Nichtfällen für die 3 Erhebungszeitpunkte

	A-Studie	B-Studie	C-Studie
Fall	9 23,7 %	6 15,8 %	7 18,4 %
Nichtfall	29 76,3 %	32 84,2 %	31 81,6 %
Gesamt	38 100 %	38 100 %	38 100 %

Ingesamt kam es bei der geringen Zahl der Nachuntersuchten zu keiner wesentlichen Veränderung der Fallrate.

Über die Konstanz der Fall- bzw. Nichtfalleigenschaft gibt Tabelle 13.3 Auskunft.

Tabelle 13.3. Änderung und Konstanz der Fall-eigenschaft über die 3 Erhebungsquerschnitte

Eigenschaft		n	
Nie Fall	$A_0 B_0 C_0$	27	(71,1 %)
Nur in A Fall	$A_1 B_0 C_0$	3	(7,9 %)
Nur in C Fall	$A_0 B_0 C_1$	2	(5,3 %)
In A und B Fall	$A_1 B_1 C_0$	1	(2,6 %)
Immer Fall	$A_1 B_1 C_1$	5	(13,2 %)
Gesamt		38	(100 %)

Insgesamt 32 (=84,3 %) der untersuchten Probanden blieben somit in allen 3 Untersuchungsquerschnitten konstant Fälle oder Nichtfälle; 3 Probanden wurden nur in der A-Studie als Fälle eingestuft, 1 Fall in der A- und B-Studie, 2 Fälle nur in der C-Studie. Das heißt: 4 von 38 Probanden wurden im Lauf der 6 Jahre psychisch gesünder, wechselten also vom Fall zum Nichtfall, und 2 von 38 zeigten eine Verschlechterung, wechselten vom Nichtfall zum Fall.

Hier erhebt sich die Frage, welche Faktoren in der Biographie und in der aktuellen Lebenssituation stabilisierende bzw. destabilisierende Auswirkungen auf das psychische Befinden hatten.

Bei der Durchsicht der Klartexte fallen global folgende Einflußgrößen ins Auge: Bei den Nichtfall gebliebenen Probanden waren v. a. gelungene partnerschaftliche Beziehungen und Zufriedenheit, Erfüllung und Erfolg im Beruf zu verzeichnen. Dies wird besonders bei den Probanden deutlich, die trotz der Einstufung als Nichtfall bereits früher teils erhebliche neurotische Beeinträchtigungen, Unsicherheiten oder Abhängigkeiten aufgewiesen hatten.

So fühlte sich ein 30jähriger Großhandelskaufmann mit zwanghaft-depressiver Persönlichkeitsstruktur, dem es nie gelungen war, sich mit seinem als übermächtig erlebten Vater auseinanderzusetzen, in seinem Autonomie-Abhängigkeits-Konflikt hin- und hergeworfen zwischen seinen narzißtischen Bedürfnissen als Hochleistungssportler und seinen Geborgenheitswünschen in der Beziehung zu seiner Ehefrau. Jetzt brachte der Wechsel in eine gesicherte und finanziell günstigere berufliche Stellung in den letzten Jahren dem Probanden mehr Ruhe und Ausgeglichenheit. Die berufliche Stellung erlaubt ihm heute, sich innerlich freier und eindeutiger zwischen seinen gegensätzlichen Wünschen zu entscheiden. Ängste und Aggressionsgehemmtheit haben deutlich abgenommen.

Vergleicht man den Verlauf bei den 1945 mit den 1955 geborenen Probanden, so wird erwartungsgemäß deutlich, daß die Stabilisierung bei den 30jährigen, die in den vergangenen Jahren oft tiefgreifende Veränderungen in beruflicher und familiärer Hinsicht erlebt hatten (Gründung einer eigenen Familie, Beendigung der Ausbildung etc.), eher durch äußere Faktoren zustande kommt. Bei den 40jährigen dagegen kommen oft recht konstruktive innerpsychische Veränderungen hinzu. Hier stellten wir jedoch häufiger Verfestigungen von Charaktereigenschaften und Persönlichkeitsstrukturen fest, durch die per Abwehr Konflikthaftes besser bewältigt zu werden scheint. Dies führt zwar nur selten zu einer Zunahme bewußter Zufriedenheit mit dem Lebensarrangement, läßt aber insgesamt eine Beruhigung und Entängstigung in einer sich verfestigenden psychosozialen Situation zu.

Beispiel für eine multifaktorielle Wandlung, die auch eine konstruktive psychische Veränderung mit einschließt, ist die Entwicklung einer 42jährigen alleinstehenden Chefsekretärin: Sie setzte zur Abwehr ihrer unerfüllt gebliebenen oralen und sexuellen Triebwünsche mehrere Mechanismen ein. Den fehlenden Partner ersetzte sie durch außerordentliches Engagement für ihre berufliche Karriere, die Versorgungs- und Geborgenheitswünsche wurden durch vermehrtes Essen kompensiert, was zu einer Gewichtszunahme von 62 auf 78 kg innerhalb der letzten 6 Jahre führte. Neben diesen neurotischen Mechanismen gelang es der Probandin aber auch, eine innerpsychische Veränderung dadurch zu bewirken, daß sie sich bewußt mit ihrer Situation als alleinstehende Frau und deren psychosozialen Folgen auseinandersetzte. Es gelang ihr dabei allmählich eine Distanzierung von ihrem Erleben, in allem von anderen abhängig zu sein. Sie lernte, sich auch aus eigener Verantwortung heraus Gutes tun zu können. Sie praktizierte diese neue Lebenseinstellung schließlich in der Einrichtung einer neuen, größeren und schöneren Wohnung, die ganz auf ihre persönlichen Belange zugeschnitten war und die sie entsprechend liebevoll ausstattete.

Beispiel für die Chronifizierung eines neurotischen Arrangements ist der Fall
eines 42jährigen Abteilungsleiters: Er lebt in einer symbiotisch anmutenden Beziehung mit einer depressiv-hysterischen Frau, die an einer psychosomatischen Durch-
fallerkrankung leidet, und läßt sich dadurch in seinem Aktionsradius zunehmend
einschränken. So kann er die ambivalenten Gefühle per Konfliktvermeidung und Af-
fektabspaltung in Schach halten. Sozial isoliert er sich mit seiner Partnerin zunehmend, auch berufliche Erlebnisse dürfen in der Beziehung nicht angesprochen
werden. Der Proband wirkt emotional unbeteiligt, fast leblos. Lediglich seine am
Wochenende auftretenden migräneartigen Kopfschmerzen scheinen noch einen Rest von
Impulsivität und Vitalität auszudrücken. Man gewinnt den Eindruck, daß er die dann
andrängenden Impulse (möglicherweise auch Ausreißphantasien) durch Selbstbe-
strafung mit Kopfschmerzen unterdrückt. - Insgesamt ist es zu einer Verfestigung
der depressiv-zwanghaften Haltung des Probanden und zu einer Erstarrung des psychosozialen Arrangements gekommen.

1) Wechsel vom Fall zum Nichtfall

Daß familiäre Bindung und berufliche Stagnation durch Entlastung und Erfüllung von
vielleicht sogar neurotischen Geborgenheitswünschen geradezu stimmungsaufhellend
wirken können, zeigt das Beispiel eines 32jährigen Sachbearbeiters, dessen depressive Verstimmungszustände im Vergleich zu den Vorinterviews deutlich nachgelassen
haben. Die berufliche Entlastung durch einen internen Arbeitsplatzwechsel mit weniger hohen Anforderungen und die Geburt einer Tochter führten zu einer durchaus
narzißtisch zu nennenden Stärkung und Befreiung des Probanden, von der allerdings
ungewiß bleiben muß, wie lange sie anhält.
Eine 32jährige Bankangestellte mit depressiv-hysterischer Persönlichkeitsstruktur
erlebte durch Heirat und Schwangerschaft eine deutliche Zunahme in ihrem Selbstwertgefühl und dadurch auch mehr Autonomie in der Beziehung zu ihren Eltern. Es
entwickelte sich eine innere Zufriedenheit, die mit dazu beitrug, daß ihre psychische Beeinträchtigung, gemessen mit dem BSS, von einem Summenwert von 7 im A-
Interview auf einen Wert von 3 im C-Interview zurückging.
Ein 32jähriger Akademiker, der unter Stottern, Reizbarkeit, Ängsten und Bezie-
hungsschwierigkeiten in Partnerschaften litt, konnte durch Promotion und berufli-
ches Fortkommen sowie schließlich Heirat und Geburt eines Sohnes in seinem Selbstwertgefühl wachsen und dadurch zufriedener und gelassener werden.

2) Konstanz der Falleigenschaft

So sehr berufliche Anerkennung und familiäre Sicherheit manche Menschen offensichtlich psychisch gesund erhalten bzw. in ihrer psychischen
Beeinträchtigung entlasten können, so wenig scheinen sie auszurichten,
wenn die neurotische Störung zu ausgeprägt und tiefgreifend ist. So können wir wohl nicht erwarten, daß äußere Entlastungsfaktoren per se zu
einer Veränderung der Persönlichkeitsstruktur führen.

In diesem Sinne hatte eine 32jährige Arzthelferin ihre Depression stets durch
hysterisches Agieren abzuwehren versucht. Sie war auf diese Weise in mehrere
höchst problematische Partnerschaften und Ehen geraten. Aus der letzten flüchtete
sie vollkommen unüberlegt in eine Kosmetikerinnenausbildung. In diesem ganzen Arrangement reagierte sie zudem mit wechselnden psychosomatischen Beschwerden.

Eine 42jährige Probandin, die zusammen mit ihrem Ehemann eine Gastwirtschaft betreibt, hatte sich in einer 20stündigen Psychotherapie, die sie als nicht
hilfreich empfunden und deshalb vorzeitig abgebrochen hatte, zumindest teilweise
mit ihrer Abhängigkeitsproblematik auseinandersetzen können. Aufgrund einer schwer
traumatisierenden Kindheit blieb sie aber weiter in der symbiotischen Beziehung
mit dem Ehemann, wenn sie jetzt auch bemüht ist, die Dinge selbst in die Hand zu
nehmen. Phobien und Ängste sind deutlich weniger geworden; dennoch sind ihre psy-

chischen und psychosomatischen Symptome noch so ausgeprägt, daß die Probandin weiter diagnostisch als Fall eingestuft wird.

3) Wechsel vom Nichtfall zum Fall

Schließlich scheinen familiäre Veränderungen eine über Jahre kompensierte neurotische Persönlichkeitsentwicklung zur Dekompensation bringen zu können, wie das Beispiel eines 42jährigen selbständigen Handwerkers zeigt. Das Aufwachsen unter einem überstrengen unzuverlässigen alkoholkranken Vater hatte bei dem Probanden zur Entwicklung einer zwanghaften, rigiden und aggressionsgehmmten Persönlichkeit geführt. In Identifikation mit dem Vater und durch Ausagieren seiner sonst überkontrollierten Aggression war es in seinen beiden Partnerschaften zu schweren Konflikten gekommen. Als schließlich wenige Monate vor dem C-Interview der Vater starb, kam es beim Probanden zur Dekompensation. Der Blutdruck stieg auf behandlungsbedürftige Werte an; Zwangsgrübeln, Stottern, Konzentrations- und Arbeitsstörungen nahmen zu.

Insgesamt bleibt der Eindruck, daß günstige Arrangements im sozialen Bereich zwar oft Besserungen des psychischen Befindens bewirken können. Ausgesprochene "Fälle" sind aber sicher ohne konsequente therapeutische Hilfe nicht in der Lage, sich aus ihrem "Unglück" zu befreien. Dies ist die Kehrseite des wichtigsten Befundes, nämlich der überwiegenden Stabilität sowohl im Gesund- als auch im Kranksein.

14 Diskussion der Ergebnisse, Bilanz und Zusammenfassung

14.1 Konsequenzen für die Versorgung und Prävention
H. Schepank

Epidemiologische Felduntersuchungen können über die wahre Prävalenz in einer Bevölkerung Auskunft geben. Insoweit sie über den Krankenbestand hinaus auch den Verlauf der entsprechenden Erkrankung erfaßt haben, können sie die Grundlage für Versorgungs- und Bedarfsschätzungen abgeben.

Allerdings ist zu betonen, daß Prävalenzdaten aus epidemiologischen Felduntersuchungen nicht naiv in versorgungsbezogene Bedarfskategorien konvertierbar sind.[1] Schon gar nicht kann man aus ihnen erforderliche Therapeutenzahlen oder Betten für stationäre Psychotherapie oder gar erforderliche Therapiequanten (Analysestundenzahlen) für spezielle Therapieverfahren hochrechnen. Die Gründe für die Schwachstelle in der Umsetzung von epidemiologischen Daten in einen Versorgungsbedarf liegen vor allem:

- in den oben (Abschn. 2.1) geschilderten Besonderheiten der Inanspruchnahme und der meist verzögerten fachspezifischen Diagnostik und Therapiezuweisung;
- in der z.T. soziokulturell bedingten und vom Sozialversicherungssystem unterstützen überwiegend somatischen Attribuierung psychogener Erkrankungen und schließlich
- in der z.T. krankheitsimmanent schwankenden oder fehlenden Therapiemotivation (z.B. bei Süchten, Perversionen und vielen Charakterneurosen).

---

[1] Das ist auch ein Grund, weshalb wir die Falldefinition und die Schweregradeinschätzung aus dem Goldberg-Cooper-Interview, das in der Oberbayerischen Feldstudie (Dilling et al. 1984) eingesetzt wurde, kritisieren: Dort wurden alle Probanden mit einer einschlägigen ICD-Diagnose (und einem bestimmten Punktwert im GC-Score) unmittelbar in eine der 4 Kategorien von Behandlungsnotwendigkeit eingestuft, die je nach Kompetenz des Behandlers gestaffelt ist (keine, Allgemeinarzt, psychiatrischer Facharzt, PLK).

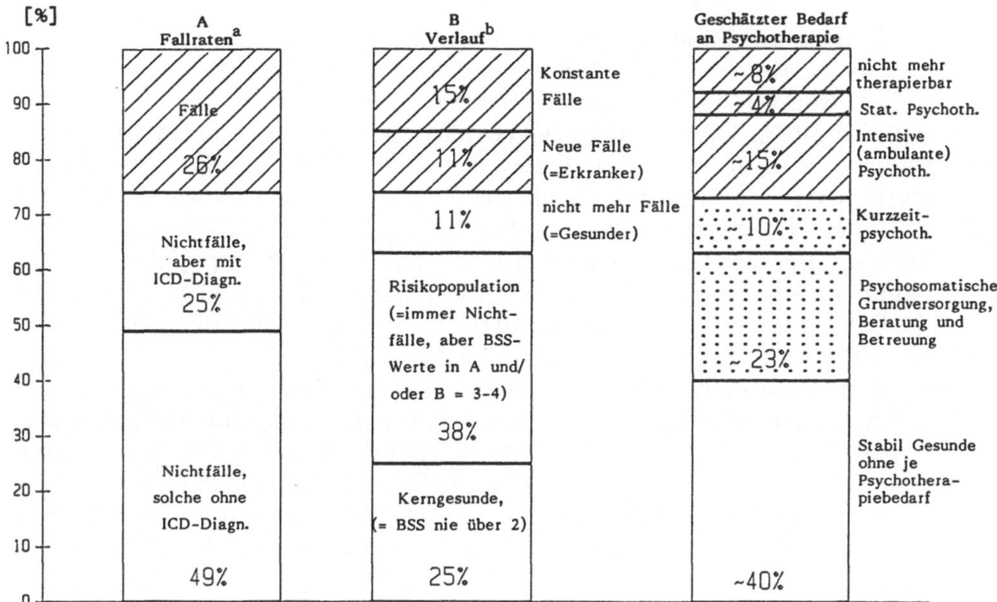

[a] Ergebnis der ersten Querschnittsuntersuchung an n = 600 Probanden.
Punktprävalenzraten (= letzte 7 Tage): Fälle vs. Nichtfälle
[b] Ergebnis der zweiten Querschnittuntersuchung an n = 528 Probanden:
Punktprävalenzraten im Dreijahresverlauf

Abb. 14.1. Geschätzter Bedarf an Psychotherapie auf der Basis von erster Querschnittsuntersuchung und Verlauf

Dennoch wäre Resignation verfrüht, und der Versuch einer Abschätzung des echten Bedarfs[2] aufgrund unserer sehr sorgfältigen Untersuchung und Überlegung scheint uns gerechtfertigt.

Wir hatten bereits nach unserer ersten Querschnittsuntersuchung eine ungefähre Bedarfsschätzung vorgenommen (Schepank 1987a, S. 285ff.). Unser inzwischen gewonnener Wissenszuwachs über die einzelnen Fluktuationsbewegungen im Dreijahresverlauf gibt uns jetzt mehr Sicherheit für die entsprechende Bedarfseinschätzung: Waren wir in der früheren Berechnung von einem statischen Querschnittsbefund ausgegangen (Abb. 14.1: linke Säule) so können wir jetzt die *Verlaufsergebnisse* mit einbeziehen (Abb. 14.1: mittlere Säule).

---

[2] "Echter" Bedarf heißt hier: notwenig, effektiv, sinnvoll - im Gegensatz zum künstlich geweckten Bedarf etwa aufgrund eines Überangebotes, einer erstrebten Luxusversorgung oder auch aus rein prophylaktischen Erwägungen. Mit Seitenblick auf unser gesamtes Gesundheitswesen sei jedoch vermerkt, daß es ein Überangebot, das sich Pseudopatienten sucht oder ein Luxuskonsum selbstverständlich auch anderswo gibt, z.B. im Kurwesen, im Pillenkonsum, in der (z.B. kosmetischen) Chirurgie und somit in fast allen Zweigen der Medizin.

198

Sinnvoll erscheint folgende abgestufte Einteilung:

1) 15 % konstante Fälle.
2) 11 % Neuerkrankte, Nichtfall zu Fall gewordene Wechsler.
3) 11 % Gesunder, vom Fall zum Nichtfall wechselnde.
4) Weitere 38 %. Diese Kategorie besteht aus solchen konstanten Nichtfällen, die zwar in beiden Untersuchungen noch als Nichtfall eingestuft worden sind, aber doch ein- oder zweimal einen Punktwert
   zwischen 3 und 4 im BSS hatten und z.T. eine ICD-Diagnose bekamen. Hier handelt es sich um eine Risikoprobandenpopulation, von
   denen erfährungsgemäß ein beträchtlicher Teil passager therapiebe-
   dürftig ist. Nicht wenige müßten unter sekundär-präventiven Gesichtspunkten besser psychologisch als pharmakologisch therapiert
   werden. Zahlreiche dieser Probanden entsprechen in ihrer psychogenen Beeinträchtigungsschwere durchaus dem Grad, den wir bei Patienten finden, die in ambulanter psychotherapeutischer Behandlung
   sind (das können wir aus unserer Erfahrung als Psychotherapiegut-
   achter in der Gesetzlichen Krankenversicherung sagen, weil wir eine
   umfangreiche Vergleichsklientel aus der gesamten Bundesrepublik
   überblicken).
5) Die wirklich stabil über lange Zeit Gesunden, die in der A- *und* in
   der B-Untersuchung nie mehr als 2 BSS-Schweregradpunkte hatten.
   Das sind 25 % der gesamten Population.

14.1.1 Therapiebedarf (Abb.14.1)

Der Säulengraphik aus der Verlaufsstudie (Abb. 14.1) stellen wir die
rechte Kolumne an die Seite, in der der von uns beurteilte *echte Bedarf*
eingetragen ist. Die Gruppen sind nicht genau identisch: Auf derselben
Ebene nebeneinander stehende Gruppen aus der Follow-up-Untersuchung (mittlere Säule, Schweregrade) und aus der rechten Säule (Be-
handlungsbedarf) sind nur annähernd zuzuordnen. So findet man z.B.
auch schon bei den leichter gestörten Fällen oder den gerade noch
Nichtfällen durchaus Unbehandelbare.

Von oben nach unten gelesen ergibt die (rechte) Bedarfssäule: ca. 8 %
aller Menschen dieser Altersgruppe (1/3 aller Fälle bzw. ca. 1/2 der
konstanten Fälle) sind überhaupt nicht mehr durch Psychotherapie erreichbar. Es ist die große Gruppe der oft fälschlich und zu spät (in guter
oder in abschiebender Absicht) zum Psychotherapeuten Überwiesenen,
bei denen jedoch weder aufdeckende, noch verhaltenstherapeutische
Maßnahmen mehr etwas ausrichten können:[3] Viel zu selten wird ja be-
achtet, daß eine ursprünglich psychogene Symptomatik (z.B. Asthma,
süchtiges Verhalten, Suizidversuch etc.) zu so erheblichen somatischen

---

[3] Unkorrigierbare Krankheitsendzustände (womit keineswegs nur an die tödlichen Ausgänge
zu denken ist, sondern an die vielen bleibenden Behinderungen) sind ja in der gesamten
somatischen Medizin bekannt, und zwar vermutlich wesentlich häufiger als in der Psychotherapie.

Schäden geführt hat, daß eine Änderung der ursprünglichen auslösenden psychischen Konstellation die Sekundärkörperschäden auch nicht mehr bessern kann. Immer wieder ist auch auf die Fülle derjenigen hinzuweisen, die z.B. durch einklagbare Verpflichtungen (Schulden, Alimentation von Kindern oder geschiedenen Ehepartnern etc.) oder nicht einholbare Lerndefizite, sekundären Krankheitsgewinn etc. nicht mehr aus ihrem Konflikttief herauszuholen sind.

Etwa 4 % der Menschen bedürfen einer intensiven, d.h. stationären Psychotherapie. Die Gründe/Indikation sind manigfaltig: zum Teil werden sie vom Schweregrad der Krankheitsausprägung bestimmt, etwa bei ausgedehnten Phobien, Zwangsneurosen, Depressionen, Suizidalität; schwere psychosomatische Erkrankungen (Anorexia nervosa, Bulimie), bestimmte Süchte, Notwendigkeit der Trennung von pathogenem Milieu, Krisenintervention oder wegen des erforderlich dichteren und strukturierteren stationären Settings bei Charakterneurosen vom Borderlinetyp oder sonst nicht motivierbare Probanden mit psychosomatischen funktionellen Störungen etc. Meist ist die ambulante Fortsetzung der stationär eingeleiteten Therapie notwendig.

Weitere ca. 15 % (vielleicht auch nur 10 %, aber evtl. auch 20 %) bedürfen intensiver (heute sog. gutachterpflichtiger) ambulanter Psychotherapie mit einem aufdeckenden oder verhaltenstherapeutischen Verfahren *und* sind auch durch diese Therapieform noch erreichbar und ins Lot zu bringen, so daß eine Indikation unter Berücksichtigung der Prognose zu stellen wäre.

Eine weniger schwer gestörte Probandengruppe, geschätzt auf 10 %, bedarf einer wenigstens kurzzeitigen Fachpsychotherapie oder weitmaschig dynamischen Psychotherapie (diese Gruppe könnte auch 5-15 % ausmachen).

Schließlich kalkulieren wir ca. 25 % (mit einer Schwankung von 20-40 %) solcher Probanden, die mit der neuerdings eingeführten sog. psychosomatischen Grundversorgung durch entsprechend qualifizierte Allgemeinärzte als erster Maßnahme hinreichend stabilisierbar wären. Zu dieser Kategorie gehört auch die Risikopopulation, die gelegentlicher Krisenintervention bedarf oder von den verschiedenartigen Beratungsdiensten (Ehe-, Studenten-, Suizidenten-, Familien- und anderen Beratungsstellen) betreut wird.

Schließlich bedürfen die stabil gesunde Klientel und einige relativ leicht Gestörte wohl keiner Therapie oder nur ganz passager. Wir kalkulieren diesen Sockel auf 40 % (vielleicht auch nur 25 %, vielleicht auch 50 %).

Die genannten Schätzwerte bezeichnen den Prozentanteil an der altersentsprechenden Population; dabei sind die Psychogenese der Krankheitsbilder, die expertendefinierte Behandlungsbedürftigkeit und auch die grundsätzliche erfolgreiche Therapierbarkeit durch Psychotherapieverfahren mit einkalkuliert.

Mit Blick auf das Versorgungssystem gehen wir selbstverständlich auch von einer nachhaltigen Wirksamkeit, z.B. einer einmaligen intensiven Langzeitpsychotherapie aus und d.h., daß die entsprechenden Prozentanteile der Population nicht etwa lebenslang psychotherapeutischer Behandlung bedürften, – wie vergleichsweise die Typ A-Diabetiker in dauernder Insulin-/Medikamentenabhängigkeit stehen.

Unsere Schätzung von Bedarf und Indikation bedeutet jedoch noch nicht, daß auch die so gekennzeichneten Menschen spontan zu einer Psychotherapie motiviert sind oder durch einfache Empfehlung motivierbar wären! Zu dieser Frage haben Janta u. Tress (in: Schepank 1987a, S. 249ff.) einen Schätzwert berichtet. Motivierbarkeit steht auch in engem Bezug zur öffentlichen Meinung, kollektiver Scham oder Diffamierungskampagnen. Die im gesamten Medizinbetrieb gängige somatische Attribuierung aller Störungen und die oftmals inadäquate somatisch-biologisch orientierte Behandlungszuweisung von psychogen Erkrankten arbeitet der individuellen Psychotherapiemotivation vielfach entgegen.

Bei jeder Abwägung von Bedarfsnotwendigkeiten - in der Psychotherapieszene genauso wie im gesamten Medizinbetrieb - gilt es zu berücksichtigen, wie effektiv (und effizient!) unsere derzeit verfügbaren Therapieverfahren sind, welche Ziele sie sich setzen und welche dieser Ziele unter optimalen Bedingungen überhaupt erreichbar sind. Diese Zielsetzung - Reduzierung vitaler Bedrohung, Symptombeseitigung, Leidensminimierung bis Persönlichkeitsstrukturänderung, Lebensqualität oder "Glück" - reicht weit in weltanschauliche, ja sinnbezogene transzendental-religiöse Bereiche hinein und gipfelt in der Frage: Wieviel Leid hat der Mensch zu ertragen? Noch pointierter betrifft diese Frage aber das gesamte Gesundheitswesen: Wieviel Verkehrstote und -invaliden, Flugzeugabstürze, Raucherbronchialcarzinomtote, Sporttote und -invaliden, Alkohol-/Drogentote und -rentner, "Overeater"-Tote etc. ist unsere Gesellschaft bereit, in Kauf zu nehmen und zu versorgen als Folge des Wunsches nach mehr Geschwindigkeit, Expansion, oralem Konsum, Freizeitgenuß, sog. Lebensqualität?

14.1.2 Prävention

Wenn wir schätzen – und aus unserer klinischen Alltagserfahrung wie aus unseren epidemiologischen Ergebnissen schlußfolgern, daß ein großer Teil von Patienten nicht mehr behandelbar ist und ein weiterer beachtlicher Teil sehr chronifiziert in Behandlung kommt und somit nur noch tertiär-präventiv, besser gesagt: rehabilitativ, beeinflußbar und nicht mehr richtig heilbar ist, so schlußfolgern wir insgesamt:

Neben dem Ausbau des psychotherapeutischen Versorgungssystems insgesamt sollte das Schwergewicht auf der sog. *Sekundärprävention*[4] liegen, d.h. einer möglichst umgehenden sachkundigen Diagnose und effektiven Therapie für Neuerkrankte! Wichtigste Voraussetzungen hierfür sind:

1) Eine angemessene diagnostische und auch notfallpsychotherapeutische *Ausbildung* der Primärärzte, d.h. ganz besonders der Allgemeinmediziner, aber auch vieler Fachspezialisten, bei denen psychogen/psychosomatisch Erkrankte zuerst Hilfe suchen.

---

[4] Definition s. Glossar (Anhang A).

Die Kardiologen dürfen sich nicht mit einer einfachen Herzinfarktausschlußdiagnose bei einem jungen Menschen mit einer Herzneurose begnügen, die Gastroenterologen und Endoskopiker sich nicht mit dem Fehlen von Karzinom oder ...itis trösten, die Neurologen beim Kopfschmerzpatienten nicht mit dem einwandfreien EEG und CT-Befund zufrieden sein. Dasselbe gilt für die Gynäkologen, Pädiater, Orthopäden etc. Zahlreiche nosologische Krankheitsgruppen und fast alle Fachgebiete - sogar die bekanntlich sehr kostenintensive Zahnmedizin - wären hier aufzuzählen. Noch immer gibt es an kaum einem Krankenhaus einen psychosomatischen Konsiliarius: Man entgiftet die Suizidenten oder versorgt sie chirurgisch und überläßt sie sich selbst bis zum nächsten, oftmals endgültigen Suizid. Äußerstenfalls zieht man einen Psychiater zum Ausschluß einer Psychose hinzu. Man behandelt die Verletzungen nach alkoholbedingten Unfällen, die Leberschäden etc., ohne den Alkoholabusus konsequent anzugehen. Ein psychosomatisch geschulter Beobachter - z.B. der Autor, wenn er als Kollegialprüfer die somatischen Universitätskliniken und ihre Patienten besucht - staunt hier immer wieder über die somatische Einäugigkeit sonst ausgezeichneter Kollegen.

2) Das - insbesondere *ambulante - Versorgungsnetz* bedarf eines weiteren Ausbaus, insbesondere einer Ausdehnung auf das flache Land. Wesentliche Strukturveränderungen sind für die ambulante Psychotherapie dringend notwendig: Viele Psychotherapeuten (Ärzte wie Psychologen) begnügen sich mit der für sie aus verschiedenen Gründen bequemeren Form der Langstreckenpsychotherapie und -psychoanalyse, statt Kriseninterventionen und Kurztherapieverfahren zu nutzen. Die Lösung dieses Problems - von finanziellen und organisatorischen Modalitäten einmal abgesehen - muß bereits bei den psychoanalytisch-psychotherapeutischen Weiterbildungsinstituten ansetzen: Aus Tradition und auch sachlich gut begründet lehren sie modellhaft die Diagnostik und Technik der Langstreckenpsychoanalyse; sie vernachlässigen aber immer noch weithin sträflich die Vermittlung von Kenntnissen und therapeutischen Fertigkeiten über die sehr viel wichtigeren Kurztherapieverfahren und trainieren damit ihre Weiterbildungskandidaten - am Bedarf gemessen und patientenbezogen - weit unteroptimal. Die klinisch diagnostische und psychotherapeutische Basisausbildung der Psychologen an den Universitäten ist aus vielerlei Gründen (z.B. völliges Fehlen von Patientengut an psychologischen Universitätsinstituten) mangelhaft, ihre Postgraduiertenweiterbildung auch kaum angemessen organisiert und weithin unter Niveau. Und das trotz des berufspolitischen Anspruchs einer mit dem irreführenden Namen sog. Verhaltensmedizin (sie ist keine Medizin, sondern Psychologie bzw. Psychotherapie, eben: Verhaltenstherapie).

3) Die *stationäre Psychotherapie* müßte viel effizienter organisiert und d.h. in die Akutversorgung einbezogen werden. Insgesamt beurteile ich den heutigen Bettenbestand (mit ca. 4500 bis 5000 Psychotherapie-/Psychosomatikbetten in der Bundesrepublik Deutschland übrigens noch lange kein Bettenberg in Relation zu den knapp 700000 Krankenhausbetten insgesamt) als etwa bedarfsdeckend; jedoch sind die z.T. aus offensichtlich ökonomischem Gewinnstreben neu erstandenen (oftmals auch nur euphemistisch so genannten) psychosomatischen Kliniken in der überwiegenden Mehrzahl nur für die Tertiärprävention eingesetzt: Sie werden von Rentenversicherungsträgern mit Patienten beschickt, anstatt für die sehr viel dringender notwendige psychotherapeutische Akutversorgung nutzbar zu sein: Jeder Fachmann und Hausarzt, der für seinen

Patienten in Krisensituationen Hilfe sucht, weiß aus bitterer Erfahrung um die viel zu langen Wartezeiten gerade in diesen psychotherapeutischen Rehabilitationskliniken!

4) Hilfe leisten könnten selbstverständlich auch die Medien durch Aufklärung und Entdiskriminierung der psychogenen Erkrankungen. Erstrebenswertes Ziel sollte es sein, daß mehr Patienten frühzeitiger fachgerechte Hilfe in Anspruch nehmen und bekommen.

14.1.3 Prophylaxe

Noch zu wenig getan wird von unserer vorwiegend auf kurative Ziele gerichteten Medizin, für die Forschung und für Überlegungen und Maßnahmen in Richtung *Prophylaxe/Primärprävention*[5]. Die Legislative, die gesamte Öffentlichkeit und zahlreiche Experten müßten mobilisiert werden und sollten zu gewinnen sein für die Aufgabe, Risikoprobanden herauszufiltern und sachgerechter Betreuung zuzuführen: von der Kindheit angefangen mit Kleinkindpädagogik, Erziehungsberatungsstellen, schulpsychologischer Beratung bis zu Ehe- und Partnerberatung, psychologisch (!) fundierter Berufsberatung, die nicht nur eine Verteilerfunktion ausübt, Empfehlungen ausspricht und (oftmals unsinnige!) Umschulungsmaßnahmen kostenaufwendig subventioniert.

Insgesamt sind hier viele politische Entscheidungen gefordert.

Immer ist daran zu denken, daß folgenträchtige und kritische Wendepunkte im Leben die gesamte Entwicklung durchziehen: Dauerbelastungen (ggf. auch einmal umschriebene Traumatisierungen) während der Frühkindheit sowie in der Schulzeit und Pubertät, wobei hier Unterforderung und Verwöhnung ebenso wie Überforderung und pathogener Streß zu beachten sind; der Zeitpunkt der Berufswahl und des Berufseintrittes und insbesondere auch die Partnerwahl, Ehe- und Schwangerschaftsentschluß sind Wendepunkte, an denen weitreichende, lebenswichtige Entscheidungen von nachhaltiger Wirkung getroffen werden und an denen die Weichenstellung in Richtung auch auf desolate irreversible soziale Entwicklungen erfolgen kann.

Es ist ferner daran zu denken, daß neben diesen in der Entscheidungsfreiheit der Individuen gelegenen (dennoch vielleicht im wohlverstandenen Sinne pädagogisch zu beeinflussenden und optimierbaren) Wendepunkten im Leben auch äußere gravierende Einflüsse vorkommen, die einzelne Menschen unerwartet treffen und zur Risikopopulation werden lassen können. So verdienen z.B. folgende Ereignisse besondere Beachtung, insbesondere seitens des Allgemeinarztes, aber auch durch Angehörige, Freunde etc.: wenn ein Lebenspartner chronisch krank wird, z.B. eine Schizophrenie bekommt, stirbt, dem Alkohol verfällt. Risikopopulationen stellen somit Witwen und Waisen, durch Kranken- und Altenbetreuung Belastete, vielleicht auch Arbeitslose, Vertriebene und

---

[5] Definition s. Glossar (Anhang A).

Randgruppen und nicht zuletzt berentete Menschen dar. Hier sollte schon langfristig vor der üblichen Altersberentung eine vernünftige Vorsorge eingeleitet werden.

Aber, das sei noch einmal zum Abschluß betont: Vorrang vor solchen primärpräventiven[6] Maßnahmen, die durch komplizierte politische Entscheidungen flankiert werden müßten, genießt in jedem Falle aus psychosomatischer und epidemiologischer Sicht die durchaus praktizierbare und als Nahziel zu favorisierende Sekundärprävention, also die unmittelbar direkte Sorge um die akut erkrankte Klientel. Hier ist besonders der Primärarzt angesprochen; denn von den Millionen wirklich unter psychogenen Störungen Leidenden, wird die überwiegende Mehrheit von den niedergelassenen Allgemeinmedizinern versorgt, - und zwar leider heute noch immer nicht (unter ätiopathogenetischen Gesichtspunkten) fachgerecht. Hier bahnen sich erfreuliche Änderungen an: Honorierung der zuwendungsintensiven verbalen Leistungen der sog. psychosomatischen Grundversorgung. Mein Appell soll nicht als Vorwurf gegen diese Kollegen an der primärärztlichen Front verstanden werden. Kritik richtet sich eher gegen die Folgen einer zu hohen Fachspezialisierung mit dem Verlust des Überblicks. Auch eine gewisse Überheblichkeit gerade hochspezialisierter Medizinexperten und der öffentlichen Meinung würdigt die Arbeit des Allgemeinmediziners unzureichend und behindert dadurch oft die notwendige Hilfe für den psychogen Erkrankten.

Von dieser Frage der gesellschaftlichen Einstellung abgesehen, sind die Voraussetzungen zur fachgerechten und optimalen Versorgung psychogen Erkrankter gerade in unserem Land - im weltweiten Vergleich - hervorragend dank der tradierten, wenn auch zu Unrecht viel bescholtenen Sozialgesetzgebung, aufgrund der Psychotherapierichtlinien und -vereinbarungen mit den Gesetzlichen Krankenkassen sowie schließlich durch die obligate Einbindung der Psychofächer und insbesondere der Psychosomatik/Psychotherapie als eigenständiges Fach in der universitären Ausbildung der Mediziner aufgrund der neuen Ärztlichen Approbationsordnung von 1970.

14.2 Fazit

Diese abschließende Zusammenfassung soll dem Leser die Übersicht über die Ergebnisse des 10 Jahre dauernden Gesamtprojekts ermöglichen. Sie ist fokussiert auf die Frage des Verlaufs psychogener Erkrankungen.

Wir verzichten hier auf die Rekapitulation der Stichprobenbeschreibung (s. Abschn. 2.2), ihrer Repräsentativität (Abschn. 3.1) und Reichweite, d.h. der Generalisierbarkeit der Mannheimer Bevölkerung auf andere Großstädte (Schepank 1987a, Kap. 6). Auch auf die in den einzel-

---

[6] Definition laut Caplan, s. Glossar (Anhang A).

nen Kapiteln ausführlich diskutierte Methodik (Schepank 1987a: Kap. 4 und 8 sowie Abschn. 2.4 und 7.1) gehen wir nicht ein.

Abweichend von der Gliederung in dieser Monographie ordnen wir die Befunde nach 1) den Ergebnissen zur deskriptiven Epidemiologie der Verläufe, 2) den Ergebnissen zur analytischen Epidemiologie und damit auch zur Ätiopathogenese von Neurosen. Ferner werden 3) die epidemiologischen Ergebnisse zu psychoanalytischen Testfragen sowie 4) Fragen der Prognose und 5) Konsequenzen für Versorgung und Prävention resümiert. Dabei werden die über verschiedene Kapitel verstreuten Befunde jetzt gebündelt.

14.2.1 Deskriptive Epidemiologie

Empirisch beobachtet und detailliert erfaßt wurde der Verlauf bei 528 (von ursprünglich 600) Probanden durch zwei Querschnittsuntersuchungen im Abstand von 3 Jahren.

Abgehoben davon überblicken wir jedoch auch *retrospektiv* durch sehr gründliche Anamneseerhebungen den gesamten *lebenslangen Verlauf*. Die lebenslange Prävalenz (s. Kap. 12) – berechnet ab Erwachsenenalter (20 Lebensjahre) und als durchschnittliche Beeinträchtigungsschwere definiert – der 3 bei der zweiten Untersuchung 28, 38 und 48 Jahre alten Probandenkohorten ergab folgendes:

In der Einschätzung zweier unabhängiger Untersucher fand sich für 269 Probanden, daß 30,11 % von diesen als lebenslang Fälle von psychogener Erkrankung mit einem Beeinträchtigungsschweregrad von 5 und mehr Punkten beurteilt werden müssen. Die Beeinträchtigungsschwere, ein wichtiges quantitatives Kriterium, orientiert sich an unserer Maßeinheit BSS, für den Vergleichswerte an einer klinischen Inanspruchnahmepopulation vorliegen (s. Abschn. 3.2). Kinder/Jugendliche hatten wir – unserem Design folgend – nicht in unser Sample aufgenommen. Jedoch können wir davon ausgehen, daß ein hoher Prozentsatz dieser "lebenslang" Fälle auch in ihrem Kindes-/Jugendalter mit neurotischer Symptomatik belastet waren; das ergab eine signifikante und hohe Korrelation der erfaßten kindlichen Krankheitssymptome mit der aktuellen (7-Tage-) Punktprävalenz bei Erwachsenen (Schepank 1987a: Abschn. 15.3 sowie Kap. 17). Da jedoch alle retrospektiven Einschätzungen der Beeinträchtigungsschwere mit einem hohen Unsicherheitsrisiko belastet sind, beziehen wir die im folgenden mitzuteilenden Ergebnisse auf die zu den beiden Zeitpunkten der 2 Untersuchungsquerschnitte wirklich gefundenen Beeinträchtigungen durch psychogene Symptomatik.

In der ersten Untersuchung an 600 Probanden (von 1979 bis 1982 erhoben) ergab sich eine Punktprävalenzfallrate von 26 % (n=156). In der zweiten Untersuchung (von 1983 bis 1985 an 528 Probanden erhoben) identifizierten wir, fast gleich, 25 % der Probanden als Fälle. Sie setzten sich zusammen aus 15 % konstant gebliebenen Fällen. Zweimal ca. 11 % waren mehr oder weniger gesundet bzw. neu erkrankt, haben also ihre Fall-/Nichtfalleigenschaft in dem Dreijahresintervall gewechselt (s. Abschn. 3.2). Hierzu ist noch einmal zu betonen, daß ein Teil dieser Wechslerklientel keineswegs völlig gesundet oder aus einem völligen Gesundheitszustand neu und schwer erkrankt ist, daß vielmehr wellenförmige Verläufe mit einer geringen Schwankung um den Cut-off-point zwischen 4 und 5 Beeinträchtigungsschweregraden in diese Wechslerklientel mit eingehen. Das heißt: Die Veränderungen im Dreijahreszeitintervall (und vermutlich auch in größeren Zeitabschnitten) sind vergleichsweise geringer, als es die Fluktuation anhand der genannten Prozentsätze erscheinen läßt. Man kann das bereits an den oben referierten Befunden der retrospektiv eingeschätzten lebenslangen Prävalenzraten ablesen.

Abbildung 14.2 zeigt schematisch die verschiedenen *Verlaufsmuster* im untersuchten Dreijahresabschnitt und ihre Häufigkeitsverteilung.

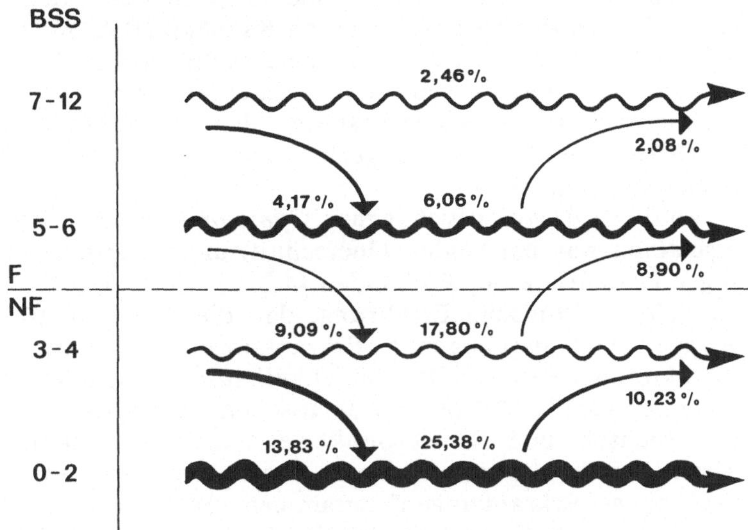

Abb. 14.2. Prozentuale Verteilung verschiedener Verlaufsformen im Dreijahresintervall. *Waagerechte Wellenlinien:* Prozentsatz kontinuierlicher Verläufe innerhalb der verschiedenen BSS-Schweregradkategorien; *Pfeile nach unten:* über mindestens eine Kategorie hin gebessert (hin zu niedrigeren BSS-Werten in der B-Studie); *Pfeile nach rechts oben:* im Dreijahresintervall um mindestens eine Kategoriebreite verschlechtert (höhere BSS-Werte in der B-Studie)

Ungefähr 27,1 % der Probanden *besserten* sich (d.h. reduzierten ihren BSS-Punktwert). Von ihnen liegen 4,2 % innerhalb der Kategorie der Fälle, 13,8 % besserten ihren Punktwert und blieben innerhalb der Nichtfallkategorie; 9,1 % überschritten mit Reduzierung der BSS-Wertung die Cut-off-point-Grenze nach unten und wurden vom Fall zum Nichtfall. Umgekehrt *verschlechterten* sich (= erhöhten ihren BSS-Wert) im Dreijahresintervall insgesamt 21,2 %; davon 10,2 % innerhalb der Nichtfallkategorie, 2,1 % innerhalb der Fallkategorie; 8,9 % überschritten

206

durch die Verschlechterung die Fallkriteriumsgrenze und wurden neue Fälle[7]. - Insgesamt 51,7 % zeigten einen konstanten Verlauf, behielten also ihre Beeinträchtigungsschwere ziemlich punktgleich bei, davon 43,2 % innerhalb der beiden Nichtfallkategorien (Risikoprobanden und ganz stabil Gesunde) und 8,5 % innerhalb der Gruppen der leichten bzw. schweren Fälle.

In Kap. 5 werden exemplarisch an kasuistischem Probandengut die 4 Kategorien der konstanten Fälle, der vom Fall zum Nichtfall Wechselnden (d.h. der "Gesunder"), der vom Nichtfall zum Fall Wechselnden ("Erkranker") und der konstant Nichtfälle Gebliebenen beschrieben.

Am Kriterium der FPI-Tests zum 1. und 2. Untersuchungsstichtag wird dargestellt, wie sich die Veränderungen an diesem Persönlichkeitstest abbilden (Abschn. 8.2).

Eine Teilstichprobe der besonders Gesunden (niedriger BSS-Punktwert 0-2) und der anfangs ziemlich Kranken (BSS-Wert >6 und mehr) ist weitere 3 - 5 Jahre später nachuntersucht worden. Für sie überblicken wir also einen 6- bis 8jährigen Verlauf empirisch. Hier wird noch einmal dieses Gesamtergebnis bestätigt, daß die Veränderungen über große Zeitabläufe vergleichsweise gering und gravierende Veränderungen eher selten sind (Kap. 13.).

Völlig frei von psychogener *Symptomatik* zum Zeitpunkt der Untersuchung war bei beiden Querschnittsuntersuchungen nur ein ganz geringer Prozentsatz der Probanden (4,3 bzw. 6,1 %; Abschn. 3.2). Bestätigt hat sich die klinische Erfahrung, daß die Symptomatik innerhalb der 3 Gruppen von psychogenen Erkrankungen (Psychoneurosen, ICD 300, Charakterneurosen und Persönlichkeitsstörungen, ICD 301, 303 und 304, sowie der funktionell psychosomatischen Störungen ICD 305/306) erheblich wechselt und Schwerpunktsverlagerungen stattfinden. Es ist also diesen Krankheitserscheinungen angemessen, sie unter dem Stichwort "psychogene Erkrankungen" zusammenzufassen und zusammen zu beobachten - unter Ausschluß und in Abgrenzung von Psychosen und von überwiegend primär somatischen Erkrankungen (Abschn. 2.1). In beiden Querschnitten blieben annähernd dieselben Symptome auf der Häufigkeitsrangskala bei der untersuchten Population jeweils annähernd gleich. - In Übereinstimmung mit der klinischen Erfahrung gibt es Symptome, die zwar relativ häufig sind, aber die betroffenen Menschen nicht so schwer beeinträchtigen, daß sie dadurch zum Fall werden (oder eine psychologische Therapieinstitution aufsuchen). Dazu gehören etwa die Phobien. Das gilt auch für funktionell psychosomatische Beschwerden, wobei die betreffenden Patienten überwiegend den Allgemeinarzt unter dem Gesichtspunkt somatischer Krankheitsattribuierung in Anspruch nehmen. Andere leiden stärker unter ihrer Symptomatik und werden we-

---

[7] Die hier genannten Werte für Fallwechsler (je ca. 9 %) orientieren sich nur an dem BSS als Falldefinitionskriterium. Oben (Abschn. 3.2.2 und Abb. 14.1) sind etwas höhere Werte (je ca. 11 %) genannt, weil dort das zusätzliche Kriterium des Goldberg-Cooper-Scores mit einbezogen ist. Der BSS ist jedoch der sensiblere und - für psychogene Erkrankungen - weit besser überprüfte Maßstab; außerdem lassen sich nur mit ihm auch länger als 7 Tage zurückliegende Zeitabschnitte erfassen.

gen der Beeinträchtigung überdurchschnittlich häufig als Fälle identifiziert. Das gilt bevorzugt für die meisten Psychoneurosen. Daß bestimmte, insbesondere charakterneurotische Symptome, erst in sehr fortgeschrittenem Stadium als krankhaft betrachtet werden, hier wiederum betont die Süchte, ist allgemein bekannt.

Im Dreijahresverlauf zeichnet sich insbesondere eine Tendenz in Richtung Anwachsen charakterneurotischer *Diagnosen* ab (s. Abschn. 3.2.2). Das hat verschiedene reale Gründe (Anwachsen der Männer unter den Fällen und geringer werdende Fallraten bei den Frauen, Älterwerden der Probanden, Chronifizierung der Symptomatik und regelhafte Verläufe wie z.B. Herz/Angstneurose in Richtung Charakterneurose, Medikamentenabusus mit Komplikationen im zwischenmenschlichen Bereich), mag aber auch Gründe in der Diagnostiziergewohnheit haben und bestätigt noch einmal die Zweckmäßigkeit der Zusammenfassung aller psychogenen Erkrankungen unter diesem diagnostischen Dach.

Erstmals wurde durch unsere Untersuchung auch die Häufigkeitsverteilung der klassischen *Neurosestrukturen* in einer repräsentativen, überwiegend "gesunden" Normalbevölkerung ermittelt (Schepank 1987a: Abschn. 16.1.4 und 18.2). Die Strukturdiagnose wechselt bei den Induviduen im Laufe der Zeit, erweist sich aber als unabhängig von der Vorinformation der Diagnostiker. Bezüglich des Wandels der Strukturdiagnose ist natürlich zu berücksichtigen, daß es sich bei unserer Feldstudie hier zu 3/4 um klinisch gesunde Menschen handelt, bei der eine Festlegung auf eine Neurosenstruktur naturgemäß wage bleiben muß.

Bezüglich der 3 wesentlichen *demographischen Variablen* - Geschlecht, Jahrgangskohorte/Alter und Sozialschicht - ergibt die Verlaufsbeobachtung zusammenfassend folgende Tendenz:

Frauen sind insgesamt stärker durch psychogene Symptomatik beeinträchtigt und werden häufiger zum Fall (Schepank 1987a: Abschn. 16.2.2), wie das auch andere epidemiologische Untersuchungen ergeben haben. Bei der Zweituntersuchung ist der Abstand zwischen Männern und Frauen weniger groß (wie übrigens auch in der z.T. synchron erhobenen niederbayerischen Studie von Dilling et al. 1984 sowie Fichter et al. 1988). Von einem realen Geschlechtsunterschied hinsichtlich Beeinträchtigung ist jedoch wohl insgesamt auszugehen (Abschn. 3.2, 4.2 u. 9.1 sowie Kap. 12). Aus der retrospektiven Diagnose (lebenslange Prävalenzeinschätzung, s. Kap. 12) ergibt sich aber, daß dieser Geschlechtsunterschied wohl nicht sehr groß ist: Es ergab sich lediglich, daß in der Gruppe der Männer die besonders Gesunden häufiger sind, während unter den besonders Kranken (BSS>6) sich deutlich mehr Frauen fanden, wenn man die Entwicklung des Lebensganzen betrachtet. Es ist zu vermuten, daß ein Teil der Varianz im Geschlechtsunterschied auf größere Klagsamkeit und auf häufigere psychische Attribuierung bei Frauen zurückgeht. Das stimmt mit der Inanspruchnahmeklientel überein, in der sich an den meisten klinischen Institutionen auch sehr viel mehr Frauen finden: Frauen suchen eher Hilfe wegen psychogener Erkrankungen, Männer verleugnen eher und suchen in einer ausweglosen Situation dann - erwiesenermaßen signifikant häufiger - z.B. in Suizid oder Alkoholismus Zuflucht (Abschn. 9.1). Denkbar wäre auch noch, daß unter den Verweigerern etwas mehr gesunde Frauen und etwas mehr kranke Männer sind (s. Abschn. 3.1).

Bestätigt hat sich auch im Krankheitsverlauf, daß die in der ersten Querschnittsuntersuchung gefundene markant höhere Belastung der *sozialen Unterschichten* mit psychogenen Erkrankungen in der Zweituntersuchung im Verlauf fortbesteht (s. 3.2). Auf die analytisch-epidemiologische Frage nach den Ursachen dieser Zusammenhänge (Abschn. 9.3) wird noch eingegangen.

Bei unserem Untersuchungsdesign hatten wir die 3 *Jahrgangskohorten* der 1935, 1945 und 1955 Geborenen ausgewählt in der Annahme, daß sich aufgrund der sehr unterschiedlichen frühkindlichen Entwicklungsbedingungen ein Unterschied in der aktuellen Prävalenz mit neurotischer Erkrankung zwischen diesen Jahrgängen finden lassen würde. Hat doch der Geburtsjahrgang 1945 kollektiv in den ersten Lebensjahren sicher die sozial stärksten Belastungen zu verarbeiten gehabt (häufige Vaterlosigkeit, ärmliche wirtschaftliche und beengte Wohnverhältnisse, Belastung der Mütter, unerwünschte Geburt etc.). Der Geburtsjahrgang 1935 dürfte etwa zwischen dem 5. und 15. Lebensjahr kollektiv häufiger ungünstigen sozialen Bedingungen ausgeliefert gewesen sein (Väter im Krieg, Bombenzeit, eingeengte Ernährungs- und Wohnverhältnisse, Flucht etc.). Zu beiden Jahrgängen kontrastiert der Jahrgang 1955, der in allgemeiner wirtschaftlicher Prosperität aufgewachsenen und häufiger auch erwünscht geborenen Probanden. Unsere diesbezüglichen Hypothesen konnten sowohl in der ersten wie in der zweiten Querschnittsuntersuchung nicht bestätigt werden, wenn man die Punktprävalenz, also die aktuelle Erkrankungsrate betrachtet. Hier unterschieden sich die Jahrgangskohorten zu unserer Überraschung nicht signifikant (Schepank 1987a: Abschn. 16.2.1). Faßt man jedoch den Beobachtungszeitabschnitt länger (Einjahresprävalenz, Abschn. 9.2, oder gar lebenslange Prävalenz, Kap. 12), so wird ein Unterschied doch in der Richtung der ursprünglich erwarteten Hypothese signifikant deutlich.

14.2.2 Analytische Epidemiologie

Ziel der sog. *analytischen Epidemiologie* ist die Erforschung von korrelativen und ggf. ursächlichen Zusammenhängen zwischen hypothetischen Risiko- oder Kausalfaktoren und den in der deskriptiven Epidemiologie erhobenen Befunden. Hier haben wir (Abschn. 6.5) in einer Einschätzung der Varianzanteile einzelner neurosepathogener Einflußfaktoren über das Lebensganze versucht, uns auf quantitative Zahlen festzulegen, auch wenn diese nicht alle im Einzelfall stichhaltig mathematisch zu begründen waren. Unter Einbeziehung auch früherer und langfristiger Zwillingsuntersuchungen des Seniorautors an einer neurotischen Inanspruchnahmeklientel gaben wir den Erbfaktoren mit ca. 30 % das Hauptgewicht an der Neurosengenese. Ihnen folgt die frühkindliche Entwicklung mit ca. 25 %. Die pathogenen Einflüsse in der sog.

Latenzzeit, Pubertät und Adoleszenz, also vom 5.-20. Lebensjahr, gewichten wir mit ca.15 % an der Varianz. Weitere Einflußfaktoren wie Life-events, Social support u.a. wurden mit insgesamt etwa 25 % (Abschn. 6.1 - 6.4) errechnet.

Mit Hilfe des mathematischen Strukturmodells und einer Pfadanalyse gehen wir auch dieser Frage noch einmal mit Analysen und Erwägungen nach (Abschn. 9.1).

Grundsätzlich hatten wir dem *Geschlechtsfaktor* bei den meisten hier beschriebenen Auswertungen besondere Aufmerksamkeit geschenkt. Die meisten Variablen wurden dementsprechend auch nach Geschlechtern getrennt berechnet. Die Geschlechtsunterschiede im Krankheitsverhalten (Abschn. 9.1) diskutierten wir gesondert.

Auch hinsichtlich der *Jahrgangskohorten* mit der akzentuiert unterschiedlichen Frühkindheit zeigte sich bei Einbeziehung längerer Prävalenzzeitabschnitte (von einem Jahr in Abschn. 9.2 bis zu lebenslanger Prävalenz in Kap. 12), daß offensichtlich doch den gravierend unterschiedlichen kollektiven Aufzugsbedingungen der 3 Jahrgangskohorten langfristig gesehen ein Einfluß zukommt, und zwar derart, daß der Geburtsjahrgang 1945 mindestens eine deutlich erhöhte Vulnerabilität wenn nicht Krankheitsprävalenz zeigt; ihm folgt der Jahrgang 1935; am günstigsten schneidet der Jahrgang 1955 ab. Daß die hier gefundenen Unterschiede nicht auf das unterschiedliche aktuelle Lebensalter der Menschen aus diesen 3 Kohorten zurückzuführen sind, sondern wahrscheinlicher mit der unterschiedlichen Belastung in der Frühgenese zusammenhängen, wird gerade dadurch belegt, daß die Punktprävalenzraten der 3 Jahrgangskohorten sich nicht unterscheiden.

Auch der Frage der signifikant höheren Prävalenz in den *sozialen Unterschichten* gingen wir durch detaillierte Analysen nach (Abschn. 9.3), um zu klären, ob - vereinfacht gesagt - die Zugehörigkeit zu einer sozialen Unterschicht krank macht (Soziogenese) oder ob womöglich eine psychogene Erkrankung gemäß der Drifthypothese die einzelnen Probanden sozial abgleiten läßt. Hier konnte letzte Eindeutigkeit nicht erreicht werden: Sicher gibt es im Einzelfall alle unterschiedlichen Verlaufsmuster und Ursachen einmal. Auszuschließen war jedoch, daß die jetzt einer sozialen Unterschicht Angehörenden überwiegend bereits aus der sozialen Unterschicht kommen. Die vorliegenden Befunde sprechen eher gegen die generelle Soziopathogenese der psychischen Erkrankungen.

Meines Erachtens ist v. a. die Drifthypothese zu favorisieren sowie eine - zeitbedingt relativ wenig diskutierte - genetische Hypothese, daß nämlich Schichtzugehörigkeit wie auch psychogene Erkrankung gemeinsam erblichen Basisfaktoren zuzuschreiben sind; wir denken dabei z.B. an: gemeinsame geringere Frustrationstoleranz, erbliche Intelligenzfaktoren, reduzierte Möglichkeit von Coping, geringere Angsttoleranz, konstitutionelle Faktoren bei dem Einsatz bestimmter Abwehrmechanismen etc. Eine letzte Klärung war durch unser Design nicht zu erwarten. Die genannten Vermutungen sind jedoch durchaus empirisch begründbar. Das Modell der Entwicklung von Alkoholismus, anderen Süchten und devi-

antem Verhalten und die dazu vorliegenden humangenetischen, z.B.
Zwillings- und Adoptivstudien, geben hier richtungweisend Belege.

14.2.3 Psychoanalytische Testfragen

Der psychoanalytischen Provinienz des Forscherteams entsprechend war
in das diagnostische halbstandardisierte strukturierte Interview auch eine
Serie von klinisch üblichen psychoanalytischen Testfragen eingebaut, so
die Frage nach einem rezenten Traum und der ersten frühkindlichen
Erinnerung. Ferner wurde in dem umfangreichen 10seitigen Klartext
jedes Interviews auch die Gegenübertragungseinstellung des Interviewers
sorgfältig dokumentiert (Kap. 7). Zur Thematik der Träume bei dieser
repräsentativen Zufallsstichprobe aus der Gesamtbevölkerung konnten
erstmalig interessante epidemiologische grundlagenwissenschaftliche
deskritive Daten erhoben werden. Das klinisch wichtigste Ergebnis einer
Kontentanalyse ist wohl die Feststellung, daß aus dem manifesten
Trauminhalt das Ausmaß der Psychopathologie eines Probanden nicht
ablesbar ist (Abschn. 7.2)! In einem hohen Prozentsatz ist die früheste
Kindheitserinnerung auch bei einem 3 Jahre später erfolgenden anderen
Interviewer konstant. Konstanz oder Wechsel dieser Angaben der Probanden zeigen insofern Beziehungen zur Psychopathologie, als die gesünderen (Nichtfälle) merklich häufiger bei der Follow-up-Untersuchung
dieselbe Szene als erste frühkindliche Erinnerung angaben (Abschn.7.3).
- Die Gegenübertragung, in der klinischen Diagnostik von hoher diagnostischer und prognostischer Relevanz, wurde noch einmal (wie schon
von Weinhold-Metzner 1987, Abschn. 18.7) vertieft und an einem
größeren Probandengut untersucht.

Hier ergibt sich zusammenfassend: Das erstaunlich hohe Maß an Stabilität in den Gegenübertragungen verschiedener Untersucher bei einem
und demselben Probanden. Die Gegenübertragung erweist sich somit als
ein recht valides diagnostisches Instrument.

14.2.4 Prognose

Schließlich überprüften wir am Verlauf von Krankheit und Gesundheit
die in der klinischen Diagnostik gebräuchlichen Prognosekriterien (Kap.
11) mit dem Ergebnis, daß - eine sehr subtile ausführliche Untersuchung
durch einen qualifizierten Experten vorausgesetzt(!) - eine hohe prognostische Treffsicherheit über diese Dreijahresspanne hinweg durchaus
möglich ist. Sie erreicht bei der überwiegenden Mehrzahl (77 % aller
Probanden) eine weit über dem Erwartungswert liegende Treffsicherheit:
Ganz besonders die Klientel der konstanten Fälle, also der eindeutig
schwerer neurotischen, wird zu 97,2 % richtig vorhergesagt. An solchen
Menschen waren ja auch unsere klinisch geläufigen Prognosekriterien
entwickelt worden. - Weit über der Zufallserwartung liegt auch die prognostische Treffsicherheit bei der Fernprognose für die konstant Gesunden (93,5 %). Eine Minderheit, die um die Fallkriteriumsgrenze herum

wechselnde Gruppe von anfangs Fällen und später Gesünderen bzw. die Gruppe der Erkranker, wird nicht treffsicher vorhergesagt. Aufgrund einer sorgfältigen Analyse der Klartexte analysierten wir, wann und warum es zu diagnostischen Fehlurteilen kam, z.B. bei unerwarteten belastenden Life-events, bei unvorhersehbaren positiven Life-events, die Entlastung und Social support bringen, oder unter der Konstellation, daß der Proband dem Interviewer wichtige Details aus seiner Biographie verschwiegen hatte.

14.2.5 Konsequenzen

Aufgrund unserer langjährigen grundlagenwissenschaftlichen Forschungsbemühungen, in Verbindung mit klinischer und administrativer Erfahrung im hiesigen Versorgungssystem hielten wir uns für befugt, annähernde Schätzzahlen für die notwendige und zweckmäßige psychotherapeutische Versorgung aus unseren epidemiologischen Verlaufsbasisdaten abzuleiten (Abschn. 14.1). Diese psychotherapeutischen Bedarfsrechnungen sind selbstverständlich bezogen auf hiesige Verhältnisse bei dem heutigen sozialen Wohlstand und erstrecken sich - ebenso selbstverständlich - nur auf die untersuchte Altersgruppe.

Überlegungen für eine Optimierung und insbesondere für präventive Maßnahmen bilden den Schluß. Hier favorisieren wir die Konzentration auf die sog. Sekundärprävention, d.h. Früherkennung und Organisation des Versorgungssystems derart, daß psychogen Erkrankte möglichst frühzeitig einer angemessenen Therapie zugeführt werden, sei diese eine hoch spezialisierte Psychotherapie oder fachkundige Beratung oder die kürzlich in der kassenärztlichen Versorgung der Gesetzlichen Krankenversicherung neu eingeführte sog. psychosomatische Grundversorgung. Alle derartigen Maßnahmen erfordern die Intensivierung angemessener Ausbildungsstrategien bei Medizinstudenten und auch bei den Psychologiestudenten, sowie eine qualifizierte Weiterbildung, - flankiert von begleitender evaluativer und Grundlagenforschung sowie von Öffentlichkeitsarbeit.

14.3 Aussichten

Mit der hier vorgelegten Bilanz unserer 10jährigen Forschungsbemühungen und den Ergebnissen zur Frage des Verlaufs psychogener Erkrankungen ist unser Projekt formal abgeschlossen. Durch die gelungene Kombination der detaillierten EDV-technischen Dokumentation mit den anonymisierten Klartexten birgt das angesammelte Material jedoch noch weitreichende Möglichkeiten vertiefender Auswertung und Erkenntnis. Eine Habilitation ist aus dem Projekt hervorgegangen und fand als Monographie (W. Tress: Das Rätsel der seelischen Gesundheit) weithin Beachtung. Eine Reihe von Dissertationen (zum Dr. med., Dr. sc. hum. und

212

Dr. phil.) sowie psychologische Diplomarbeiten sind abgeschlossen oder
stehen kurz vor der Fertigstellung: Zur Frage des Spezifitätsproblems
psychogener Herzsymptomatik (Reitter), und gastroenterologischer Manifestationen (Platz), der symptomauslösenden Versuchungs-/Versa-
gungssituation (Knoke), der Träume von Gesunden (Parekh) sowie über
Fragen des Social support (Manz), Life-events (Schiessl) und zum Bereich von Partnerschaft und Sexualität (Kriebel), zur Frage der Kohorten
(Benn), der Fallwechseler (Eckert), der Geschlechtsspezifität (Merscher)
und der Sozialschichtzugehörigkeit (Schwen-Harant).
Neben der Möglichkeit, weitere spezielle Fragestellungen zu beantworten, bietet das vorliegende Material noch den Grundstock für 2 weiter-
führende Forschungsunternehmen:

1. Die schon in Kap. 13 erwähnte wiederholte *Follow-up-Untersuchung*
der stabil Gesunden und der konstanten Fälle werden wir komplettieren:
Auch die mittlere Gruppe wird weiter beobachtet, so daß schließlich ein
8–10 Jahre währender Verlauf zu überblicken ist. Sowohl grundlagen-
wissenschaftlich wie versorgungspraktisch dürfte der daraus zu gewin-
nenden Erkenntnis ein hoher Wert beizumessen sein.

2. Seit drei Jahren befindet sich ein neuer Ansatz in Arbeit: eine *Interventionsstudie*. Im Rahmen des neugegründeten SFB 258[8] ist ein neues
Projekt begonnen worden unter dem Arbeitstitel: Verlaufsuntersuchung
psychogener Störungen an Risikoprobanden mit und ohne therapeutische
Intervention. Untersucht werden soll der Einfluß einer analytisch orientierten Therapie auf die Persönlichkeitsstruktur und die Symptomatik
unter den kontrollierten Einflüssen von Life-events, Social support, Copingmechanismen etc. Eine Experimentalgruppe wird einer Kontrollgruppe und einer Verweigerergruppe gegenübergestellt. Alle der Interventionsstudie unterworfenen Probanden gehören zu einer Mittelgruppe
leichter Gestörter, also nicht den stabil Gesunden und nicht den schwerer Erkrankten an. Der Motivationsstruktur der Verweigernden und der
versorgungspraktisch wichtigen Frage der Motivierbarkeit zu einer Therapie bei Probanden mit nicht sehr ausgeprägtem Leidensdruck gilt unsere bevorzugte Aufmerksamkeit.

---

[8] SFB 258: Indikatoren und Risikomodelle für Entstehung und Verlauf psychischer Störungen.

Anhang A
Glossar epidemiologischer Begriffe[*]

W. Tress, H. Schepank

Adoptionsstudie: Zur Differenzierung von Erb- vs. Umwelteinflüssen auf die Manifestation eines bestimmten Merkmals werden Frühadoptierte verglichen mit den leiblichen Eltern und den Adoptiveltern, ggf. auch mit ihren hier aufgewachsenen (Pflege)geschwistern.

abhängige Variable: s. unabhängige Variable.

Beeinträchtigung ("impairment"): Etwa durch psychogene Erkrankung, meint die Belastung eines Individuums durch seine verschiedenen Symptome (somatische und/oder psychische und/oder charakterologische). Maßnahme: Therapie.

Behinderung ("disability"): Dieser Begriff zentriert mehr auf die beeinträchtigenden Folgezustände eines Krankheitsgeschehens. Maßnahme: Rehabilitation. Coping (s. dort).

Bezugspopulation: Sie steht im Nenner der Prävalenz- und Inzidenzangaben und bezeichnet die jeweilige Grundgesamtheit, auf welche sich epidemiologische Kenndaten beziehen. Die Kenntnis und Angabe der jeweiligen Bezugspopulation ist fundamental wichtig (s. auch Repräsentativität, Prävalenz, Inzidenz).

Coping: Bewältigen. Oberbegriff für die Fähigkeiten eines Individuums, die Einwirkung von Stressoren, Life-events, maligner Krankheit etc. zu ertragen und auf verschiedene Weise damit fertigzuwerden. Der Begriff wird unterschiedlich weit oder eng gebraucht (z.B. auch im Sinne von Abwehrmechanismen).

Demographie: Statistische Beschreibung einer Population hinsichtlich der Verteilung bestimmter Merkmale/Krankheiten, z.B. auf verschiedene Altersgruppen, Geschlecht, Sozialschichten etc.

Design: Bei der Forschungsplanung. Vorgehensweise, für die der Untersucher sich vor Beginn der Datenerhebung entschieden hat, um eine gegebene Fragestellung mit einem Projekt zu beantworten (z.B. retrospektiv, prospektiv, Follow-up, experimentell etc.).

---

[*] Hauptquelle: Last JM (1983) A dictionary of epidemiology. Oxford Univ Press, New York Oxford Toronto.

214

Drifthypothese: In der Sozialforschung. Theorie, wonach beeinträchtigte Gesundheit ein Absinken der betroffenen Individuen auf der sozialen Rangskala nach sich zieht.

DSM III (=Diagnostic and Statistical Manual of Mental Disorders, 3. Fasssung): In der US-Psychiatrie entwickeltes Manual aller psychischen Erkrankungen anhand sorgfältig definierter Ein- und Ausschlußkriterien. Kritik: nur scheinbar theoriefrei und rein deskriptiv; Psychogenese ablehnend, wenig geeignet für psychosomatische Fragestellungen.

Einjahresprävalenz: s. Prävalenz.

Epidemiologie: 3 Hauptzweige: 1) Deskriptive Epidemiologie: erforscht Auftretenshäufigkeit und demographische Verteilung (s. dort) von Erkrankungen oder anderen gesundheitsbezogenen Charakteristika in der menschlichen Population. 2) Analytische Epidemiologie: hypothesentestendes Verfahren, um Kausalbeziehungen zwischen den in der deskriptiven Epidemiologie erforschten Variablen zu prüfen. 3) Experimentelle Epidemiologie (bei Experten unterschiedlich definiert): Die Ausgangsbedingungen solcher Studien unterliegen der direkten Kontrolle des Untersuchers, z.B. bei einer therapeutischen Interventionsstudie und dem anschließenden Vergleich von behandelten mit nichtbehandelten Individuen.

Fall: Wertneutral meint "Fall" in einer untersuchten Population ein Ereignis oder auch eine Person, die als Träger einer definierten Erkrankung oder Gesundheitsstörung oder eines Merkmals identifiziert werden kann. In bewußter Abhebung von "Patient", der sich selbst als solcher definiert, z.B. durch ärztliche Inanspruchnahme.

Falldefinition: Vor Beginn einer Forschung festzulegende Auflistung derjenigen Merkmale, die jeweils zur Identifikation eines "Falles von ..." notwendig und hinreichend sind.

Fallfindung ("case finding"): Jeweils unterschiedliche Vorgehensweise, um Fälle aufzuspüren, z.B. aus Sterberegistern, durch Untersuchung der gesamten Bevölkerung an einem Stichtag, durch Aufruf zur freiwilligen Meldung über Medien etc.

Fallidentifikation: Operationalisierung der *Falldefinition*: Welche konkreten Forschungsinstrumente (z.B. Interview, psychologische Tests, Fragebögen etc.) und welche ihrer qualitativen und quantitativen Datenprofile sollen vorliegen, damit die Kriterien der Falldefinition als erfüllt gelten dürfen?

Fallraten: s. Prävalenz.

Fallregister: Archivierung aller Fälle eines gegebenen Krankheitsbildes, die im Laufe der Zeit innerhalb einer definierten geographischen Region bekannt werden. Wichtig für die Ursachenforschung (z.B. bei Krebs) oder für die Verlaufsforschung, insbesondere bei chronischen Erkrankungen mit wechselnder Inanspruchnahme (z.B. Schizophrenie).

Feldstudie: Vorgeplante Datensammlung im "Feld", d.h. unter den Individuen der Allgemeinbevölkerung. Gegensatz: administrative Studien, die von Registern (Todesfallstatistik) oder Inanspruchnahmeklientelen (von Ärzten, Krankenhäusern, Beratungsstellen etc.) ausgehen.

Follow-up-Studie: Beobachtung von Individuen oder Stichproben einer ursprünglich definierten Population über den Zeitablauf, um Veränderungen der gesundheitlichen Verfassung oder darauf Einfluß nehmender Variablen zu erkunden.

Gütekriterien: Erfordernis der Standardisierung, Objektivierung, Reliabilität und Validität eines empirischen Prüfverfahrens, um zu gesicherten Aussagen zu gelangen.

High-risk-Population: Subgruppe aus der Allgemeinbevölkerung, die hinsichtlich eines zu untersuchenden Krankheitsbildes ein relativ hohes Erkrankungsrisiko trägt.

Hintergrundvariablen (Moderatorvariablen): Variablen, die nicht unmittelbarer Bestandteil der jeweils beforschten Hypothese sind, aber dennoch als Randbedingungen auf das Ergebnis Einfluß nehmen, z.B. wird der Zusammenhang von frühkindlicher Belastung und späterer psychogener Erkrankung möglicherweise mitgestaltet von den Hintergrundvariablen, z.B. erbliche Belastung, Intelligenzquotient, sozialer Status etc.

ICD (=International Classification of Diseases, WHO; z.Z. im Gebrauch: 9. Revision; 10. Revision ist in Vorbereitung): Weltweit gebräuchliches Manual aller Erkrankungen (im Gegensatz zum DSM III). Das ICD respektiert (noch) den psychogenetischen Theorieansatz, enthält noch den klassischen Neurosebegriff und eine sachlich gerechtfertigte deutliche Abgrenzung der Psychosen von den psychogenen Erkrankungen. Es berücksichtigt auch die psychovegetativ-funktionellen und die psychosomatischen Krankheitsbilder angemessen.

Inanspruchnahmeklientel: Subgruppe der allgemeinen Population, die sich an das allgemeine Gesundheitssystem (Ärzte, Kliniken, Beratungseinrichtungen) mit dem Anliegen der Hilfestellung jedweder Art (zur Therapie oder auch nur Administrative, z.B. Krankschreibung) wendet. Wichtig: Inanspruchnahmeklientelen können die wahre Prävalenz ziemlich genau wiedergeben, z.B. bei schwer Verunfallten in einem gut funktionierenden Krankenversorgungssystem. Bei anderen Phänomenen (Suizidversuch, Kriminalität, Perversionen und v. a. auch bei vielen psychogenen Erkrankungen) besteht eine erhebliche Dunkelziffer und somit große Diskrepanz zwischen Inanspruchnahmeklientel und wahrer Prävalenz!

Instrumente: s. Fallidentifikation.

intervenierende Variable: Theoretisches mathematisches Konstrukt, welches intervenierend zwischen 2 oder mehreren empirischen Datensätzen (unabhängige und abhängige Variablen) postuliert und berechnet wird. Beispiel: Ich-Stärke als intervenierende Variable zwischen quantitativen Ausprägungen einer Versuchungs-/Versagungssituation und dem tatsächlichen Verhalten eines Individuums.

Interventionsstudie: vgl. Epidemiologie, experimentelle.

Interviewereffekt: Hierunter versteht man die mögliche Verfälschung wahrer Befunde durch Eigenschaften des Interviewers: Alter, Geschlecht, Tagesverfassung, Persönlichkeitscharakteristika.

Inzidenz: Rate der Neuerkrankungen oder neu aufgetretenen Träger gesundheitsrelevanter Merkmale in der Population für einen gegebenen Zeitraum. - *Administrative* Inzidenz: amtlich registrierte neue Fälle; *behandelte* Inzidenz: Anzahl der (erstmalig) behandelten Fälle; *wahre* Inzidenz: epidemiologisch durch unabhängige Feldstudien abgesicherte Inzidenzraten.

Kohortenstudie: 1) Teil einer Population, der in einer bestimmten Zeitperiode (etwa gleiches Jahr) geboren wurde und dann im Vergleich zu anderen Kohorten hinsichtlich bestimmter krankheits- oder gesundheitsrelevanter Merkmale lebenslang beschrieben werden kann. 2) Im weiteren Sinne: die durch bestimmte Merkmale miteinander verbundene Personengruppe, die über eine Zeit hin kontinuierlich wissenschaftlich beobachtet wird (s. prospektive Studie).

Krankheitsverhalten: Bezeichnung für den besonderen Umgang eines erkrankten Individuums mit seinem Krankheitszustand. Der Begriff wurde erforderlich, um die von den ärztlichen Empfehlungen oft drastisch abweichenden Verhaltensweisen der Patienten abzuheben.

Life-events: Die Sozialpsychologie hat mit der Life-event-Forschung ein Methodeninstrumentar entwickelt mit dem Ziel exakter Messung von meist von außen kommenden, umschriebenen Ereignissen, die ein Individuum betreffen und im Falle negativer Life-events als unspezifische Stressoren wirken, welche das Erkrankungsrisiko erhöhen. Bei psychogenen Erkrankungen besteht eine enge Beziehung zu dem Begriff der symptomauslösenden Versuchungs-/Versagungssituation; in diesen Begriff fließt jedoch auch ein hermeneutischer Akzent ein, wenn die biographisch-psychodynamische, qualitative Lebensanalyse nach der subjektiven Sinnhaftigkeit von Ereignissen fragt.

Longitudinalstudie: s. Kohortenstudie.

Mikrozensus: Stichprobenverfahren, welches geographische Regionen in kleinste Untereinheiten aufteilt und repräsentative Stichproben der angetroffenen Personen beforscht. Es ist praktisch meist nicht möglich, jeweils die gesamte Bevölkerung zu untersuchen.

Moderatorvariable: vgl. Hintergrundvariable.

Periodenprävalenz: s. Prävalenz.

Prävalenz: "Bestand". Prävalenzrate ist der prozentuale Anteil der Fälle oder Träger gesundheitsrelevanter Merkmale in einer bestimmten Population zu einer gegebenen Zeit. Wichtig ist folgende Unterscheidung: *1) Punktprävalenz:* Prävalenzrate für einen gegebenen Zeitpunkt: Wie viele Kranke oder Merkmalsträger waren am Tag X in der Population zu identifizieren? *2) Periodenprävalenz:* Prävalenzrate, bezogen auf eine weiter umschriebene Zeitspanne, z.B. 1 Jahr. *3) Lebenslange Prävalenz:* auch soviel wie "lebenslanges Erkrankungsrisiko": die Rate derjenigen Individuen in einer Population, die jemals im Leben von einem bestimmten Ereignis (z.B. Unfall, Suizidversuch) oder einer Erkrankung (z.B. Schizophrenie, Debilität, Masern) betroffen waren. Lebenslange Prävalenz und Punktprävalenz fallen z.B. bei Debilität zusammen (je nach festgelegter Falldefinition ungefähr 3%); für Masern klaffen sie weit auseinander (fast 100% bis 0,01%). Übliche Dauer einer Erkrankung, Chronizität und Verlauf spielen hier mit hinein. *4) Administrative Prävalenz:* entspricht ungefähr der behandelten P.: Quote der institutionell registrierten bzw. der im Gesundheitssystem in Erscheinung getretenen Merkmalsträger. – Im Gegensatz dazu: *5) wahre Prävalenz:* der wirkliche Bestand! Bei den Endzuständen bestimmter schwerer Erkrankungen (z.B. Malignome), die hierzulande praktisch 100%ig erfaßt werden, ist die wahre und die administrative/ behandelte Prävalenz identisch. Bei den psychogenen Erkrankungen jedoch (s. Inanspruchnahmeklientel) bildet die behandelte Prävalenz nur einen kleinen, sehr einseitig und hochgradig selegierten Ausschnitt des wahren Morbiditätsspektrums. Diese große Diskrepanz erfordert deshalb zur Beurteilung wahrer Prävalenzraten unbedingt epidemiologische Felduntersuchungen!

Prävention: Vorbeugung generell. Nach Caplan unterscheidet man *Primär-, Sekundär- und Tertiärprävention. Primärprävention:* identisch mit dem klassichen Begriff "Prophylaxe"; umfaßt alle Maßnahmen, die das Manifestwerden einer Erkrankung verhüten, also jegliche Inzidenz reduzieren. Sekundärprävention: besteht in möglichst frühzeitiger Diagnostik und Behandlung von Neuerkrankungsfällen. Erfolgreiche Sekundärprävention reduziert somit die Prävalenz, den Krankenbestand. Tertiärprävention: umfaßt gezielte rehabilitative Maßnahmen, insbesondere bei chronischen Erkrankungen und soll den Folgeerscheinungen, einer ungünstigen "Patientenkarriere" und vermeidbaren Rezidiven, Hospitalisierungsschäden etc. vorbeugen helfen.

prospektive Studie: Das künftige Schicksal einer Population wird beforscht, indem eine ausgewählte Stichprobe in die Zukunft hinein begleitet und regelmäßig untersucht wird.

Punktprävalenz: s. Prävalenz.

Repräsentativität: Meint die Zuverlässigkeit, mit der eine Teilstichprobe aus der Gesamtpopulation deren Charakteristika auch tatsächlich wiedergibt (z.B. Schicht-, Alters- oder Geschlechtsverteilung u.a.m.).

retrospektive Studie: Die Stichprobe wird historisch-biographisch auf Daten der Vergangenheit hin beforscht. Nachteil: Kontrollmöglichkeit fehlt oft, Risiko durch verzerrte Erinnerung, nicht gezielt erhobene oder verlorene Daten etc.

Risikofaktoren (vgl. High-risk-Population): Umstände und Merkmale, welche das Erkrankungsrisiko eines Individuums aus der Population erhöhen (z.B. Bluthochdruck, Übergewicht, Verwitwung, Konsum von Suchtmitteln etc.). Gegenteilig sind Protektivfaktoren wirksam, welche das Risiko wiederum senken. Die Kenntnis von Risikofaktoren erlaubt die Zusammenstellung angereicherter Stichproben (High-risk-sample), an denen dann Interventionsstudien durchgeführt werden können, deren Resultate mit nicht behandelten Risikoträgern zu vergleichen sind.

Rücklaufquote: Der Prozentsatz von beantworteten Fragebögen, die an eine Stichprobe aus der Population zur Erhebung vorgegebener Merkmale versandt wurden. Eine zu geringe Rücklaufquote kann im Sinne einer zu hohen Verweigererquote die Ergebnisse einer Befragung verunsichern bis wertlos machen.

Sample (Stichprobe): Ausgewählter Anteil einer Population, der zufällig oder nicht zufällig, repräsentativ oder nicht repräsentativ zusammengestellt sein kann.

Sampling: Vorgang der Stichprobenauswahl aus der Gesamtpopulation oder dem Gesamt von Merkmalsträgern. Wissenschaftliche Schlußfolgerungen aus Stichprobendaten können nur für die jeweilige Grundpopulation gezogen werden. Extrapopulationen auf größere oder andere Populationen bleiben spekulativ und sind bestenfalls argumentativ, nicht aber mathematisch-statistisch zu rechtfertigen.

Survey: Systematische Sammlung von Informationen ohne Einsatz experimenteller Verfahren. Beispiel: Survey einer Population durch persönliche Befragung durch Face-to-face-Interviews, Fragebogenaktionen, Telefonerhebung.

unabhängige Variable (Gegensatz: abhängige Variable): Unabhängige Variablen werden im Experiment vom Experimentator gezielt hergestellt oder zielbewußt quasi-experimentell aufgesucht, um die damit einhergehende Veränderung der abhängigen Variablen zu studieren.

Zufallsstichprobe: s. Sample.

Anhang B
Instrumente

Projektinterview: halbstandardisiertes, strukturiertes Interviewschema. Es entspricht mit geringen Modifikationen (follow-up-Fragen) der wörtlich (in: Schepank 1987a, S. 308-313) dokumentierten Fassung.

Goldberg-Cooper-Interview (CGI): psychiatrisches Interview (Goldberg et al. 1970).

Beeinträchtigungsschwerescore (BSS): Expertenrating zur psychogenen Beeinträchtigung anhand von 3 Skalen (körperliche, psychische und sozialkommunikative psychogene Beeinträchtigung) (Schepank 1974, 1980/81, 1987a).

Symptomliste: Kodierschema für 46 einschlägige psychogene Symptome.

Beschwerdelisten B-1, B-1', B-1⁰: Selfratingverfahren zur Erfassung körperlicher Beschwerden (v. Zerssen 1976).

Freiburger Persönlichkeitsinventar (FPI): mehrdimensionaler klinischer Persönlichkeitsfragebogen (Fahrenberg et al. 1978).

Krankheitsverleugnungsskala (Kv-S): Kontrollskala zur Erfassung von Dissimulationstendenzen (v. Zerssen 1976).

Life-event-Inventar: Inventar zur Erfassung lebensverändernder Ereignisse (mod. nach Siegrist 1980) und Zusatzskalen (Hönmann u. Schepank 1981): 25 einschlägige Lebensereignisse, die anhand von Zusatzskalen nach Prävalenz und Valenz eingestuft werden. Einzelheiten s. in: Schepank 1987a, S. 314-316.

Inanspruchnahmefragebogen: unveröffentlichter Fragebogen zur Erfassung des tatsächlichen Inanspruchnahmeverhaltens bei psychischen Problemen (formelle und informelle Hilfen).

Skala zur Krankheitsattribution: körperliche und psychogene Attribution von Beschwerden (unveröffentlicht).

Veränderungsfragebogen des Erlebens und Verhaltens VEV: Fragebogen zur Erfassung von Veränderungen im Erleben und Verhalten (Zielke u. Kopf-Mehnert 1978).

Veränderungsfragebogen des Erlebens und Verhaltens   **VEV**

Name: ________________   Vorname: ________   Datum: ________

Anleitung

Bitte stellen Sie sich den Zeitpunkt vor 3 Jahren vor. Das war der ______________(Datum des Beginns des Beurteilungszeitraums).
Überlegen Sie, was Sie zu diesem Zeitpunkt machten und wie Sie sich fühlten. Überblicken Sie bitte nunmehr immer den Zeitraum vom obigen Datum bis heute.

Bitte prüfen Sie bei den nachfolgenden Fragen immer, ob sich bei Ihnen innerhalb dieses Zeitraums eine Änderung in die eine oder andere Richtung vollzogen hat. Das Ausmaß der Änderung geben Sie bitte durch Ankreuzen einer Zahl an.

Hier ein Beispiel:

Änderung						
in gleicher Richtung			keine	in entgegengesetzter Richtung		
+3 stark	+2 mittel	+1 schwach	0	−1 schwach	−2 mittel	−3 stark

Ich bin ruhiger geworden.	+3	+2	+1	☒	−1	−2	−3

Wenn Sie innerhalb des Zeitraums keine Änderung erlebt haben, wenn Sie also weder ruhiger noch unruhiger geworden sind, durchkreuzen Sie bitte die 0 (wie hier in diesem Beispiel).
Wenn Sie eine starke Änderung in entgegengesetzter Richtung erlebt haben, wenn Sie also während des Zeitraums unruhiger geworden sind, durchkreuzen Sie bitte die −3.
Wenn Sie eine starke Änderung in die gleiche Richtung erlebt haben, wenn Sie also während des Zeitraums ruhiger geworden sind, durchkreuzen Sie bitte die +3.

Beantworten Sie bitte zügig und spontan alle Fragen!

Ich kann das Ungemach des alltäglichen Lebens besser ertragen.	Ich fühle mich weniger gehetzt.
Ich habe keine Angst mehr, in einer Sache zu versagen, die mir gelingen soll.	Ich rege mich über viele Dinge nicht mehr auf.
Es macht mich nicht mehr so unsicher, wenn sich ein anderer mir gegenüber selbstbewußt gibt.	Ich weiß jetzt eher, was ich tun will und tun kann.
Ich liege nicht mehr im Kriegszustand mit mir selbst.	Ich habe jetzt das Gefühl, in einer Sackgasse zu stecken, aus der ich nicht herauskomme.
Ich habe immer größere Schwierigkeiten, mich mit anderen Menschen zu unterhalten.	Das Leben hat für mich keinen rechten Inhalt mehr.

Mannheimer Kurzskala zur Streßverarbeitung (allgemein/spezifisch): unveröffentlichte Zusammenstellung der Markieritems des Streßverarbeitungsfragebogens (SVF) (Janke et al. 1978).

Beurteilung der Ich-Funktionen nach Haan: Expertenrating zum Ich-Funktionsniveau nach Haan 1977.

Anhang C
Confidantrating: Handanweisung und Ankerbeispiele

R. Manz

Das im folgenden beschriebene Rating beeinhaltet Kriterien zur Beurteilung der Qualität sozialer Bezüge zu unterschiedlichen Mitgliedern des sozialen Netzwerkes einer Person. Hierbei wird eine Beschränkung auf enge Bezugspersonen vorgenommen. Das Rating ist insgesamt vergleichbar mit dem Vorgehen von Brown u. Harris (1978) oder Thoits (1984).

Vorgehensweise

Zunächst ist abzuklären, ob ein Proband über eine Bezugsperson verfügt. Hierunter zählen der Ehegatte/die Ehegattin, bei unverheirateten Paaren der Lebenspartner (Freund/Freundin meist gegengeschlechtlich). In der Regel handelt es sich dabei um den Intimpartner, wenngleich die sexuelle Beziehung nicht notwendige Voraussetzung ist. Soziokulturelle Faktoren wie etwa das Alter oder der soziale Hintergrund sind hier zu berücksichtigen. Über die formale Existenz einer solchen ersten Bezugsperson - im weiteren Confidant 1 genannt - hinaus, soll anhand folgender Kriterien deren Qualität im Sinne einer supportiven bzw. einer nichtsupportiven Beziehung beurteilt werden.

Kriterien zur Supportivität eines Confidant 1:
- Die Beziehung zum Partner wird aus der Sicht des Probanden emotional als befriedigend und hilfreich erlebt, gelegentliche Konflikte werden in der Regel gemeinsam bewältigt.
- In instrumenteller Hinsicht sollte eine weitgehend ausgewogene Beziehung vorliegen, d.h. daß beispielsweise Funktionen wie Einkommenserwerb, Haushaltspflichten oder Erziehung etc. im Konsens arbeitsteilig oder gemeinsam erfüllt werden.
- Auch in sexueller Hinsicht sollte die Beziehung mindestens als befriedigend erlebt werden.
- Schließlich sollte die Beziehung seit mindestens einem halben Jahr bestehen. Auch sollten keine Anhaltspunkte für eine baldige Trennung vorliegen.

Kriterien für das Vorhandensein einer zweiten Bezugsperson (Confidant 2) (hiermit ist in der Regel ein sehr enger Freund gemeint):
- Die Beziehung zum engen Freund/zur engen Freundin wird emotional weitgehend als Ergänzung zur Partnerschaft erlebt. Mit dem Confidant 2 können also verschiedenste (intime) Probleme (auch bezüglich der Partnerschaft) besprochen werden.
- Der enge Freund/die enge Freundin erfüllt auch weitgehend instrumentelle Bedürfnisse des Probanden, vorzugsweise in besonderen Belastungssituationen (beispielsweise finanzielle Hilfen, verschiedenste Dienstleistungen, Rat, Informationen etc.).
- Auch diese Beziehung sollte seit mindestens einem halben Jahr bestehen.

Beim hier beschriebenen Confidantrating sind zusammenfassend folgende Punkte zu beachten:
- Es ist die Frage zu klären, ob ein Confidant 1 im oben beschriebenen Sinn existiert bzw. ob der Proband alleine lebt.
- Ferner ist ein evtl. vorhandener Confidant 1 hinsichtlich seiner supportiven Qualität im Sinne von supportiv/nichtsupportiv zu beurteilen anhand der oben aufgeführten Kriterien.
- Darüber hinaus ist abzuklären, ob ein Proband über einen sehr engen Freund bzw. eine sehr enge Freundin nach den oben beschriebenen Kriterien für den Confidant 2 verfügt oder nicht.

Es können folgende Ratingkombinationen auftreten:
1) Der Proband hat einen Confidant 1, dieser wird als supportiv beurteilt, des weiteren verfügt der Proband über einen Confidant 2.
2) Der Proband lebt mit einem Confidant 1 zusammen, dieser ist supportiv, er hat keinen engen Freund.
3) Der Proband verfügt über einen Confidant 1, dieser ist nichtsupportiv, ein enger Freund ist nicht vorhanden.
4) Der Proband lebt allein, d.h. ohne Confidant 1, hat jedoch einen engen Freund.
5) Der Proband lebt mit einem nichtsupportiven Confidant 1 zusammen und hat einen engen Freund.
6) Der Proband hat weder einen Confidant 1 noch einen Confidant 2.

Ankerbeispiele zur Kodierung

Im folgenden werden Fallbeispiele für die oben angegebenen Kodierungsmöglichkeiten vorgelegt.

1) Confidant 1 vorhanden, supportiv, und Confidant 2 vorhanden:
Die 35jährige Sekretärin ist seit 2 Jahren verheiratet, arbeitet ganztägig in ihrem Beruf. Mit dem ebenfalls berufstätigen gleichaltrigen Ehemann verstehe sich die Probandin sehr gut, obgleich die sehr positive Beziehung durch mehrere Fehlgeburten und damit unerfüllten Kinderwunsch etwas getrübt sei. Der Ehemann wird jedoch immer wieder als verständ-

nisvolle und wichtige Stütze erlebt. Die sexuelle Beziehung ist für beide Partner sehr befriedigend. Die Probandin berichtet von mehreren sehr engen Freundschaften und einer aktiven Freizeitgestaltung.

2) Confidant 1 vorhanden und supportiv, Confidant 2 nicht vorhanden:
Der 26jährige Schlosser führt nach dem Tode des Vaters den Betrieb allein weiter und ist daher sehr beschäftigt. Daneben besucht er die Meisterschule, die ihm - abgesehen vom zeitlichen Aufwand - keine Schwierigkeiten bereitet. Der Haushalt wird von der Mutter besorgt. Der Proband hat seit 10 Monaten eine feste Freundin, mit der er sich trotz seiner umfangreichen Wochenendaktivitäten wegen einer Vereinsmitgliedschaft gut versteht. Auch in sexueller Hinsicht sei die Beziehung zufriedenstellend. Heiratspläne bestehen derzeit nicht. In seiner Freizeit ist der junge Mann aktiver Handballspieler und Schiedsrichter. Einen engen Freund hat der Proband nicht.

3) Confidant 1 vorhanden, aber nichtsupportiv, kein Confidant 2 vorhanden:
Die 35jährige Frau arbeitet ganztags als Verkäuferin und lebt in erster Ehe mit einem Algerier. Beide haben 6 Jahre in Algerien gelebt, wo auch der heute 8jährige Sohn geboren wurde. Nachdem der Ehemann in seiner Heimat aufgrund der dortigen Korruption beruflich nicht aufsteigen konnte, entschloß sich das Paar, wieder in die Bundesrepublik zurückzukehren. Hier schaffte der Mann offenbar die soziale Integration nicht und ist seit 2 Jahren arbeitslos. Er verbringt die meiste Zeit außer Haus, vorwiegend in Kneipen, so daß die ganze Last des Unterhalts, Haushalts und der Erziehung auf der Probandin ruht. Aufgrund dieser hohen zeitlichen Anforderung bleibt für Freizeitkontakte der Probandin kein Raum, so daß nur oberflächliche Kontakte zu Nachbarn bestehen. Auch hat die Probandin keine engeren Freundschaften. Das Ehepaar hat im Durchschnitt weniger als einmal pro Monat sexuellen Kontakt.

4) Kein Confidant 1 vorhanden, jedoch Confidant 2 vorhanden:
Der 46jährige ungelernte Arbeiter lebt seit der Trennung von Frau und Kindern vor über 20 Jahren mit seiner Schwester in der ehemals elterlichen Wohnung zusammen. Der Kontakt zur geschiedenen Frau und den Kindern ist völlig abgebrochen. Der Unterhalt wird vom bescheidenen Verdienst des Probanden bestritten, während Einkünfte der Schwester (Rente, Vermietung eines Reihenhauses) gespart werden. Mit der Schwester könne der Proband alles Wichtige besprechen. Die Schwester versorgt den gemeinsamen Haushalt, verwaltet die Einkünfte. Als Freizeitbeschäftigungen gibt der Proband an, Mitglied in einem Fanfarenzug zu sein, sowie Spazierfahrten mit dem Mofa und Fußballplatzbesuche zu unternehmen.

5) Confidant 1 vorhanden und nichtsupportiv, Confidant 2 vorhanden:
Die 35jährige Frau arbeitet seit ca. 20 Jahren als Büroangestellte und lebt mit ihrem Mann in einer Zweizimmerwohnung. Das Paar hat keine Kinder. Die Probandin schildert, wenig Gemeinsamkeiten mit ihrem an-

hänglichen Ehemann zu haben. Dieser sehe viel fern, während die Probandin abends gerne fortgehe. Das Paar lebt nebeneinander her, die Probandin bedauert, aus dem Hafen der Eltern viel zu schnell in den Hafen der Ehe hinübergeschlittert zu sein. Endlich berichtet die Probandin von einer außerehelichen Beziehung, von der der Ehemann nichts wisse. Hier scheint die Frau die volle Aufmerksamkeit zu finden, welche sie bei ihrem Gatten offenbar vermißt. Die Freizeitaktivitäten sind sehr ausgeprägt: Tennis, Schwimmen, Wandern und in letzter Zeit auch Schifahren.

6) Weder Confidant 1 noch Confidant 2 vorhanden:
Der 25jährige Mann arbeitet nach Abbruch zweier Lehren als ungelernter Arbeiter. Der Proband lebt in einem christlichen Männerwohnheim, hat aber zu den meist ausländischen Mitbewohnern kaum Kontakt. Frühere regelmäßige Freizeitkontakte bestanden zu Mitgliedern eines Kampfsportvereins. Die Kontakte brachen jedoch aus beruflichen Gründen (Nachtschicht) ab. Die Verbindung zu einer Rockerclique, in der er sogar stellvertretender Vorsitzender war, brach er selbst ab, da er das Gefühl hatte, diese Menschen würden alle einsam bleiben und seien nur durch den Alkohol verbunden. Eine Freundin vermisse er sehr; eine Beziehung brach er vor 3 Jahren ab; mit der damaligen Freundin habe er nichts anfangen können. Auch zur Familie bestehen keine Kontakte. Für die Nachfolgeuntersuchung könne er nicht garantieren, daß er noch im Wohnheim anzutreffen sei, eine Kontaktadresse könne er ebenfalls nicht angeben.

Literaturverzeichnis[*]

Adler A (1913) Traum und Traumdeutung. In: Adler A (Hrsg) Theorie und Praxis der Individualpsychologie. Fischer, Frankfurt am Main, S 221-233

Adler A (1927) Weiteres zur Individualpsychologischen Traumtheorie. Z Ind Psychol 5

Adler A (1937) The significance of early childhood recollections. Int J Individ Psychol 3:283-287

Ahrens ST (1988) Die instrumentelle Forschung am instrumentellen Objekt. Psyche 42:225-241

Aldrich CK (1986) The clouded crystal ball: a 35-year follow-up of psychiatrists' predictions. Am J Psychiatry 121/1:33-46

Angermeyer MC, Klusmann D (1987) From social class to social stress: new developments in psychiatric epidemiology. In: Angermeyer MC (ed) From social class to social stress. Springer, Berlin Heidelberg New York Tokyo, pp 2-13

Angst J, Dobler-Mikola A, Binder J (1984) The Zurich Study. - A prostpective epidemiological study of depressive, neurotic, and psychosomatic syndromes. I. Problem, methodology. Eur Arch Psychiatry Neurol Sci 234:13-20

Atteslander P, Kneubühl H-U (1975) Verzerrungen im Interview. Zu einer Fehlertheorie der Befragung. Westdeutscher Verlag, Opladen

Bandura A (1956) Psychotherapist's anxiety level, self-insight, and psychotherapeutic competence. J Abnorm Soc Psychol 52:333-337

Bartko JJ, Carpenter WT (1976) On the methods and theory of reliability. J Nerv Ment Dis 163/5:307-317

Baumann U (1984) Psychotherapie: Makro-/Mikroperspektiven. Hogrefe, Göttingen Toronto Zürich

Baumann U, Reinecke-Hecht C (1986) Psychotherapie-Evaluation. In: Kisker KP et al. (Hrsg) Neurosen, psychosomatische Erkrankungen, Psychotherapie. Psychiatrie der Gegenwart I. Springer, Berlin Heidelberg New York Tokyo, S. 353-372

Baumann U, Sodemann U, Tobien H (1980) Direkte versus indirekte Veränderungsdiagnostik. Z Diff Diagn Psychol 1/3:201-216

Becker P, Minsel B (1986) Psychologie der menschlichen Gesundheit, Bd 2. Hogrefe, Göttingen Toronto Zürich

Beckmann D (1974) Der Analytiker und sein Patient, Untersuchungen zur Übertragung und Gegenübertragung. Huber, Bern Stuttgart Wien

Beckmann D (1976) Paardynamik und Gesundheitsverhalten. In: Richter HE, Strotzka H, Willi J (Hrsg) Familie und seelische Krankheit. Rowohlt Reinbek

Beckmann D, Brähler E, Braun P (1977) Zur Scheinkorrelation zwischen neurotischen Körperbeschwerden und sozialer Schichtzugehörigkeit. Z Psychosom Med 23:251-261

Bortz J (1979) Lehrbuch der Statistik. Für Sozialwissenschaftler. Springer, Berlin Heidelberg New York

Brown GW, Harris T (1978) Social origins of depression. Tavistock, London

Chesler P (1972) Women and madness. Allen Lane, London

Clauß G, Ebner H (1979) Grundlagen der Statistik. Für Psychologen, Pädagogen und Sozialogen. Deutsch, Frankfurt am Main-Thun

Cobb S (1976) Social support as a moderator of life stress. Psychosom Med 38/5:300-314

Cohen A (1956) Experimental effects of ego-defense preference on interpersonal relations. J Abnorm Soc Psychol 52:19-27

---

[*] Ein ausführliches Literaturverzeichnis findet der Leser in: Schepank 1987a.

Cohen S, Syme SL (1985) Issues in the study and application of social support. In: Cohen S, Syme SL (eds) Social support and health. Academic Press, Orlando

Cooper B, Morgan HG (1977) Epidemiologische Psychiatrie. Urban & Schwarzenberg, München Wien Baltimore

Crisp AH, Hall A, Holland AJ (1985) Nature and norture in anorexia nervosa: A study of 34 peers of twins, one peer of triplets and an adoptive family. Int J Eating Disorders 4:1-27

Dahl H, Kächele H, Thomä H (eds)(1988) Psychoanalytic process research strategies. Springer, Berlin New York Tokyo

Degkwitz R, Helmchen H, Kockott G, Mombour M (Hrsg)(1959) Diagnoseschlüssel und Glossar psychiatrischer Krankheiten. Deutsche Ausgabe der internationalen Klassifikation der WHO. 8. Rev., 4. Aufl. Springer, Berlin Göttingen Heidelberg

Dehmel S, Wittchen H-U (1984) Anmerkungen zur retrospektiven Erfassung von Lebensereignissen und Lebensbedingungen bei Verlaufsuntersuchungen: Bewertung und Vergessen. (Unveröffentlichtes Manuskript)

Diehl JM, Kohr HU (1977) Durchführungsanleitungen für statistische Tests. Beltz, Weinheim

Dilling H, Weyerer S, Castell R (1984) Psychische Erkrankungen in der Bevölkerung. Enke, Stuttgart

Dixon WJ (ed)(1985) BMDP Statistical software. Univ California Press, Berkely Los Angeles London

Dohrenwend BP (1987) Social class and mental disorder: the stress/selection issue. In: Angermeyer MC (ed) From social class to social stress. Springer, Berlin Heidelberg New York Tokyo, pp 106-116

Dohrenwend BP, Dohrenwend BS, Schwartz-Gould M, Link B, Neugebauer R, Wunsch-Hitzig R (1980) Mental illness in the United States - Epidemiological estimates. Praeger, New York

Erikson EH (1955) Das Traummuster der Psychoanalyse. Psyche 8:561-604

Fahrenberg J, Selg H, Hampel R (1978) Das Freiburger Persönlichkeitsinventar FPI, Handanweisung, 3. Aufl. Hogrefe, Göttingen Toronto Zürich

Fahrenberg J, Hampel R, Selg H (1984) Das Freiburger Persönlichkeitsinventar FPI, revidierte Fassung FPI-R und teilweise geänderte Fassung FPI-A1. Handanweisung, 4. Aufl. Hogrefe, Göttingen Toronto Zürich

Faris REL, Dunham HW (1939) Mental disorders in urban areas. Univ Chicago Press, Chicago

Fichter MM, Witzke W, Weyerer S, Meller I, Rehm J, Dilling H, Hippius H (1988) Ergebnisse der Oberbayerischen Verlaufsuntersuchung. In: Schmidt MH (Hrsg) Psychiatrische Epidemiologie. VCH, Weinheim (Abschlußband des SFB 116)

Finley-Jones R, Scott R, Duncan-Jones P, Byne D, Henderson S (1981) The reliability of reports of early separations. Aust N Z J Psychiatry 15:27-31

Freud S (1900) Die Traumdeutung. Studienausgabe 1972. Fischer, Frankfurt am Main

Freud S (1901) Über den Traum (Gesammelte Werke, Bd 2/3; Fischer, Frankfurt am Main, 1966 ff.)

Freud S (1916) Die Symbolik im Traum. Studienausgabe Bd 1, S. 159-177

Freud S (Ausg. 1969-1979) Studienausgabe, 9. Aufl. Fischer, Frankfurt am Main

Goldberg DP, Cooper B, Eastwood MR, Kedward Hb, Shepherd M (1970) Astandardized psychiatric interview for use in community surveys. Br J Prev Soc Med 24:18-23

Gove WR, Tudor JF (1973) Adult sex roles and mental illness. Am J Sociol 78:812-835

Haan H (1977) Coping and defending processes of self invironment organization. Academic press, New York San Francisco London

Hall CS (1947) Diagnosing personality by the analysis of dreams. J Abnorm Soc Psychol 42:68-79

Hall CS (1966) The meaning of dreams. Mc Graw-Hill, New York

Hall CS, Castle RL van de (1966) The content analysis of dreams. Appleton, New York

Heigl F (1975, [1]1972) Indikation und Prognose in Psychoanalyse und Psychotherapie. Vandenhoeck & Ruprecht, Göttingen

Heigl-Evers A, Schepank H (Hrsg)(1980/81) Ursprünge seelisch bedingter Krankheiten. Eine Untersuchung an 100+9 Zwillingspaaren mit Neurosen und psychosomatischen Erkrankungen. Vandenhoeck & Ruprecht, Göttingen

Heim E (1988) Coping und Adaptivität: Gibt es geeignetes oder ungeeignetes Coping? Psychother Med Psychol 38:8-18

228

Heim E, Augustinsky E, Blaser A (1983) Krankheitsbewältigung (Coping) - ein integriertes Modell. Psychother Psychosom Med Psychol 33:35-40

Henderson S (1984) Interpreting the evidence an social support. Social Psychiatry 19/49:49-52

Hickman JW (1975) Manifest dream content and waking life variables in normal and disturbed boys. Austin Diss Abstr Int 36:910B-911B

Hönmann H, Schepank H (1981) Life events influencing diseases. In: Koptagel-Ilal G (ed) Proceedings of the 13th European Conference on Psychosomatic Research, Istanbul

House JS (1981) Work stress and social support. Addison Wesley, Reading/MA

Janke W, Erdmann G, Boucsein W (1978) Der Streßverarbeitungsfragebogen (SVF). Ärztliche Praxis 30:1208-1210

Janke W, Erdmann G, Kallus W (1985) Streßverarbeitungsfragebogen (SVF), Handanweisung. Hogrefe, Göttingen Toronto Zürich

Janta B, Valentin E. In: Schepank H (1987a), S 241

Jarvis E (1855, 1971) Insanity and idiocy in Massachusetts: report of the Commission of Lunaca. Harvard Univ Press, Cambridge

Jöreskog KG, Sörbom D (1986) LISREL. Analysis of linear structural relationship by the method of maximum likelihood. User's Guide. University of Uppsala, Department of Statistics, Uppsala

Jones RM (1970) The new psychology of dreaming. Grune & Stratton, New York London

Jones RM (1979) Freudian and post-Freudian theories of dreams. BB Wolman 8:271-297

Jorswieck E (1966) Ein Beitrag zur statistischen Contentanalyse manifesten Traummaterials. Z Psychosom Med Psychoanal 12:254-264

Joyce C (1988) Der Computer als Co-Therapeut. Psychol Heute 10:28-33

Jung CG (1931) Die praktische Verwendbarkeit der Traumanalyse. (Gesammelte Werke, Bd 16, Rascher, Zürich)

Jung CG (1933) Modern man in search of a soul harcourt. Brace World D, New York

Jung CG (1944) Traumsymbole des Individuationsprozesses. (GW, Bd 12, Ausg. 1972, Walter, Olten)

Katschnig H (Hrsg) (1980) Sozialer Streß und psychische Erkrankung. Lebensverändernde Ereignisse als Ursache seelischer Störungen. Urban & Schwarzenberg, München Wien Baltimore

Kessler RC, Brown RL, Broman CL (1981) Sex differences in psychiatric help-seaking: evidence from four large scale surveys. J Health Soc Behav 22:49-64

Kleining G, Moore H (1968) Soziale Selbsteinstufung (SSE). Kölner Z Soziol Sozialpsychol 20:502-552

Kriebel A, Tress W (1987) Zur Entwicklung der Liebesfähigkeit: Frühe Kindheit und Partnerschaftsfähigkeit im Erwachsenenalter. Ein Literaturüberblick. Z Psychosom Med Psychoanal 33:279-293

Kriebel A, Tress W (1988) Die Fähigkeit zu Liebe und Partnerschaft: Bedingungen ihrer Entwicklung und ihres Scheiterns aus empirischer Sicht. In: Schüffel W (Hrsg) Sich gesund fühlen im Jahr 2000. Springer, Berlin Heidelberg New York Tokyo, S 533-554

Langenmayer A (1975) Familiäre Umweltfaktoren und neurotische Struktur. Vandenhoeck & Ruprecht, Göttingen

Langenmayer A (1978) Familienkonstellation, Persönlichkeitsentwicklung, Neurosenentstehung. Hogrefe, Göttingen

Langner et al. (1963) Life stress and mental health. The Midtown Manhattan Study. Glencoe, Collier-Macmillan, London (Thomas AC Rennie series in social psychiatry vol II)

Langs RJ (1966) Manifest dreams from three clinical groups. Arch Gen Psychiatry 14:634-643

Lazarus RS, Launier R (1978) Stressrelated transactions between person and environment. In: Pervin IA, Lewis M (eds) Perspectives in interactional psychology. Plenum, New York, S 287-327

Legewie H (1987) Alltag und seelische Gesundheit. Gespräche mit Menschen aus dem Berliner Stephan-Viertel. Psychiatrie-Verlag, Bonn

Leighton DC, Harding JS, McLin DB, Hughes CC, Leighton AH (1962/63) Psychiatric findings of the Stirling County Study. Am J Psychiatry 119:1021-1026

Manz R, Schepank H (1989) Soziale Unterstützung, belastende Lebensereignisse und psychogene Erkrankung in einer epidemiologischen Stichprobe. In: Angermeyer MC, Klusmann D (Hrsg) Soziales Netzwerk: Ein neues Konzept für die Psychiatrie. Springer, Berlin Heidelberg New York Tokyo, S 147-163

Manz R, Valentin E, Schepank H (1987) Soziale Unterstützung und psychogene Erkrankung. Ergebnisse aus einer epidemiologischen Feldstudie. Z Psychosom Med Psychoanal 33:155-161

Matarazzo JD, Wiens AN, Saslow G, Allen BV, Weitman M (1964) Interviewer Mm - hmm and interviewee speech duration. Psychother Theory Res Pract 1:109-114

Mechanic D (1965) Perception of parental responses to illness: a research note. J Health Hum Behav 6:253-257

Mechanic D (1974) The right to treatment: judicial action and social change politics, medicine and social science. Wiley-Interscience, New York, pp 227-248

Meier F (1985) Sozial erwünschtes Antwortverhalten: Ein fiktives Forschungsproblem? Diagnostica 31/4:289-299

Miller PC, Ingham JB (1976) Friends confidants and symptoms. Soc Psychiatry 11:307-317

Monroe SM, Steiner JC (1986) Social support and psychopathology: Interrelations with preexisting disorder, stress and personality. J Abnorm Psychol 95:29-39

Mueller DP (1980) Social networks: a promissing direction for the research on the relationship of the social environment to psychiatric disorder. Soc Sci Med 14:147-161

Murphy JM, Sobol AM, Neff RK, Oliviers DC, Leighton AH (1984) Stability of prevalence. Arch Gen Psychiatry 41/10:990-997

Parekh H. In: Schepank (1987a), S 194-200

Parekh H, Schiessl N. In: Schepank (1987a), S 261

Parekh H, Manz R, Schepank H (1988) Life-events, coping, social support: Versuch einer Integration aus psychoanalytischer Sicht. Z psychosom Med 34:226-246

Petermann F (1978) Veränderungsmessung. Kohlhammer, Stuttgart

Pflanz M (1973) Allgemeine Epidemiologie. Aufgaben, Techniken, Methoden. Thieme, Stuttgart

Pleck J (1976) The psychology of sex roles: traditional and new views. In: Scott A, Cater L (eds) Women and Men: changing roles, attitudes and perceptions. Aspen Institute for Humanistic Studies, Standford

Prystar G (1981) Psychologische Coping-Forschung: Konzeptbildungen, Operationalisierungen und Messinstrumente. Diagnostica, Bd 27/3, S 189-214

Regier DA, Myers JK, Kramer M, Robins LN, Blazer DG, Hough RL, Eaton WW, Locke BZ (1984) The NIMH epidemiologic catchment area program. Arch Gen Psychiatry 41/10:934-941

Richter HE (1974) Lernziel Solidarität. Rowohlt, Reinbek

Rosenthal R (1966) Experimenter effects in behavioral research. Irvington, New York

Sader M, Keil W (1966) Bedingungskonstanz in der psychologischen Diagnostik. Archiv für die gesamte Psychologie 118:279-308

SAS Institute Inc (1985) SAS User's Guide. Inc. Cary/NC

Schepank H (1974) Erb- und Umweltfaktoren bei Neurosen. Tiefenpsychologische Untersuchungen an 50 Zwillingspaaren. Springer, Berlin Heidelberg New York (Monographien aus dem Gesamtgebiet der Psychiatrie Bd 11)

Schepank H (1980/81) Anorexia nervosa. In: Heigl-Evers A, Schepank H (Hrsg) Ursprünge seelisch bedingter Erkrankungen. Hogrefe, Göttingen, S 705-719

Schepank H (1983) Anorexia nervosa in twins: is the ethology psychotic or psychogenic? In: Krakowski AJ, Kinball CP (eds) Psychosomatic medicine. Plenum, New York London, pp 161-169

Schepank H (1986) Epidemiologie psychogener Störungen. In: Kisker KP, Lauter H, Meyer JE, Müller C, Strömgren E (Hrsg) Neurosen, psychosomatische Erkrankungen, Psychotherapie. Springer, Berlin Heidelberg New York Tokyo (Psychiatrie der Gegenwart, Bd 1, S 1-27)

Schepank H (1987a) Psychogene Erkrankungen der Stadtbevölkerung. Eine tiefenpsychologisch-epidemiologische Feldstudie in Mannheim. Springer, Berlin Heidelberg New York Tokyo

Schepank H (1987b) Epidmiology of psychogenic disorders. The Mannheim study - Results of a field survey in the FRG. Springer, Berlin Heidelberg New York Tokyo

Schepank H, Muhs A (1990) Zwillingsschicksale. Enke, Stuttgart (in Vorbereitung)
Schilcher F von (1988) Vererbung des Verhaltens. Thieme, Stuttgart New York
Schnetzler J, Carbonnel B (1976) Thematic study of the dreams reported by schizophrenics and other psychotics. Ann Med Psychol (Paris) 1:367-380
Schraml W (1964) Das psychodiagnostische Gespräch (Exploration und Anamnese). In: Heiss R (Hrsg) Handbuch der Psychologie, Bd. 6. Hogrefe, Göttingen Toronto Zürich, S 868-890
Schultz-Henke H (1951) Lehrbuch der analytischen Psychotherapie. Thieme, Stuttgart
Schwarzer R (1983) Die mündliche Befragung. In: Feger H, Bredenkamp J (Hrsg) Enzyklopädie der Psychologie, Datenerhebung, Forschungsmethoden der Psychologie 2. Hogrefe, Göttingen Toronto Zürich
Shands HC (1958) An approach th the measurement of suitability for psychotherapy. Psychiatry Q 32:1-22
Siegel S (1986) Nichtparametrische statistische Methoden. Fachbuchhandlung für Psychologie, Frankfurt am Main
Siegrist J (1980) Die Bedeutung von Lebensereignissen für die Entstehung körperlicher und psychosomatischer Erkrankungen. Nervenarzt 51:313-320
Siegrist J, Dittmann K, Ritter K, Weber I (1980) Soziale Belastungen und Herzinfarkt. Enke, Stuttgart
Silberer H (1919) Der Traum. Enke, Stuttgart
Sims A (1984) Neurosis and mortality: investigating an association. J Psychosom Res 28/5:353-362
SPSSX Inc (1986) SPSSX user's guide. SPSS Inc, New York
Srole L, Fischer KA (1980) The Midtown-Manhattan longitudinal study vs 'the mental paradise lost' doctrine. Arch Gen Psychiatry 37:209-221
Srole L, Langner TS, Michael ST, Opler MK, Rennie TAC (1962) Mental health in the metropolis. The Midtown Manhattan Study. McGraw Hill, New York Toronto London
Stiemerling D (1974) Die früheste Kindheitserinnerung des neurotischen Menschen. Z Psychosom Med Psychoanal 20:337-362
Thoits PA (1984) Explaining distributions of psychological vulnerability: lack of social support in the face of life stress. Soc Forces 63/2:453-481
Timäus E (1967) Verbales Konditionieren und Personalvariablen. Z Exp Angew Psychol 14:155-184
Tress W (1986) Das Rätsel der seelischen Gesundheit. Vandenhoeck & Ruprecht, Göttingen
Urbina SP (1981) Methodological issues in the quantitative analysis of dream content. J Pers Assess 45/1:71-78
Valentin ES. In: Schepank (1987a)
Verbrugge LM (1979) Female illness rates and illness behavior. Testing hypotheses about sex differences in health. Women Health 4:61-79
Veroff JB (1981) The dynamics of help-seaking in men and women: a national survey study. Psychiatry 44:189-200
Waltz EM (1981) Soziale Faktoren bei der Entstehung und Bewältigung von Krankheiten - ein Überblick über die Literatur. In: Badura B (Hrsg) Soziale Unterstützung und Krankheit. Suhrkamp, Frankfurt am Main, S 40-119
Weinhold-Metzner M. In: Schepank H (1987a), S 211
Wellman B (1981) Applying network analysis to the study of support. In: Gottlieb BH (ed) Social networks and social support. Sage, Beverly Hills
Weyerer S, Meller I, Thaler J (1983) The importance of artifactual factors in the relationship between sex and mental disorders. Int J Soc Psychiatry 29:73-80
Xia ZM (1984) Psychosomatic disorders in internal medicine of Shanghai inhabitants. In: The 1st congress of the Asian chapter of the International College of Psychosomatic Medicine. May 19-20, 1984, Tokyo, p 13
Zerssen D von (1976) Klinische Selbstbeurteilungs-Skalen (KSb-S) aus dem Münchner Psychiatrischen Informations-System. Beltz, Weinheim
Zielke M (1980) Darstellung und Vergleich von Verfahren zur individuellen Veränderungsmessung. Psychol Beitr 22:592-609
Zielke M, Kopf-Mehnert C (1978) Der Veränderungsfragebogen des Erlebens und Verhaltens (VEV). Manual. Beltz, Weinheim

Sachregister